吴·地·文·化·丛·书

傅鳌王

杨维忠 著

苏州大学出版社

图书在版编目（CIP）数据

王鏊传 / 杨维忠著. -- 苏州 ：苏州大学出版社，2014.12
（吴地文化丛书 / 沈庆年主编）
ISBN 978-7-5672-1161-2

Ⅰ. ①王… Ⅱ. ①杨… Ⅲ. ①王鏊（1450～1524）－传记 Ⅳ. ①K825.6

中国版本图书馆CIP数据核字（2014）第312114号

吴地文化丛书 《王鏊传》编委会
编委会主任：沈庆年
编委会副主任：杨维忠

责任编辑：倪浩文
执行编务：温菲菲
策 划：海通传媒出版机构
装帧设计：谭家馨 李 风 温菲菲
印 务：郁梦玮 季炜康

王鏊传
丛书主编 沈庆年
著 者 杨维忠

苏州大学出版社出版发行
（地址：苏州市十梓街1号 邮编：215006）
苏州恒久印务有限公司
（地址：苏州市友新路28号东侧 邮编：215128）

开本700mm×1000mm 1/16 印张25 字数38.5千
2014年12月第1版 2014年12月第1次印刷
ISBN 978-7-5672-1161-2 定价：58.00元

苏州大学版图书若有印装错误，本社负责调换
苏州大学出版社营销部 电话：0512-65225020
苏州大学出版社网址 http://www.sudapress.com

序

沈庆年

年初以来，我一直在为出版杨维忠先生的《王鏊传》奔忙。仲夏，维忠送来清样稿时，提出了要我写个序，这次我没有推却，这倒不是我对王鏊有多么深的研究，主要是被他的精神感动。我比维忠大几岁，与他相识虽晚，但因互相知根知底，不久便成为志同道合的文友。我年轻时曾司职文秘，深知做文字之不易，写传记更难。必须至实、至全、至深、至细。既要纲举目张，又不能疏略细节；既要博采众长，又不能人云亦云；既要可读又不能“戏说”。特别是对历史人物的断代和评说，不广采博引，不批阅数载是断然不敢动笔的。写传记可以说是对作者的历史知识、人物史料和写作功底的全面考量。维忠对我说：“写《王鏊传》整整用了十年。”我心中有数，何止！因为国学大师南怀瑾在香港与我谈起金温铁路建设时，亦感叹过“事非亲历不知难”。正由于维忠是个一步一个脚印做事的人，所以他终于挺了过来，如愿以偿了。

当今，正值建设盛世，几乎是碰上了一个全民著书的年代，但其中也不乏“回顾人生，以书礼赠”和“文为商用，以文招商”两种。严格来说，这只是广义上的“书”，称不上做学问。我认为，著书必须立说，必须经得起入列史库。东山吴金凤镇长在《东山莫厘峰文学丛书》序中说：“书本是传世的。一本好书就是一位好的老师。”“在吴文化宝库中，东山人所作的有灵魂的方志、诗集、小说、散文及书画，亦可以千而计。”即将出版的《王鏊传》，就是一本写出了东山本乡灵魂的力作。维忠他怀着挖掘、研究、传播、繁荣东山乡土人文历史的无限热忱，通过王鏊这一颇具影响的历史人物，刻画了东山好山好水间的一种精神、一种风尚。一个地方和一个民族一样，悠久历史的组成并得以传承，除了地理地貌、风情物产外，更要由历史人物、民族脊梁组成，他们都是民族精神的象征。正如书中所述，山中宰相王鏊尽管因疾恶如仇，秉性耿介，使自己的命运充满坎坷和无奈，但可喜的是，由于他博学识鉴，文采尔雅，议论明畅，在他高风亮节的召感下，东山莫厘王氏裔孙都刻苦好学，勤政敬业，正直清廉，大都官居高位。至近现代，王氏家族也是人才辈出，为国为民做出了杰出贡献。这绝不是朝政的宠幸或历史的偶然，严正的家风浸润才是必然。

现在出国的文人很多，归来后往往感慨，自己在某某塑像、某某碑刻前如何肃然起敬，感慨万千。这是为什么，因为他们通过缅怀某一历史人物，触摸到了当地的历史和脊梁。而真实的历史常常会使人震撼，使人铭记，使人激励而传承。我国是一个有着悠久文明史的国家，有着一些西方发达国家无可比拟的优势。如果有更多的作家像维忠一样怀着对家乡对祖国强烈的自豪和纯朴的爱，通过笔下的字里行间洋溢出来，我们民族的历史和文化不是就更丰富灿烂了吗？

一次在讨论《王鏊传》稿件后的叙谈中，维忠深有感慨地吐露了在漫漫十年中的辛劳以及他在写《王鏊传》时的思想起落和几欲放弃的精神折磨；他说，自己十年来一直在苦与乐、艰辛与欣慰的交织中苦恼着，备受内心责任的煎熬。我对着他吟了曹雪芹《石头记》题跋句："都云作者痴，谁解其中味？"并说：你此番十载批阅，苦其心志的努力，注定是在成就一项神圣的事业。我告诉他，最近来苏的中国翻译泰斗郑克鲁也说："作品是用生命换来的。"我认为，自古写作是磨难，笃信事业皆沥血。千秋功罪，历史都会评说。等书一出，你的灵魂也会随之涅槃。当时，我感觉到他眉宇间增添了亮色，我想，这些话大概是对他坚持写好《王鏊传》的最大帮助吧。

按出版计划《王鏊传》将于金秋面世。在维忠面前我才疏学浅，特别是面对王鏊后裔，我为接受写序而面有愧色。但对于自己能助推深爱着的东山文化，我心安理得。我将以此为大喜。只是水平关系，恐怕把序写得长了一点，只好请专家和读者见谅了。

最后，我一面要劝维忠应该为写作而保重自己，但一面却又盼望着《王鏊诗文选（题解、浅释）》《王鏊家族人物传》早日与我们广大读者见面。

2014年中秋于东山桑园

前言

杨维忠

一

明正统十四年（1449），对于尚属盛世的明王朝来说，是个多事之秋，耻辱之年。是年七月，漠北元朝余部瓦剌部落向明朝发动战争，年仅二十三岁的明英宗朱祁镇年少气盛，在窃持国政的大宦官王振的怂恿下，御驾北征，亲率五十万大军与瓦刺也先部交战，结果在怀来城外的土木堡（今河北怀来县以东二十里处）全军覆没，万人之尊的皇帝朱祁镇也成了也先部的俘虏，这就是历史上著名的“土木堡之变”。接着，瓦刺部继续南侵，兵临北京城下，大明帝国面临灭顶之灾。国中不可一日无主，朝廷大臣拥立朱祁镇之弟朱祁钰登上了皇帝宝座，他在兵部尚书于谦等忠臣良将的辅助指挥下，大败敌军，把瓦刺部赶回了漠北。京城安宁后，群臣拥立朱祁钰当了皇帝，是为代宗，改国号为“景泰”。

景泰元年（1450）的八月十七日黎明，在苏州洞庭东山震泽乡胥母界陆巷口一座中人之家的宅第里，年已三十一岁的女主人叶妙澄顺利生下一名男婴。据说是夜王宅“有月华之祥”，夜半旧宅中忽然满屋红光，一只大鸟在屋脊鸣叫三声而去，接着孩子就降生了。婴儿的哭声惊动了正在堂屋中静候佳音的父亲王琬（字朝用），他是个读书人，此时还手捧书卷在灯下苦读。王琬已生有一子一女，第三胎又是个男孩，这对素以人丁兴旺著称的王氏家族来说，当然是一桩喜事。王琬从老娘（接生婆）手里接过婴儿一看，小孩虽长得相貌堂堂，他却瞬时面露愠色，心中感到不悦。原来东山陆巷王氏宋室南迁时来自中原，世代为官为将，族中男子都长得高大白皙，有包山（时洞庭东山还在太湖中，四面环水）美男子之誉，可这孩子浑身毛发，连面孔上也长满了细密的汗毛，其面相与哥哥王铭及族兄王锺、王钦等相比，真有天壤之别。王琬熟读史书，知晓《春秋》，深知次子身上之毛为返祖现象，这本不足为虑，无可厚非，但相貌是一个人的名片，世人均以能在人前抱出健康漂亮的孩子为荣，他总觉得这孩子的相貌与王氏家族高贵的血统不相匹配，心中有些遗憾。可谁也没有想到，这位貌不惊人的婴儿，日后将成为大明王朝“海内文章第一，山中宰相无双”的一代名臣。

王鏊，字济之，号守溪，他生于明景泰元年（1450）八月十七日，卒于明嘉靖三年（1524）三月十一日。太湖古称“震泽”，他出生的洞庭东山明清时尚在太湖之中，故时人尊称他为震泽先生，而王鏊晚年自称“拙叟”。在他晚年所著“王鏊自赞”一文，落款“拙叟”，意即一个笨拙的老者，这当然是一种自谦。

王鏊享年七十五岁，他的一生经历明代中叶的景泰、天顺、成化、弘治、正德、嘉靖六朝时光，且与宪宗、孝宗、武宗、世宗四朝帝王为君臣关系，有过交往与接触。据说王鏊的第二任妻子张夫人，同弘治朝的张皇后是姐妹，故《明史》称：“寿宁侯张峦故与鏊有连，及峦贵，鏊绝不与通。”尽管后来王鏊在亲自撰写的《继室张夫人墓志铭》一文中，对此层关系深藏不宣，讳莫如深，但事实上王鏊同弘治帝朱祐樘是连襟，加上王鏊任过东宫太子朱厚照的老师，在正德朝初期又入阁为相，贵为阁臣，故有史书把他誉为“皇姑、帝师、宰相”。除皇姑之称有点牵强（实际上他是武宗的姨夫）外，其他两个称呼还是较为贴切的。有关王鏊继室张夫人同张皇后为姐妹一说，研究文史的学者们见智见仁，各抒己见。有说寿宁侯张峦一家后被灭门，王鏊在亲撰的《继室张夫人墓志铭》中故意隐去；有说因《明史》中有：“寿宁侯张峦故与鏊有连……”后人附会杜撰。如果是后者，那么清康熙年间的刑部尚书、明史纂修官、国史副总裁王士祯《池北偶谈》上“明尚宝少卿王延喆，文恪子也。其母张氏寿宁侯鹤龄之妹，昭圣皇后同产……”又如何解释？

抹去存在争议的皇亲色彩，王鏊仍是一个在中国历史上产生过一定影响，尤其是在明中期的文学与科举上，影响较大的特殊人物。“鏊博学有识鉴，文章尔雅，议论明畅。少善制举议，后数典乡试，程文魁一代。取士尚经术，险诡者一切屏去。弘正间，文体为一变。”（《明史》卷一百八十一）

二

对于王鏊的政治生涯来说，前大半世还较为平顺，可正德初入阁后的几年，则坎坷多险，危机四伏，处境极为复杂艰难，还险遭杀身之祸。他“立朝三十年”，在乡试、会试夺魁后参加京城殿试，中一甲第三名探花。王鏊二十六岁进入翰林院，从编修、侍读、侍讲学士至侍郎、尚书，最后入阁为相，官至极品，在仕途上还算顺达，但细细一梳理，因他疾恶如仇和过于清高的性格，决了他命运充满坎坷与无奈。成化十一年（1475），王鏊在乡试、会试夺魁后参加京城殿试，考官们都认为状元非王鏊莫属，深以状头盼之。可入奉廷试，他只中了一甲第三名，探花及第。究其原因：有说是主考商辂忌才，故意把鏊抑压至第三名；有说是王鏊答卷偏题，“于问目之外，泛及当时利弊，反复千言”；有说是王鏊喜“三苏”文，其作文风格与主考文风有悖，所以没有得到最高分。不管是哪种原因，这就是他日后仕途坎坷的预兆。

弘治元年（1488），王鏊在翰林院编修任上苦耐了十三年，才升为侍讲学士，也只是个六品官衔。这里还有一段小插曲，是年，大学士刘吉为宰辅，怒王鏊不上门拜谒，遂抑而不用。“有官不得其职，吾今可以去矣。”王鏊上疏乞归，刘吉不得已，才起用为展书官。王鏊在翰林院侍讲、侍读学士职位上一晃又是十二年，直到弘治十三年（1500），经吏部尚书韩文举荐，王鏊擢为吏部右侍郎，正三品。这时，他入翰林院已整整二十五年，从一个风华正茂的翰林学子，变成了一个两鬓斑白的五旬老人。其间，弘治十四年（1501），吏部尚书马文升曾举荐王鏊入阁；弘治十七年（1504），大学士阁臣谢迁因灾异求退，向朝廷荐贤，举吴宽、王鏊入阁为相，可被首辅刘健受“南人不可为相”之说而抑压。早在弘治中期，朝议选正人辅导太子，以端国本，王鏊被朝臣公议为品学兼优的“正人”，可他一直被当权者抑而不用。要不是他晚年在那场官宦斗争中“鹬蚌相争，渔翁得利”的话，不管王鏊一生如何努力，最后充其量也只是个官阶仅三品的侍郎而已。如果用辩证的观点来解释，王鏊的入阁为相，官至一品，可谓是偶然中的必然，但又为必然中的偶然。

正德元年（1506），以阁臣刘健、谢迁为主的朝官阵营，同以刘瑾为首的宦官集团进行一场生死较量，王鏊也很快卷入并积极参加了这场斗争。结果手掌朝政大权的士大夫集团因出了焦芳之流的内奸，被宦官集团恶人先告状，反而一败涂地。刘瑾等宦官靠十六岁的正德帝这棵大树，大获全胜，垄断了整个朝堂。宰辅刘、谢同时去职，韩、夏、杨等尚书相继被打成“奸党”而远离朝廷。内阁缺员，官职仅三品的王鏊与吏部尚书焦芳同时入阁，位于首辅李东阳、二辅焦芳之后。为拉拢与利用王鏊，入阁不久，刘瑾就借皇帝之权，升王鏊为户部尚书、文渊阁大学士，第二年（1507）又升为少傅兼太子太傅、武英殿大学士。天降福音，官至极品，时还只有五十六岁的王鏊很想实现自己多年的政治抱负，干出一番轰轰烈烈的事业来。但他很快就发现，内阁只是大宦官刘皇帝（刘瑾）的一个摆设而已，一切得仰其鼻息而行事。独木难成林，熬到了正德四年（1509），王鏊无奈之下只得告老还乡，成了一名逃避斗争的失败者。

王鏊的拂袖离朝，主动放弃斗争，使明代中晚期政治中心力量已极衰微的士大夫阵营加速了瓦解，更让阉党势力日盛，肆无忌惮地把持了朝政。王鏊对刘瑾的倒行逆施曾预言将“立降祸福”，但他没有预料到仅一年的时间，由于宦官集团的内部分裂与争斗，刘瑾伏法，其党羽被尽诛。有史官预言，要是王鏊再坚持一阵，仍留在朝中，也许一年后他将替代李东阳而成为首辅，更好地发挥他的政治与军事才能，以他正直清高的人格影响君臣与朝政，大明朝有希望重光。但事实上，此时的明王朝已是“山雨欲来风满楼”。国家多故，社会动荡，政局大起大落，尤其是转入正德朝之后，形势更急速恶化，社会政治危机空前尖锐。武宗朱厚照是中国历史上恶名昭著的浪荡皇帝，他以罕见的荒唐放纵、狎弄佞幸、废弃朝纲、杀戮忠良，使中国历史进入了一个“正道损弃而邪事日长”的倒退时期。刘瑾倒台后，正德帝又宠用钱宁、江彬等奸贼，朝政更加黑暗，正无可奈何花落去。要是王鏊仍在朝中，也无法去扭转明王朝“屋漏偏遭连夜雨”的危局。

三

王鏊的仕途充满了坎坷与无奈，阁臣生涯仅三年时间，同苏州后来嘉靖朝成为宰辅的顾鼎丞、万历朝的首辅申时行相比，时间要短得多，影响亦各有千秋，但他的一生亦很有价值。

弘治初，王鏊迁侍讲学士，充讲官。当时以权贵李广为首的一班宦官，导帝终日在后苑游玩，朝廷上下无人敢劝谏。王鏊经筵《无逸篇》时，讲“文王不敢盘于游田”的历史典故，反复规劝，上听之，为之罢游。一日罢讲，弘治帝召李广亲谓曰：“若知今日讲官意乎？指谓广也。”又告语广“好为之”。由此朝野皆知王鏊敢直言，能以匡君。弘治十五年（1502），王鏊从少詹升吏部右侍郎，时值边寇扰境，边疆诸将，无人敢撄其锋，朝廷上下一时慌了手脚。王鏊分析形势，提出了自己精辟的见解。陈奏曰：寇不足畏，而嬖幸乱政，功罪不明，委任不专，法令不行，边围空虚，深可畏也；比年边将失律，此所出人心日懈，士气所出不振也；望圣上大奋乾纲，时召大臣，咨询边将勇怯，有罪必罚，有功必赏，专主将之权，厚恤沿边死亡之家，招募边方骁勇之士，用间出携其部，分兵掩袭，出奇制胜，必能败寇。其“定庙算、重主将、严法令、算边民、广召募、用间、分兵、出奇”筹边八事，被朝廷采纳。

正德初年，刘瑾以“莫须有”的罪名将户部尚书韩文革职，继而恶意中伤陷害大学士刘健、谢迁和郎中张炜、副使姚祥等。朝廷上下均因惧怕刘瑾淫威，没有一个人敢出来说一句公道话。这时，王鏊站了出来，他大声说：“韩公清德粹行，海内所知，今无故加罪，恐天下不服。”刘瑾一时语塞，韩才免于一死。刘瑾要治刘健、谢迁的两人的重罪，王鏊和内阁学士李东阳，在朝多次据理力争，才保住了两人性命。有人与都御史边官杨一清相恶，向刘瑾告发，说其在陕西筑边墙太费为名，要逮至京师治他的罪。王鏊据实辩驳：“杨文学政在陕为国镇边，数年内使之土风一变，人才辈出，皆其功也。筑边墙，为国计，非有私也，奈何罪之？”驳得刘瑾无言以答，一清得幸免。刘瑾怒尚书刘大夏不肯附己，又借故籍没其家财，将其逮至京师，诬其激变罪，欲处以死刑。王鏊愤怒地责问刘瑾：“你说刘氏欲反叛激变，今地方如故，何出激变？”刘瑾只得把刘大夏免罪。

正德朝初年，朝中有六百多名正直的大臣遭到刘瑾、焦芳奸党的迫害，但有相当一批朝臣受到宰辅王鏊的暗中保护，避免了杀身之祸。刘瑾被诛灭后，这些大臣东山再起，不少人成为正德朝中后期和嘉靖朝的重臣，王鏊功不可没。

值得一提的是，东山莫厘王氏家族，在王鏊高风亮节的影响下，明清两代，其家族出了十二名进士（其中一名状元、一名探花）和十七名举人。我国古代以科举入仕为正途，这些进士和举人，百分之七十为四品以上的官员，且都勤政敬业，为官清廉。在近现代，莫厘王氏又出了四十八名高级知识分子，其中三十名正教授（包括三名中科院院士）。王颂蔚、王季绪、王季玉、王淑贞、王明贞、王守武、王守觉等都是我国近现代史上著名的教育家和科学家。其中王颂蔚是著名教育家蔡元培的座师，王淑贞是我国妇女科学事业的奠基人，王守武和王守觉是兄弟中科院院士。王鏊虽已离我们远去，但是他的家族依然兴旺，他的影响仍在继续。

2014年6月30日

目录

第一章

太原王氏　东山再起

·湖山之胜
·定居小岛
·还宗王姓
·耕读起家
·经商发迹
·从政显名

湖山之胜

九百多年前一个芦花放白的季节，一批屡经征战的将士，携老扶幼，拖儿带女，卫护着南宋流亡小朝廷，顺流向南迁徙。一望无际的兵船从大运河转入太湖，又从胥门飘入西太湖，来到了洞庭东西山隔湖相望的太湖水面，这里湖面平静，风光秀丽。兵将们望见了雄峙湖中、世外桃源般的一座湖岛，只见此岛峰峦起伏，地势险要，白云飘绕，满山青绿。兵船上有一个曾在太湖水寨中做过寨主，后招安入伍的将校指点曰：“此名太湖洞庭东山也。”

太湖古名具区，又名震泽。史载：夏朝太禹到东南治水，见水势震而不定，一弃前人水来土掩的老办法，而是开江疏流，因势利导，把湖水引入了大海，治理了太湖地区千年水患，于是有“三江既入，震泽底定”之说。太湖为中国五大淡水湖泊之一，“小小太湖连三州，团团围困八百里”，横跨江浙两省的太湖，连结苏、常、湖三州，有“包孕吴越”之誉。远古时太湖原是个浅海湾，后因长江与钱塘江入海口泥沙淤积，变成了一个内陆湖泊。据说太湖最早名泰湖，为纪念禅让皇位、携弟仲雍南奔、开发了荆蛮之地的泰伯而命名。

传说洞庭两山原是海底龙宫中的两座仙山，长满了名花异草，叠满了奇峰怪石。后来宫中恶龙常出水作怪，残害了无数生灵，激起了天怨人怒。有一对年老志壮的渔民夫妇，悄悄潜入龙宫，同恶龙激战了七天七夜，最后双方同归于尽。恶龙死后，海水退去，两座仙山露出水面，这就是今天风光秀丽的洞庭东西两山。为纪念这对勇敢献身的老年夫妻，人们在西山石公山太湖边山岩上雕了一座石公像，在东山长圻石婆嘴湖边塑了一尊石婆像，石公

莫厘峰

石婆永世相望，成为太湖人坚强勇敢的象征。

太湖中有七十二峰，洞庭东西山是湖中最大的两座岛屿，其东山坐落在离苏州古城四十多公里的西南太湖中。洞庭山之名源于太湖中古有金庭、玉柱两座小山，在两山东面之山名东洞庭山（简称东山），而位于两山西面的名西洞庭山（简称西山），东西两山隔湖相望，就像一对孪生姐妹，世代相守。据说两山之间的湖中原是一座古城，民间有“沉没仙洲城，长出泗洲城”之说。元明以都、图为行政区划，在苏州及吴县的明清方志中，东西山只记有三十都与三十二都，中间少了个三十一都，古人均无说明，就连明蔡昇、王鏊弘治年间所撰的《震泽编》中也隐而不说，故三十一都可能就是沉掉的仙洲城。东山面积为六十三平方公里，最高峰莫厘峰高两千九百三十二米；西山面积七百九十八平方公里，其最高峰缥缈峰高三千三百六十六米。古时因东西两山都在湖中，四面均被水所围，故又有包山之称。1956年，苏东公路通至东山，东山遂成半岛。而1992年10月，全长四千三百零八米的太湖大桥通车，西山也告别了包山的历史。东山最早又有武山（现吴巷山、西泾村一带）之称，也许是远古造山运动后，一条长达十二公里的具区港把整座东山一劈为二。具区港俗称渡水港，港北岸的山脉与山地称东山，而港南岸的太湖小平原名武山。吴越春秋时东山还是一处荒无人烟的蛮荒之地，尚

元代轩辕宫

未有名。据唐鉴真禅师《洞庭记》载：“虎山，吴王于此山筑阱养虎因名，后避唐讳，曰武山。”

后来，东山又有过胥母山、莫厘山、东峰之名。王鏊所著《震泽编》载：“东洞庭周五十馀里，上居千家。一名胥母，则谓子胥尝迎母于此也。”据说春秋时楚国大臣伍子胥，刚逃亡到吴国时，曾在东山的山岭上躲藏过，在山下湖畔以农耕为生。后来伍子胥因功封为吴国大夫，在东山最高峰大尖顶上接过母亲，其峰就称胥母峰，东山亦得名胥母山。到了隋初，江南七王造反，镇国公杨素带兵平定叛乱后，怕再有反复，令部将莫厘留下镇守苏州，兵营就驻扎在离城八十余里的东山最高峰上，胥母峰又改称莫厘峰。到了北宋时，相传东西两山相隔的太湖中突然冒出两座小岛，即龙宫般美丽的洞山与庭山，其东面之山称东洞庭山，而西面之山呼西洞庭山。不知何朝，洞山、庭山又神秘地沉入了湖底，只留下了那个美丽的传说和东西山的名称。

湖中气候宜人，风光旖旎。东山峰峦叠翠，松竹茂盛。里中鸡犬鸣吠，村落连缀。入其中则良田美墅，窈窕而深藏，旷荡而平易，延袤数十里，加之小岛被太湖所围，地域上相对独立，其民过着日出而作、日落而息的生活，“宛如一小桃源”。文徵明在东山兴福寺《重建慧云堂记》一文中云：“吴之莫厘山，即所谓东洞庭山者，在太湖之心，延袤百里，居民聚落，棋布方列，中多佛刹精庐，湖山映带，林木蔽亏，最为胜绝，然与城市相隔，游者必清波涉随，非好奇之士，不辄至也。”

东山属低山丘陵，地形并不复杂。一条东起岱心湾，西至长圻山，蜿蜒西去的低矮山脉横于岛上，山之南称前山，山之北名后山。王鏊在《震泽编》中云：“东洞庭之峰莫厘最高，其阳为率喽坞、法海寺在焉；其阴为翠峰坞，翠峰寺在焉。莫厘之东重冈复嶂，或起或伏之间民聚居之。其一支自北而南为宋家湾、为岱心湾、为杨家湾，华严寺在焉。又南为郁家湖，历翠峰而南为犀牛岭，为马坞，为石坞、秦家坞。又南为九峰、为小莫厘，中一支自平岭而南为虾蝃岭、为象鼻岭。稍东为楞槎墩，过东为偃月冈，施状元坟在焉。折而南为屏风山，是为金塔下。又南为干山岭、为俞坞，兴福寺在焉。又南为重亨、为金湾、为查湾、为蒉山嘴。一支自西而南，冈峦起伏尤多。北为丰圻、为石壁、为小长巷，迤逦而南为上金，为周湾、吴湾。又南为白沙、为嘶马坞、为纪革。又南为寒山，为嵩下，为梁家濑，为北叶、南叶，为碧螺峰，灵源寺在焉。又南为杨湾，杨湾之西为毛园，为王舍，为南望、北望，弥勒寺在焉。其东为胡沙、为长圻，能仁寺在焉。东山之境于是始穷也，其西南则长兴界也。”王鏊在《震泽编》中的这段精辟概述，基本上道出了东山的山形地貌，以及分布在峰岭与山坞中的名胜古刹。

紫金庵三世如来

在隋唐以前，东山就有“九寺十三庵”之称。唐代诗人杜牧“南朝四百八十寺，多少楼台烟雨中”，东山的九座寺庙均在其中。除王鏊在《震泽编》“七十二山”一章中提到的庙宇外，东山有名的古寺还有金庵寺，又称紫金庵，建于唐初，为胡僧沙利各达耶所建，是洞庭东山唯一的印度僧人结庵修道的寺庙。寺内罗汉堂中十六尊南宋彩塑罗汉，为全国重点文物保护单位。此外，永福寺、保安寺、眠佛寺、寿宁庵、集福庵、东岳庙、轩辕宫等都始建于唐宋之前，是吴中的著名古刹。

“一年十八熟，四季花果香”，山中物产丰饶，花果之木，漫山遍野，“土无不种植，人无日停闲”。所在桑麻掩映，桃李成林，随处皆碧螺春茶、

枇杷、杨梅、梨、石榴、银杏、柑橘、柿子，素有花果山之称。“三春茶叶四月梅，红枣蜜桃喜相连。初夏端阳枇杷熟，夏至杨梅满山甜。五月李子挂满树，花红采摘七月间。石榴大，葡萄鲜，银杏板栗赶秋天。雪柿红时蟹橙黄，洞庭橘红霜降边。”这首民谣，道出了洞庭山一年十八次收获，也说出了东山四季茶果之富。其中名茶碧螺春属绿茶中的精品，为中国十大名茶之一。相传碧螺春为王母遣仙鹤传种而得，原名“吓煞人香”，后清帝康熙下江南，幸临太湖东山，以其茶名太俗而改名碧螺春。碧为茶之色，螺为茶之形，春为茶之时。

东山传统名果白沙枇杷栽种历史也很悠久，明王世懋《学圃杂疏》就有“枇杷出东洞庭者大”的记载。清代早期白沙纪革村的枇杷最负盛名，清《太湖备考》上载有清代名士九侗“摘得东山纪革头，金丸满案玉膏流。唐宫荔子夸无赛，恨不江南一骑收”的名句。洞庭红橘因其果色泽红艳、味道甜酸可口而在唐代就被作为贡品上送京城。据说唐太宗每年除夕，都要赐洞庭红橘给有功的文臣武将，以示吉祥。至于唐宋白居易、刘禹锡、苏轼、范仲淹、范成大等名宦、名士歌颂洞庭红的诗作，更是数以百计。“水天向晚碧沉沉，树影霞光重叠深。浸月冷波千顷练，饱霜新橘万株金。幸无案牍何妨醉，纵有笙歌不废吟。十只画船何处宿？洞庭山脚太湖心。”这是唐代宝庆元年（826），白居易任苏州刺史泛舟游览太湖时而作。

雕花大楼

东山交通便捷，加上华夏民族古称东方之子，对“东”字有种特殊的感情，对以东字命名的地方有种归宿感，因而历史上到东山隐居或居家的达官贵人及文人雅士，比西山更多些。

从东周末年起，就有贤达至东山隐居的记载。东周元王三年（前473），吴延陵季札之孙濮婺，避战乱率族隐居武山，并改姓濮，逃过了越兵的追杀，在武山建吴巷村，吴濮婺被尊为东山吴氏始祖。西晋太熙元年（290），晋武帝驸马、建康太守沈坤因不满贾皇后专权，携朝英公主隐居东山具区桥之东，繁衍成沈姓望族。唐广明元年（880），卫护京城的武卫将军席温，眼看黄巢百万义军逼近长安，唐僖宗已率众逃往成都，孤掌难鸣，万般无奈，率三子南下隐居东山翠峰坞，终老山水间。北宋刑部侍郎叶逵，因在东山建有别业，后其子孙大多定居后山，筑叶巷，成为吴中巨姓。南宋“绍兴和议”后，抗金名将岳飞等一批忠臣良将被害，宋哲宗驸马都尉郑钊，携顺德公主愤而南下，隐居武山郑岭，筑三里官庄街……

定居小岛

南宋流亡小朝廷的船队顺流东下，后卫船上的兵将听小将校娓娓而谈，把洞庭东山视作桃花源，很想登山一睹其真容。当船队行至东山与宜兴交界处的太湖龟山峡时，突然风暴来临，平静的太湖忽起波涛，狂风掀起巨浪，浪涛裹着狂风，滔天白浪似小山般扑向船队。那些经过长途航行的船只，像一片片漂在旋涡中的树叶，随时有被卷入湖底之危。船队上的兵将个个惊慌失措，吓得六神无主，预感到末日来临，也许天将亡南宋于太湖。这时船队中间一艘较大的官船上，刚刚当上皇帝的高宗赵构壮起胆子，立在船头对着湖畔一座庙宇亲自祷告："神灵保佑，如能平安南渡，将重塑金身，加封为王。"见皇帝下跪，船上文武百官也一齐朝南跪拜，口中念念有词："仙山显灵，神庙庇护，皇上圣明，大宋定能过此一劫，重振国威。"而龙舟后面的护船，见前面船上的人一批批跪下，也莫名其妙地朝南跪拜起来。

赵构率众跪拜的庙宇，名杨湾庙，建于唐贞观年间，祀吴国忠臣伍子胥。据说吴国大夫伍子胥被吴王赐剑自刎后，其首被夫差令人装入皮袋，抛入太湖，顺流漂到了东山杨湾湖面，山人怀念他对吴国的忠诚，装其首，在湖畔立庙祭祀。高宗皇帝赵构率众祈祷、跪拜果然显灵，不一会儿，湖面上顿时云开雾散，风平浪静，船队安全驶出了龟山峡，到达浙江临安。民国《吴县志》载："灵顺宫，祀吴相伍子胥，创自唐贞观二年。宋高宗南渡，扈跸官军分道，经湖风涛不可航，祷神立应，加封为王，遣官葺治。"康王定都临安后，果不负前言，遣官至东山修葺神庙，重塑神像，杨湾庙因而改名灵顺宫。清初，庙中增塑黄帝神像，人文之祖的黄帝生于轩辕之丘，灵顺宫又改名轩辕宫。

古村陆巷

风浪息了，船队又要起航，漫漫南渡，何日是期？疲惫不堪的护驾将士们问苍天，只有白云飘飘，归雁低鸣。这时后卫战船上一位战袍破碎、脸上血迹斑斑的统制官向众将提议说：“吾等武人食朝廷俸禄，卫护新朝有责，为保家国马革裹尸亦在所不惜，妻儿老小不该同我等一起去送死，何不把她们留在这座山上，或许还有一线生机。”这位战将名千七，王琬所撰《王氏家谱》中把他称为千七将军。这位将军名王惇，是东山莫厘王氏的二世祖，王鏊为其九世孙。千七将军的提议立即得到了众兵将的响应，有多位护驾将士悄悄把家眷留在了东山后山太湖边的一座小山坞里，自己复登战船，随着南宋小朝廷继续向南，到了浙江临安。

浴血苦战的将士们，抛妻弃子，千里征战，用生命护卫着南宋小朝廷到达临安，重建了新的王朝，日夜盼望新朝能重整旗鼓进行北伐，救出徽、钦两帝，以洗国耻。南宋绍兴十一年（1142）十二月，抗金名将岳飞在临安被秦桧之流以“莫须有”的罪名杀害，接着南宋与金国订立“南北议和”条约，偏安江南一隅的赵构，在临安的歌舞升平中再也没有收复北地的大志了。奸佞掌控朝政，军队离心离德，大批文武官员与将士，或挂冠而去，或不辞而别，在临安附近的湖岛上寻找他们的归宿，湖中两个最大的岛屿，洞庭东西山就成了他们最理想的安身之地，他们一批批隐居到了这两个

小岛上。

千七将军同儿子万六、万七和万八三子密议，大丈夫志当在四方，何必继续在此为昏君奸党卖命。一个冬日的半夜，父子四人驾舟悄悄离开临安，扬帆东下，回到洞庭东山与家人团聚。王氏原为钟鸣鼎食的中原大族，但战乱使他们像贫民一样，除了一身破碎而血迹斑斑的战袍及嗷嗷待哺的妻儿外，已一无所有，一切得从头开始。千七父子定居东山后，开荒种果，莳桑养蚕，又辟坡建屋，聚为阛阓，开始建造新的家园。王氏后裔从南宋末年起，农桑之外又经商从文，继而科举显名，家族甚为兴旺，东山再起，遂建王巷。元末明初，王氏七世孙王彦祥入赘后山蒋湾陆氏，王陆两家遂为一家，两族人齐心合力，在王巷西侧辟建了陆巷村。一说明初因该村中筑有康庄巷、文宁巷、姜家巷、韩家巷、旗杆巷、固西巷等六条巷子而得名陆巷。

据史料记载，这批把家眷安居东山的将士，有宋哲宗驸马都尉、顺德公主丈夫郑钊，他是东山武山郑氏始祖；有岳飞的好友都统制翁承勋，为东山翁氏始祖；有同为岳飞友人的宣义郎葛乾，其为武山葛氏始祖；有万八将军严庆源，被尊为东山严巷严氏始祖；有太常丞吴锐之子吴谦，为东山白沙古柏吴氏始祖；有江浙宣抚使周望之子周仁，为东山杨湾周氏始祖；有湖州州判万虞恺，是东山张巷万氏始祖；有汴梁商人隐山公徐宗麟，是为东山李湾（现名屯湾）徐氏始祖；有中原河间隐士俞德，是为东山具区桥俞氏始祖……上述中原氏族之外，还有刘氏、金氏、汤氏、宋氏、叶氏、朱氏、陆氏、毛氏等家族，也都是在南宋建炎初年，或护驾或避乱迁居于太湖洞庭东山。

千七将军是百三的儿子，百三被尊为东山王氏一世祖，亦是王鏊的始祖。清末，王鏊十四孙王季烈重修王氏家谱，为区别于苏州及东山其他王姓，遂以洞庭东山主峰，隋初南征将军莫厘扎过营寨的山峰命名，定名《莫厘王氏家谱》。王鏊之父光化公琬在明弘治年间始撰的《家谱》“溯源”中说：“吾王姓之始远矣，相传有居于琅琊者、太原者、山阴者，而家于姑苏之洞庭，则自南渡时徙焉。因世远莫考，亦不知究竟出自何支王氏。”而经苏州三槐堂王氏研究会有关文史专家考证，初定东山莫厘王氏为南宋王伦后裔，属太原支王氏。

王姓为华夏巨族，起源悠远，源头繁杂。从唐宋起研究姓氏起源的学者，根据王氏不同姓氏来源，将其分为姬姓之王、妫姓之王、子姓之王、夷姓之王等；又依据其主要居住的地区或郡望，分为太原支、琅琊支、山阴支等。太原王氏属秦代名将王翦之孙王威的后裔，秦末战争中，王翦之子王离与项羽交战，兵败而降，受封武成侯。秦朝灭亡后，为避战乱，王离长子王元迁居山东琅琊，次子王威徙迁山西太原，家族中遂有琅琊王与太原王之分。王威后裔繁衍极盛，遍及中原，又名士辈出，成为北方巨族。

江南太原王氏始祖为隋代大儒、哲学家王通，其人字仲淹，绛州龙门人。以著书讲学为业，主张以儒学为主，儒佛道三教合一，后世对他有“河汾道统”之誉。唐代宰相魏徵、房玄龄都出其门下。唐初文学家著名诗人王勃为王通之孙。王仲舒十世孙王祐，北宋初任开封知府，拜兵部侍郎，卒后追封晋国公。以“百口明彦卿无罪”而世称其德。当年，王祐曾在庭院里种三棵槐树，并说：“我的后代子孙必有位居三公者。”这就是三槐堂王氏的来历。

王鏊在其父“光化公序”之“跋”中云：“吾王氏自始祖至于今，为世凡十有一，为支凡五。自宋建炎迄今大明弘治，凡三百有奇。”又曰：“王氏皆王者之后，自宋以来，皆称三槐后裔。而吾千七将军扈宋南渡，自汴梁迁焉，其承绪尚可考也。”故王鏊在他的书画落款中，常有“三槐之裔”“三槐堂”等印章。尽管他在谱系中也曾称“不详其十世祖前的祖先由来”，但还是能看出王鏊自认是“三槐堂”的后裔。

宋室南渡时，首迁苏州的“三槐堂”的后裔为殿帅府太尉王皋。太原王氏以王通为一世，王皋已是其十四世。王皋，字子高。父王巩，长于诗词，与苏轼友善，因坐苏轼诗案贬海南。王皋北宋元丰四年（1081）生于闽之贬所，王巩获赦归京，王皋作为名臣子孙而进入仕途，为开封府长官。“靖康之变”时王皋力主抗金，惜未被朝廷进纳。京城汴梁失陷后，他同徽宗、钦宗两帝一起被俘。金将想议立异姓王，并令王皋跪拜，他厉声斥曰：“吾王文正公孙，岂拜贼邪！死则死耳，异姓必不可立！”其一身正气，令金帅沮丧。继而王皋同两帝一起被金兵劫持，驱往漠北。高宗赵构在应天继位后，王皋举家南迁，同叶梦得、张浚、韩世忠等将领及时平定了苗傅、刘正彦的叛

陆巷港

乱，接着护驾经平江（今苏州）至临安。高宗赵构对金投降，“南北和议”对王皋打击很大，其叹曰：“西湖一洼水，何足济天下事乎，吾亦从此逝矣！”遂隐居吴郡荻川（今相城太平），葛巾布服，终日与山水为伴。卒后，石湖居士范成大为其作《子高公传》，对王皋的一生给予高度评价。

与王皋同时迁苏的还有王皋的堂侄王伦，即王鏊的远祖。王伦（1084—1144），字正道，世为大名府莘县人。王伦是王毅的儿子，王毅是北宋一名正直的大臣，因上疏弹劾奸相蔡京而得罪权贵，丢了官职。父亲是名臣，但儿子开始没有入正道，据说王伦年轻时是个游手好闲之徒，往来东西京之间，屡次犯法，但还是被幸免。南宋时举家迁平江后，王伦曾三次被高宗派往金国议和，最后一次赴金扣留六年后，被金人绞死。四年后，王伦长子王述与叔叔王遵冒险潜入金人统治下的河间，将王伦的尸骨运回江南，葬在阳山大石坞内。南宋乾道年间，宋孝宗下诏求访王伦遗孤，将他的三个儿子都荫补为官。据《三槐王氏表》考证，王伦之孙王惇，曾任武德将军，南渡后父子俩定居吴县东洞庭山，王惇数传至王鏊。

王惇（即千七将军），又称武德将军，护驾南渡后随父百三公迁居太湖东洞庭山。王惇生万六、万七、万八三子，长子万六，字大志，娶蔡氏五娘，家谱中称“万六将军”，也许是他仍子承父业，以军旅为生，故称万六为将军。接着，万六生胜一（字荣宗）、胜二（字振宗），万七生胜三（字嗣宗）、胜四（字昌宗），万八生胜五（字兴宗）。千七将军传至第四代，莫厘王氏已是子孙兴旺，成为陆巷大族，王氏家族中已有福一至福十二与寿一、寿二等十四名曾孙，即十四支裔孙。从《莫厘王氏家谱》考阅，除福十二一支得以延续至今，其余十三支均传至第十一代延字辈而止，裔孙莫知所终。福十二，字仲逵，是王鏊的五世祖，他生活的时候已是元代末年。从王惇南宋初解甲归田，携家居东山后，两百多年间其裔孙都默默无闻，可能均以农耕为生，间亦有商贾之士，在地方上没有多大影响。不仅吴县、东山乡邦典籍上没有王氏人物的记载，且王琬所撰的《王氏家谱》上记载也极其简略。从一世王惇到六世廷宝，近百个先人除了名字、墓葬地外，几乎一片空白。

而此时南宋初期与王氏同时迁山的吴氏、叶氏、陆氏、张氏在宋元时已是名人辈出，载于郡县方志。吴泽，字兑夫，东山武山人，慈祥恺恻，气量纯雅。喜读书，通《春秋》《周易》，尤以诗书开发愚懵。宋时东山尚属未教化的荒蛮地区，山人尤易犯法。吴氏常集族人聚至家中，授之以书，明之以理，去之懵懂。他接物平恕，持身俭朴，在社会上很有威望。南宋中期，为拒北兵，保宋之半壁江山，朝廷广揽人才。吴泽经地方郡守推荐，被招之临安，举为宣政教官。吴泽的孙子吴惠，明代永乐年间登第，是洞庭两山历史上第一名进士。曾孙施槃（原为吴姓，出赘施氏）是正统间状元，亦为明朝苏州府第一名状元。叶德新，字维章，东山陈（澄）湾人。少时就知书而多心计，在苏州一带小有名气。据说他十六岁时曾驾一孤舟出太湖，用计吓退过一群欲登岸抢劫的太湖强盗。元至正十六年（1356），张士诚在苏州建都后广招人才，召叶德新至苏城，并委以重任。“闻言德新有才，遂招致与谋帷幄，委掌财赋。”张士诚自立为吴王，置官署，以其弟士信为浙江行省左丞相，叶德新晋为中书省右丞。陆子敬，陆巷惠头村人，元末至淮上经商，未几成巨富。后兵乱不知所终，其独生女招王巷王彦祥为婿（王鏊的曾祖父）。

明初，东山南叶人叶颙，在元末浙江行省乡试中举，署和靖书院山长。朱元璋得天下，屡诏叶颙不赴，密谕长兴侯诛杀。张宁，东山杨湾人。精

于土木工程，经好友李善长举荐，领旨督建南京城。太祖召见张宁，询问一番后甚为合意。时张宁是个尚无一官半职的平民，令其督建南京城，恐众工役不服，朝廷乃颁御旨，命张宁白衣督领工役，凡参与筑城者，均悉听其指挥，违者作抗旨严处。吴泰一，字子华，东山武山西金人，富商。明初建都南京，对江南富裕之家大肆征集砖石以筑南京城。吴泰一家历年应征，竟致田地全无，家中破产。筑城事竣后，被征之户，朝廷均有奖赐，吴家因而得谕曰："愿助役之家，子孙昌顺"，又赐给其"宝银"五锭。吴泰一得所赐"宝银"五锭归里后，与弟合力从事商贾贩运重振家业。《延陵吴氏家谱》载：泰一公"洪武中商淮北，逾数年而产益辟，家益饶。有司以丰赀者例选为粮长"。

王惇只是军队里的一名中下级将校，同这些早期迁山的皇亲国戚相比，自然不能攀及，开始时只能年复一年，代代相传，在山中默默耕耘，积聚家资。元代末年，莫厘王氏还是农耕之家，且家境并不宽裕，尤其是福十二次子廷宝，可能家遭变故，经济条件更差些。福十二生廷玉、廷宝两子。长子廷玉生彦中、彦和、彦瑛、彦琳、彦瑜五子，均为乡间农人。而次子廷宝仅生彦祥一子。彦祥字伯英，出赘于陆巷陆子敬家为婿，要是家庭经济条件尚可，廷宝的独子彦祥怎么可能去陆家为婿呢？彦祥生惟善、惟德、惟贞、惟道、惟能五子，这五个儿子长大后都很有出息，大多做出了一番事业，也重振了王氏家族的门庭。在明清的《苏州府志》及《吴县志》中，王彦祥父子六人，有四人列入"名宦传"及"名苑传"。

东山莫厘王氏从七世孙王彦祥开始经商，才渐有显者，家族开始兴旺。王彦祥第三子王逵（1390—1453），字惟道，一字以行，是王鏊的祖父，也是一位重振王氏门庭的奠基人。王惟道生有璋、琛、琬三子，王琬（1481—1503），字朝用，号静乐，因其任过湖广光化县令，又称光化公，是王鏊的父亲。琬生铭、鏊、铨、镠四子，王鏊为其次子。莫厘王氏从千七将军王惇南宋建炎年间迁居太湖东山，到明成化时其九世孙王鏊科考中探花，入翰林，正德初年又入阁为相，官居极品，前后已经三百多年，一举成了东山大族。

还宗王姓

千七将军王惇选择的家族定居之地陆巷，位于莫厘峰北面的太湖边，西接长圻山，东临白沙湾，遥对西山，南望三山岛。可东眺苏州，西望宜兴、湖州，离南宋时京城杭州仅一百多里水路。

王巷

与陆巷毗连的从东至西有严巷、朱巷、张巷、蒋湾、周湾、洪湾、杨湾、屯湾等村落。这些自然村均始于南宋，据说宋时南渡的官兵见东山雄峙湖中、地势险要，是一处极理想的隐居之地，许多人都把家眷留在了山中。当时东山还是一座湖岛，只有依靠太湖运输生活与农耕货物，中原移民们开始大多定居在沿湖的小山坞中，形成了不少以巷、湾为名的小村落。

东山莫厘王氏是“三槐堂”王氏的一支分支，世为中原大族。靖康之难，金兵南下，所到之处焚烧抢劫，中原战火纷飞，城市、乡村成了一片废墟，北方人口纷纷南迁。残酷的战争夺去人们赖以生存的所有物质基础，不管是豪门大族，还是平民百姓，能逃出战乱已属万幸，大家身无分文，一切从头开始，在同一条起跑线上开始新的生活。从县邑方志及现东山保留的家谱看，宋室南渡时迁居东山的北方诸姓中，较有影响的有翁、席、刘、严、金、朱、陆、叶、周、吴、郑、王、葛、万、徐、施等近三十个家族，这些中原望族迁徙东山后，无一不是从零开始，先以农耕起家，继而经商、从文，参加科考，走上亦商亦仕的发家之路。如明代中后期成为豪门望族的翁氏，约元初时“四世定一公卒隐湖浜，躬耕而食”。又如明初经商发迹的张巷万氏，始以种桑为务，有“李湾桑园万家”之称。还有明永乐年间应诏徙燕地的武山葛氏，五世泰二公在西泾凿池养鱼，池堤上种桑育蚕，还在鱼池旁筑了一处渡口，以利于苏州至东山的过往行人摆渡，后来其处得名葛家渎。而莫厘王氏以种橘起家，在东山诸族中更具有代表性。

陆巷王氏后来能够显达，最初应归功于蒋湾陆氏，且得力于陆氏家族，尤其是妻子陆素贞。素贞是陆子敬的独生女，据传陆子敬是南北朝时名士陆厥的后裔，始居三山之厥山。陆厥，字翰卿，其父在扬州为官，被人诬陷，惨遭杀身之祸。陆厥隐于小岛，哭七天七夜而亡，岛人敬其孝，把小山更名厥山，亦为陆孝子山。约元代中期，陆厥有一支裔孙迁居陆巷，数传而至陆子敬。王、陆两家原是村邻，但受旧时农村“邻居望穷，亲房盼绝”（即穷了可买土地，绝了可得其家产）的小农经济思想影响，两家并无多大来往。后来，月下老人抛下的一根红线，把两家连成了一家。以至早先在后山一带有则传说，陆巷村原名陆王村，后来叫讹称陆巷村。

王彦祥，字伯英，是陆家招的女婿。按东山旧时风俗，男子到女家上门为女婿后，得改女家之姓，遂名陆彦祥。据王琬《伯英公墓表》载：“大父生于至正某年，以永乐十三年四月九日卒，葬于山之蒋坞。”从其族谱世系表看，彦祥为东山王氏第七世孙，是王鏊的曾祖父。王家从千七将军定居东山，至彦祥之父廷宝，已传六代。廷宝娶同里杨湾杨氏为妻，生有彦祥、彦祺两子，长子彦祥出赘给陆巷陆子敬家为婿。陆氏世代经商，家境殷富。《莫厘王氏家谱》载：“元季比巷有陆子敬者，游淮西，值兵乱，莫知所终。遗孤女，慧而孝，因馆大父，以后子敬氏，陆富宗强，大父旅其间，和而有礼，上下宜也。”意思说元代陆巷有位名陆子敬的大商人，因到淮西一带去经商，遭兵乱而丧生，其遗孤女极为孝顺贤惠，招了王家彦祥为婿。王彦祥因忠厚老实，勤于家业而得到了陆氏家族中的认可。陆子敬妻子吴氏，性格刚强，对女儿素贞与女婿彦祥影响很大。王琬在《伯英公墓表》上有段记载：元末东山遭兵乱，陆巷村人都逃入山中躲避，只有吴氏携着幼女素贞立于村口山潭边。待乱兵退，村人归家，见了吴氏问：“乱兵进村怎么办？”吴氏指着女儿说：“我母女赴潭中，随她父亲而去。”王鏊幼时常听祖母讲太公、太婆（曾祖父母）的故事，对他幼小的心灵影响很大。

陆巷地处湖畔，依山临水，土壤肥沃，宜种橘柚。唐宋时洞庭红橘身价很高，唐代诗人白居易在苏州任刺史时，每年都要向朝廷进贡洞庭红橘。其《拣贡橘书情》诗云：“洞庭贡橘拣宜精，太守勤王请自行。珠颗形容随日长，琼浆气味得霜成。”而白乐天的好友诗人张彤，在《奉和白太守拣橘》诗曰：“凌霜远涉太湖深，双卷朱旗望橘林。树树笼烟疑带火，山山照日似悬金。”南宋石湖居士范成大《洞庭橘园》诗亦称：“橘中有佳人，招客果下游。胡床到何许，坐我金碧洲。沉沉剪彩山，垂垂万星球。奇采日中丽，生香风外浮。”元明时，洞庭红橘为士大夫之间馈赠的礼物。明初时橘子收入仍很高，栽橘一树可卖千钱，好年景一树值钱两三千，甚至一树达万钱者，王家很快有了较为殷实的家资。王彦祥父子靠种橘致富，很想还宗姓王，可这怎么开得出口呢？再说陆子敬是去世了，但陆氏家族的势力还很大，没有陆家族长的许可，这姓是改不过来的。

这时陆巷村发生了一件事，也使陆彦祥遂心愿还宗了王姓。明代宣德四年（1429），一艘帆船从胥口门驶入太湖，朝陆巷港驶来。寒谷渡埠头上，站满了迎候的人群，人群中不时发出低泣声。外出赴闽居官仅三年的王家长子王昇，因辛劳过度而去世。船只靠岸，家人原以为福建为富庶之地，总有点奇珍异物归家，可上船一看，除了灵柩外，船中萧无一物。正应了王昇赴闽时说的那句话，“一身正气去，两袖清风归”。明崇祯《吴县志》名臣传载：“王昇，字惟善。逵兄。世居东洞庭。宣德间，授长乐主簿，有善政。士民怀之，多称王佛子。”

王惟善为莫厘王氏八世孙，王彦祥长子，按辈分应该是王鏊的伯祖父，即祖父惟道公的长兄。说来也使人难以置信，王惟善踏入官场不是自愿的，而是被官府所逼，完全出于无奈。明初东山尚属未教化的荒蛮之地。山中居民大多为宋室南迁时，择居山中的武人之后。山人都以耕田、种果、养蚕及兼点小商为生。其民尤重犯法，不肯禄仕。当然所谓犯法，并不是造反或者触犯国法，而是指民风强悍，性野好斗。所以凡被村中长者举为孝廉者，到府庠里去读书，大多恐惧逃匿，担心万一被当朝召去做官，会招来祸事。元明两朝，王氏虽为耕读之家，可已很有经济实力，在陆巷村又乐行善事，被村人称为忠厚王家。尤其是王惟善生而长大白皙，一表人才，又一脸憨厚，简重言笑，乡人均视其为长者，有正人君子之誉，是忠厚王家的代表人物，被举为万石长。王惟善名声在外，县衙的官员闻知后，欲招之，把他辟为从事，即举荐他去做官。惟善听到这个消息，心中又惊又怕，恐自己从政后给陆、王家族带来灾祸。

山中人的担忧是有道理的，洪武初年，朱元璋在他亲定的刑事特别法《御制大诰》中有一条罪名：凡读书人不愿出来做官，征召之后仍要隐居山林，用种种托词不肯出山为皇帝服务的，就是个“枭首示众”的死罪。理由很简单，读书人以“修身齐家治国平天下”为义务，不肯为当今皇帝服务，是不是想替其他僭徒出力， 留有何用？必欲诛之。王惟善不愿去做官，唯一的办法是逃避。他逃到浙江长兴山里，躲藏了起来。可逃得了和尚逃不了庙，县里的官员找不到要征诏的王惟善，又急又恼，遂把他的弟弟王惟道，即王鏊的祖父抓了起来，要代治他的罪。百般无奈之下，王惟善只得应召出山。在离开长兴山时，惟道遇见了一个道士，知道他的窘况后，道士说，这好办，教他自毁面容。明朝挑选官员很讲究相貌，如王惟善能这样做，把自己的脸毁了，县衙一定为以其容不佳而弃之。惟善听从道士之言，煎了荷叶汤涂在自己的面孔上，又上高峰在烈日下暴晒，真的把自己的容貌毁坏了，变成了一脸麻子。县里的官员不知情，把他的弟弟王惟道传到了县衙里，对他说：“吾闻尔兄名，肯一见我，我且释之。”惟善不忍心让弟弟代过，只得从长兴山里走了出来，以为自己面容已毁，只是到县里过过堂罢了，谁知县府征召不足，像征兵一样壮丁奇缺，脸面稍有点缺陷的小麻子也要。就这样，王惟善被迫做了官，出则署为兵曹掾，即授福建长乐县主簿。明代的主簿在县丞之下，属九品，是最小的官职，以下就是未入流了。这是东山莫厘王氏数百年来第一个出山为官者，关系到忠厚王家的声誉，官阶虽低，但王惟善很看重，至长乐后，他清廉勤政，爱戴百姓，被百姓称为王佛子。

王惟善至福建长乐县上任后，陆氏家族非常忧虑，社会上常闻官员受

王氏故居

赇，株连九族，没收全部家产。此时的王惟善，按山乡俗规来说应该叫陆惟善，万一陆惟善在福建任上出点什么事，陆家的万贯家产不就完了，昆山城里的沈万三就是榜样。所以《莫厘王氏家谱》称："时法网峻密，民稍秀者，选为郡县庠生，辄至通显，旋罹于祸，或及其宗。陆氏长者，始欲大父还宗，而难于言。"一天，陆氏族长找到正在橘林中忙碌的王彦祥，告诉他王家远房亲戚陕西布政使叶德闻被腰斩南京之事。叶德闻的父亲叶宁是王彦祥的堂房舅舅，叶氏父子在淮北一带经商，遂定居淮上。后来因与一桩诉讼案有连，叶德闻被押至大理寺审问，又被朱元璋看中，授以陕西左布政使，使理秦赋。可不到一年，被同僚和下属罗织罪名，诬告叶德闻贪污钱财。朱元璋远在京城，当然难辨真相，他对这位亲手提拔的二品官大失所望。于是"朝廷震怒，将德闻拿解进京，下大理狱，罪论处斩"。王彦祥对表弟的不幸遭遇早有耳闻，他也常听人说当今皇上性格暴戾，经常在朝堂上随意滥杀大臣，以至朝官们去上朝时，都要同家人作最后的诀别，说不定皇上一不高兴，厄运会降到自己头上，立即丢掉性命。

彦祥深知陆氏族长找他之意，长子惟善居官是被迫的，要是遭到不测，他也不想连累陆家，于是对陆氏长者说："吾既不容于外，复何以自归内？"

意思是说，既然你们担心我家王昇在外为官可能出事，说不定会牵连陆姓，那就让我们父子还宗王姓吧。陆氏族长自然高兴，实话实说："伯英吾弟，你早年出赘吾陆氏之门，老家之产已为昆仲所得，这样吧，你开个条件，要多少地？吾同族中长老商议后尽量满足你的要求。"彦祥微微一笑，有些沉痛地说："爷叔（即叔叔），吾王巷王氏世以忠厚起家，原家境尚可，因大父胜五公为万石长时，以替村中贫者纳交皇粮，尽弃家财，父仲逵公又遭奸人所骗，以致家道中落，吾不得已到陆家为婿。"王家这段历史陆氏族长早已耳闻，见彦祥说得有点伤心，安慰他说："过去的事不必再去回想，你来陆家后日子过得如何？"王彦祥接过话说："陆家待我不薄，可吾堂堂七尺汉子，靠人施舍，不自行创立家业，将来有何面目去对吾列祖列宗？"王彦祥没有接受陆家一分一厘土地，带着妻子陆素贞和五个儿子回到了王巷。

耕读传家

王巷老家早已面目全非，祖上所传的会老堂已易叶姓。原来王彦祥出赘陆家为婿后，按山乡规矩，亦属“嫁出女儿泼出水”，王家祖传的土地、房屋等财产已分文不可得，继承其家业的族弟又不善料理家业，其独子王昶更是个看重虚名之人，整日呼朋邀友，在家宴乐。可叹他坐吃山空，祖产荡尽。王彦祥归宗后用多年的积蓄，在陆巷村口购得隙地一块，造起一座面积不小的大瓦房，先把家安顿了下来。妻子陆氏也从箱底翻出当年结婚时母亲陪给她的嫁妆首饰，交给丈夫到前山社下里典当换钱后，到陆巷蒋湾买了一块山地，开垦后全部种上了柑橘。谱载伯英公与诸子“斩草莽，披瓦砾，戮力治生，数年后家业大昌”。种橘起家后，王彦祥根据儿子们各人的特长进行分工，或从政或为文或行贾，分工明确，各自创业。

农耕是王家的基础，应放在首位。彦祥次子王礼，字惟德，勤于农事，在村中办事公正，乡人仰之。邑大夫以礼召之，尊为耆老，为一乡之表率，惜英年而逝，年仅三十八岁。王礼卒后，管理家业的重担落到了小弟王谨肩上。王谨，字惟能，家中排行最小，但他最有心计，对农事也极为熟知，他曾说：“吾王家世以农耕为务，今何可抛？”俗语说“人心齐，山能移”，经过多年努力，王彦祥家已成了陆巷村中的大户，农田、桑地、果林、鱼塘在村里首屈一指。王谨独任农耕家业，除田园必耕外，还种木奴千树。木奴树就是橘树，据说这种果树结果多、产量高，就像木头的奴隶一样而得名。每至金秋霜落，除在闽地为官的大哥王昇外，惟能的三个哥哥都回到家中，上山采橘。王家屋里的红橘堆得像小山一般，《家谱》称：“火齐玫瑰，耀林溢室，家中所储藏的橘子不可胜计。”由于过分辛劳，王谨三十九岁就去世了。

王鏊读书楼

王氏在勤于农耕的同时，又在洞庭山首办私塾，倡导族中子弟读书。王惟道（1390—1453），名王逵，是王鏊的祖父，彦祥第四子。正德四年（1509），因孙王鏊之官，诰赠光禄大夫柱国少傅、太子太傅户部尚书兼武英殿大学士。惟道公是王氏家族中首位倡导重教重礼的有识之士，为莫厘王氏以教育起家，崛起于寒微，逐渐形成吴中大族奠定了基础。王惟道年轻时也曾随父兄外出经商，多有收获。后来二哥惟德不幸客死他乡，小弟惟能又中年亡故，山中家业无人照料。时父母年事已高，所剩三兄弟中，大哥惟善在长乐为官，三哥惟贞在临清商贾，他只得弃商回到东山，综理家业。王惟道一回家乡，就被村人荐为万石长。这万石长又名“粮长”，每年代朝廷按田亩征收皇粮，送入国家粮仓。如遇到农业歉收，须粮长自填银两，购粮补缺。当然官府下达的征粮数与实际向农户收购数之间，有一定的余额，作为粮长的报酬。原陆巷村粮长为陆氏族长，以势压人，众人忿其私，加上陆粮长年事已高，村人都要王惟道继之。但陆氏族长自雄其赀，不肯让位。几经周折，王惟道被推荐为代理粮长，他上任后，按县衙需上交的指标实收，减去了作为粮长报酬而收的粮食，还拿出家中银两，照顾贫困之家。村中有朱氏、张氏、叶氏，“寒王君衣之，饥王君食之，父母丧王君葬之”。村人都很拥戴他，陆氏族长只得让位。

明初以重典治国，海内凶顽有所收敛，天下日趋于朴。东山在太湖中，其民大多为武人之后，不倡导子孙读书。王惟道感到一个家族要振兴，没有文化，不循礼义，是难以达到目的的。他独好读书，其学亦无所师授，完全靠自学成才。当时没有指导子弟读书的教材，王惟道设法得到了一套朱子小学及“四书”，晨夕诵读，常忘了寝食。他利用自己任万石长的条件，在西湖（太湖之西）祠堂办私塾，教诲村中子弟。他还说服家人，把自己的儿子王琬（王鏊之父）送到县学读书。浦江郑氏家法闻天下，王惟道又前往郑家，求得郑氏《精义续编》。浦江郑氏以孝义治天下，自南宋至明初，十五世同居共食，统治十八年（1358）被朱元璋赐封为“江南第一家”。其《精义续编》含家规、家法、孝义等内容。惟道公得书后与族人商议仿其书，立王氏家规，以培养王家子孙学文化、遵孝道、懂礼义，长大后能做一番事业。对其首创的家中礼法，他还言传身传，使之光大。惟道性情温顺，对父母极为孝顺，与兄弟十分和爱，与朋友很讲信用，乡民邻里，不论亲疏远近，都非常敬重他。因读书而长了见识，开阔了王惟道的视野。大哥王惟善客死福州长乐县主簿任上，灵柩运回东山，按传统风俗客死他乡者为野鬼，其尸体入室不利于生者。尤其是惟善的独子王琮（字孟方）主张灵柩不进家门，准备把父亲暴于室外。这时，王惟道站出来说：“这是我的兄长，中年夭折，岂可让他的身躯暴之于外？今后如有什么凶兆，我来担当。”王惟善灵柩遂入室，得以葬。从此，东山的这一风俗也得以改变。

族有族规，家有家法，没有规矩不成方圆。王惟道制订王氏《家规》二十一条，分别为：睦族、谨言、积德、侍奉、养亲、兄弟、择配、娶妾、教子、入学、延师、朋友、乡党、恤寡……其“入学”条规定：“凡蒙童上学先识方字三千，即解字意，然后念书。念书之法第一戒，其歪坐，眼看他处，手中弄物，口中糊诵，必要教他端坐。对书专心，眼看句，读明白，声韵清朗，日课无间，行教随其资质，不可勉强、贪多，惟精读为务。晚上读书欲睡即止，不若五更早起，一遍胜于日中十遍也。十岁饮食居宿皆在馆中，勿使出入，恐诱外窦，日夜与先生共处，则涵育熏陶，气质变化造诣自深矣。且要教他进退揖逊之容、隅坐随行之礼、拜跪按席之仪、洒扫应对之节、温清定省之道。自幼习惯而成，及长而孝悌忠信油然自生，父母不可不察也。”

其“延师”条目说：“凡请先生必细访有德饱学师范严明者，有坐性，少交游者延之。然待先生之道，必要竭诚恭敬，不可轻忽怠慢……”意思是讲，办学请先生首先要查访有德行而专心教书之贤者，古人云“一日为师，终身为父”，待先生一定要尊敬。而其“师道”称：“为人师范岂易事哉，夫师者以道德教人者也；范者为式清而人效者也……”这一条开头就说，要当一名诲人之子的教师是不易的，为人师表者必先自己有道德，学生才能以师为学习的榜样。

王惟道的妻子叶妙贤，前山叶巷村人，为叶石林梦得公裔孙女。生于明洪武二十四年（1391）十月八日。按东山旧时之俗，女子出嫁后应去其姓名，改夫家之姓，称王叶氏。妙贤可能是她晚年皈依佛教，居士之名。她是王惟道办学的得力助手，王家重振雄风的功劳有她的一半。据《惟道公元配叶夫人墓志铭》载：妙贤贞淑婉静，不妄言笑。父亲早亡，靠母亲抚养成人。她遵母训不轻出家门，就女事尤勤。刚满十八岁就嫁于王家门，相夫育子，恪尽妇道。丈夫惟道办学就理于外，妻子妙贤治于内，家业日饶。宣德初年，江南大旱，山中发生大饥疫。妙贤曾喻丈夫惟道说，吾办学为千秋大业，可教育子孙，自己先得做榜样。夫妻俩作出了一个决定：对因受灾而无法还其欠债者，一律减免债务。凡永乐年间所欠者，全免之；若宣德以前所负者，减免一半等，共订有八条规定，乡人均赞其德。对贫寒者更为同情，将乡有孤衰无依之人，如张氏、朱氏，妙贤收养家中，并为她们送终。后来王惟道掌万石，任乡之粮长，妙贤嘱咐丈夫要公正办事，千万不能征剥孱弱以利己。惟道从妻

静观楼古砖雕

言，任万石长多年，不牟一点私利。夫唱妻和，一心为乡人办事，里人赞之。

王氏私塾办在村中的王家祠堂中，开始学生很少，收的也只是些族中子弟。就是在王氏家族里，父母都认为孩子不必读书，长大了大多要“出山”。所谓“出山”，即离开东山到外地去商贾，王鏊在《震泽编》说：“湖中诸山，以商贾为生，土狭民稠，民生十七八，即挟资出商，楚卫齐鲁，靡远不到，有数年不归者。”王惟道先把自己的三个儿子璋、瑮、琬收入学校，让他们白天事农，夜晚读书。接着又动员了自己兄弟的儿子，琮、玑、琛、志高、志远等一大群侄儿进校学习。为鼓励族中子弟认真读书，他还在原来所订的族规中又加了一条：凡能进入县庠读书的奖银三两，乡试中举者奖银5两。古代女子是不读书的，“女子无才便是德”。惟道公却把自己的几个孙女也动员进了家校读书。长孙女妙清后嫁白沙翁家，婚后不久即赋诗一首，托人带回娘家。曰：“久违膝下缺承欢，尺素无奈远问安。蓬岛月华双阙曙，洞庭秋老两峰寒。紫泥诏下修承宠，白发年来且自宽。安得南归重戏彩，菊花插取满头看。”

王氏家族中读书的典范要数王琬，他是王惟道最小的儿子，从小体弱多病，年少时在父亲办的私塾里读了不少书。至弱冠，惟道公令他在堂铺中经商，可王琬站在柜台前专心诵读，以至购物的顾客常摇着头离去。父亲见他读书这样认真，遂把他送入了邑庠补读，这时王琬已二十一岁。与县学中的学子相比，王琬深感自己年龄偏大，读书更加刻苦认真，“感愤淬砺，终夜不寝，或少寝则跃然而起，击石取火以读”。当时，浙江临安名士张文节所教授的春秋学很有名，王琬带着书籍前往求教。张文节，名张和，时为临安县学训导，被王琬的求学精神所感动，授书之余，与之诗文酬答。王琬归家后，整理了一间房子，终日紧闭大门，仅开了一扇窗户让家人送进饮食，在屋中苦读诗书，以励其志。是年，有个名欧廉的御史来到吴县县学，想通过考试挑选一批学生，许多人均恐惧莫敢入，而王琬毅然而往，应试为优等，一举成为国学生。

积金积玉不如积书教子，宽田宽地莫若宽厚待人。莫厘王氏办学，赢在了起跑线上。王惟道的几个孙子铭、锺、鎜、鏊、铨，还有家族中的第三代钦、钿、钊等孙儿，大多成了明代中后期有名的文士和商人。

经商发迹

明代著名文学家冯梦龙在《醒世恒言》中说："话说两山之人，善于货殖，八方四路，去为商为贾。所以江湖上有个口号，叫作'钻天洞庭'。" 而文中所说的两山，就是指太湖中的洞庭东西山。明初，洞庭山外出经商者日盛，全国各地都有"钻天洞庭"的足迹。"苦田少，不得耕耨而食，并商游大江南北，以迨齐、鲁、燕、豫。随处设肆，博锱铢于四方，以供吴之赋税，兼办徭役。"（顾炎武《天下郡国利病书》）田少人多，赋税沉重，是明代洞庭东山人外出为商为贾的一大背景。

马学强先生在他所著《钻天洞庭》一书中，对"钻天"一词有个解释。所谓"钻天"，是指洞庭商人经商的范围、品种技巧等；天下所至，无所不去，指营商区域；捕捉市场行情，及时调整货物贩运品种，指的是经营内容；灵活多变，善于积聚生财，说的是高超的经商技巧、谋略及管理水平。洞庭山商人集团形成于明代初期，主要以东山王、翁、席、叶、严、万、郑、葛诸姓为主。

莫厘王氏是洞庭山经商较早的一个家族，虽以耕读起家，却以经商发迹。自七世王彦祥、八世王胜涉足商海后，其家族中经商者日盛。尤其是伯英公王彦祥一支，代有名商。彦祥五个儿子中，有三个外出经过商，次子惟德"服贾四方，尤善白圭之术"。四子惟道早年随父兄"走万里以图大志，乃出姑胥，入荆襄，取酒黄鹤楼下，歌崔颢之诗，击大江，望君山，扬然有得"。特别值得一提的是惟贞公，他"自小历览江湖，深谙积著之术，故江湖豪雄，尊为客师"，是明代"钻天洞庭"商贾集团早期的重要代表人物。

王惟贞，名王敏，谱称惟贞公，生活在明永乐至正统年间。他是彦祥

王氏三祝堂

的第三个儿子，惟善的二弟，惟道的三哥，排辈分也是王鏊的伯祖父。也许是家中子女多、家境不宽裕的原因，王惟贞从小出赘给陆巷蒋湾叶彦章家为婿。据明代正统年间状元施槃所撰《惟贞公阡表》记载，王惟贞在跟随父亲经商过程中，不断总结前人的经商之术，又历览江湖，求得新的发展，所以史称王惟贞深谙积著之术，被江湖豪侠尊为客师。到了明代中期，商海中还流传着“至今言善理财者，必曰惟贞公。”王惟贞经商之术是：“有所籍而致富，非善理财者也；无籍而自阜，斯谓之善理财。”所以东山王氏世以居积，致产不訾（无法计算），中乃稍微，至惟贞复振其业，亦见其经商之术高明。王惟贞的生意经还说：“智不足以变通，勇不足以决断，仁不能以取予，强不能以自守，谓之善理财，吾未之信也。”

状元施槃在《王惟贞阡表》一文中还说：“夫以公之术，施之于家则家裕，设用之于国，国有不裕者哉？使生于春秋，战国之时，吾知陶朱、猗顿之流不能专有其名矣！故持传其一节，俟后世修史者庶有采焉。是我朝之陶朱、计然也！”在这篇阡表中，施槃对王惟贞经商与理财之术，给予了高度评价，并把他称作春秋时的大商人陶朱公（范蠡）、精计算的晋国公子计

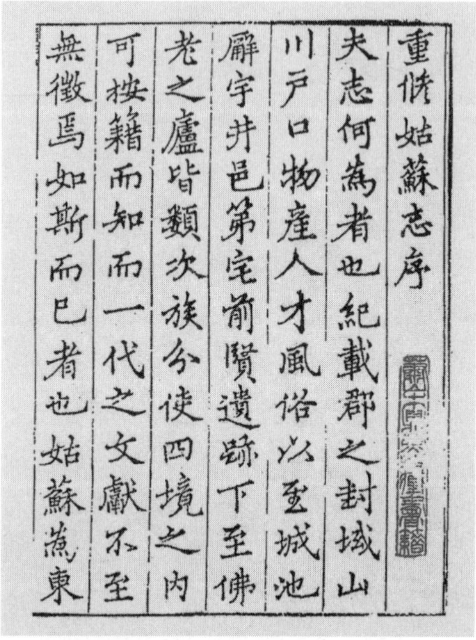

重修姑蘇志序
夫志何為者也紀載郡之封域山
川戸口物産人才風俗以至城池
廨宇井邑第宅前賢遺跡下至佛
老之廬皆類次族分使四境之内
可按籍而知而一代之文獻不至
無徵焉如斯而已者也姑蘇燕東

《姑苏志》

倪，其文成为一份研究我国古代商业史、商业理论的珍贵资料。

王惟善是伯英公王彦祥的长子，他本人虽未经过商，但他的儿子王琮，王琮之子王钦都以商贾为业，《家谱》称王钦“不以农事自累，少游江湖三十余年，后归之沉浮里巷”。王钦，字逊之，成化十一年（1475），堂弟王鏊考中探花，赴京时刚巧他要到荆湘经商，两人一路同行，曾送堂弟王鏊至京口。弘治六年（1493），王钦暴卒于客地，王鏊作诗“哭逊之、振之两仲兄三首”，并为之撰《逊之公墓碣铭》。王惟道家庭是王氏家族中农、商、学兼之的家庭，他有三个儿子，除安排幼子王琬读书外，长子王璋和次子王璪都以经商发家。王璋，字公荣，长身魁颜，又精于计算，待人朴实。作为家中的长子，他弱冠起就替父亲担起家中生活的担子。景泰年间，王氏家业一度衰落，王璋奋曰：“父祖业不可由我而废，遂货殖留亳，重振家业。”他积十余年不顾家，奔波在荆楚间行贾。他经商的格言是：身无择行，口无二价。人无笑脸休开店。今日不成钱，还有下次扳本。和颜悦色，出口要沉重有斤两。瞒天说价，就地还钱。因王璋经商信誉至上，商品买卖原先说定的价格，从不随便变动，被顾客称为“板王”，即守信誉的人。

王璋虽早年弃儒就贾，远离家乡，终年在外奔忙，但对自己要求甚严，对不正之色，未尝留视，每年经商所获之利，哪怕是一尺布、一段线，都全部交给家中，让父母分配。有人劝导他说，这钱都是你辛苦挣来的，可留些私藏。王璋怒斥道；“难道你要陷我行不义吗？”吓得那人再也不敢说什么了。王鏊少时常至伯父王璋家中，与堂兄妹们行酒于前，王璋在一群孩童中看出王鏊与众不同，指鏊曰：“是子当贵，他日若贵，其在翰林也。”后果被王璋言中，十多年后，王鏊科举显达，探花及第，成为一代名臣，其为后事。

惟道公的次子王璎，也是位有成就的商人。王璎，字以润，后世称以润公。他生于永乐十五年（1417），年轻时随大哥公荣公王璋外出经商，积累了可观的家财。成化末年，江南大饥，不但王氏家族靠王璎的家财渡过了饥荒，而且他还散财赈济，被府衙敬为耆老。“乡之曲直是非，惟府君中听”，可见在乡里有很高的威望。王彦祥的第五个儿子王谨，字惟能，因“众兄皆综理于外，而公独理其内”，没有外出经过商，而他的儿子王琛，王琛之子定之皆“北走齐燕，南贩闽广，行贾四方”，以经商发家，成为陆巷富室。

避庵公王胜也是莫厘王氏家族中早期经商致富的人。王胜（1386—1452）又名王胜祖，字景德，号避庵，后世称其避庵公。生活在明初洪武至永乐年间，曾行贾京师十年，据说还随郑和下过西洋。王胜为莫厘王氏八世孙，与王鏊同宗。始祖千七将军生万六、万七、万八三子，而万八生子茂，子茂生信一、仲昇二子，王胜为仲昇长子。按辈分王胜与王鏊的祖父惟道公既同祖又同辈，又为同时代人。这时已是元末明初时期，王氏定居太湖东山已历经南宋和元代两朝，约两百多年，传至第八代。王胜世居包山，元末父祖皆不仕，以农耕为务。他生于明洪武十九年（1386），家中还有景昭、胜亨、景安三个弟弟。明初朝廷对江南税赋年重，且每年按人头交税。王胜性颖悟，遇事有独特的见解，他刚满十六岁，见家中人多地少，赋税又重，父母已无力支撑这个家庭。慨然有外出经商之意。他对大弟景昭说：“山林，隐者所宜居也，若必欲博见闻，广世业，舍京师奚之？盖惟京师人物礼乐甲天下，仕者宜适其朝，商者贾者宜适其市。”意思是说，乡村山林只是无大志的人所居之地，只有京师才是从政与经商之人聚居的地方，要想创一番事业，必定要出山到京师去闯荡一番。王胜振臂毅然一往，外出经商，旅居京师十年，家业很快复兴。

郑和西行是世界航海史上的一件大事，从永乐三年（1405）自苏州太仓刘家港首航起，至宣德八年（1433）为止，郑和等人先后率领庞大船队七下西洋，经东南亚、印度洋远航亚非地区，最远到达红海和非洲东海岸，遍及亚非数十个国家和地区。王胜弱冠旅居京师，经商致富回到东山，居京师商贾的时间长达十多年，正好是永乐三年、七年、十年郑和率队前后三次下西洋之时，据说年轻力壮的王胜也曾随三宝太监郑和两次下过西洋。王鏊之弟王铨所撰的《避庵公墓表》中，虽然没有明确记载王胜下过西洋，但从“未儿业日益广，利日益滋，家业衰而复兴，园林第宅焕然一新”这段文字中，可以看出王胜赴京城商贾，致富的时间相当快，而与他同时代外出到燕地行贾的葛氏、叶氏、席氏，一般数十年后才成为山中富室，这可能与王胜商贾有魄力、走捷径及下西洋经商有关。据明弘治《太仓州志》载：“永乐七年己丑，太宗文皇帝命太监郑和、王景弘等，统领官兵二万七千有奇，驾海船二十八艘，赍奉诏旨，往赏东南濒海诸番，以通西洋。是岁九月，自太仓刘家港开船回日，仍于此处住泊，故诏旨云然也。”这一年，王胜二十五岁，随郑和远航西洋经商可能性很大。

王胜既然与王惟道是同时代人，惟道公发起订立的《王氏族规》对他有很大的影响，尤其是王氏族规中富而好义的道德规范，对他有示范作用，并要求其以身作则带头执行。据说有一次，邻村有位妇女的丈夫不幸得病死了，没钱置棺材安葬丈夫，得知避庵公好义，遂携女儿求王胜，只要王胜肯施舍银两安葬丈夫，母女俩愿到王家终生为佣，还请人代写好了卖身的契约。王胜知道后，很生气，所需银两照给，却把契约当着母女的面烧了。对财富的追求，王胜深知要适可而止，不能贪得无厌。据《避庵公墓表》记载，他五十岁时，梦身至一殿，金碧辉煌好像天庭。有神人告知他说，若自当今止食一味，姑贷若返。王胜惊悟，召子王文曰：“阃门以外，汝其治之。”遂把家业交给了儿子，自己绝五荤，居一小楼，如泥塑人一般。足不下榻十七年，临终交给儿子王氏宗支一图，王文展开一看，乃父亲自画的在外旅贾一景。王胜并对儿子志高曰：“吾王氏后必有兴者，汝以待之。”景泰三年，王胜卒于家，享年六十岁。他的两个儿子志高与志远，以及志高之子明之都子承父业，以商贾称雄闾间。

到了明成化、弘治年间，洞庭东山经过几次人口迁入，姓氏繁衍，户口徒增。据明嘉靖初年统计，时东山七千三百五十九户，四万五千七百五十四口。土地五万三千七百一十六亩，人均只有山林田荡一亩四分，加上“洞庭周围不及百里，田地仅什之一二，而山居八九，草木繁殖”，山地居多，不宜耕种，土地显得越来越紧张，人均所占有的田地果林少得可怜，迫使洞庭山不得不“涉水不避险阻，蓄资商贩荆襄”。

王镇，字定之，他是王惟能的孙子。惟能生友泽，友泽生定之，“定之特善理财，生三子，皆能传之业，服贾四方。每以不足为有余，园田日辟，屋宇日胜”。王铭，字警之，号安隐，又称安隐公，是王鏊的胞兄，早年也行贾燕地。王鏊曾作有《宿迁别安隐兄》一诗。还有王铟，字逸之，他是惟德公的孙子，克美公王玑的儿子，与弟明之“往来淮楚间，逾数年而产益辟，家益饶”。王镛，字器之，“年十四，遂弃书，贾于淮上，往来计二十年，赀殖渐起”。至于“之”字之下的“延”字辈，经商者就更多了，延朴、延祚、延绍、延喆等都是明代中后期有影响的商人。

从政显名

古代太湖洞庭山有“东贵西富”之誉，说是东山贵人多，西山多富室。在中国古代社会“富”与“贵”是两个截然不同的概念。富指拥有财富，贵则指有社会特权。一个人、一个家庭财产再多，富得流油，只要没有官爵，就仍然无“贵”可言，在法律上不过是个平民。一个家族要想在社会上有一定的地位，必然要有人做官，而“学而优则仕”，科举又是大多数平民百姓通过读书跻身官僚阶层的必由之路。南宋迁居东山的一些中原望族，大多数走了一条农耕为生、商贾致富、科考从政的道路。莫厘王氏更具有代表性，这个家族南宋从中原迁居太湖东山，在这座世外桃源般的湖山上繁衍了九代，沉寂了一百八十多年后，明代成化中期，终于出了一名七品知县，即王鏊的父亲光化公王琬，且颇具政绩。

明朝成化年间的一天，在湖广襄阳府境内的一座大山下，重兵压境，四周堆满了易燃的干柴。北风呼啸，树叶乱飞，只要有一点火星，整座大山及聚居在山上的数千流民将化为灰烬。这时，只听马蹄声响，一匹快马飞也似的赶到山下，拦住带兵的抚台大声说：“不可，望大人刀火下留人，我愿上山说服流民，使其回归社会。”一场血腥烧杀就这样被阻止了。这位快马救人的来者就是王琬，时任光化县令。王琬生于明永乐十七年（1419），在家中三兄弟中，他排行最小，从小体弱多病，年少时随父亲惟道公读了不少书，多次参加乡试，可屡次应试不中，成化癸巳（1473），以监资授官湖广襄阳府光化县知县。

荆襄居湖南之奥，地广山深，自明初刘、石之乱后，百姓流离失所，境内所聚居的流民成千上万。刘、石之乱，即成化元年（1465）湖广荆襄一带刘通、石龙为首的起义，声势浩大，一度建立政权，后被明将朱永、白圭所平定，余众散居于湘南山中。成化间，无锡杨璿巡抚荆襄，恐流民聚而生变，以危言屡奏朝廷，要求派大军剿灭。湖广自巡按御史及藩臬守巡官皆附璿议，于是朝廷调集大军，并在大山主要出口堆放了燃料，焚烧山林，围剿诛杀流民，以绝后患。就在这千钧一发之时，县令王琬快马赶到，他说服抚台后，独自肩舆入山，谕以朝廷恩威，流民顿时归之如流水。据《明史》“原杰传”载：“时荆襄流民复聚至数十万人，朝廷忧之。（成化）十二年（1476），

会元坊旧影

遂命杰出抚。杰至，遍历山溪，宣朝廷德意恤问，诸流民地无不欣然归附。于是湖广、河南、陕西抚按官籍之，得户十一万三千有奇，口四十三万八千有奇。”其实湖广民归之功应该是王琬的，但县令官阶较低，史书把功劳归至他的上司原杰头上。流民归顺后，作为一县之令的王琬，又把流民编辑为社，划给他们土地耕种，且缓其赋役，流民感恩备至。这批灾民大都没有文化，王琬乃选俊秀者为生员，定时加以考核，进行赏罚，大大提高了流民子弟读书的积极性。他还选青壮年编成军队，以拒匪盗。在组织民壮习射时，他又别出心裁，用银钱作为练习射击的靶子，射中者可给之，使士子们奋于习武，保境安家。然当道者不悦，说王县令这样做，不合时宜，未可行也。王琬置之不理，于是当权者屡屡刁难，三年后他挂冠归里。

这是莫厘王氏有史以来第一个通过科举进入仕途的人，在明清州县方志及乡邦文献中均有记载。清康熙《苏州府志》卷七（名臣传）载：“王琬，成化中知光化县，剧贼刘千斤作乱，朝廷出师讨平之。民散山泽，虑生变，议驱出境。琬议招徕，既而遣都御史原杰来安抚。琬乃单骑入山，谕以威德，编为里社，缓其赋役，民遂帖然，后以中贵人往来需索，弃官归。”王琬在光化三年，政绩卓著，本可升迁，吏部官员来光化考察时，征求需索，殆

探花坊旧影

无虚日，临行见王知县不送礼，面露不悦。当时王琬年近六旬，他说：“剥穷民媚嬖幸以图苟容，吾不忍为也。”加上次子王鏊已高中探花，入翰林进阶文林郎，遂致仕乞归，在城西筑室定居，号静乐居士。王琬归里后，深居简出，不为地方官场所累。苏州府、县两级并举他为乡饮介宾，这是一种荣誉，都推选地方德高望重者，属千里挑一的人。王琬笑而却之，终日优游于故乡的山水间，并创作了许多在东山历史上有影响的诗歌。最具代表性的是《仙人石》，其诗云：“闻说蓬莱采药仙，飞来曾息此山巅。不知何日凌云去，石上灵踪万古传。”仙人石是陆巷寒谷山上的一处著名古迹，诗写蓬莱岛上的仙翁，采药来过寒山顶，又不知何时驾鹤而归，因而在山石上留下踪迹，万古传颂。诗歌将石景、传说融为一体，给人以广阔的想象空间。

后来，王鏊探花及第进入翰林院，随着王鏊的进擢，王氏家族的地位不断攀升。成化十四年（1478），王鏊在翰林院三年考满，进阶文林郎，朝廷敕封其父王琬同他一样的官职，而敕封他的母亲叶氏和已去世的吴氏为孺人。王琬辞官归里，在陆巷建造了一座静观楼，“日与亲戚故旧，觞咏其间”。这一年，王琬夫妻刚好均年届六十岁，王琬之母周夫人八十岁。王鏊进阶官职，捧朝廷封诰还乡给父母与祖母庆寿。求得朝中显贵名公词翰以归献亲，而乡之名士缙绅亦锦上添花，纷纷送来诗赞文翰，名诗名画挂满了整座静观楼。画轴有《椿桂图》，礼部尚书邱濬为之作“序”；《仁寿图》，主事杨南峰作序曰：“乡先生王公，既解光化之政，解翰林之秩，逍遥洞庭之上，以娱乐其未岁，与世相忘……”而诸名公颂寿之诗多达上百首：尚书吴宽诗云：“楼居影落太湖波，已是悬车十载多。吴地预栽千树橘，魏人空咏百廛禾。登临兴发频游骋，调摄方傅谢按摩。锦诰织成蒙屡锡，天孙长遣凤衔梭。”大学士程敏政寄诗曰："笑指灵椿寿域开，花封闻早赋归来。高堂乐我朱颜壮，宦海从人白发催。"同年兵部尚书东阁大学士谢迁，献诗赞王琬："五斗折腰真觉嫩，三年解绶已嫌迟。白云陇上春随屐，黄菊花开酒满卮。"都御史李杰诗颂王琬云："致政归来鬓未苍，湖山佳处任徜徉。芳联五桂书香远，裔接三槐庆泽长。"后王琬把众宾客所献寿诗归为八题，曰：赞阳归政、林屋养高、紫诰貤封、彩衣归省、背萱重翠、庭桂交芳、花甲初周、花堂齐寿，而总颜其额曰"翠喜"，以扬其盛。

弘治二年（1489），王琬被朝廷加封为中宪法大夫詹事府少詹事加翰林院侍读学士，妻叶氏诰恭人。七年（1494），王琬因儿子的官职，又被朝廷诰封为奉直大夫右春坊右谕德，妻子叶氏加赠宜人。而王鏊过世的两个妻子吴氏与张氏，也被追赠宜人。正德元年（1506），这时王琬已经去世，朝廷又追赠他为通议大夫吏部左侍郎。二年（1507），王鏊入阁为相，升为少傅兼太子太傅武英殿大学士，官至极品。朝廷追封他的曾祖伯英公王彦祥、祖父惟道公王逵、父亲光化公王琬等三代祖考同他一样的官职。四年（1509），又追封王鏊三代祖考为光禄大夫柱国少傅兼太了太傅、户部尚书武英殿大学士，曾祖母陆素贞、祖母叶妙贤、母亲叶妙澄与鏊原配吴氏、继室张氏为一品夫人。

从成化中期开始，东山莫厘王氏于世有名，居家的光化公考虑要修一部王氏家谱，以记载与规范家族之事。弘治九年（1496），王琬撰修的《王氏家谱》刻印，以显家族之名。王鏊为父亲所撰的族谱作跋，他在《弘治宗谱跋》中云："自始祖至于今，为世凡十有一，为支凡五，自宋建炎迄今大明弘治，为年凡三百有奇。"又说："王氏皆王者之后，自宋以来，皆称三槐后裔。而吾千七将军扈宋南渡，自汴

解元坊旧影

迁焉，其承绪尚可考也。”为使王氏裔孙有所知之，其名有所规范，光化公在家谱中定三十二字辈，其世数排行诗为：延有（原作祐。避孝宗讳，改）国祚，斯显奕世，伯仲希仁，叔季守义，民彦思忠，元良允治，太平（原作大明，鼎革时改）万年，臣子素志。凡王氏子孙，以燕行诗之字起名，并以此类推。从王鏊子“延”字辈始，至今已传至十八代。

弘治十六年（1503），王琬卒于家中，仆闻至京，皇上下令地方官营葬，复又遣官至东山家中谕祭。是年三月初三，朝廷遣直隶苏州知府林世远至东山谕祭王琬。祭文曰：“湖广襄阳府光化县知县王朝用，性惟沉静，行不诡随，驰声于贤关业成之时，出宰夫湖藩寇乱之后，艰难一节，勤苦百为，乃能抚定疲癃，招徕流窜，阴功所被，何止活千万人之多？”王琬的营葬极为隆重与风光，吴郡状元礼部尚书吴宽为其作墓志铭，阁臣谢迁撰神道碑，主事杨循吉撰墓表，成化进士刘昌撰墓碣铭，歌功颂德，赞美之词溢满碑碣。明弘治《吴县志》把王琬列入“名臣传”，正德《苏州府志》录《湖北通志》，也载录了王琬的政绩。

三槐堂王氏隐居东山后，从农耕起家，经商发迹，到从仕显名，先富后贵，层层向上，其后裔最后攀至国家政治机构的顶峰。

第二章

少年英才　三试夺魁

·化龙吉壤
·月华之祥
·包山神童
·勤奋读书
·才华超群
·连中三元
·失之交臂

化龙吉壤

景泰元年（1450）八月十七日甲寅，王鏊出生于洞庭东山震泽乡胥母界陆巷口旧第，母叶氏生他时有月华之祥。明清时以都、图为地名，洞庭东山设遵礼乡、震泽乡、蔡仙乡三乡，从二十六都至三十都，共有五个都。震泽乡属二十八都，统十九个图，分别为：吴湾、白沙、嘶马湾、纪革、寒山、陆巷、蒋湾、嵩下、山嘴……陆巷村背靠嵩山、面临太湖。站在东山的顶峰莫厘峰上，远望陆巷古村，就似一只已伸长脖子准备下湖的巨鳖，正对着湖中一座小岛——箭壶岛，准备猛然一搏。而村中寒山、蒋湾两条直伸到山坞里的古港，又似巨鳖的两只前爪，起自嵩山岭脚，缓缓爬入了湖畔的苇丛里。村南东侧的寒山冈，又似巨鳖的一条尾巴，指向不远处的化龙池。

化龙池周围有一大片坟墓，称念珠坟。何为念珠坟？顾名思义，即所葬坟墓像老和尚念经的念佛珠一样，一个紧挨一个，一垅连着一垅，排列壮观而有序。这片念珠坟占据了整座化龙池山峰，少说也有上百垅，墓中安葬的全是莫厘王氏的先人。据说化龙池是湖畔一处“蛟龙穴”，要是先人长眠于此，其子孙将出一品大官或状头。王氏得此佳穴，还有一段颇为曲折的故事。

说来话长，据说早在一百多年前的宋元之际，莫厘王氏还在山中过着以农耕为生的渔樵生活。有年清明前夕，王鏊的高祖胜五公（字兴宗）到嵩山樵柴，挑着柴担回家，途经沙岭下的化龙池，忽听树丛中有人在争辩着什么。他歇下担子，悄悄走近树丛，透过树叶的缝隙一看，看见一老一少两人用手不停地在空中比画。只听年老的长者说：“此地风水极佳，从地形看应是一处‘蛟龙穴’，可惜这条蛟龙已卧千年，全无生气，可能成了座死穴。”年轻的后生接过话茬说：“师傅，你看近处的树木这样茂盛，涧水又如此湍急，

远眺太湖

呈白练状奔流入湖，我看湖蛟未亡，正静卧山坞，待之千年，静等一回。”原来是做堪舆家（俗称风水先生）的师徒云游至此，发现了嵩山岭下化龙池畔的这处佳穴。

胜五公在暗处听得心痒，他读过一些史书，也知道要是先人葬在龙穴上，日后子孙必将腾达，不做大官，就必发大财。说话声又传了过来，年少的徒弟说：“师傅，我伲打个赌，在地上插一柳枝为凭，一周后来看，要是柳枝活着，说明其穴尚存，可售大价；如柳条上枝叶萎了，那卧龙已死，穴已无用，即弃之。”徒弟挑战师傅，年长的堪舆家当然不肯买账，他用手拈了拈下巴上稀疏的胡须说：“好，一言为定，看老姜嫩姜哪块辣。”两个风水先生不知隔树有耳，折柳枝插地后就下山去了。胜五公心中一阵窃喜，世上竟有这等奇事，真是天助吾王氏也。到了第七天凌晨，他起了个大早，来到化龙池畔一看，一周前插在地上的柳枝新芽已舒展，叶尖上还含着两颗晶莹的露珠呢。胜五公原想拔去活柳枝，在原位插入死柳条，骗过风水先生，以独得佳穴，但转念一想，不可，吾陆巷忠厚王家从不负人，怎能可如此不义？在原地待了一会，遂下山去了。

不一会儿，两个风水先生攀上山来一看，见活柳芽枝已全干枯，知蛟穴已死，下山不知去向。这当然不是胜五公所为，而是隐蔽处另有其人，用瞒天过海之术使了个调包计。其实“清明时节雨纷纷”，此时山坞里更是雾气浓，湿度大，连剪下来丢在山间的桃梅枝条也会发芽长叶，更何况插在泥里的柳枝呢？这两个自诩能识“天机”的堪舆家，连这么简单的自然常识也不懂，真是聪明一世，懵懂一时，反而钻进了自己布下的迷魂阵中出不来。王胜五在家中静待三天，不闻化龙池发现蛟穴之事，心想难道这两个风水先生已悄悄买下佳穴？他在村中一打听，这座山坡是村西蔡家的，而此时并未有人向蔡家购买。于是胜五公拿出家中所有积蓄，又变卖了一部分家产，来向蔡家购买这座山头。妻子席氏颇有些微词，心想这老头子简直是疯了，把好好的橘林卖了，去买沙岭上的这座荒山，也不知老头葫芦里卖的啥个药。王胜五凑足买地的银两后，兴冲冲来到蔡家成交，却遭到当头一棒，说是该山头早一日被邻村的严家购去了。原来“螳螂捕蝉，黄雀在后”，那天王胜五在化龙池畔窥听两个堪舆家打赌时，还有一个名严璋的人在他身后偷听，那偷梁换柱之事也是严氏所为。严璋心中思忖，此天机有两人所知，得先下手为强，他捷足先登早一步买下了化龙池上的这座小山岗。

真是天有不测风云，人有旦夕祸福，正当胜五公懊恼不已时，事情竟发生了戏剧性的变化，圆了他日思夜想的佳穴之梦。严氏购得此山后，马上大兴土木，在化龙池畔为年已古稀的父母筑了一座三穴头寿坟。不到半年，父母突然双亡，严氏悲伤之余，又暗中喜欢，扒开寿穴，安葬两老。谁知下葬的那天，送殡的棺材抬到化龙池墓地，棺材正要下葬时，刚才还阳光明媚的天空，忽地乌云密布，接着下起大雨来。“轰隆隆！”一声惊雷，把墓地主穴前的一块青石墓碑打成了两截。正当大家惊奇不已时，严巷家中又传来消息，说是厅堂庭院里的一块大青石

王氏化龙池念珠坟

也被响雷震成两段。严璋听后惊得目瞪口呆，这似乎是老天爷在警告他，严氏门庭还不配安葬此佳穴，蛟穴虽好，可要是撑不住，反为弄得家破人亡。严氏在无奈之下，只得把化龙池山头连同坟地一起卖给了莫厘王氏。

化龙池佳穴失而复得，王氏自然高兴，可被严家在山坡上这么一折腾，胜五公把沙岭上正穴的位置忘了。他立下家规，凡我莫厘王氏子孙，卒后坟墓从化龙池山脚依次成排向上安葬，必有人能得此佳穴。据说胜五公父亲亡后，出殡时还下着蒙蒙细雨，可当棺材抬上沙岭上，突然云开日出，艳阳高照。严家得知叹道："吾严巷严氏不及王巷莫厘王氏，王家日后必得贵子。"此话果被言中，一百多年后，王家出了一个探花郎，官居一品相位。继而，清初康熙年间，王鏊八世孙王世琛高中状元，这是后话。

清代方志《太湖备考》上还有这样一则记载："东山沙岭化龙池，为王氏故茔，相传先世得此地，知为吉壤而莫识其正向，乃曰'我子孙当排比以葬，必得佳穴'。因是各垅葬次不分昭穆，而相联如贯珠，人称念珠坟。后文恪以解会元，廷试第三人文渊阁，殆发祥有征矣。至国初，又有堪舆家相之曰：'可惜凤皇旗不正，他年仅出探花郎 。'凤皇旗乃此坟之对面山头。家人问：'其尚可挽回否？'曰：'当于坟前作向亭以合正向，或冀有应。'王氏从其言筑一亭，而文恪八世孙世琛，果于康熙壬辰状元及第。"当然，从现代科学来说，世上哪有什么龙穴、蛟穴、乌龟穴，莫厘王氏家族合葬沙岭，此后出了宰相（明朝阁臣相当于宰相）、状元，这只不过是一种巧合。或者说是王鏊事业有成后，后人的一种合理想象或附会罢了。

化龙池畔的坟墓越来越多，后筑碑亭，以慰先人之灵。王鏊在《重修化龙池碑亭勒碑后》云："先少傅之葬，孝宗皇帝遣官治茔域，树碑亭。三亭以石为之，图久也。而武康石脆，忽为风雨所摧，岁久不治。鏊义不烦有司，欲以己财治之。族长皆曰：'水木本源之心，谁其无之？'争出财力，孙延义、延学又率先各治其一，旋复旧观而加美。"正德丁丑，原本可由官府出资修缮的化龙亭，王氏族中自筹经费完成了，王鏊的心中感到宽慰。

月华之祥

蒋湾是陆巷南端的一个小村子，村中少蒋姓而多叶姓，也不知蒋湾村名从何而来。村子虽小，却藏龙卧虎，历史上以多贤达之士而闻名于世。北宋初年，刑部侍郎叶逵娶浙江乌程羊氏永嘉侯女，常居乌程。叶逵，字造玄，后世称逵公或造玄公，原仕吴越，北宋初随吴越王钱俶归顺新朝，以功授刑部侍郎。叶逵远祖仕晋为括苍太守，世居松阳、缙云等地，叶逵仕吴越始迁湖州，时太湖东山属湖州府辖地，叶逵因事常到东山，爱其山水之美而筑宅于东山陆巷蒋湾。叶逵生元辅、元颖、元参三子。元辅，字应凤，宋淳化三年（992）进士，官光禄寺卿，致仕后居陆巷嵩山之南，史称“南叶”；叶参为逵公三子，咸平举进士后，始以尚书刑部郎中任苏州知府三年，继任越州、渭州知府，致仕后携家定居太湖东山之蒋湾，遂为东洞庭山人。子孙散居陆巷山嘴之北，故称“北叶”。后来叶逵的子孙散居苏州府之常熟、昆山、吴江、松江等地，被尊为吴中叶氏始祖。

元辅生一子，名叶纲，天禧进士。纲生义叟，元祐进士。义叟生四子：勤、助、效、劭均为宋熙宁进士。叶助之子梦得，字少蕴，号石林居士，宋绍圣四年（1097）进士。历官龙图阁直学士、建康知府、户部尚书、观文殿学士、崇信军节度使等。卒后赠检校少保、光禄大夫。梦得次子叶程，字叔轸，历官临安府通判、永州太守、中奉大夫，定居并归葬于东山，被尊为东山叶氏始祖。叶程十四世广陵公为乡中隐士，有女极为贤达，是王鏊的生母。《吴中叶氏族谱》称：叶广陵“信义著闻，有女孝而贤，自幼习女红，谙父训”。惟道公王逵闻其贤，纳聘为季子王琬之媳。叶氏娶进王家后，更名为叶妙澄，而她的婆婆名妙贤、大伯王璋之妻名妙净。王氏家族信佛，故家中女氏大多以“妙”字取名。

景泰元年（1450），三十一岁的叶妙澄又怀孕了，经请乡村郎中搭脉问诊，说叶氏腹中胎儿又为一男孩，王家自然是喜欢不已。是年中秋节，正在邑庠读书的丈夫王琬十分高兴，赶回家中照顾妻子。三年前，叶妙澄已为王家生有一子，取名王铭，字警之，生得虎头虎脑且皮肤白皙，很是招人喜爱。妙澄告诉丈夫，腹中胎儿与前几胎不同，很不安分，每至黎明在腹中胎动很长时间，旧时称生小孩像穿半件红寿衣状，即一脚站在阳间，一脚却踏在阴间的阎王殿上，这种情况多致难产，大人小人一起丧命的事情经常发生。王琬听后安慰了妻子一番，又陪她一起来到附近的灵源寺观音殿，夫妻双双跪拜观音菩萨，求观音娘娘保佑母子平安。跪毕，妻子妙澄先抬起头来，发现望海观音脚下踩着的那条鳌鱼似乎动了一下，她以为自己眼花了，不敢出声，可细细一看，鳌鱼的头又动了一下。叶氏连忙拉拉丈夫的衣角，可当夫妻两人抬起头来，再一起细看时，鳌鱼又不动了，只有观音娘娘头顶华盖上的绸带好像在微风中飘动。忽然妙澄感到腹中临产的胎儿四肢乱动，肚内一阵剧烈疼痛，身子无法动弹了。

陆巷老宅

中秋之夜，月光似银。腹痛大半夜后的妻子妙澄暂时入睡了，王琬也伏在客厅的八仙桌上打起瞌睡来。他原想到卧室中去陪伴临产的妻子，可接生的老娘（接生婆）说，女人生孩子，有血光之祸，男子得回避。朦胧中王琬乘坐的一艘航船来到海上，大家正高兴地在看海上日出，忽然风暴来临，航船一下被海浪掀翻了，一船人纷纷落水。正在大家无望时，从南面海上游来一只巨鳌，落水的同伴们都慌忙爬到鳌背上，王琬慌乱中竟爬到了巨鳌的头上。他惊魂未定，正想回头看看众人是否安好，忽听隔壁卧室中“啊”的一声惊叫，他从醒睡梦中来才知，原来竟是南柯一梦。妻子痛苦的呻吟声不断传来，王琬却感到浑身湿漉漉的，好像刚从水里爬起来，回想刚才的梦境，感到惊奇极了。这时，房中又传出婴儿响亮的哭声，接着听见母亲妙贤轻声通顺（祈祷）："谢天谢地，菩萨保佑，列祖列宗有力，吾忠厚王家兴蓬蓬，这不，又添了一个男孩。"王琬接过蜡烛包（襁褓）细细端详，这孩子长得长方脸高鼻梁，很是可爱，就是脸上多毛，皮肤黑了点。他是读书人，记得古人云："异相之人有异才"，心想说不定这孩子日后能重振王氏门庭呢。

在东山民间，有一则在乡野广为流传的有关王鏊出身之谜。据说明正统年间，有一年陆巷王琬与人合伙到海外做生意，归来途中在海上遇到大风暴，漂洋船被打翻，船上人员全部落水。王琬慌乱中抱住了一块船板，顺着海浪漂到了一座海岛上，被一只母猩猩捕获，并强迫他与异类成亲。不久，母猩猩生下一子，竟是一个男孩，面部黝黑及身上长满了毛发，母猩猩极为喜爱，每天起早摸黑，上山采摘野果与杂食，供养丈夫与儿子。三年后的一天，王琬同儿子正在岛边思归，忽见远处有一艘漂洋船经过，父子俩大声呼救，终于逃离了海岛。母猩猩闻声追到海边，见丈夫与儿子都已远去，万念俱灰，竟撞崖而亡。故事极为离奇，给王鏊的出生蒙上了一层神秘色彩。后来新闻媒体上有关宣传王鏊的文章中，凡涉及说王鏊是野人所生的传闻，王鏊裔孙都很是愤慨，欲发起全族共讨之。

由此，在苏州旧时书坛，引发了明代"一朝三阁老，全无好种操"之说，指的是正德朝阁臣王鏊为野人所生，嘉靖朝首辅顾鼎丞属女佣之子，万历朝宰辅申时行是尼姑偷情的种子。明代从洪武年间朱元璋杀左丞相李善长起，朝廷就废宰相而改设内阁，帮助皇帝处理朝政。王鏊、顾鼎丞、申时行都是苏州人，均任过内阁大学士，这里除了顾鼎丞同历史相符外，其余二人都是戏说。顾鼎丞是明代苏州府昆山县玉山镇雍里村人，他的生母是出身低下的使女，俗称佣人。弘治十八年（1505）顾鼎丞进士及第，高中一甲一名状元。嘉靖十七年（1538）以礼部尚书兼任文渊阁大学士，入参机务。据说顾鼎丞衣锦还乡时，其生母依然在顾家干着脏活累活，无法同儿子见面。后来在亲友的帮助下，才"自厨中出，衣服褴褛"，母子抱头痛哭。申时行是明代苏郡长洲县人，始姓徐，因而状元榜上他的姓名为"徐时行"，他显达后才归宗复姓申。申时行为嘉靖壬戌科状元，万历七年（1579）进礼部尚书兼文渊阁大学士，曾位极首辅。十九年（1591）被御史弹劾而致仕，后乡居二十年，诗酒优游，年至八十岁而终，有“太平宰相”之称。明清书坛上一部《玉蜻蜓》，以及后来由此改编的戏曲《庵堂认母》，使申时行变成了申贵生，蒙受了数百年的不白之冤。

而王鏊呢，绝非野人所生。成化十四年（1478），王琬所撰的《莫厘王氏家谱》上，详细记载了次子王鏊出生的年月与地点。叶氏去世后，宪宗朝宰相刘吉，还应下属王鏊之邀，替其生母叶孺人撰了一篇墓志铭，题为《光化公元配叶夫人墓志铭》，亦较为详尽地记述了叶氏生养王鏊三昆仲的艰辛历程。所谓工鏊系野人所生之传，纯属后人因王鏊身上毛发特浓而杜撰的。

生下王鏊一月后，办过次子的六朝（满月）酒，王琬又将重返太学读书，临行妻子要丈夫给次子起个名字。王氏原为中原大族，南渡之后虽居僻乡湖岛，且以农耕为生，但中原望族之风尚存，族中男孩起名，均排列字辈。这孩子起名可是件大事，有时将关系至他的一生。黄昏油灯下，王琬苦苦思索，他的父一辈为莫厘王氏第八世，均是一个单名：昇、礼、敏、逵、谨，字号中都有一个“惟”字，名惟善、惟德、惟贞、惟道、惟能。自己这一代属第九世，堂哥堂弟们名字已有些散乱，其名有：琮、璋、志高、琬、琛等，其字为孟方、克美、公荣、朝用……这第十世，儿一辈的名字可不能再乱套了，他把侄儿们的名字细细排了一遍，长房孟方公之子名王钦，字逊之；王监，字应之。二房克美公之子名王铟，字勉之；王钊，字明之；三房公荣公之子名王锺，字振之……在祖一辈与父一辈之中，王琬的辈分最小。他细细梳理了一下，自己的长子名王铭，字警之，次子该起何名呢？王琬突然想起次子临产时的梦境，在海上船翻落水，巨鳌来救，自己又独登鳌头之事，“有了，此名甚合吾意。”他自言自语地说完，马上告诉妻子和家人，给次子起名王鏊，字济之，盼他日后能独占鳌头，济世济民。

包山神童

震泽

正统初年春日的一天，陆巷王家里三槐堂王府中张灯结彩，高朋满堂，惟道公王逵与结发妻子叶妙贤的寿筵正在举办，儿媳，侄儿、族孙轮着跪拜，给长辈庆寿。王逵奋斗一生，种橘、经商、学文、授徒，又把儿子王琬培养成了一名太学生，王氏日后重光有望，心中感到自得。一群孩子争着要给公公（爷爷）拜寿，老人受礼后一一发给喜钱。宴毕，王逵出对子想考考孙儿们的智商，并备了一个银两较重的红包，言明应对者可得红包。老人拈了一下胡须，指着堂中画轴曰：“画上行人，无风无雨常打伞。”孩子们都面面相望，一时无以对答。七岁的王鏊略作思索，对着堂上的挂轴答曰：“屏间花鸟，有朝有暮不归巢。”在场的宾客都大惊，说：“忠厚王家，后将大也。”待王逵欲把奖银递给小孙儿王鏊时，小王鏊一本认真地说：“就算作孙儿送给公公的寿礼吧。”王逵有些眼湿，自言自语道：“孺子可教，施郎有后也。”施郎，即施槃，字宗铭，是明代正统年间的状元，有东山神童之称。在明代，东山曾出过三位神童，所谓神童。这三位神童即王鏊及与他同时代的施槃及吴文之。施槃是东山金塔坞人，生于明永乐丁酉（1417），正统四年（1439）己未科一甲一名进士，明朝开国后苏州府第一名状元。还有一位名吴济，字文之，武山吴巷村人。七岁能属文，九岁时已有诗名，正德辛巳（1521）进士，是王鏊岳父吴镇的族孙，其进京赶考时，已致仕归里的大学士王鏊还作诗赠别。第三个就是王鏊，八岁已在一群童子中崭露头角，十二岁所作诗名声远扬。

据《莫厘王氏家谱》载："七年丙子，公年七岁，始出就外传，授句于乡师翁君，辄以英敏端重，称于弟子中，已崭然露头角矣。翁学规严甚，生徒畏之，公后官翰林，犹时梦见，惊觉曰：'吾今尚畏翁乎？'山人至今传道焉。"翁师名廷选，东山翁氏第六世孙。翁廷选性沉毅，远声色，贱货利，姻戚宗党终年不闻一语，课诸子极严，故诸子甚畏之。时王鏊智商在群弟子中已显露，可翁廷选对早慧的王鏊督课更严，读书稍有闪失，也毫不留情。一次，翁师上课时见诸生都在念书，只有小王鏊用手托着头望着窗外，以为他读书偷懒，照样罚小王鏊立壁角、打手心，使之敬畏。

王鏊外公叶广陵是个饱学之士，学问满吴中。宣德初年，朝令勾缺，时有李姓御史至吴地，清查所谓的赤色书籍。吴中读书人多，又有喜藏书的风俗，那些查赤书的钦差兵丁持法极严，趁机发难以肥已，致使许多学者遭难，大批书籍被毁。吴中有个姓张的同知，在吴地大肆搜书，大兴文字狱，密告上，说叶家藏有赤书。张同知遂逮捕叶广陵，酷刑逼供，令他交出赤书。后有人主持公道，代其上京告状，广陵公之冤才得以白，但家中书籍已荡然一空。从吴中归家后，叶广陵仍以教书为业。他博学多闻，尤通五行家言，故士子受业者盈门。据说小王鏊约七岁时，有一次随母亲至外公家做客，外公家有一小使女前来送茶，容貌酷似舅氏之女，小王鏊误以为是小表姐，握住她的手想玩耍。在一旁的舅舅见状知王鏊误认人了，遂为他解围，并想考考小外甥，出一对子曰："奴手为拏，此后莫拏（拿）奴手。"王鏊细细一看，竟是舅家小使女，很有些尴尬。听舅舅出对子，略一思索即答道："人言是信，从今毋信人言。"其对子对得极为公正，但似乎与其实际年龄不符。这则传闻还记载在清人《尧山堂外纪》一书上。

广陵公私塾里有个学生，名张济，比王鏊大三岁，亦以才性绝人自诩，听说先生的外孙"读书两目可数行下，六岁能属文，八岁可作对子"，有陆巷神童之称，很不服气，到书馆同王鏊对句。张济出上联云："张王二济（王鏊字济之）联床读。"王鏊立即应对："严霍同光间世生。"书斋中有一教书先生善绘画，故以绘事出上联曰："画草发生，顷刻工夫非为雨。"王鏊对以："灯花开落，须臾造化不关春。"先生见难其不倒，又云："牛角书生，能对对，对对相应。"王鏊答以："垂髫童子，耍丁丁，丁丁着实。"至此教书先生和张济从心里信服，赞叹不已。

王鏊的原配夫人吴氏为武山人，王、吴两家原来就是老亲，经常来往。一次，王鏊到武山外家作客，吴家对王鏊的才学早有耳闻，有一外舅出对子想考考这个未来的外甥女婿。因陆巷在嵩山之下，外舅戏拟上联云：“嵩下山高，君染湿蛮之气。”陆巷林后即为嵩山，故有此上联。而武山与水东（今渡村）近在咫尺，旧时，东山人对水东人嘲之为“冷老”（意为乡巴佬，现已无此语），王鏊亦戏以下联曰：“水东路近，汝占冷老之风。”陆巷奇童，年少多才，名扬远近。时有青年文友往访，饮宴赋诗，尽兴而散。一日，有文友来访，赠五言诗一首，王鏊不假思索，即席步韵，答以一首曰：“爱尔蓬莱客，青云气夙生。玉都麒麟足，金殿凤凰声。酌酒山云湿，论文海月明。秋来应有约，湖上片帆轻。”座上文友均为王鏊出众的诗才而倾倒。

天顺五年（1461），十二岁的王鏊被送入东山学府华严寺中读书。华严寺位于岱松村杨家湾，建于南北朝时的梁天监二年（503），为东山著名古刹，位于东山九寺十三庵之首。当时大户人家在寺庙学府中求学的弟子不少，东山广东参政（三品衔）吴惠之子吴怀，与王鏊同窗。吴怀，字鸣翰，号东峰，出身书香门第，家中藏书达万卷。弟吴恪、姐庭吉及叔吴呙、吴镇（王鏊岳父）都是有名的诗人，尤其是姐姐吴庭吉是位才女，嫁于西山蔡家，因丈夫早卒，亲自教授儿子蔡羽，使之成为吴中名士。少年王鏊常随吴怀到他家爱泽楼中阅书。一次，两人翻阅过的一本唐代释鉴真的《洞庭记》，被吴怀家人发现少了几页，《洞庭记》是一部手抄本，唐代翠峰寺鉴真和尚所著，也是有史以来第一本记载太湖地区风土人情、历史古迹的书籍，吴父知道后痛惜不已，严厉责备。王鏊说：“这有何难，我可忆之。”不一会，他把丢失书页上的内容全部默背并写了出来。过了几天，几张丢失的书页找到了，吴家把前日王鏊所抄写的纸页拿出来一对照，竟一字不差，于是王鏊过目不忘之名传开了。因为这一事，后人还演绎了不少民间野话，说王鏊少时喜读东坡之书，有次从邻里严家借得《东坡七集》一册，回家阅读。不料祖母误把此书当作废纸，引火点燃柴火，待鏊发现，已撕烧大半。祖母自知闯了祸，悔恨不已。王鏊安慰老人说：“别急，我有办法。”他把自己关进书房，足不出户，一字一句，默写了一周，补写齐全，装帧一册，完璧归赵。严家十分惊奇，竟如同原书，一页不缺，一字不差。

王鏊的成名诗《吕纯阳渡海像》就创作于华严寺中。当时十二岁的王鏊正与一群同龄孩子在寺中读书，一天，庙里来了一位府衙学官，想考考这些学子们的才学，遂出了“吕纯阳渡海像”这么个题目，要孩子们作一首诗。这个诗题真有点不着边际，吕纯阳是八仙中的药仙，身背宝剑，云游四方，过海时用剑作舟，是写人、写剑，还是写海？别说是十来岁的小孩，就是成人也一时难以成诗。孩子们都面面相觑，无法下笔。有个年龄较小的孩童竟自言自语地说：“老天爷呀，你为什么把这么难的题目来给小孩子做！”孩子们私下窃笑，学官皱起了眉头。这时，他发现左边第一排上有个孩子援笔在答题，缓步踱了过去。只一会儿，那孩子就把诗作成了，双手捧上答卷，交给了先生。学官展卷一看，只见答诗曰：“扇作帆兮剑作舟，飘然直渡海风秋。饶他弱水三千里，终到蓬莱第一洲。”学官大惊，此诗答得如此贴题，非一般孩子可解可答，便笑着问：“你叫什么名字？”“叫王鏊，诗作得不好，还请先生多教诲。”少年王鏊说完，朝学官鞠了一个躬。学官自语道：“小小东山竟有如此奇童，这孩子日后必成大器。”

后来，王鏊告老还乡，重游华严寺，并夜宿古寺中，回想往事，感慨万千，遂作《宿华严寺》一诗，曰：“归来每向招提宿，心若闲云着处安。已到家山无去处，偶闻人世有悲欢。烟霞自古通禅观，草木还应识宰官。少小来游今白发，几回欲去更槃桓。”诗为心声，内“草木还应识宰官”“少小来游今白发”之句，抒发了他的真实感受。

勤奋读书

王鏊的母亲叶氏是位知识女性，少年时也在族中私塾里读过几年书，可后来受乡村中“女子无才便是德”旧礼教的束缚而辍学。她自幼承父训，遵礼仪，对长辈极为孝顺。时王逵为三子琬择婚，因要求高，久难挑选到中意的媳妇。闻叶家之女有贤名，即委人纳聘入门。待娶进家门一看，果然相貌清丽，端序温良，十分中意。叶氏来到王家后，孝顺公婆，相夫教子，十分贤惠，她是王鏊最早的启蒙老师。

惟道公生有璋、璨、琬三个儿子和一个女儿，后来儿子们都成家立业，女儿嫁与苏州南濠街叶璇。长子王璋和次子王璨外出经商致富，过上小康生活，只有季子王琬入县学读书二十余年，家中没有多少经济收入，仅靠一点薄产维持生活。妻子叶氏节衣缩食，粗茶淡饭，把铭、鏊、铨、镠四个儿子抚养成人，又日夜课四子读书。母亲以身作则，教育儿女们读书明理，学会做事先做人。一次，邻里有一个姓李的年轻人潜入王家，偷了一些财物准备逃离，被村人发现后擒住，要报官。明代官府对盗贼处理极严，要脸上刺字后游街示众。叶氏见其人年岁尚轻，又脸带憨厚，不像是个惯偷。上前细细一问，才得知其人母亲病得不轻，因无钱给娘看病，想偷点财物典钱后抓药给母亲治病。于是王氏反而给了那人些银两，把他放了。后来此人改邪归正，还当上了乡中的里正，也为百姓做了不少好事。叶氏告诫王鏊兄弟，人只要有悔改之心，就勿与之计较，何况此人是偷财物为母亲治病。有一年，太湖中的东山百日无雨，农田颗粒无收。王家有一佃户已三年交不出租米，愿当三年长工以抵租金。王鏊母亲问清实情后告知佃户，吾家除了几亩田地和数亩橘林的租米，没有其他收入，一家老小全靠租金过日子，你已

陆巷寒谷渡

欠交了三年，实在交不出，这样吧，大家来节衣缩食渡过难关，以前所欠租金就不用还了，只要来年有了收入勿欠即可，遂把来人遣之而去。母亲宽以待人、同情贫苦人的贤良品质对少年王鏊的影响很大，也是他勤奋读书的动力之一。

王家老屋三槐堂位于陆巷村东端，宅后有座寒山头，山麓有座“可月亭”，是少年王鏊借着月光读书的地方。正德初年，王鏊致仕告老还乡后，重书“可月堂”三个大字，镌刻在青石上，制成斋匾，悬挂于亭中，以告诫子孙：学在于勤，业才能精。用当今的话来说，即天才出于勤奋。寒山又名寒谷山，此山很有些来历。传说唐代寒山、拾得在苏州枫桥寒山寺为僧时，有一年，他们云游到了洞庭东山后山的一座小山上。两人都感到有点累了，寒山躺在一块平平整整、形似睡床的巨石上打了一会儿瞌睡，而拾得则坐在一只像椅子一样的山石上休息了一会。后来，寒山、拾得都得道成了仙僧，人们就把当年寒山睡过的石床称仙人床，而拾得坐过的石椅叫仙人椅，山下的小村子名寒山村。寒谷山上，有一座面积不大的三槐庵，是王氏的家庙。其庵靠山面湖，环境清幽，是读书的好地方。据说此庵亦为王鏊的祖父惟道公王逵所建，王惟道是莫厘王氏第一个在族中创办私塾、提倡读书明理的人，家中有了些积蓄后，他先在陆巷村筑三槐堂，后又在寒谷山建三槐庵。当年惟道公筑这一堂一庵，有其深层次的考虑，那就是重复老祖宗王祐的话，即《周礼》中“面三槐，三公位焉”之名言。

月明星稀，流萤飞逝，寒谷山上月光似水。每至夏日黄昏，寒谷山的仙人石上，朦胧的月光下总能看到一个孩子借着月光在读书，这就是少年王鏊。他轻轻翻动书页，背诵着书上的内容。其实书本只是做做读书的样子而已，文章都熟记在心中，他每天黄昏都这样，要把白天读过的文章再背诵一遍。王鏊在家中读书极为认真，常常整天足不出户，食不离房，学着父亲当年的办法，让母亲打扫干净一室，关紧书房门，整日蹲在房中“之乎者也”地苦读，一日三餐也让家人从小窗户里递进来。可堂兄弟们常来干扰他，不是找他玩，就是传递些山内外的新鲜事，偏偏王鏊又是个极重情谊的人，堂兄弟们来玩不能不陪，这使他感到很苦恼，怎么办呢？为了避开堂兄弟们的干扰，王鏊一个人躲到了这座小山岗上来读书。

从王家三槐堂到寒谷山有一段山路，每天清晨，王鏊背着书籍，手提母亲给他准备的饭菜来到山上，捧着书本在空旷的山麓上大声吟读，读累了，就在山石上摊开文房四宝，习写书法，必日写千字而停手。读书饿了，就在山林中采些野果充饥。这是每天出门前母亲的嘱咐，中饭要到了时间才能吃，要是你早早把饭菜吃掉了，那中饭怎么办，体力能熬过一天吗？王鏊少年时代家中生活并不宽裕，父亲一直在外面读书，只有支出，没有收入。兄弟妹妹母亲全家六人，全仅靠祖上留下的一点田产生活，加上母亲又好施舍，日子过得就更艰难了。王鏊十岁那年，他和弟弟王铨都得了可怕的伤寒症，家中一时无钱治病，要不是大伯公荣公王璋出手相救，也许他和弟弟早就没命了。少年王鏊是个很懂事的孩子，每天母亲为他准备数量不多的饭菜，总是留有余地，从不一饿就吃。他给自己订了个计划，中饭吃三分之一，饿了采些野果充饥，晚饭吃三分之二，这样黄昏才能在山上多待些时间，在月光下多读点书。一次，一个樵夫担柴路过寒谷山，又累又饿晕倒在山脚下。王鏊把他扶进山庵中歇了一会，听说他还没吃饭，就把自己的晚饭省给樵夫吃了。

一天黄昏，小山头上月黑风高，不一会天空下起了蒙蒙细雨。王鏊在烛光下读了一会书，正准备回家。突然小树丛里传来几声怪叫。是鬼叫？王鏊心中一惊。但他很快镇静下来，母亲说过，只要心中有佛，鬼就奈何你不得，何况世间根本就没有什么鬼。他脑子飞快一转，心想是不是天下雨了，小伙伴们来接我下山故意恶作剧来吓唬人。他不动声色，仍坐在原地大声读书。怪叫声又从小树丛里传来，王鏊还是不予理睬。过了一会儿，他试探地大声说："我看到你们了，快出来吧，别闹了。"果然从小树里钻出两个人来，原来是堂哥逊之和应之来接他回家。从此，王鏊不怕鬼的故事在村中传开了。

武山西金山麓，有一排低矮的茅屋，小山岗下是茂密的橘林。茅屋里住着三位隐士，三兄弟亦农亦商亦读，这是个典型的耕读之家。老大名吴信，字思复，号柚庄，种橘千株以自给，文章雄深雅健自成一家，有柚庄老人之称。老二吴敏，字思德，邑庠生。精古今政治之得失，及壮贾于淮，后被苏州郡守况钟招为幕僚，有"身在官场，如小舟在海涛之中"之说，故自号海舟。老三思政，名吴勤，亦博学工文，勤于农事。昆仲仨人常在屋旁林中小亭中，吟诗作文，说古道今，时人有"三谢"之称。思复三兄弟与景东公既同族又同辈，按辈分是王鏊结发妻子吴氏的叔祖父，王鏊也跟着叫公公（祖父）。

少年时的王鏊求知欲很强，还在白衣秀才时，当他听说西金"三谢"学问高深，诗文相实，自成一家时，很想去拜师学艺，但一直苦无机会。陆巷王家和武山吴家是老亲，王琬与庭兰之父吴曾又一起在邑庠读过书，后来又成了儿女亲家，关系极为密切，经常走动。一次，机会终于来了，亲家吴曾之父景东公吴昺病逝了，王鏊跟着父亲和大哥前往武山吊唁。吴家热情地接待了陆巷来的亲家，少年王鏊难得同庭兰会面，碍于父兄都在场，只是双方问候了一声。景东公就吴镇一根独苗，吴镇也只有庭兰一个女儿，作为未来孙女婿的王鏊也披麻戴孝，同庭兰全家和族人把老人送至西金山吴家祖茔安息。

丧事结束后，王鏊在岳父吴曾的陪同下，登上西泾山麓，拜见三位叔公。穿过小山坡上的橘林，只见山麓一座凉亭里，坐着两位鹤发童颜的老者，身旁放着除草的锄头，手捧书卷，正在谈论着什么，而亭中石桌上摆着笔砚和一首诗稿。原来是老大思复和老二思德劳作之余，正在商讨刻印他们的《吴氏珠联璧合集》。王鏊施礼跪毕起身抬起头来，两位老人一见大惊：

"此友山侄子之婿？雏凤也。"吴镇，字友山，比思复、思德小一辈，故两老以侄儿称之。也不知两位老人是从哪方面看出少年王鏊的不凡，马上把王鏊请到家中，"以国士待之"，两个年届七旬的老人，不仅同一个二十来岁的年轻人平起平坐，还以参见国士之礼见待，立即在西泾村传为奇闻。

东山施檠有后，吴氏外婿有望，吴信兄弟很是高兴，谈诗论文之余，吴信还把自己一生结集的诗作《柚庄集》手稿给王秀才一阅。柚庄老人诗集中有大量反映农事与底层百姓贫苦生活的作品，也许诗稿中的诗作，触动了王鏊血脉中农家子弟的基因，他翻看着书稿竟情不止禁吟出声来："小姑今年蚕浴早，桑柘春寒叶生小。未经谷雨蚕两眠，园中叶尽囊无钱。卖簪鬻珥典裙袄，买叶艰辛郎懊恼。家中日午忧蚕饥，黄昏负得空筐归。大嫂吞声对姑哭，明年莫将蚕早浴。"王鏊从小也见过祖母和母亲养蚕，日夜辛劳，担惊受怕，头蚕整整一个月，要采完茧子卖到钱，一家人才定下心来。想到这里，王鏊的眼睛有点湿润了。他从祖母养蚕之劳又想到祖父种橘之苦，世人都说洞庭红橘好看好吃，一树能值百钱千钱，可有谁知采橘之险，一不小心从四五米高的树上摔下来，不死即伤，终身为残，这些又有谁知道呢？王鏊后来入仕后，作了大量反映劳动人民疾苦的诗文，在《震泽集》中多达上百首，也许这同他的家庭与青少年时代的生活环境有关。

王氏壁灶

王鏊一口气把《柚庄集》看了一遍，已是黄昏时分。他还是第一次看到这样朴实自然，有浓厚生活气息的诗稿，心中觉得有些不舍，想借回家中再读一遍，可这怎么开得出口呢？思复叔公好像看出了他的心思，笑着说："王相公，若欢喜，拿去再看吧，就是别弄丢了，这可是我们兄弟仨一生的心血。"王鏊感激地点点头，把书稿藏入怀中，向老人跪拜告辞。在岳父家中，王鏊挑灯夜读，把诗稿又反复读了几遍，仍觉得不过瘾，干脆磨墨挥毫，把好诗一篇篇抄录下来。时值盛夏，山村夜晚蚊虫成群，为对付讨厌的蚊子叮咬，王鏊想了个办法，让吴家人用木桶打来两桶水，把双腿伸进桶里，这样蚊子就咬不到了。他废寝忘食，一连抄录了几天，把《柚庄集》诗稿的好诗抄录了下来。回家时，王鏊再次到西金山向三位叔公告别，把所抄录的手稿给老人们过目，思复叔公赞之说，王相公日后必将鹏程万里。

庚寅新年的爆竹声中，王鏊和武山吴曾之女庭兰喜结良缘，新婚之夜，王鏊向爱妻表露心声，自己事业未成，想把学业放在第一位，以期取得功名，将来好光宗耀祖，封妻荫子，对得起含辛茹苦把自己抚养成人的父母和青梅竹马的妻子。庭兰有个堂姐名庭吉，是王鏊华严寺同窗吴怀的姐姐，一次，王鏊随吴怀到他家爱泽楼览书，见少年王鏊看书很是专注，将来必有成就，曾开玩笑说："我有个堂妹，长得天仙般漂亮，又知书达理，许配给你如何？"说得王鏊脸都红了。吴庭兰生于景泰三年（1452），比王鏊小两岁，他是武山西金隐士吴曾的独生女儿，端庄贤惠，琴棋书画均有所涉及，被誉为武山才女，同王鏊可称为天生的一双、地造的一对。而后来王鏊能探花及第，又官至一品，据说同吴氏有很大的关系。

武山吴氏亦为东山名门望族，且为吴国皇族后裔。东周元王三年（前473），越灭吴，受尽屈辱而又卧薪尝胆终至攻入吴国的越王勾践，带着复仇者的疯狂，下令在城内大肆捕杀吴王夫差后裔与吴氏宗室。越兵屠城的当日傍晚，一艘满载人员的船只，在一位长者的率领下，悄悄离开阊门，朝苏城西南太湖中的一座湖岛飘去，这位长者名叫吴濮婪，后为逃避越兵的追杀，改为濮姓，南宋初年，才恢复吴姓。

吴镇父亲吴呙，字景东，号武峰。明初诗人，且为堪舆家。一次，吴呙路过俞坞高峰寺，发现寺旁有一堵山岩似卧牛，尝言："葬此当出一品。"后来孙女庭兰因病亡故，葬于俞坞眠佛寺旁，丈夫王鏊果然官至一品，庭兰也被诰封为一品夫人，被山人称为"女贵坟"。吴呙之子吴镇，仅生一女，无后嗣。吴庄清乾隆年间刻印的《七十二峰足徵集》中，收集有吴镇《南京乡试喜济之婿发解》与《济之会试连捷得元》等三首诗歌，其喜悦之情溢于言表。尤其是第三首《济之殿试钦赐探花及第》曰："金门对策丝纶手，玉殿传

胪坛鼎司。点得探花应一笑，太湖原欠状元旗。”殿试三鼎甲，王鏊在会试同年进行的殿试中得一甲三名，钦赐探花及第。喜讯传捷东山，家人本应高兴，可因探花离状元只一步之遥，岳父吴镇感到极为可惜。诗中“太湖原欠状元旗”之句，即言王氏化龙池祖茔，形如凤凰展翅，只因湖中案山偏高，地师曾有云“可异状元旗不正，他年应出探花郎”之说。

苏城南隅有座天王寺，建于唐大历元年（766），其处人迹稀少，环境幽静，是读书的好地方。度完新婚蜜月，王鏊在家人的安排下，带了一个家中的老仆人阿根，来到天王寺苦攻学业，准备参加第二年秋天应天府乡试。天王寺原规模极大，在全盛时的唐代，有庙屋五千零四十九间（古代庙宇一桁屋面算一间），一千多僧人。可经过宋元两代的战火，至明初天王寺已风光不再，仅存十多间僧舍和寺前的白莲池。庙中的慧晓法师同吴曾友善，为友人之婿安排了食宿之处，可又言明在前，庙破和尚贫，日子极清苦，王相公只能将就着过日子。

时值冬天，北风呼啸，雨雪连绵。王鏊所居的东斋房已近百年没有修缮，墙壁裂缝透风，屋面瓦破漏雨。王鏊在这里废寝忘食，日夜苦读。每天清晨天刚亮就起身，直读到夜半三更才上床安歇。砚台中的水冻成了冰，他让老仆用热水烫一下，又磨墨写字，每天夜晚要这样反复十多次。一次，妻子庭兰来庙中进香，进书斋看望他，见丈夫手指冻得又红又肿，尽是冻疮，心疼得要住在寺里照顾他读书。王鏊总是以妻子已有身孕，陪在身旁有诸多不便为由，把妻子支回家去。这年冬至过后，天下起雪来，这时王鏊身边的银两已所剩无几。原以为雨雪下个一两天就会停止，家中很快会派人送来钱粮，谁知大雪下了整整一周，道上的积雪厚达一米多，《家谱》称：“家信不通，厨中绝粒。”主仆两人呼天天不应，叫地地不灵，陷入了绝境。身怀六甲的妻子更是急得坐卧不安，瞒着家人冒雪给丈夫送衣食，跌倒在雪地里，以致流产出血，差点丧命。后被村人发现，虽救了过来，可落下病根。六年后才在京邸生下长女王仪，不久就去世了。

大雪接连下了半月，主仆两人把余粮一粒粒数着吃，有时两人每天只食一餐，就是在这样的环境下，王鏊仍苦读不止。他们在破庙中熬过了一天又一天，盼着雪停天晴。一天傍晚，仆人阿根从雪地里背回来一小袋米，这使王鏊感到十分奇怪，银两早已告罄多日，阿根叔那里来的钱购米？再细看，阿根身上穿的衣服单薄了许多。原来阿根看主人一天天消瘦，还要读书，这怎么行？人是铁饭是钢，一顿不吃饿得慌，他一狠心，把身上穿的皮袄典了，购了些米，主仆两人这才渡过了难关。王鏊极为感动，更加认真读书，立志考取功名，以报答所有关心过他的人。直到晚年，王鏊重返天王寺，回忆往事，感慨万千，久久徘徊不忍离去，作诗刻于石柱上。

“鸡鸣夜解”是王鏊《山居杂著》中的一篇寓言，也是他少年时的读书趣事。说的是有王子夜读，有只鸡夜半就在庭中鸣叫。家人奔来告知说，半夜鸡叫，为不祥之兆，要把鸡杀掉。王子说，鸡是无知的，它听到村中别的鸡鸣，也跟着叫，这有什么大惊小怪的，让它去叫好了。所以他在文中曰：“鸡其无知乎？彼鸣自鸣，吾何为惊？彼止自止，吾何为喜？鸡其有知乎？彼以告好，是为忠告；不以告我，是为容默，又可杀乎……夫鸣，鸡职也，特非其时耳。非其时而鸡，不免于死。而其时而言，得免于罪乎？虽然，宁鸣而死，不默而生，尔当与灵鸟而并名。”当然，王鏊的《山居杂著》成书于正德十三年（1518），这篇文章是讽刺正德初年刘瑾专权时一些朝官的，但也许事出有因，王鏊在家读书时，真的遇到过夜半鸡鸣之事。

晚年，王鏊仍保持刻苦读书的习惯。张本的《五湖漫闻》中的一段记载，说是王鏊七十四岁时，有一次他的学生张本去王府拜望先生王鏊，见先生面有不悦，问他何故。王鏊说：“我恨自己汲汲读书不及古人，自幼至今，夜读不辍。昨夜观书，目渐昏，不能了。人老而学业不进，是以忧耳。”先生读书老当益壮，学生张本深受感动，可仍有些不解，问先生平生读书几遍。王鏊说：“我须十遍乃成诵，若李西涯不过一遍，即能成诵。”王鏊还给学生张本说起一件读书所得之事，李东阳因能过目成诵，入翰林后，不能专精史籍，其为主试时，以策问七道示鏊，内中舛误处颇多。鏊一一为其指出改正。鏊因孜孜日夜不敢自逸，故凡有所著，误处较少。王鏊卒于嘉靖三年（1524）春，此事发生在去世的前一年，足见他读书之精神。

才华超群

成化元年（1465），朱见深继承皇位，改年号为成化，史称成化皇帝。明清时期，每遇新皇帝登基庆典，朝廷为显示“皇恩浩荡”，都要大赦天下，恩赐贡生或增设恩科考试。这一年，十六岁的王鏊有幸被吴县学府选拔为特别人才，送入京城中央官学国子监读书。这可是个千载难逢的机会，属百里挑一。按明朝规定：地方官学送到国子监深造的学生，府学每年选送一名，州学三年才选送两名，县学两年选一名。一说时因王琬以贡生在国子监读书，少年王鏊是以侍奉父亲的名义随之赴京城读书。一生熟读史书，又屡试不中，已近天命之年的父亲王琬，马上筹措盘缠，携儿北上。

明代科举考试同前几朝相比，有一个明显的变化，就是科举考试与学校教育结合起来。要想参加科考，就必须进入官办学校，取得一定的学生资格后才能参考。科举考试最初等级的考试就是县学考试，凡是没有取得县学、府学的学生资格的人，统称童生，因而考生员又称为童试。年初，王鏊在县学童试中列为一等，已成为国家学校的生员，即通常所称的“秀才”。王鏊十四岁起从毗陵举人陆怡读书，习举子业。陆怡为毗陵名士，所授学生科举中式登第者很多。在陆怡精心教授下，王鏊学业大进，在众学子中已崭露头角，所作文章，即超同辈，人争传诵。王鏊北上前夕，世居西泾山下，有“凤雏”先生之称的隐士吴信，曾作《凤雏行赠王秀才鏊》一诗，云：“碧螺之峰灵气锺，上有凤穴丹山同。五色一雏生穴中，试展彩翼随长风。鸣岐集颖事已远，昭代至德追前踪。空山广漠留不得，万里飞去蓬莱东。”从诗中可以看出，这位高隐不仕的柚庄居士，对王秀才鏊寄予厚望。

国子监坐落在退省堂之西，其东侧分别是弘文馆与崇文馆。王琬的亲人王璋曾商贾于京师，在城中有些旧交，王琬拿着长兄所写的信函，在西城找到了王璋的故旧，得到了不少帮助。他安顿好住处，父子俩随之互为学友，攻读学业。王鏊满怀希望而来，可进校一看，人员鱼龙混杂，“坐监”读书者寥寥无几，使他大失所望。原来在国子监读书的除了贡生之外，还有监生。这监生就杂了，有恩监、荫监、优监、例监等四种。其中恩监是皇帝恩赐入监读书者，荫监是贵族官僚子弟因长辈为朝廷效力或殉国而特准入监读书的人，优监是由增广生员、附

紫石街解元坊

生直接选取入国子监就读的学子，例监是指童生通过捐纳一定数额的财物而入学者。这些监生大多是纨绔子弟，不仅不学无术，不好好读书，还整日花天酒地鬼混。在国子监学校中，王鏊读书很认真，常端坐夜读，灯火通夜不灭。学校里有一些学生去骚扰他，见他学习这样刻苦，也大多被他感化了，于是学风有所好转。说来也让人难以置信，明代时真正在学校里坐监读书的学子，短者六个月，稍长八个月，最长的也不超过一年半。因为当时人们注重的是国子监学生的名义及优遇，根本不在乎读多长时间书，在国子监有没有毕业。

王氏旧谱云：“（成化）二年丙戌，公十七岁，从毗陵陆怡肄举子业，有作即超流辈，人争传诵。”毗陵即今之常州武进县，陆怡曾卒业于成均（古之大学），景泰元年（1450）举人，这一年王鏊还刚出生。宿儒陆怡比学生王鏊长了十七岁，可陆怡参加礼部试屡次失利，直到成化十一年（1475），陆怡与王鏊同登进士，格外引人注目，张泰作诗《送陆怡主事赴南户部，王济之制轴求》以赠。其间，王鏊还随文洪学过诗法，得益匪浅。文洪《文涞水诗集》卷首王鏊序：“忆成化初，鏊侍少傅于太学，始学为诗。先生过之，授以

诗法。今老矣，于其言未之能忘而终莫之至也。”文洪，字功大，长洲县人。他是文林之父，文徵明的祖父，时任涞水县儒学教授，精于古诗。成化元年（1465），文洪中应天乙酉科乡举，正在京准备参加会试，王鏊随之学诗。

王鏊属岁贡生，又天资聪明，刻苦用功，在国子监只读了半年，用今天的话来说就等着领毕业证书了。他的学有所成，还得恩谢一位老师，即文庄公叶盛。叶盛，字与中，正统十年（1445）进士，官至两广巡抚，吏部左侍郎，卒谥文庄。性尤俭约，俸赐所得，购书万卷，筑堂以贮之，是位读书破万卷的饱学之士，所著《水东日记》作为苏州文献流传后世。叶盛比王鏊长三十岁，追溯起来师生之间还是同乡同村人。侍郎叶盛的高祖名叶桯，是叶梦得的次子，叶桯生箕、�、模三子，后三个儿子又生十子，衍生为十派，裔孙散居苏州、昆山、汾湖、琴川、云间等地。考《吴中叶氏家谱》，叶盛为叶桯第十世孙，而王鏊的祖母叶妙贤、母亲叶妙澄都是叶桯的裔孙女，由于这一层关系，所以文庄公叶盛对王鏊精心教授，奖励备之。“文庄老去吾犹及，梦想依稀记尚真。挟策未能为弟子，升堂还得拜夫人。”这是叶盛去世后，王鏊所作的《叶文庄公夫人寿词》中的诗句。叶盛对王鏊有知遇和提携之恩，可王鏊因自己只是文庄的学生，没有成为他的弟子而感到遗憾。

成化二年（1466），王鏊从国子监出来后，先后随翰林院编修陈音、太学生张璞学过《诗经》《尚书》《易经》《周礼》等儒家经典及墨义。张璞，字用光，时为太学生，任过河间通判，对王鏊有荐学之恩。一年后，张璞看到学生的文章优于先生，自感已力不从心，为不误人子弟，遂把王鏊荐学于好友少宰叶盛。张用出《时雨论》示之，即把王鏊所作文章给叶盛看，叶文庄惊异不已。谱载：“时文庄在礼部，召与相见。公体干纤弱而内蕴精明，举止静重。文庄大奇之，挑试所学，益以为非近时经生所能。时王忠肃翱新逝，文庄以公嫌名相近，戏之曰：‘失一王某，复一王某，安知非后来忠肃乎？’越日，亲具仪帛遣从陈音先生学，时陈官翰林，有声，从游者众，独许公善学，无几，尽得其肯綮。”

后来，王鏊在《跋叶文庄公手书》中云：“成化初，鏊以童子游京师。时文庄公为礼侍，陆参政文量初第进士。简中所称用光者，张姓，为太学生，亟称鏊于文庄所，间以所业见于礼部之厢房。公奖励备至，有将来忠肃之许。盖以鳌与王忠肃同嫌名，故云。成化十一年，鳌始登第，则文庄已下世，参政时为兵部郎，往来相好也。弘治壬子岁，予校文南畿，参政子伸，名在选中。未几，参政亦故。今年为弘治十二年，伸来会试礼部，出其父所得文庄手书一卷，览之，慨念今昔，为之泫然。敬书其后，归之。”陆参政，名陆容，苏州昆山人。成化二年进士，与叶盛为忘年交。其子陆伸，弘治五年（1492）参加王鳌主试的南畿乡试未中。当然，这是二十多年以后的事了。

一日，乡贡进士奚元启至礼部学馆行卷。奚昌，名元启，吴县人。少游乡校，有隽声。据说奚昌文章在京师名盛一时，人称有鼎甲之望。见叶公馆内王鳌所作的一首格律诗，七律《登西马坞》云：“一上高峰望五湖，云飞尽处是姑苏。人家隐隐烟中有，帆影依依天外无……”西马坞，在东山翠峰坞南，纯阳坞口。其坞离太湖极近，作者登上高峰就看到五湖（今太湖），诗写姑苏城藏在水天相连的远处，村舍农家隐在烟雾中，而湖中点点白帆，似在天际飞飘。无论从诗的对偶、和谐及词采，都达到了完美无缺的程度，奚昌叹曰：“吾文所不及也。”遂与王鳌相交，临行赠诗曰：“太湖西去东山上，尽说施槃有后身……”把王鳌说成是东山可能要出的第二个状元。奚昌是正统九年（1444）的举人，学问虽好，可十试礼闱不中，直到年五十岁才考中进士，因而自笑曰：“吾举业岂至是始工邪！”第二年即卒于京师。

成化四年（1468）初秋，十九岁的王鳌在礼部厢房辞别先生叶盛，准备南归应考，参加乡试。明代科考分四级：院试、乡试、会试、殿试。县学童试及格后，还要通过府试、院试，才能参加高一级科举考试乡试。所谓乡试其实是省一级的考试，三年一次，在各省省会和直辖的北京、南京举行。考试时间在秋季的农历八月，人们称之为秋闱。按明代考规，凡通过了国子监考试的贡生与监生，可以直接参加乡试，不愿回原籍应试的，还可以参加京城地区的乡试，录取后同样可以成为举人，获得参加会试及做官的资格。叶盛劝王鳌留在北京参加“秋闱”并说：“子安得小就，姑留此大肆于学，他日与古人并驱也。”王鳌答曰：“父命不可违。”他告知先生叶盛，是父亲王琬令其南归乡试。其实这是王鳌的托词，他预计吏部侍郎叶盛很可能是这次顺天乡试的考官，为避师生之嫌，同时也是为了不给先生增加不必要的麻烦，所以决定回原籍应天参考。这时的王鳌十分自信，凭自己的实力，南归乡试一定能够中。

是年秋季，王鏊回苏郡在县试、府试中皆获得首选，一时名满吴中。吴县令樊瑾与知府贾奭都为县郡中出了这样出类拔萃的人才而高兴，考试结束后，隆重款待王鏊，像对国士一样待之。樊瑾，字公瑾，进贤人。成化四年中举知吴县，简静有名。五年（1469）以艰去，官至山西佥事。贾奭，字希召，四川巴县人。以御史巡按南畿，知苏州府事，有政声，官至副都御史。同时，负责院试的提学陈御史批阅王鏊试卷后曰："他日当名重天下，非止一乡一郡之士也。"陈选，字士贤，浙江临海人。天顺四年（1460）进士，成化三年以御史督学南畿。二十二年（1486）五月，广东左布政使陈选卒于南昌，王鏊作《临海陈公哀词并序》，其文云："当成化间，闻望重天下者，三人焉：三原王公、莆田彭公及公是也……鏊自得侍公而后，知学之大者，非独以其言也，观望之间固为多矣。"

当时王鏊所作之文，每篇都得到部使褒赏，凡考试必首选，同学者均索取他的文章，作为范文学习。后进者更是效仿其文，王鏊的文章和名声传遍了府学。

是年秋天辛卯科乡试，先生及同学们都以为解元非王鏊莫属，《莫厘王氏家谱》载："然是岁乡试复不利。"王鏊的学业如此优秀，乡试为何不利？坊间有种说法，正当夏秋之交王鏊厉兵秣马准备参加应天乡试时，突然病倒了，得了可怕的伤寒症。这是他长年熬夜读书，受了风寒，日积月累所致。离秋闱考试的日子渐渐近了，躺在病床上的王鏊急得茶饭不思，自己已二十二岁了，还是个白衣秀才，别说中进士，连个举人也没考上，同乡施槃二十二岁时已大魁天下了。王鏊越想越急，要是错过了这次机会，一等又要三年，他强撑起身来，在家人的扶携下登上了北去的航船。拖着这样的病体参加考试，后果可想而知。据说王鏊在第二场考帖经时，只答完了三道题，眼前一黑，昏倒在考桌上。

连中二元

“月桂高攀第一枝，红罗传报老人知。今朝屐齿应为折，快婿乘龙破壁时。”这是王鏊中解元后，岳丈吴镇作所的《南京乡试喜济之婿发解》之诗。这一天来得可不容易，少年时就被乡人称作神童，满怀志向的王鏊已错过了两次参加乡试的机会，这一年他已二十五岁，同历史上的一些先贤相比，这时早已功成名就、誉满天下了，而他才刚刚成为一名无官无名的举子。

成化七年的秋闱考试失利后，王鏊没有沮丧，使他变得更加成熟起来。他感到人的命运有时并不掌控在自己手中，六年前戊子乡试，他还只有十九岁，意气风发，豪情满怀，在世人一片解头定属王济之的赞扬声中，正要赴南畿应考时，祖父病故，因守孝而只得放弃了这次科考。三年很快过去了，辛卯乡试在望，自己多年的苦读快要有结果了，谁知命运又同他开了个大玩笑，赶考前夕竟生起病来，考试时因病而只得中途放弃。然而一次次的磨难，使王鏊获取功名、治国平天下的意志更坚定。他从少年起就一直在“神童”“文魁”等光环下自得，此时青年王鏊才感到山外有山，湖外有湖，就像太湖中如螺如笠，时隐时现的小岛，永远显于浪尖是不可能的。

王鏊从小熟读儒家经典，对宋代王安石新编的《三经新义》中的《诗经》《尚书》《周礼》能倒背如流，他对历年科考进行了比较，很有感悟。在晚唐及宋初，“秉笔多艳冶”的形式主义文风流行文坛，后来北宋的王安石在熙宁改革中，对科考中的文章体裁进行革新。王鏊文笔虽艳，但作八股文底气不足，这可对科考极为不利。王鏊找来宋代理学家朱熹的《四书集注》，模仿古代圣贤的口气去行文，他的悟性极高，很快成了写作八股文的行家，后来成为明代中期文坛上八股文的大家之一。一日，王鏊偶读“三苏”文集，大爱之，尤其是《东坡集》及《东坡后集》，竟到了废寝忘食的程度。苏轼兄弟所作的古文曾名满嘉祐文坛，所学又源于孟子、韩愈、欧阳修的范文。王鏊溯其源，苦苦阅读、钻研、探索。月余后，忽感才思涌动，作文滚滚数千言，援笔立就。王鏊就是靠着一手八股文，凭借一手好古文，称雄于明朝中期科场及文坛。

也许是从小多病的原因，王鏊性素怯，胆小怕事，从不同人争吵。遇事脸红不说话，在家族晚辈中有小娘子的戏称。有一天，王鏊读程氏遗书，心中忽地开朗。程颐字正叔，世称伊川先生，为北宋中期的哲学家与教育家，与朱熹同为我国理学创始人，称程朱理学。“治惧为难，治怒为难，明理可以治怒，克己可以治怒。”这是王鏊挂于卧榻之侧的一幅座右铭。他悟之于心得，还在旁边注文说明，其治怒箴云：“方其怒时，尔盍自思，彼其是耶。我怒奚为，彼且非耶，怒之则己，怒而不怒，弗留于己。”而治惧箴云“方其惧时，尔盍自定，在我惟理，在天惟命，理之正矣，守且勿他；命之定矣，虽死而何？”王鏊青年时代养成的疾恶如仇、无私无畏的性格，使他后来入阁后，以仅三辅之臣，敢与权倾朝野的大宦官刘瑾较量。

成化十年（1474）八月，王鏊经过又一轮三年卧薪尝胆般的苦读，学业大进，满怀信心赴南京参加应天乡试。乡试及格者称为中举，亦称举人，第一名称解元。中了举，不仅取得了参加会试的通行证，而且取得了做官的资格。即使会试不能及第，也可安排一定的官职。对青年王鏊来说，这次乡试是必须跨过的门槛，才能参加更高一级的科举，实现自己的政治抱负，为此他作了精心准备，临行告别家人时，他曾自称“胸中已藏诗书万卷”。据说王鏊离山赴应天赶考那天，秋风细雨打湿了他的衣服，显得有些狼狈。他对送行的友人口占一诗：“莫怪风前多落魂，三春应作探花郎。”

王鏊是第一次进省城应考，感到既新奇又陌生，只见被称为考场的贡院设在省城的东南方，大门前有两座牌坊，正面镌刻有“明经取士”，背面刻有“为国求贤”等字。围墙有两层，外层高，里层低，都堆满了荆棘。一位参考的生员指着东边一大片房屋告诉他，其处称“内帘”，是考场先生阅卷、批卷及住宿的地方，而前半部许多间矮房称“外帘”，是考生考试时使用的号房，每人一间，答卷、吃喝、坐卧都在里面。王鏊抬头望去，只见贡院四角都筑有高高的望楼，考场内还有军官兵卒巡视，心中不免有紧张。好在同窗吴东峰已经历了两次，劝其不管外界多乱，沉着应对就是了。

会元坊

是年甲午科乡试分三场进行，八月初九日为第一场，试《四书》义三道，每道两百字以上；经义四道，每道三百字以上。十二日考第二场，试论一道；三百字以上；判语五条，诏诰章表内科一道。十五日考第三场，试经史策五道，俱三百字以上。其中首场的经义、四书文，均以八股文形式作答，每场考试时间为一天，“至晚纳卷，未毕者给烛三枝”。王鏊有备而来，每场考试只用半天时间就考完了。他在脑海中细细梳理了一遍，感到每份答卷均无错漏，乙榜中举有望。

三天考试结束后，朝廷派来的乡试主考官左谕德谢一夔和翰林院修撰郑环开始阅卷。谢一夔是江西新建人，天顺朝状元，以廉洁干练称名于时，后官至工部尚书。而郑环，字瑶夫，浙江仁和人，天顺四年（1460）进士，是任翰林院修撰。当两人批阅到王鏊的卷子时，都情不自禁地说：“当今竟有如此奇文，真东坡复出矣。”意即考生王鏊所作的文章，可与被宋孝宗称为“一代文章之宗”的苏轼相媲美。是科一论五策，悉录王鏊所作之文，不改动一字。自明代开科乡试以来，这样五篇考文均一字不改，被考官选作范文的还是第一次，一时王鏊名声大振，第一名解头当然非鏊莫属。

主考官谢一夔阅卷时还说起一件趣事，开考前的一天夜里，他正在灯下校阅试卷，忽见一位白胡子老人来到“内帘”，悄声对他说，这次应试秀才中有位奇士，是天上的紫微星下凡，说完老者又忽地不见了踪影。谢谕德正要

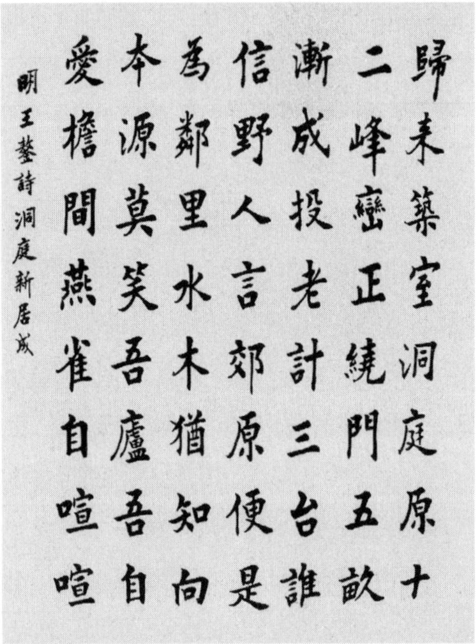

王鏊《洞庭新居成》

追赶，脚下一滑，不觉醒来，竟是考场一梦。他肯定地说，老者托梦所说的奇人，就是解元王济之。主考谢一夔在批语中曰：“予于初场之夕，尝梦得奇士矣，非子而谁？”谢主考又对众房考官曰：“他日效用范文正公之事业，幸无负此志。”翰林郑环也赞誉说，王济之将来能像北宋宰相范仲淹一样，干出一番轰轰烈烈的事业来，才不辜负自己的才学。

明清时考生对中举人、进士的主考称坐师或恩师，谢一夔对王鏊有师生之谊，成化二十三年（1487），谢公病逝于工部尚书任上，王鏊因继室张夫人病卒在家举丧，获悉谢尚书为国事向成化帝直谏，帝不纳，遂愤懑得痰疾卒，非常悲痛，作《谢尚书挽词》寄江西新建。词云“长啸乾坤内，如公复几人。科名皆自郄，文字本先秦……传授会期质，褒扬却愧诜。平生怀旧泪，不敢污车茵。”其诗最后说，一夔为民而忧，头发逐渐秃去。他入仕为官，家却十分清贫。自己当初乡试中举时，曾得到过他的提拔。自己要学他的品行，并能得到他的学问。今日哭吊谢尚书，不敢将泪水污染谢公之车茵。

当时在苏州府，王鏊、皇甫信、朱文、徐芸被誉为吴中四文士，在科考上希望很大。苏州知府丘霁有个弟弟名丘霖，也想在科举上有所作为，丘知府妙选四人与其弟游，想攀龙附凤，日后能中个举人或进士。丘霁字时雍，鄱阳人，举成化进士，以刑部主事知苏州，举事沛然，重祀恤民养士，在吴中颇具好名声。王鏊亦乐其相得，日与之弟游并从讲说，相互鼓励。可结果使丘知府感到沮丧，四人者后来均考中进士或举人，独惟其弟丘霖数次试应天，皆不第。

据史料记载，这一科应天乡试，赴试之士两千三百人，考中者一百三十五人，第一名解元王鏊。洞庭东山虽为一乡，却是个文化之地，明朝开国后，在王鏊科举登第前，东山中进士者已有吴惠、施槃、叶祚、贺元忠等多人，而考中的举人有叶廉、史昱、贺恩、吴钦等十人。王鏊中举在东山并无多大影响，但在莫厘王氏家族中却是一件盛大的喜事，热热闹闹庆贺了一番。先是父王琬筑私塾学第于村西，继而公荣公王璋建王氏家祠于化龙池之侧。王鏊是王氏家族中第一个科考中试的人，莫厘王氏定居湖岛二百多年来，从农耕、商贾、读书，经历了整整十代人，终于出了一名举人。俗语说，砻粮搓绳起头难，第一个成事的人总是最难的，那么以后呢，也许进士、状元就在后头。父亲王琬想得更远，莫厘王氏世称忠厚王家，“然今委巷之人，三世以前，希不懵焉耳。夫为人之子孙，而不知其祖；为人之祖，而不知其子孙，非其不幸耶……”光化公王琬考虑准备乘儿子考中举人之喜，编撰一部王氏家谱。

成化十一年（1475）早春，王鏊又进京参加了礼部主持的会试，获得第一名“会元”。会试是国家级的考试，每三年举行一次，时间一般在乡试后的第二年春季农历二月，所以又称为“春闱”。会试录取的举子称为贡士，这一科会试，参加考试的举子达四千人，取王鏊等三百人，刻程文二十篇。成化乙未科“春闱”的主考官为詹事徐溥和翰林院侍讲邱濬，徐溥是景泰朝榜眼，邱濬是景泰年间进士，这是两位德望极高较为清正的考官，弘治朝都入阁为相，并有贤相之称。同考官则有李杰、董钺、费訚、尹龙、乔维翰、傅瀚及张泰等，其中李杰为王鏊同乡，后又同鏊等结成五同会，这是后事。

明代的试卷都是糊名的。糊名又称封弥或弥封，就是把卷首考生的姓名、籍贯和初定等次全封住，这样使考官分辨不出卷子是谁的，有利于阅卷的公正。据说唐代科考试卷上考生的姓名、籍贯等都是公开的，这就为徇私舞弊提供了方便，只要打通关节，在考官那儿挂上号就能取得好成绩。明代时科考已实行糊名，一日，徐、邱两位会试主考官阅卷时批到一份试卷，主题鲜明，说理透彻，文采超群，其书法也不错，两人估计是应天解元王鏊的，心照不宣批了个“优等”两字。待春闱揭榜，王鏊果然名列第一，中了会元。在古代科考中，连中解元、会元的并不多，连中三元者更是凤毛麟角，王鏊乡试、会试夺魁，两人都深以状头盼之，大明朝再出个连中三元者，以显天朝之威。两位主考还用祥梦来占卜，据记载，礼部试结束后，邱濬、徐溥开始阅卷，久之未得魁选，乃约一夕各祷于天，以祈梦兆。天明后，徐问邱曰：“有梦乎？”邱回答说：“无也。”少歇，邱问徐公可有梦兆，徐溥说：“予梦至一大浸，茫茫不知水端，忽有一物状类龟者昂首登岸，予挽弓插三箭其上。”邱濬听后甚异之，但也不知其详。徐溥思索了一下说：“荆襄洞庭之间乎？”接着他解释梦境说，大浸荆襄之太湖，王济之家在太湖，又新中解元，这可能是将连中三元的预兆。

后来，王鏊入了翰林，被徐溥荐为学士，又荐为少詹事。一次，王鏊同已入内阁的徐溥闲聊，说起当年乙未科会试梦兆之事，王鏊说：“吾不才，辱公荐会试，所谓三箭者未应矣。”而徐溥说：“不然，会试为魁，一也；学士，二也；詹事，三也。非三箭而为？”意思说，所谓三箭者，当年是盼你能中解、会、状三元，如今你已入翰林，擢为学士和詹事，不也是三箭之兆吗？王鏊谦虚地说，不对啊，先生当时梦见茫茫大浸，有一龟背插三箭，为品字之象，其一品之兆，我哪有一品之望？徐溥笑而不答，继而问王鏊：“君德以刚为主，何所出？”鏊答在《汉监》。继而王鏊又问道：“公问此何为？”徐溥曰：“吾梦科场出此题耳。”在徐溥看来，王鏊最终必将官至一品，只是时间问题。王鏊在《震泽长语》“梦兆”亦忆及梦境云：“吾应举时，梦庭有枯木复生，其颠木之有由枿乎？”与同舍生言之，入，果是题也。岂其心静而生明乎？抑公将大贵，神明有告之者乎？

正德元年，王鏊果真入阁为相，官到一品，应了徐溥会试之梦兆，也应了自己有神明相助，日后将大贵之兆。

失之交臂

乙未科会试结束后不久的三月，成化帝朱见深在金殿亲自进行殿试。这是朝廷最高一级的考试，没有及格不及格之分，只有等级差别。殿试后进士分为三甲，以一甲最荣，第一名称状元，第二名称榜眼，第三名称探花，合称三鼎甲。也有朝代把一甲三名统统称作状元。

殿试结束后不久的一天早上，成化乙未科中试的两百九十六名新科进士都穿着崭新的衣服，头带三枝九叶顶冠，站在太和殿前的丹阶上，同文武百官一起参加登第进士传胪典礼。王鏊会试中魁后，加上主考官徐溥梦兆之事不胫而走，人们已在盛传王济之定为今科状元，大明朝继正统朝商辂之后，又将出一个连中“三元”的奇才了。王鏊对自己期盼并不过高，他在进京赶考时说“三春应作探花郎”，估计能中个探花而已。只是父亲王琬和大伯公荣公京城中的一些旧交，闻传前来祝贺，更有人提前在唤他状元公了，王鏊并不作答，只一笑了之。礼乐齐鸣，响鞭三声。礼官捧出金榜，当传胪官唱名“第一甲第一名谢迁”时，新科进士们都很惊奇，以至在威严的太和殿前人群中有点小小的骚动，大家怀疑自己的耳朵是不是听错了。

王鏊殿试中一甲第三名探花，授翰林院编修。虽说探花也在鼎甲之内，可大失考官和众人对他的状头之望，连王鏊自己也像做错了事的孩子，在翰林院羞于见人，事后许多人都为他鸣不平。王守仁在《太傅王文恪公传》中说王鏊：“成化甲午，应天乡试第一。主司异其文，曰‘苏子瞻之流也’。录其论策，不易一字。乙未会试，复第一。入奉廷对，众望翕然。执政忌其文，乃置一甲第三，时论以为屈。”另据明代文学家王世贞《明野史汇》记载：“鏊乡、会元，有盛名，对策复当第一，阁老商公抑之，置第三。”意思

探花坊

都是说王鏊在殿试中没有获得第一名状元，是由于内阁首辅商辂忌才，硬被抑至第三名探花。王守仁是明代有名的思想家，创阳明心学，在历史上有很大的影响；王世贞为苏州太仓人，嘉靖朝进士，官至刑部尚书，明文坛“后七子”领袖。为人正直，不附权贵，又与王鏊为同代人，两人之言均应属可信。

有关王鏊殿试被抑之事，《莫厘王氏家谱》上还有一段较为详细的记载：“人奉廷试，鏊锐意欲言天下事，而策问止及农桑学校，鏊于问目外，泛及当时利弊，反复千言。众谓必三元矣！时商文毅公辂当国，嫌后进俪己，欲抑之。乃手鏊卷谓同考官曰：‘此策太长，难以宣读，宜置二甲。’冢宰济阳尹公直应声曰：‘朝廷方求直言，公等厌其长，我当读之。’乃置一甲第三，授翰林院编修。”从家谱这段记载来看，殿试的策问是“止及农桑学校”，而王鏊在答题之外又言“锐意欲言天下事”，长达千言。这里有两种理解，一种是答卷好像有些偏题，另一种或者说有点“画蛇添足”，因而还差点被置之二甲。这科考偏题，不管是古代还是当今，都是一件大事，后果将极为严重。在问目之外多说题外话，虽说没有多大的过错，但作为朝廷法定形式并有着严格考试规范的八股文，或者说“时文”，是不允许多说题外话的，主考商辂的批卷不是没有道理。要不是副主考吏部尚书尹旻力保，还有商辂作了些让步，王鏊就将被置二甲。

历史上还有一种说法是王鏊答卷太直，触到了当国者的痛处，但当国者不能直说，故以冗长难读抑之。是科“时制策以教养为问。鏊举《周书·无逸》《易》之‘自强不息’以对，大要言保治在勤，勤在教养备，教养备而王道成矣。反复数千言，皆当时利害，人所难言者。时承平日久，朝廷颇怠于政，故公以是为言。言激而直，当国者恶之，假以冗长不可读，欲抑置交甲”。尹恭简为冢宰，乃站出来说：“朝廷策士，言而抑之，岂临轩之意乎？”这样，才保住了王鏊的探花。明代黄景昉《国史唯疑》中有一篇“王守溪不登三元”之文，云：“某入试大廷，不识忌讳，奏其狷狂之辞，当道欲摈斥之。”说王鏊当时年轻气盛且连中二元，乃畅所欲言也。大概后来王鏊自己也知道了事情的原委，他在《复尹太宰》一文中云：“鏊方幼学，则幸闻名于将命者，顾未尝得望履绚于门。其后见录有司，入试大廷，是愚不识忌讳，奏其狷狂之说，当道者欲摈斥之，独公奋然不顾，谓：‘其辞虽狂，其心何罪？’是以卒置之一甲。公之为此非有私于鏊，而鏊之怀德有不能忘者。”从王鏊的这段话中，可以看出他过于直言，险失鼎甲。

殿试名义上是皇帝亲看试卷定甲第，但一般都是到场做做样子，全由主考官们把试卷排好了名次，让皇帝钦定。特别是像宪宗这样的皇帝，更是怠于朝政，沉迷于神仙、佛道和长寿秘术之中，哪有心思来管科考这类事。以兵部侍郎翰林学士入阁辅政，户部尚书兼文渊阁大学士，又掌成化乙未科考文柄的商辂，要是坚持自己的观点，把王鏊置于二甲，他完全有权力，也在情理之中。从这一点上来说，商辂还是一个能接受下属意见的宰辅。要是王鏊置于二甲，他的仕途可能又是另一番情景了。因为朝廷看重的是鼎甲进士，一甲称赐进士及第，基本上都进翰林院安排官职；二甲就被赐为进士出身，大多外放任地方官，而三甲就叫赐同进士出身，似乎被看作殿试不合格的代名词。

王鏊殿试没夺取状元桂冠，还有种说法，是他作文喜苏轼文章之故。据明代张本在《五湖漫闻》记载，王鏊殿试未中状元是文体不合商辂口味。说王鏊少年时就好读苏轼文章，其作文光焰跌宕，有“东坡复出”之誉。殿试众都推鏊为首，独少傅商辂不肯，置之第三。徐溥为之不悦，每与商辂论文，则曰：“翰林鲜有能逾王某者。”商乃俯首不答。后来，徐溥把此事告诉了王鏊。一日，王鏊偶见商辂作的文章，叹曰：“公好沉著如此，宜不悦我文也。”原来商辂喜好柳宗元的文笔，而不喜苏轼之文。王鏊马上又按柳文风格写了一篇文章，通过徐溥送给了商辂。商辂阅过后大惊，说：“当世罕有此等文字。”徐溥告诉他，这篇文章就是探花王济之作的。商辂深感内疚，遂驾访王鏊，两人情义日深，成为好友。凡议及当年殿试之事，两人都心照不宣，而商辂常露愧色。王鏊叹曰：“吾乡试、会试皆得苏文之益，殿试则被其误矣，所谓文须遇知己也。”如果张本之言属实的话，那么王鏊靠熟读“三苏”之文，并驾驭其作文之技巧而夺得解、会二元之魁，可又因此文风丢失了状元的桂冠，正是“成也萧何，败也萧何”。

朝野都指责商辂忌才，使王鏊与状元失之交臂。两人原素不相识，无冤无仇，当国的阁臣商辂为何要忌王鏊之才呢？据说商辂是明正统十年“三元”得主，这“三元”殊荣得来极为不易，中国历史上自隋代开科取士到清末的一千三百年间，全国也只出了十四名“三元”奇才。要是王鏊也中了三元，那不就同商辂平分大明朝秋色了吗？商辂心胸狭隘，小肚鸡肠，其结果终明一朝再也没有“三元”得主，商辂也倍受世人斥责。其实只不过是后人的一种推理及猜疑，在明成化朝的阁臣中，商辂还是一位不错的官员，人品与政声均还可以。商辂，字大朴，号素庵，淳安（今属浙江）人，从小家境贫困，当过州府小吏。宣德十年（1435）中举，此后屡考进士不第，后入太学潜心攻读十年。正统十年（1445）乙丑科，以会试、殿试双第而大魁天下。出仕仅四年就以修撰身份入阁参政，辅政七年，官至兵部侍郎兼右春坊大学士、太常寺卿。后因宫廷斗争，被削职乡居十年。成化三年（1467）又被召入朝中，以兵部侍郎兼翰林学士入阁辅政。史书上记载有商辂的两件小事，说明他还是位“宰相肚里能撑船”的宰辅。说商辂同钱溥有矛盾，溥作《秃妇传》以讥之，辂亦不与之计较。还有大臣黎淳以景泰中易储事专归咎于辂，上章攻之，辂待之无异平时。所以“君子谓其有大臣之量”的商阁老，还不至于小肚鸡肠到如此地步。商辂入阁八年后退休归乡，成化二十二年（1486）卒于家，追赠太傅，谥文毅。《明史》载其为官和平正直“简朴端重，宽厚大度”，是明代官位与声望俱高的名臣之一。

在吴中民间，还传有一则王鏊当年屈居探花的乡老之传。据说明代成化乙未科殿试阅卷时，三名主考在定一甲一名状元上发生了分歧，其中两名考官见王鏊的答卷见解精辟，说理明白，笔墨书法又好，应列为状元。可当时官居首辅的商阁老，要定同乡浙江余姚人谢迁为状元，三人相持不下。成化皇帝也犯了难，双方都据文力争，各有理由，一科又不能出两个状元，这可怎么办呢？还是成化帝身边的贴身太监想出个了办法，要两位状元候选人骑马游城一周，让京城百姓来评看。这下王鏊可吃了大亏，当时他还只有二十六岁，生得皮肤黝黑，身材高大，加上满脸胡须，看上去像一名赳赳武夫。而与他同庚的谢迁，却身材修长，皮肤白皙，是个风度翩翩的白面书生，人见人爱，最后定为了状元。这则传说带有明显的演绎成分，可能同他的所谓出身“野人”之传一样，是因王鏊脸上毛发特浓面杜撰的。当然，在“才高还须容颜美”，明洪武帝始作的以相貌取状元的年代，王鏊因面部相貌不及谢迁而丢状元桂冠的可能性还是有的。

明代以相貌取状元倒有先例，朱元璋是始作俑者，以后祖宗创式，子孙效尤。清人陆容的《菽园杂记》里记载了两则趣闻。正统元年（1436），明英宗朱祁镇第一次临朝试进士，听说一甲的浙江周旋身材修长，面容俊美，是位美男子，就钦定了周为状元。可到传胪唱名时一看，周旋不仅谈不上漂亮，而且相当丑陋。但生米已煮成熟饭，英宗懊悔不已。正统四年（1439）殿试，大臣奏报名次，定张和为第一名。英宗有了第一次的教训，这一次就谨慎多了，特地派贴身太监去实地观察长相，太监偷偷到张的住处一看，回来报告说张和的一只眼睛有点毛病。英宗提笔一下将张和降至二甲第一（总第四名）。最后经过太监相面，取才貌双全的东山人施槃为状元。如果说施槃以貌美钦点状元的话，那么王鏊却因面孔黝黑胡须多而丢失了状元。

王鏊殿试“屈居探花”一说，见诸多明清笔记、小说，扑朔离迷，真假难辨，而《明史》载：“王鏊，字济之，吴人。父琬，光化知县。鏊年十六，随父读书，国子监诸生争传诵共文。侍郎叶盛、提学御史陈选奇之，称为天下士。成化十年乡试，明年会试俱第一。廷试第三，授编修。”正史上这段文字，较为公正地记载了王鏊当年科考的结果。那么究竟是商辂忌才，王鏊答卷画蛇添足，还是明宪宗以相貌取状头？事情已过去了五百多年，这桩明代乙未科考中的疑案看来永难揭开谜底了。

第三章

远避权势 杜门读书

· 衣锦还乡 · 居忧山中 · 震泽『两苏』 · 朝中『三会』 · 壑舟雅集 · 岳婿断交

衣锦还乡

一艘风帆在太湖中朝西南飞行，驶过菱湖嘴，莫厘峰遥遥在望。年已"而立"的王鏊站着船头，眺望着洞庭东山，心中忧喜参半，百感交集。三年前，他就是乘坐这艘航船离开东山进城赶考，然后中探花，入翰林，如今三年考满，已秩满进阶文林郎，正怀揣着朝廷给他祖母及父母的封诰，回乡给好婆（祖母）庆贺八十高寿及父母六十岁大寿。"夫人，到家了，魂归故里，你也可安眠了。"王鏊抱起刚满三岁的女儿王仪，望着船舱中妻子的灵柩，心中默默地说着，眼中噙满了泪水。

王鏊经过十年寒窗，千军万马过独木桥，通过科考，从山间小道上步履艰难地跨入了紫禁城，实现了自己梦寐以求的科举入仕，将来能文治天下的愿望。进入翰林院任编修后，吴夫人也来到京师，照顾丈夫的生活起居，夫唱妻随，恩爱如新婚。他们成化庚寅（1470）结婚，屈指算来已七个年头，俗语说"不孝有三，无后为大"，夫妻两人心中都很焦急。王鏊嘴上说不急，还宽慰着妻子，但暗地也曾向宫廷御医请教过，讨教育子之秘方。这也难怪，婚后王鏊一心扑在学业上，常年在外求学，就是难得回家，也整天手捧书卷苦读不辍，几乎每晚都听到鸡啼后才上床睡觉，哪里有心思做男欢女爱之事，只苦了娘子庭兰，天天盼望，夜

王鏊（左）与吴宽

夜等待，能为王家早日生个一男半女，让王家后继有人。也算是天遂人愿，第二年早春，夫人吴氏告知丈夫，自己怀孕了。这一年王鏊已二十七岁，在爹十三、娘十四的古代，绝对是晚育了。马上就要为人父的王鏊对妻子更为体贴，不但反过来照顾她的起居，退朝回家后，还常同妻子讲些朝廷上的有趣事。怀胎十月，是年底妻子分娩，是个女儿，生得同母亲一样秀丽，起名王仪。谁知乐极生悲，妻子产后大出血，御医全力抢救，还是回天无术，年仅二十六岁的吴夫人离他们父女而去。妻子临终前曾给丈夫留下遗嘱："在这无亲无眷的北地，我害怕。你一定要让我回去，魂归故里，同我的祖辈和亲人相聚。"王鏊悲痛至极，曾发誓终身不娶妻，后来经朝中同僚再三劝说，四年后娶河间张氏为继室。据说张夫人同张皇后为姐妹，王鏊与当时的皇太子，后来的弘治帝朱祐樘成了连襟。

陆巷寒谷渡口，年已花甲的王琬夫妇在村口码头迎接儿子及跪接皇上的封诰。拜见双亲后，王鏊细细打量，虽离家还只有三年，父亲已苍老了许多，心中感到一阵心酸。是啊，一个小小的光化县令，官小事烦，还要受到上司的刁难，但为了得到那年俸四十多两银子以养家糊口，不得不在湖广的山乡僻壤里熬了三年。此时父亲王琬刚致仕归家，他入太学二十年，读书累得吐了血，可就是屡试不中，到了五十七岁那年才以监资授了个光化县令。王鏊进入翰林院的第三年，王琬感到儿子已入朝中，自己这个职微事烦的七品小官无啥当头了，是年王琬已年届花甲，于是就告老归乡了。王琬回到陆巷，在湖畔建造了一座静观楼，湖畔筑得月亭，日与亲戚故旧在楼中饮酒赋诗，自号"静乐"，故又有静乐公称之。据王铨《光化公传》载："公归即杜门不出，以静为乐，故号静乐居士。尝以俸者朝廷之所颁赐，不敢独享，故时以分散宗族及士大夫之清贫者。"

到了陆巷家中，王鏊捧出圣上封诰及朝中名公词翰，向父母献寿。其《光化公初封文林郎》敕名曰："奉天承运，皇帝敕曰……湖广襄阳府光化县知县王朝用，乃翰林院编修鏊之父，官居县尹，惠政及民，既著贤声，早膺休致，训成厥子，效用于朝。质所从来，宜申褒命，兹特封为文林郎，职如故，尚克承之，益锦寿祉。"成化十五年五月十八日，王氏家族中同时受到朝廷封诰的还有王鏊的母亲叶妙澄，被敕封为孺人，已过世的妻子吴氏也被追封为孺人。文林郎与孺人都只有七品官职，但在陆巷这个小山村里，能得朝廷封诰，可是件爆炸性的新闻，极其荣耀的大事，一时传遍东山，贺者如潮。村人纷纷相传，儿子当了官，连父母和妻子也能封官职？还不快快督子读书，做官受封赏，好光宗耀祖。原来在封建社会中，朝廷为笼络各级官员，设计了一套使官员糟糠之妻也获得与官员本人同样社会地位的制度，官员可以请求皇帝给他现存的亲属“封”予某项称号，使之获得一定的社会特权；也可以请求对他已死去的亲属“赠”予某项荣典，以镌刻在墓碑上。有了封典，父母不用跪拜当官的儿子，糟糠之妻也可以同丈夫平起平坐了。

静观楼位于陆巷寒山港畔，虽不甚宏敞，却风光独佳，有“南天琼阁”之誉。王琬在自撰的《静观楼记》中曰：“岁丁酉之三月，予解政归自光化，明年戊戌，子鏊自翰林来归，省待之暇，与其弟铨谋为构育之所。予曰：‘于此有异处焉，洞庭之麓，太湖之滨，岌辟其地，爰表其位，楼之未作，草木祟弱；楼之既作，山水咸异。’厥有澄湖经其前，奇峰耸于后，若相告语，奔走来赴，天发其光，地挺其异，观之美于是最，於戏。俯仰上下，道行其间，峙之为山，流之为川，烂之为星日，散之为云烟，蕃之为草木，动之为鱼鸟，盖莫不有可观，亦莫不有可思……”

八月金秋，艳阳高照，莫厘峰下稻果飘香。王家静观楼上，高朋满座，流光溢彩，朝中显贵，乡之名公所献的贺联寿轴挂满了华堂。王鏊入翰林为编修，官职正七品，三年后秩满升一级为修撰，官职为从六品，但人们看重的是翰林士子的前途。一般入翰林院的人都是历届殿试中的魁星，不是状元，就是榜眼或探花，天子门生，前程无量，朝官们都以结交翰林为荣。王鏊熟读史书，知道百事孝为先，为了让父母高兴，在讨得皇上对双亲的封诰后，他还请朝中诸名公写了不少词翰、贺章书轴带回家中，名诗名画挂满了整座静观楼。

王家亲戚故旧中多读书之士，一见堂上所挂祝寿的词翰，都大吃一惊。给光化公献画献诗祝寿的朝中官员有邱濬、谢迁、李东阳、吴宽、杨廷和、程敏政等一大批当朝显贵。有识得者指点说，邱濬为海南四才子之一，景泰朝进士，礼部尚书兼武英殿大学士。浙江余姚人谢迁与鏊为同科进士，一甲一名状元，翰林学士，后为兵部尚书兼东阁大学士。李东阳为湖南长沙人，

天官坊王鏊旧宅门楼

天顺进士，以礼部尚书入内阁参与机要。吴宽是长洲县人，成化壬辰科的状元，礼部尚书。杨廷和为四川新都人，成化年进士，翰林院侍读学士，后为武宗、世宗两朝宰辅。程敏政时为翰林院掌院兼礼部右侍郎。亲朋故友们定睛细看，华堂上挂有两幅长轴，正壁所挂的一幅画卷，名《椿桂图》，礼部尚书邱濬为之作“序”；右壁的一幅画卷名《仁寿图》，礼部主事杨南峰作序曰：“乡先生王公，既解光化之政，解翰林之秩，逍遥洞庭之上，以娱乐其未岁，与世相忘……”

而诸名公祝寿之诗多达上百首：同乡吴宽诗云：“楼居影落太湖波，已是悬车十载多。吴地预栽千树橘，魏人空咏百廛禾。登临兴发频游骋，调摄方傅谢按摩。锦诰织成蒙屡锡，天孙长遣凤衔梭。”大学士程敏政献诗曰：“笑指灵椿寿域开，花封闻早赋归来。高堂乐我朱颜壮，宦海从人白发催。太史得名先五桂，晋公流祚启三槐。洞庭春色公驰贺，海屋添筹到几回？”王鏊科考同年兵部尚书东阁大学士谢迁，献诗赞王琬：“五斗折腰真觉嫩，三年解绶已嫌迟。白云陇上春随屐，黄菊花开酒满卮。”王鏊所结的“五同会”成员之一，礼部尚书李杰诗颂王琬云：“致政归来鬓未苍，湖山佳处任徜徉。芳联五桂书香远，裔接三槐庆泽长。得月亭高延赋客，隔凡洞古觅仙方。八千寿拟灵椿并，紫诰重看被宠光。”

朝中向王琬献寿章的大臣和翰林学士还有傅瀚、汪谐、王臣等十多人，加上吴中名士、乡之缙绅数十人，亦前来贺喜，诗词佳作，不一而足，以赞其盛。王鏊把亲朋好友所赠送的词翰寿诗归为八题，在楼中展出，曰：赞阳归政、林屋养高、紫诰驰封、采衣归省、背萱重翠、庭桂交芳、花甲初周、华堂齐寿，而总颜楼额为“萃喜”，各为诗歌，以扬其盛。后来，王鏊还把楼中诗歌结成“萃喜堂卷”，藏于家。父以子贵，陆巷王家名震吴中。

谁知王家大喜过后，乐极生悲。庆贺祖母叶氏八十大寿和光化公王琬夫妻六十的寿宴仅过了个三月，母亲叶太孺人一病不起，于是年十一月二十七日病故于静观楼中，享年六十岁。王鏊原捧朝廷封诰为祖母及父母庆寿而来，想不到竟来为母亲送终，只得向朝廷告假，居家守丧。

居忧山中

王鏊居忧东山，三年守孝的日子平静而充实，朝中同僚或外放或省亲或丁忧路过苏城，大多买舟南泛，到洞庭东山看望如旭日东升的王翰林济之先生，来往诗文酬答不绝。其间，吴县县令文贵、布政使夏寅曾来访，同游东山或吴中名胜，吟诗抒怀，亦为乐事。还有无锡举子华昶、钱荣、毛亮过太湖，师从王鏊，随其游，均学有所得，后来成就了一番事业。同友人与学生们相聚，使王鏊那颗因母亲去世而忧伤的心充满了快意与慰藉。

王鏊像

五更哭灵是吴地一带守孝的风俗之一，亲人去世下葬后，家中都要摆上一只坐（祭）台，每天五更在祭台上置好饭菜，晚辈跪在台前哭灵半个时辰，时间长达三年，待过了三周年，做馒头、顶戒屋，大祭亲人亡灵后结束。这每天凌晨哭哭啼啼祭灵之举，是妇孺之事，男子大多不参与，可王鏊是孝子，深知母亲含辛茹苦，把他们五兄妹抚养成人的不易，坚持天天参加祭灵。大嫂孟氏、弟媳郑氏都劝王鏊安歇，这哭灵之事让她们女人家来操劳，王鏊含泪说：“夫人吴氏去世了，吾家这第二房尽孝总不可空白吧。”话说到这个份上，大嫂、弟媳们也只能默许了。

一天凌晨，王鏊同大嫂、弟媳正低头跪在祭台前默哀哭灵，突然台上一

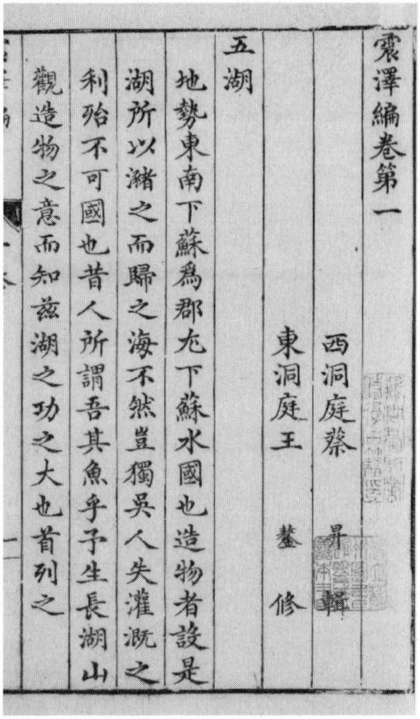
震澤編卷第一
西洞庭蔡　昇　輯
東洞庭王　鏊　修
五湖
地勢東南下蘇爲郡尤下蘇水國也造物者設是
湖所以瀦之而歸之海不然豈獨吳人失灌溉之
利殆不可國也昔人所謂吾其魚乎予生長湖山
觀造物之意而知茲湖之功之大也首列之

《震泽编》

声响声，震得饭菜碗盆都翻了。孟氏和郑氏惊得不敢抬头，心想莫不是她们孝道有所不周，婆婆发火了。王鏊抬起头来，只见一只大花猫从梁上跳下来，正巧落在祭台上，叼起碗里的一条鱼溜了。正是十猫九偷荤，原来是花猫作祟，大家这才松了口气。为缓解一下紧张的气氛，稍息之际，王鏊给她们讲起了一则摆祭台的典故。这才消除了孟氏和郑氏的惊恐。

王鏊的体质原本不佳，加上路途辛劳，早起晚睡，心情悲伤，回家不久就病倒了。这一病可不轻，上床就是两个月，他作《卧病》诗纪之。云：“一灯孤馆夜寥寥，八月文园病未消。动觉此身成附赘，静观物理自逍遥。长缨顿骥悲千里，尺渎旋鳞困一朝。之子不来秋欲晚，空庭风叶雨潇潇。”说自己八月患病，长期卧床，不能所为，其身已成多余之物。唉，如骏马为缰绳所勒，不可千里驰骋；似鱼儿厄于水洼，不能遨游水宫。之子啊，你还不快来，已是深秋风雨潇潇之时，我们孤男寡女需人照顾啊。据说诗中的“之子”，指的是他的继室张夫人。原配吴夫人已在一年前去世，长女王仪还不足三岁，母亲又新亡，他卧病后，幼女只能是大嫂代之喂养，何况嫂嫂还要照顾重病中的叔叔王鏊。但此说好像又不大可能，据《莫厘王氏家谱》记载，王鏊是三年守孝满阕后娶的继室张氏，而且张氏为河间沧州人，怎么可能盼她快来照料病中的自己呢？

冬去春来，万物复苏。王鏊的病体渐渐康复，能登山游湖，四处走动了。二月，翰林学士吴宽和兵部李应桢来看望他，吴宽与李应桢均为苏州府人，同僚加上同乡，相见分外亲热。王鏊陪同他们游览了东山古刹兴福寺，吴宽还为之作《兴福寺记》。其记云：“成化十五年二月既望，予与李兵部应祯，为东洞庭之游。自岱心湾吴氏肩舆行十里许入俞坞，行寺曰兴福，主僧思复，出迓客，延登其后小阁。是时梅花方盛开，弥望如白云，崖谷莫辨。”继而作诗《兴福寺小憩》云：“九坞寒泉一涧流，遥从木末望山头。春风未扫禅林雪，更为梅花半日留。”更为有趣的是王鏊偕吴宽的俞坞之行，为古寺带来了名人效应。吴宽是成化八年（1472）的状元，著名的书法家，时任右春坊右谕德，即皇太子的老师，如能请吴宽赐以寺额，兴福寺定将身价倍增。吴公既留诗而去，寺中方丈还真是千里求额，赴京索宝。吴宽爽快应之，临客磨墨，一气作成《兴福寺记》，并请李兵部书之。其记云：“予既留诗而去，未几来京师，车马尘埃间未尝不想东洞庭之游之乐也。一日，有僧叩门来谒，予熟其貌，则昔者复公之徒也。其言曰：‘兴福寺久矣，甚恨无文字刻石可考。’……而予所接，如复如勤辈，又皆恭谨能守戒律，称佛学者，予何爱一言，不为之记？”

秋风渐重，黄叶飞落，莫厘峰上枫叶似火。九九重阳，吴县令文贵来访，同年相见，又使王鏊感到格外兴奋。文贵，字天爵，辽东广宁左屯卫人。他是成化十一年（1475）乙未科进士，与王鏊同登进士第，故称同年。王鏊在《登莫厘峰记》中曰：“成化戊戌，予归自翰林。文吴县天爵过予于山中，相与穷溪山之胜，行至法海，仰见异峰。寺僧进曰：‘是所谓莫厘者也。’文振衣以升，众皆继之，或先或后，或喘或颠，至乎绝顶。……予以是知学之无穷，故记之。”据说湘城沈周原欲陪文贵一起登高避邪，后因故未行，作《莫厘登高卷》诗以唱和。其诗长十五行，三十句，诗尾云：“有生不游山亦诮，手搔白发吁嗟乎。”这一年，沈周五十三岁，看来头上已有白发。石田翁还在《莫厘登高卷》小序云：“己亥秋，吴邑天爵访王翰林济之于洞庭，同登莫厘之峰，二公各有记。”

友人们的相继来访，使病体初愈的王鏊感到宽慰，加上主陪客游，登山游湖，加强体质锻炼，王鏊很快恢复了健康。

王翰林丁忧山中，无锡华昶、钱荣等慕名来山，从之游。其事载于邵宝《容春堂续集》中，其碑《通奉大夫福建布政使司左布政使华公神道碑》曰：“昶弱冠入邑庠，即谓天下无难事，敏而力学。初讲业于长史谈成杨先生，继闻今政少傅守溪王公以翰林编修居忧洞庭山中，遂与钱郎中世恩过太湖，即其墓庐而学焉，凡两三年。”王鏊的这两个学生还真有故事，尤其是那个华文光，才高八斗，却仕途坎坷，但结局尚可。华昶，字文光，别号梅心，更号双梧居士，生于常州府无锡华氏名门。弘治五年（1492），王鏊主考应天乡试，华昶中举，但第二年会试落第，先生王鏊作诗《送华昶下第归无锡》，对他进行安慰与鼓励。

华昶果然不负先生王鏊的厚望，在弘治九年（1496）考中丙辰科进士，巧的是先生王鏊又为丙辰科主考官，当然王鏊是以试卷高下录取，丝毫没有照顾师生关系。弘治十二年（1499），华昶已擢为户科给事中，据说是被人利用，具奏弹劾主考程敏政，出卖试题给徐经和唐寅，于是朝廷震怒，严惩科考舞弊之风，程敏政、徐经、唐寅俱下狱。更可悲的是两败俱伤，"昶亦以言事不实，调南太仆寺主簿"。明代给事中为七品官衔，而主簿为九品，再往下是未入流了，华昶好心办坏事，害人又害己，更是毁了先生王鏊的得意门生、江南第一风流才子唐伯虎的一世清白，王鏊得知后气得直摇头。可喜的是，华昶受此重创后没有一蹶不振，后来出守韶州，多惠政，升至从二品的福建左布政使，这是让王鏊感到高兴的。后来华昶的父亲华庄病故，时为大学士的王鏊还应门生华昶之求，作表碣《华封君墓表》，使之扬名千古。

王鏊极重师生情谊，对钱荣也是倍加关爱。钱荣，字世恩，毗陵人。为吴越武肃王之后，举进士，官至户部福建司郎中，惜早卒。正德十二年（1517），学生钱荣去世后，王鏊为之作志铭《钱世恩墓志铭》，其铭云："予自内阁告归，君数访余。最后，岁率三四过。丁丑春，过余城西之第，依依不能去，因信宿焉。时颇患足疾不良行，未遂衰也。归数日而卒，其舆予决乎？"又作《祭钱世恩文》，其文云："畴昔之夕，惠而过我。信宿倦倦，欲去不果。去不三日，忽以讣闻。……乃知前来，盖以永诀。"

震泽“两苏”

陆巷村的西面有条山溪，名寒山港，近太湖口有处渡口，叫寒谷渡。当年护驾南渡的千七将军，就是从这个渡口上岸，安置好父母和妻儿，又复登战船，护卫着南宋小朝廷继续朝南流亡，最后又被小王朝抛弃，回到洞庭东山这个途中驿站上以农耕终其一生。在陆巷寒谷渡的石埠上，清晨的朝晖下，总能看到两个年轻人在读书，他们时而合上书本轻声背诵，时而又若有所感持笔写下读书所得，两人还不时聚到一起交谈着什么。这是在山中守孝的王鏊仍不废学，同胞弟王铨自相师友，诗文唱和。两人为母亲守孝三年，兄弟俩遍游山中古迹，作诗著文，学业大进。

王鏊共有兄弟妹妹六人，哥王铭，字警之，号安隐，生于明正统癸亥（1443）九月，卒于正德庚午五月，享年六十八岁。比王鏊大六岁，生得修长而环硕，沉默少言，为人端厚。少随父王琬至光化县生活，后居家以农耕为生，自成化十四年（1478）归山后，一生绝迹城市，胞弟王鏊在朝中居官三十年，世人竟不知王鏊为其弟，时人以“安隐”称之。《具区志》有传。大弟王铨，字秉之，号中隐，生于天顺己卯（1459）正月，比王鏊小十岁，读书勤奋，然屡试不中，正德十年（1515）以贡授古杭经历，不赴。《七十峰足徵集》有传。小弟王镠，字进之，为同父异母之弟。娶苏州阊门吴氏，可能英年早逝，无后，家谱中亦无生卒年记载。王鏊有二妹，大妹嫁于吴县横山诸生顾元庆；小妹嫁苏州南濠叶元，亦名璇，正德六年（1511）病卒，年仅五十岁。外甥中多文士，数人诗文在《七二峰足徵集》有载。父亲王琬一心读书，不事生产，家中生活渐困。有道是长兄为父，为了四个弟妹的生活和读书，大哥王铭弱冠离家，商贾在外，挣钱帮助父母养家糊口。王鏊从小同大哥

王鏊阳山题留

相处时间不长，感情也相对淡些，而与弟弟王铨感情极为深厚。

王铨从小体弱，志向却很高，在父兄求学精神的影响下，读书“发奋淬砺，终夜不寝”，父亲到光化县任职，他又随之前往，终日苦读于县衙书邸。成化十二年（1476）王鏊考中探花，入翰林为官，王铨为兄取得的科举成就感到高兴，遂赋诗一首《光化得兄及第捷报喜而有作》，曰：“月窟高枝折去年，扶摇又送上青天。五千文字能淹贯，三百英雄且让先。名姓已看题雁塔，功勋还拟画凌烟。莫嫌太史周南滞，亲见泥金万里传。”其喜悦心情跃然诗间。随后，王铨又只身驰于京师鏊邸求学，联诗志喜。王铨住读在王鏊府邸，日夜不辍。兄长王鏊退朝居家，也同弟弟一起吟诗作文，探讨学问。看到他们读书这样认真，翰林院的同僚们把兄弟俩喻为震泽“二苏”，把他们同眉山苏氏兄弟相媲美。

眉山“两苏”，即宋代四川眉山县苏轼、苏辙兄弟。“苏文名扬天下，两苏享誉四方”，苏轼，字子瞻，号东坡，生于宋景祐四年（1037），北宋文学家、书画家。嘉祐进士，官至翰林学士兼侍读、龙图阁学士；苏辙，字子由，号颍滨遗老，小兄苏轼一岁，亦为嘉祐进士，官至尚书右丞、门下侍郎。兄弟俩互为师友，亲密无间，文学成就很大，两人同属“唐宋八大家”之列。但兄弟俩的人生结局却极为惨淡，苏轼被贬岭南惠州，不幸染上瘴毒，百病加身，归途中病逝于常州，终年六十六岁。苏辙也在“元祐党祸”中受牵连，从相位上跌入万丈深渊，被一贬再贬，最后在颍昌孤独、落寞、老病、衰残中悄悄去世，比兄多活了八个年头。同苏轼、苏辙兄弟相比，无论是官职，还是文学成就，王鏊、王铨昆仲都稍逊色些，但兄弟俩相互师友的求学精神、诗书酬答的骨肉情愫，同“两苏”不相上下，其人生结局也比苏氏兄弟圆满得多。

古代官员遭祖父母之丧，必须离职守孝三年，又名“丁忧”，需朝廷“起复”才能复职。守孝期间，王鏊兄弟遍游吴中山水，诗酒酬答，互有进取。成化十六年（1480）除夕，东山喜降瑞雪，七十二峰银装素裹，一派北国风光。兄弟俩在静观楼上观赏雪景，有感而发，作起诗来。王鏊曰：“忽忽岁云除，纷纷雪仍积。”王铨接句云：“玉楼冻鳞皱，红炉光焱赫。”继而王鏊又曰：“潇潇泻竹声，烂烂映空色。”王铨接句云：“势欲灭灯明，威能消酒力。”两兄弟你一句，我一句，很快作成了一首“把酒待新春，题诗永除夕”的《除夕喜雪联句》长诗。

在平凡的生活中，凡发生了一些喜事或趣事，王鏊与王铨兄弟也常作诗互赠，以表骨肉之情，充满了情趣。成化辛丑（1481），王铨长子延年降临，这时王鏊还未有子，得知胞弟有后，心中极为高兴，赋《和秉之得子》诗曰：“庭前骑竹便为羊，左右峨峨会奉璋。浩荡春波先有兆，郁葱佳气岂无祥？”谓他因胞弟得子后乐不可支，如古代男童骑着竹马那样高兴。侄子幼年即聪颖异常童，他日定能与众兄弟一起“度白雪以方洁，扶青云而直上”，王氏家业必能八世兴隆。王铨喜种菊花，秋日庭院中一片灿烂，蝶飞蜂舞，鸟语花香。王铨赏景有了灵感，先赠《菊颂》给兄长。王鏊《和秉之送菊。菊有杨妃、西施》云：“烂醉都忘倒接篱，高堂四菊十分奇。西施未醒杨妃醉，白发樽前恐未宜。”岁末弟王铨落了一颗牙齿，心中有些沮丧。这本是生活中一件微不足道的小事，无须担忧，但兄弟之间也以诗相慰。王鏊作《秉之齿落，有诗，且羡予齿之牢。和其韵，以慰之，且自慰云耳》，诗曰：“兄弟一气耳，谁强谁独衰？弟齿龋更落，予发白且葩。咄哉此二疾，自古谁能医？兄弟幸在告，为乐当今兹。”

王鏊、王铨兄弟与徐源、徐澄兄弟年轻时经常来往，一次，王铨和徐澄同赴京城探望兄长，在京游览三月有余，后徐澄先归，王鏊作诗《送徐季止还南雍》以赠，云：“悠哉复悠哉，客眉郁郁今日开。两家兄弟各千里，同日报道从南来……劝君为我还少住，别后离愁分四处。”使人颇感兴趣的是，原王鏊与吴宽相约赴北京西山一游，后因王铨来京，鏊失约作诗《匏庵约山行以秉之弟初至不赴》，有“西山尝向梦中登，骑马相从却未能”之句。匏庵即吴宽，他亦回诗《答济之约赴西山不赴》，后又有《再答》《三答》。王铨赴京后，朝中同乡多次为王鏊兄弟举行雅集，陈璚在其文中云：“秉之省其兄守溪，聚讲于共月轩。六月七日邀予与徐源正郎、周庚院判共会酌别，相与联句。”作有《送秉之还吴》《饯别联句》等二十二首，诗中有“不见倏七年，相见只三月。不知三月后，又作几时别？别离苦多会苦少，风雨潇潇竹窗晓”之句。王鏊《对月有怀秉之》序云：“予与秉之有见月之感，故见月则怀思。癸卯八月十四日夜，坐庭中，月色昼，不觉叹曰：‘秉之此时，其亦观月乎？’吾两人同见月也，而有相去万里之叹，遂作诗寄焉。”诗中有“燕吴万里同见月，两人不见心悠悠”之句。王铨和诗序曰：“吾兄弟所以有见月相思之约也。……八月十四日夜，兄有诗寄及，依韵奉和，亦见此时此夜之情也。”王氏昆仲酬答之诗，后结为一集，名《梦草集》，由庐雍作序，王鏊自撰后记，好友石田翁沈周、礼部尚书吴宽及吴中名流文徵明等有诗赞之。

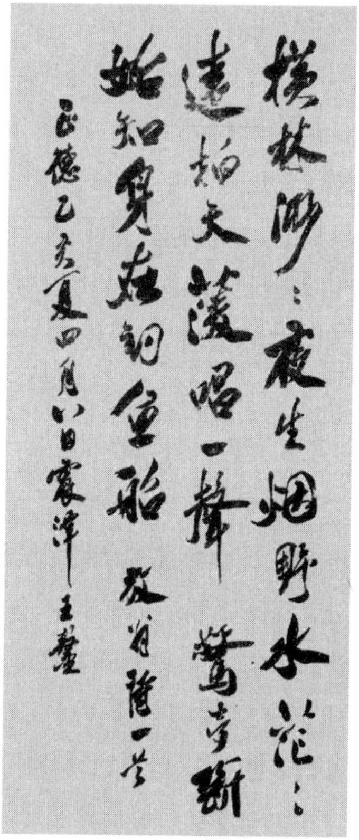

王鏊诗陆游《剑南诗稿》

《梦草集》共四卷，庐雍在序中说，其集为震泽王君与其兄守溪先生倡和之诗也。五七言古近体诗凡两百余首，可谓富矣。王鏊在《书梦草集后》云：“余自筮仕迄于今，四十余年间，与余弟不能无离合。离则思，思则发之诗；合则喜，喜则发之诗。然皆率然口占，以道一时之怀，不暇追琢求工，谓且云散鸟逝，无复存者。不意吾弟自后收拾，织悉不遗。萃而观之，数十年离合忧喜，如在目前，岂以诗之不工而遂弃也？余弟因刻之，以传于家。”沈周《题梦草集》曰：“兄弟本同气，同声有此诗。长公先作倡，幼妇妙联辞。谢氏池塘梦，彭城风雨时。湖山照双壁，光价两争奇。”吴宽题词：“守溪翁著作甚夥，予读之靡不赏心，今观其兄弟倡和诸篇，复不胜叹羡，何让谢氏西堂哉？”沈周、吴宽在赞诗中把王鏊和王铨比作东晋的谢氏兄弟，给予了高度评价。

弘治元年三月，三十九岁的王鏊擢为侍讲经筵（正六品），王铨再次来到京师与兄相聚，兄弟俩一别又是九年，王鏊心中百感交集，这九年自己家中和朝廷都发生了多么大的变化啊。刚入翰林院时，他把一切都看得十分美好，翰林士子都是社会的精英、国家未来的栋梁，个个应是学识渊博、奋发向上、虚怀若谷、廉洁奉公的优秀之士。可时间一长，他发现翰林院里鱼龙混杂，不乏假公济私、溜须拍马、损人利己之徒。同僚见面相互恭维，背后却说长道短，贬低别人以抬高自己。王鏊虽不能举世皆浊，惟己独清，但决不与之同流合污。胞弟王铨的再次到来，使王鏊又有个能推心置腹说话的人。这段时间，王鏊在史馆事繁，白天各自为务，夜归则对饮论学，朝朝赋有诗句。诗中云："子今去矣我何有，为买湖滨田十亩。下栽禾黍上木杈，菱芡荷花绕前后。读书稍暇来朝班，我却归卧湖山间。"此时的王鏊，首次在他的诗作中流露出厌倦官场生活，盼望归还乡舍之心情。

据后来王鏊所撰王铨《墓志铭》载："吾弟志甚高，先从父于光化，犹未甚知学。乙未春，予入翰林，自光化驰省予于京师邸，自以学后时，发愤淬砺，日夜不辍。予起朝，犹于窗间闻咿哦声，予每戒勿使过苦，而不能从也。兄弟自相师友，予时年壮，亦锐于学，每觉有进，弟辄已追及之，若与予争先焉者，时人因有两苏之目。"对于朝中同僚的"两苏"之誉，王鏊感到很欣慰，以致正德辛巳王铨先兄而逝后，王鏊发出了："苏子之望，於乎已矣！"的悲叹。

朝中“三会”

苏州府为江南大郡，自古以来人才辈出，明清科举甲全国之冠。同乡同时在朝中为官，这原不足为奇，但在朝中建立“文字会”“同乡会”尤其是同乡五人同年共为京官，这极为少见。明成化年间，吴中王鏊、吴宽、李杰等五人同显于朝，结成“五同会”，并绘“五同会图”，这可是历史上少有的奇闻，被誉为吴下盛事，其所绘《五同会图》也流传至今。

成化十八年（1482），王鏊三年守孝期满后返朝，看到朝中仍然是万贵妃专权，“纸糊的三阁老”当政，朝政腐败与昏庸。自己的志向无法实现，但又无能为力。当国的刘吉仰万贵妃的鼻息，朝中所用之人大多是的党羽及门下士，对不上门拜谒送礼的翰林学士一概抑而不用。王鏊不愿与之同流合污，自朝参公事外，惟闭门读书，肆力于六经子史。物以聚类，人以群分，王鏊和朝中一些正直清廉及志同道合的官员经常聚在一起，谈论时事，探讨学问，结成文字会，接着又以文为友，结成“五同会”，亦称五老会。

《太原家谱》载：“公在翰林，自朝参公事外，惟闭户读书，肆力于六经子史。于是刊落浮华，力追古作，规模昌黎以及秦汉，其文始一变矣。”王鏊早年曾文从三苏，丰腴畅达，至此着力复古，学习韩愈之文，雄伟峻洁，文风一变。在这期间，王鏊利用内阁史馆收藏秘书较多的条件，手录诸多中秘典籍，如《唐六典》《孙可之集》《皇甫持正集》及古代单方等，这些秘籍的浏览与抄录，使之学识大增，尤其是为他后来编著《古单方》一书奠定了基础。

这时候的官场风气还较好的，在朝的官员们绝大多数是儒家知识分子，他们以天下为己任，忠君爱国，有强烈的忧患意识和社会责任感，王鏊就是在这样的社会大背景下取得学业的。正德朝以后官场风气发生了变化，逐步走向复杂和堕落，不少朝臣依附阉党，出卖灵魂，蜷缩在庞大的宦官集团势力之下，以谋求一己私利。可以说正德朝是个分水岭，朝政已很糟糕，许多官员纷纷退而求其次，唯唯诺诺，力求明哲保身，坚持不去随波逐流的人已很少，但也有一小部分人坚持自己的良知，守住道德底线，他们经常聚在一起，诗文酬答，含蓄曲折地表露自己的思想，思考人生，实现自己的理想。成化壬寅的“文字会”和“五同会”，就是在这样的社会背景下诞生的。

据《王鏊年谱》载，在朝参加文字会的都是吴中人，分别为仕者王鏊、吴宽、李杰、吴洪、陈璚及周原己、徐原、赵栗夫、孙希说、朱天昭、杨若谦、毛贞甫、陆全卿等十二人。这实际上是朝中的雅集，因大家均喜作文吟诗，不定期地聚在交流诗文，感到十分惬意。文字会的人员参差不齐，内有翰林院学士和庶吉士，也有各科给事中、医官及在京攻读学业，准备参加会试的考生。王鏊在“送广东参政徐君序”中说，始吾苏之仕于京者，有文字会，翰林则少詹吴学士、海虞李学士及鏊为三人，其外则有陈给事玉汝、周御医原己、徐武选仲山，而时至出入者，则有若赵刑部栗夫、孙进士希说、朱天昭氏，杨君谦氏、毛贞甫氏、陆全卿氏。在京城家中，吴有玉延庵、李有禄隐园、陈有半舫斋、周有傅菊轩、徐有超胜楼，鏊家则有小适园。花时月夕，九人辄相过从，燕集赋诗，或联句，或分题咏物，有倡斯和，角丽搜奇，往往相联入卷，人皆羡之。王鏊京师的宅邸共月庵在崇文街之东，与吴宽宅相邻，其处较为偏僻，不类城市，适于同乡聚集。吴宽《家藏集》云：“比岁更辟园号‘亦乐’，复治一二亭馆，与吾乡诸君子数游其间……吾数人者又多清暇，日辄会，举杯相属，间以吟咏，往往入夜始散去。”吴宽时为翰林院右春坊右谕德，是太子朱祐樘，即后来继位的弘治帝的老师，无论是年龄还是官职，都高于众人，加上吴宽性高洁，待人宽厚，又笃于友谊，有古大臣风范，当年文字会的活动应大多在崇文街吴、王两府举行。

文字会成员先后都为京官，值得一提的是周庚，原是位白衣郎中。周庚，字原己，吴中名医世家，原在苏城隐居养亲。成化中以名医征入京师，先任南京太医院院判，因医术高明，后入京成为朝廷御医。王鏊从小体弱多病，成化年间，在母亲病逝守孝期间，他生了一场大病，卧病在床，欲起不能，感到此身已成多余之物时，名医周原已治好了他的病。王鏊还朝后，遂荐原已于南京太医院为御医。让王鏊没有想到的是周原已还是位儒医，亦工古文辞，每次从南都归来，皆带回大量家乡所作之诗篇，数人在他家的小适园中酣饮而醉。从《序》中可以看出，当时参加文字会的朱天昭、杨君谦、毛贞甫、陆全卿还都不是官员，只是在京攻读准备参加科考的士子，先后均得到过王鏊的帮助。文字会的成员，后来都考中了进士，有的留在京城当了朝官，有的则外放任了按察使、知府、县令等官职。最后加入文字会的朱文，字天昭，昆山玉峰人。他刚来京城没有住处，竟在王鏊家中住了两年，天天一起早出晚归，有酒食同享，有诗文从墙头递接即可。后来天昭考中进士，有了官职，移居西邻，王鏊很是不适，他在《朱天昭始第进士主余家至明年移居西邻》诗中曰："厩马似知人意思，临歧回首再三嘶。"连坐骑也同鏊之小适园产生了感情，久久不肯离去。朱天昭后官至山东按察使，以宽厚廉洁闻名。

徐源，字仲山，苏州尹山瓜泾人。成化十一年（1475）进士，与王鏊既是同乡又为同年。时任兵部武库司主事，还只是个六品小官。弘治六年（1493），徐源擢广东参政，这是明代地方的主要官职，全称为：承运布政使司，分左、右参政，又称分守道，从三品。王鏊作诗相送，他在《送广东参政徐君序》云："顷之，栗夫徒家城西，迹稍隔；希说除刑部，原已撰院判，贞甫工科给事，前后之南京。而原已、希说相继物故，君谦旋以病去。其后，玉汝擢大理丞，全卿为御史，亦徙而西。天昭以御史出授广东，独予三人者如故。俄而李学士拜南京祭酒去。今春，陈与陆一日去，今兹君又去焉，自壬寅岁予再至京师，迄今十有二年耳。何人事之好乖，仕途之多虞也。"确实，十二年时光，不算太长，可朝中官员似走马灯般来去，其变化之大使王鏊感到忧虑。后来，王鏊在徐源著《瓜泾集》，并为之作序。说徐公与予同年，而先于予。时同年三百人，予独善公，且相约为古文词，志甚锐，务追古作者为徒，相与切磋，唱和往来。弘治末年，徐源疏谢政归。不久，王鏊亦自内阁归山，复相聚吴中，追思当年之文字会，盖三十余年矣。王鏊感叹地说："当时社友，几其存者？其存而复会于兹，独公与予也，亦且老矣，宁复往时意气之盛？然公遇事感触必有作，作必以示予。公虽老，而好学不倦弥焉，其出于天性哉。”时光流逝了三十年，当年朝中文字会仅存的两位老人，还在故乡苏城活动。回忆往昔，感慨万千，仅两人长寿也。

弘治七年（1494），王鏊、叶文粹、宗廷威等所结成的同年会在朝中也很有影响。同年，即乡试或会试中试者。王鏊在《乡试同年会序》一文中云：“成化甲午（十年，1474）南畿乡试同上者一百三十五人。今年为弘治甲寅，官京师者六人焉，三人者至自外，九人而已。”成化甲午至弘治甲寅，时间已经过去了二十年，同年相聚，倍感亲切。王鏊在《序》中谈到，庚申，会午城之西垣，六人者为主；甲申，会玉河之西堤，三人者为主，始谋同年会。在聚会活动中，有人提出是会不可不志，遂分韵为诗，而属鏊为序，并相与订盟，每年一会。同年会在京六人，分别为云间顾惟庸，时为大理司务；锡山莫曰良，兵部车驾郎；吴江叶文粹，中书舍人；宜兴宗廷威，户部郎中；云间朱汝承，工部员外郎，王鏊时为右春坊谕德。而外放为官者，则昆山张济民，时任南昌知府；海虞周民则，为袁州同知，以考绩至京；歙县洪克毅，交河知县。这九位乡试中举的同年中，只有王鏊、朱恩、莫骢、宗铖、洪远等五人考中进士，余则会试下第，但在地方为基层官员，亦颇具政绩。张汝民，名汝舟，号二南，苏州昆山人。弱冠知名，成化甲午举于乡，后不第，授南昌知府，为百姓做了许多好事，卒后大学士顾鼎丞为其作《明故中宪大夫思南府知府二南张先生传》。顾纶，字惟庸，号薇趣，晚更号碧潭，松江华亭人。成化甲午领应天乡荐，五试礼闱不利，“走铨曹，试高等，授大理司务，尽心尽职”，顾清《东乡家藏》作有《马湖府知府碧潭君墓志铭》。可以说王鏊所结同年会成员，官职虽有高低，但均敬业爱民，颇具政绩。

与文字会、同年会相比，王鏊等朝官所结的五同会，更是一个对后世产生一定影响的文学团体。所谓“五同”，王鏊在《次韵玉汝五同会》一诗序中说得很清楚，即“同时也，同乡也，同朝也，同道也，而又同志也，因名之曰五同，同会者五人耳”。又曰：“吴人出而仕者率盛于天下，今之显于时者仅得五人。”据《莫厘王氏家谱》记载，这五人分别是古吴王济

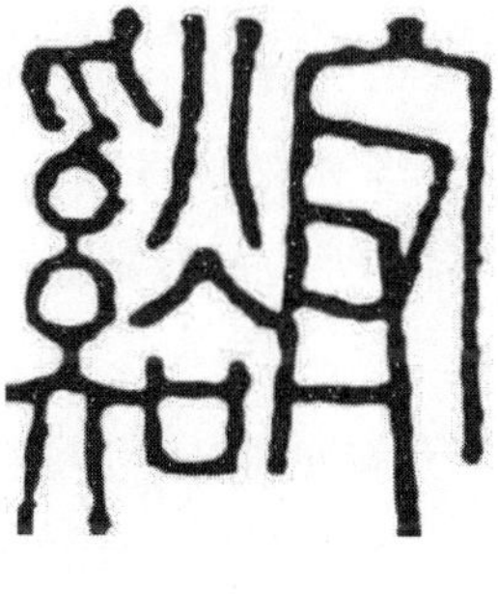

守溪

之、长洲吴原博、陈玉汝、常熟李世贤、吴江吴禹畴。王济之即王鏊，时为吏部右侍郎（正三品）。吴原博名吴宽，号匏庵，成化六年（1470）状元，时任吏部左侍郎（正三品）。陈玉汝名陈璚，号成斋，长洲陈湖人，成化十四年（1478）进士，时官左都御史（正二品）。李世贤名李杰，号雪樵，成化二年（1466）进士，时任礼部侍郎（正三品）。吴洪，字禹畴，苏州吴江人，成化五年（1469）进士，时官太仆寺少卿（正四品）。五人均为苏州府人，同时都显于朝，且又同志同道，可谓莫逆之交，时称古今南北之盛事，遂结成“五同会”。从年龄来看，五人中王鏊最年少，吴宽年最高，长王鏊十五岁，陈璚长王鏊十岁，李杰长王鏊七岁，吴洪长王鏊两岁。他们官阶虽不相上下，但都是王鏊的兄长。

“三三两两坐成行，忘却燕南是异乡。福德正临吴分野，风流殊异晋高阳。丹心旧许同忧国，清话时闻一哄堂。俨若庐山山上见，不才深愧接馀芳。”这是王鏊记载五老会雅集的情景，诗写五人分成两排而坐，忘记了燕南不是自己的家乡。五人都出生于吴地，皆有福分与德行。五同会文流风雅，其成员同心同德，均为忧国忧民之士。每有趣话，大家哄堂大笑。

《五同会图》是绘王鏊等五人相聚时的场景，现保存于故宫博物院内。这是五人最后一次相聚时，请宫廷丹青高手丁君绘图，人手一卷，传至后世。画面中，五人都身穿官服，神态自然平和，极为儒雅。场面气氛融洽，相互间很是契合。从图卷上看，五人分成两组而坐，右边年纪最长的是已六十五岁的吴宽、六十岁的李杰坐于罗汉床上。吴宽合手而坐，弓背，鬓发斑白；李杰身略右倾，左手扶膝，右手扶床，似在问候。左边闲谈的三人以陈璚为主，陈璚行于前，脸色白皙，秀雅端庄。而王鏊脸带微笑，神采奕奕，合手立于中，认真恭听，态度谦和。吴洪面目慈祥，左手握带，右手持书册，欣然似有所感悟。画面以吴宽家中海月庵小筑为背景，刻画有白鹤、麋鹿、松柏等寓意吉祥的图案，还有琴棋书册、芭蕉竹石以烘托文人的雅致。

吴宽在“五同会序”曰：“去岁，五人者公暇，人辄具酒馔为会，坐以齿定，淡以音谐，以正道相责望，以疑义相辨析，兴至所之，即形于咏歌，事之所感，每发于议论。”又云：“卷中推予（吴宽）序其首，图中坐于左者为予，并坐者世贤，前行者为玉汝，次济之，又次禹畴，皆容貌惟肖，气韵奕奕，独予白发苍颇，颓然以老，可叹也。”后来，确如吴宽“序”中所言，同乡都以“正道相责望”，在仕途与文学上都取得了很大成绩，大多官至一品，留下业绩，载入史册。吴宽七十岁卒于礼部尚书任上，赠太子太保，赠文定，《明史》有传。李杰后官礼部尚书、充任大明会典副总裁，卒赠太子太保，谥文安。陈璚后迁南京左副都御史，生平业绩载入《明史》。王鏊则官至户部尚书，兼文渊阁大学士，又入阁为相，官至极品。卒后赠太傅，谥文恪，为“五同会”中最优者，《明史》为之列传。

吴郡五同盛会如一道耀眼的闪电划过天际，辉煌而短暂，可惜仅数年而已。未几，陈璚擢副都御史赴南京，王鏊因父丧回家守制。朝中有人戏称“五虎将”变成了“三脚马”。待三年后王鏊还朝，四人均已各奔东西，只剩下他孤身一人，不胜感叹曰：“五同之会未数月，玉汝最先去，予次之，禹畴旋往易州，所最恨者，匏庵遂下世。丙寅予还朝，独与李公相见。未几，李公亦擢南太宰去……”遂题诗曰：“衣冠正媿睢阳数，文彩还占宋室奎。幸使兼谟居末席，亦如无已在江西。乡邦会合真难得，人事从来苦不齐。回首旧游风雨散，我来诗句若为题。”

弘治年间，王鏊与同年在朝官员所结的五同会，严格来讲还只是个文学团体，所举行的雅集亦仅诗文酬答而已，然五人都洁身自好，相互影响，成为品学兼优之臣。

在五同会中，王鏊与吴宽的友谊最深，吴宽是位正直的官员，还有三人亦均为品德高尚之人。吴洪字禹畴，吴江松陵镇人。从小在母亲严厉管教下，刻苦好学，知书达礼。成化七年（1471）中举人，十一年（1475）与王鏊同榜进士，任南京刑部主事，廉洁奉公，精于法度，在任上平反了许多冤案。弘治元年（1488），孝宗登基，新帝向天下颁发诏令，中央政府派使者赴各国、各地颁诏。吴洪捧诏出使费蒙完成任务后，特许回故里省亲。王鏊特作《吴禹畴副使使归还吴江觐省》诗相送，嘱咐回到故里，别忘了品尝太湖之银鱼。回到家中要多多尽孝，但不要留恋故乡，返归的车马已在等待。弘治六年（1493），吴洪被朝廷派往广东巡海道任职，王鏊又赠诗《送吴禹畴之任广东兼柬仲山》云：“流光转盼一十九，反复中间无不有。”谓两人相交从游已十九年，人事之聚散变化反复，无所不有。此去广东，功名事业，将一发不可收，一定为贤声四播。王鏊对吴洪殷殷之期望，可见一斑，反映了两人深厚的友谊。吴洪擢广东巡海道兼摄盐政后，面对肥差，他洁身自好，分毫不取。依法节制权贵，征纳盐税，革除了不少宿弊。有一地方官员从外地来拜访，赠送他一颗珍珠，说："我没有什么要求，请收下此珍珠不要多疑。"吴洪笑着说："有修养的人送礼物，只要一本书就够了，何必要送珍珠呢？"拒绝了这位官员的馈赠。吴洪在南京任刑部尚书时，在审理一桩藩王争夺赐田案中，得罪了权奸刘瑾而辞官归里。归家后杜门谢客，惟日课子孙读书为务。正德十三年（1518）卒于家，追赠太子少保衔。后来他的儿子吴山，正德年间中进士，也官至刑部尚书，且继承父志，为官清廉，卒后追封太子少保。

李杰，字世贤，号石城居士，常熟人。成化二年（1466）进士，历官翰林院编修、南京国子监祭酒、礼部侍郎和尚书等职。与修宪、孝宗两朝实录，充大明会典副总裁。正德初，因忤刘瑾之意被致仕。李杰是五同会中与王鏊相处时间最长的一位同乡，成化十八年（1482），王鏊还朝复职翰林，昔日五同者仅存李杰一人。未几李杰也下擢南方而去，京城中仅剩孤零零的王鏊。月有阴晴圆缺，人有悲欢离合，"乡邦自昔谁同会""南北故交风雨散"，这是王鏊在《题五同会诗后》发出的叹息。而最使王鏊伤感的是五同会中的四位兄长，吴宽、陈璚、李杰三位兄长先他而去，他悲痛地为他们撰写了墓志铭。

五同会时间虽短，却被吴中士大夫及文人们所津津乐道。尤其是那张画有弘治吴郡五贤，并有当朝阁臣李西涯等诸公题跋的图轴，价值连城，被后世名公巨贾作为稀世珍宝争购收藏。吴中名士祝允明、文徵明、陆粲、王守、王世贞，以及嘉靖朝宰辅顾鼎丞等名公，或在图轴上题跋，或观后作有赞诗。正德丁丑（1517），吴宽之子吴奕，因图轴有所损坏，还请文徵明重绘了他家所藏的《五同会图》。其图画成后，文徵明在卷轴上题跋："……命徵明代画，区区恶札，义不容辞，勉为抄誊一过。到是陈公已下世，王公为柱国少傅武英殿大学士、李公为礼部尚书、吴公为刑部尚书，亦皆致仕家居，虽同在一乡，而郡邑隔远，不得数数会集，读公等断语，不能无概焉。"

清乾隆八年（1743），曾被乾隆帝誉为"东南二老"的翰林院内阁学士沈德潜，看到五同会图轴后大为感慨，作百行长诗赞之，诗中有“吾乡多贤人，接迹登螭坳……于今三百年，事往驰风飙。五家俱清门，与谢殊同修。画轴半散轶，沈埋委蓬蒿。同乡有贤裔，寄迹江之畔。述祖仰德业，怀旧钦贤豪。”抒发了自己对郡中前贤的敬佩之情。1923年4月，近代维新派领袖康有为，亦给《五同会图》题诗曰：“面目犹存五老峰，乡闾文行又相同。只今土室藏遗像，如肃清高九老中。”还注：君九世兄学部，为蒿隐先生哲嗣，文行具美，亢亢其宗。国变后，躬耕高蹈，遇于天津，出其先文恪《五同图》属题。君九，即王季烈，王鏊嫡传十四世孙，时为学部郎中。

《五同会图》原本有五，五家各藏其一，后因世事变迁，图卷蒙尘，流失社会，演绎了不少故事。嘉庆六年（1801），王鏊九世孙王芑孙购得一图，乃先祖王鏊《五同会图》，携之上海华亭官寓重装，见此卷前后无他题咏，只有文徵明隶书及吴宽所作之序，观文衡山所记，其轴为吴氏家藏，不知何时所失。宣统年间，吴郁生在青岛书斋忽见一图，见上有王鏊等五人图像，细观之，上还有王文恪等人题跋，鉴为明《五同会图》不假。光绪初年，他在友人王君九苏城旧第见过此图，不知为何流落青岛，遂重金购之，送与王君九。

壑舟雅集

成化二十三年，对于翰林学子王鏊来说是个伤感之年，国哀家丧一齐向他袭来。七月初二日，继室张氏封孺人，谁知仅过了一月，张夫人得急病而亡，抛下年轻的丈夫和四岁的儿子延喆撒手西去。王鏊十年之间，两失伉俪，心情极为悲痛。八月，成化帝朱见深因万贵妃的死而哀伤，在床上病了十多天后，也一命呜呼。对于这个王朝，王鏊是有感情的。成化十一年（1475），王鏊科举入仕，从一座偏僻的太湖小岛跨入了紫禁城，从一个默默无闻的农村青年变成了一名翰林学士，成化朝彻底改变了莫厘王氏家族的命运。

宪宗朱见深在位二十三年，是一个庸碌无为的昏君。在位期间，宠爱万贵妃，重用宦官汪直、梁芳等人，致使他们擅自专权，败坏朝纲，弊政横生，使明王朝开始走向衰弱。但客观点讲，成化帝即位初期也做过一些得人心的事。他先是不因当年叔叔代宗朱祁钰曾废掉过自己的太子之位而耿耿于怀，而是以德报怨恢复了朱祁钰的帝号，并对其陵寝进行了整修，谥号为景帝。接着是平反了于谦冤案，让大量被贬逐而正直的大臣复职。这使后来正德朝王鏊入阁后，为代宗朝遗妃汪氏、成化朝废后吴氏的葬礼争得公正待遇有了先例。

这年九月，孝宗朱祐樘即位后，很快罢免了宪宗朝的“纸糊三阁老”和“泥塑六尚书”，朝政为之一新。可刘吉却被留用，仍然拉帮结派，索贿卖官。凡朝中要想进阶的官员都要给他送重礼，并自称为其门生，才能有所升迁。正直而清廉的王鏊不愿上门拜谒，在翰林院他早就听说过这个伪君子的所谓“起复”笑料。据说成化十八年（1482），刘吉因丁忧（遇父母去世）必须离职。此人一面装出淡泊名利的孝子模样，准备回家守制，一面却又暗地里托万贵妃在宪宗面前说好话，使宪宗不批准他回家，这样他的相位就保住了。王鏊已在翰林院度过了十二年时光，此时还只是个从六品的修撰，被刘吉抑而不用。满怀经纶和报国之志的王鏊说："有官守者，不得其职则去。吾今可以去矣。"正当王鏊准备上疏乞归时，有消息传到了刘吉耳中，孝宗刚新政，有官辞职影响总不大好，另一方面也为显示自己的宽宏大量，不得已才起用王鏊为讲官，启开经筵。从官职上升了半级，为正六品。

壑舟

翰林院里是朝野官员们最看重的地方，在人们的想象中，翰林士子都是亲近皇帝的顾问官，掌管内命，神秘而忙碌。其实翰林院中一般的修撰、编修、五经博士不过是整年干些编史、著书、管理图书之类的事务，事情单调而枯燥。就是那些侍讲、侍读也只是例行每月一至两次的大小经筵，形式烦琐而乏味。王鏊有志不能遂，有才无法展，也只得闭门读书，深究《四书五经》。这年十月，王鏊的仲兄王鏊在家乡东山建造了一处颇具特色的居室，因筑在山谷之中，故取名壑舟。竣工之日，王鏊要在家中举办一次庆典，致信堂弟王鏊，有否假期还乡来参加。王鏊接信后很是兴奋，不但很快撰了一篇《壑舟记》，还邀请朝中名公和翰林院中的同行作了不少贺诗，以壮盛色。同时，王鏊还寄书远在苏城的沈周、唐寅、祝允明等友人和门生，前往东山参加壑舟雅集，使这次庆典活动成为苏州历史上最有影响的名流雅集之一。

壑舟，仍是一处居室，筑于陆巷石桥村，王鏊仲兄王鏊建于成化末年。王鏊，字涤之，号壑舟。明代商人，隐士。王鏊是王璋的次子，因二房叔叔王瑮无子，王鏊从小嗣于叔叔王瑮。按辈分应为王鏊的堂兄，也称仲兄。王鏊生平不详，但从后来他在石桥头（陆巷一自然村）筑壑舟及举办吴中雅集

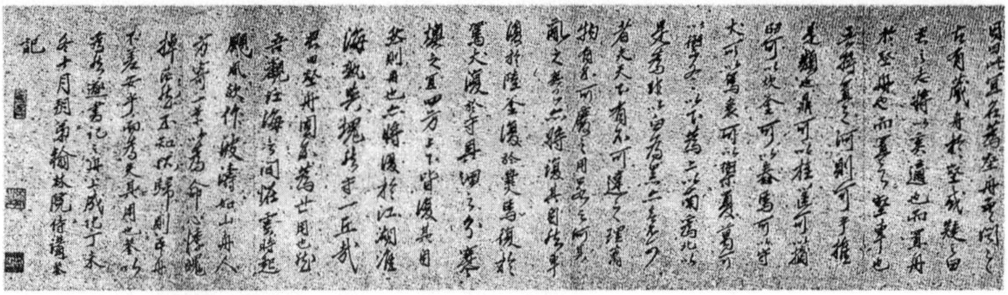

壑舟记

来看，应家资雄厚和在吴中有很高的名望。他继承了叔父（养父）的财产，年轻时在亳州一带经营祖业，直到四十岁那年，才像他的伯父，也即亲生父亲王璋那样突然醒悟，把店肆交给延仁、延昭两个儿子去料理，自己则回到东山，在石桥镇购地筑室壑舟，安度晚年。

京城六部衙门，除并称三司的刑部、都察院与大理寺在皇城以西，其余各部都在皇城以东。翰林院就坐落在礼部与工部的右侧。早朝后，王鏊回到翰林院，手头暂无要事，想起离仲兄王鎜壑舟庆典的日子已很近了，自己当然无法以这种理由向朝廷告假回乡，只能为仲兄做些力所能及的事情，以表示兄弟之间的情谊。他从书架上取下前日所撰的《壑舟记》手稿，轻声读了起来。

仲兄涤之既倦游，筑室洞庭之野，穹焉如舟，因曰：是宜名壑舟，属弟鏊记之。壑舟之义，盖取诸庄周。周之言予不能悉也，而舟之为用则知之，《易》曰：“舟车以济不通。”《书》曰：“若济巨川，用汝作舟楫，舟固为水设也；而置之壑舟也，寘之壑则车也。”吾将寘之不鼎也，以柱车梁，丽以室穴，臼以炊，釜以舂，裘以御夏，葛以御冬，其亦可乎！夫不可违者理也，不可废者用也；若之，何其斋之无已，则物将各复其分，车也复于陆，舟也复于水，则之秦之楚之吴之越，无不如吾意者，孰与块然守一壑哉！兄曰壑舟，固不祈于用也，不祈于用者祈于安。昔者，吾尝泛舟涉江湖，傲然枕席之上，一日千里，固自以为适也；不幸怪云欻起，飓风陡作，鱼龙出没，波涛如山，而吾方寄一叶以为命，茫然不知所归，幸而获济，犹心悸神愀而不能已，故曰：“水以载舟，亦以覆舟。”今老矣，尚安能以不赀之躯，试不测之险乎！故予有取于壑也。子不见武夷之山乎！其厓有舟焉。虽世变屡迁，舟自若也，吾舟盖庶几似之，其视江海之舟不差安乎！虽有力者，又安能窃诸？鏊曰：“兄之见远矣！”遂为记于舟上。

成化丁未冬十月

王鏊对自己所撰之文尚觉满意，脸上微微露出一丝笑容。他口中轻轻重复着文中：“吾方寄一叶以为命，茫然不知所归，幸而获济，犹心悸神愀而不能，故曰：‘水以载舟，亦以覆舟。’”心中感慨万千。王鏊对“壑舟”有一段精辟的解释：壑舟，即藏舟于山谷之中，比喻德才兼备的王鎜高隐不仕。其实文为心声，亦是他盼早日解脱，远离官场这一政治旋涡的内心独白。怀着这样的复杂心情，王鏊为仲兄王鎜所筑之室撰写了《壑舟记》，并以文言志，想学兄长王鎜藏舟于壑，远避江海风险，归于山中。

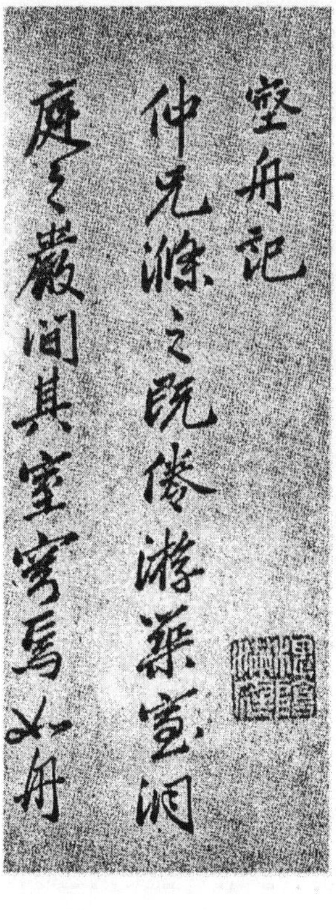

《壑舟记》

“济之兄，可有佳作借来拜读。”翰林院同乡吴宽见王鏊阅文有些忘神，踏进书房前来打趣。吴宽比王鏊大十五岁，按例是王鏊的大哥了，但在官场上还是以弟谦称。吴宽是成化朝状元，为官清廉，人格高尚，且富有才学，可官职就是升不上去，入翰林院已整整十五年，还是个从五品的少詹事兼侍读学士。王鏊是成化十一年（1475）入的翰林院，也算个老翰林了，但同吴宽相比，还只能算小弟与晚辈。“匏庵兄，见笑了，敝人哪有什么陋作，后生可畏啊，你我何不一起来拜读翰林院里晚辈的诗作。”王鏊说完，把凳子让给吴宽，在桌上摊开一卷诗稿。王鏊所说的后生，是翰林院中比他俩晚几科入仕的年轻翰林。这一卷十

沈周绘《壑舟图》

多篇诗稿都是翰林院里的同僚，应老翰林王鏊所邀，为庆贺其仲兄筑室壑舟所作的贺诗。

第一篇是状元李旻的诗作，曰："深壑舟居稳，谁能更着篙？云霞迷彩鹢，风雨撼灵鳌。漫拟掀篷坐，浑忘涉世劳。因思济川者，万斛一鸿毛。"李旻，字子阳，浙江钱塘人。成化二十年（1484）状元，时为翰林院修撰，与王鏊同修《宪宗实录》。状元公的诗作自然是无懈可击，两人赞赏一番。第二篇"咏壑舟"诗有两首，书写了两张宣纸，诗之末尾具名铅山子充，还有一方隶刻的"鹅湖"印章。吴宽立刻明白，这是新科状元费宏的诗作。费宏，字子充，号鹅湖，江西铅山人。成化二十三年（1487）丁未科独占鳌头，年仅二十岁，是明代最年轻的状元。其诗云："浮生飘泊寄萍蓬，独置虚舟短壑中。画舫有斋水永叔，陆居无屋笑张融。烟霞满地疑仙岛，波浪兼天任飓风。未许季方传此意，通材自是济川功。"费宏之诗血气方刚，志向远大，但与之同科的探花涂瑞的贺诗也毫不逊色。诗曰："年来司马倦遨游，筑室如舡枕小舟。任是风波翻海角，自无忧患到头心。雨经楼橹清如洗，云护篷窗白欲流。兀坐莫嫌些子处，满天明月可全收。"涂瑞，字邦祥，广东番禺人，成化二十三年殿试一甲三名，是刚入翰林的编修，对老翰林济之先生所邀之诗作，当然是求之必作。第四首诗为成化二十年榜眼修撰白钺所作，云："洞庭山上石岩幽，一室真成不系舟。有力谁能移半夜，无辞端可阅千秋。

岭云静卷帆初挂，溪带萦纡缆欲收。安得因风致双鲤，问渠终忘济川否？”两人把诗卷一一翻下去，还有成化十四年（1478）戊戌科进士，后在正德朝入阁为相的杨廷和、成化二十年甲辰科进士，礼部主事杨循吉，以及侍读学士、修撰、编修罗玘、蒋冕、沈翼、姚公绶等同僚的诗作，各具千秋。

金秋十月，太湖洞庭山上稻谷飘香，红橘吐艳。石桥村王氏景德堂里，名流云集，高朋满座，壑舟居室竣工典礼暨吴中雅集正在这里举行。年已六十一岁的吴中文坛盟主沈周遵友人王鏊所嘱，偕唐寅、祝枝山、都穆、蔡昇等一大批弟子、门生来到陆巷参加雅集活动。

雅集文会始自东晋王羲之的兰亭序聚会，以后雅集文会成为隐逸文人生活的一大内容。他们以文会友，诗酒唱酬，品文论画，流连忘返。明代吴中文士雅集结友之风盛行，如明初高启、徐贲、宋克等“北郭十友”，中期文徵明父子与袁表等的“闻德斋”客会，以及文徵明、陈淳等的“东庄十友”，都是著名的文士之会，但与东山的“壑舟雅集”相比，均显得有些逊色。聚会的壑舟居室位于王氏景德堂后的山壑中，室之东西两侧全是怪石山岩，北面一株百年古松从悬崖上垂下，直至谷底溪畔，犹如一条探海的老龙，将腾云驾雾而去。而从山壑中喷流出的泉水，宛如一条刚解脱羁绊的银龙，穿林越涧，水花四溅，奔流出谷。室之西边涧畔水缓处岩石下停有一小舟，欲进不能，欲退不得，只得在原地打转。

雅集文会上，沈周、蒋春洲两人各绘一幅《壑舟图》，不过创作的画面有些变化，使之与壑舟意境更吻合。沈石田所绘的《壑舟图》画面上，一叶扁舟，半藏于岩壑之中。一老者在舟中弓腰而坐，神情怡然自得，却眺望谷口。给人一种隐而不露却又舍而不弃之感，其意境极为深远。数十位吴中名流均在图上题咏，石田翁首先题诗自己所作画上，诗云：“山合水乃汇，云木交繁阴。爰处自得地，斋居乐幽深。雅构仅类舟，非寓藏壑心。岂为力者免，安栖人莫寻。白日自弦诵，窗外触鸣禽。”同往的祝允明、都穆等均作有和诗，庆贺王君居室竣工。沈周弟子唐寅当然不甘落后，也在画上和诗一首：“一丘谅自足，陆处仍无家。古昔曾有云，此道久可嗟。洞庭有奇士，构堂栖之霞。窗榻类画舫，山水清日嘉。”唐寅在诗中把园主人王鏊称作洞庭奇士，还把壑舟居室描绘成一座堂栖云霞，窗榻如画舫，“眷彼动静心，为乐

蒋春洲绘《壑舟图》

安有涯”文人雅士向往的园林。后主人王壑舟把朝中名公与吴中名流所作诗画，装裱成一册，名《壑舟图咏》。

成化丁未王鎜所筑之壑舟，究竟是居室，还是园林，历史上说法不一。还有壑舟在石桥头的具体位置、规模、景观，志书都没有明确记载，甚至有人怀疑“壑舟”园或室均不存在，而只是沈周、蒋藻所绘的一张图，故历史上留下来的诗作都称壑舟图咏。从当年王鏊所撰《壑舟记》来看：仲兄涤之既倦游，筑室洞庭之野，穹焉如舟，因曰：是宜名壑舟，属弟鏊记之。壑舟应是在山谷中所筑的一室或数室，尚不可称壑舟园，只是山野里的一处建筑。但清乾隆《苏州府志》载：“壑舟园在洞庭东山，王文恪公仲兄鎜所筑。鎜隐居不仕，取藏舟于壑之意，以名其园，即以自号。后废，裔孙金增奕组购朱氏之缥缈楼，仍名壑舟，以承先志。其地颇擅湖山之胜，清初吴伟业有宿朱氏楼诗。”乾隆年间内阁学士沈德潜《壑舟园记》亦载，壑舟园在明末时曾一度为礼部尚书钱谦益所购，吴梅村见而赋诗。继数易其主，后人眉庵（金增）不忍先泽之淹，善贾买而归之，并得朱氏旧宅，与兄槐庭、弟忍庵，商酌扩大之，又增建楼阁，为眺览名胜之所，仍颜曰“壑舟”，以承先志也。

《莫厘王氏家谱》载，王金增，字师李，号眉庵。惟道公九世孙，属王鳌二伯父以润公王瑮支。县诸生，乾隆丙辰科参加乡试，本有望中试，因考场中有人作弊而置之，考官苏府查公深惜之。后送钟山书院，与人首辑《钟山书院志》。生平轻财重义，亲朋公私有急，呼之必应。时先祖王鏊舟所建之鏊舟，经数百年沧桑后，已荒芜不堪，王金增遂与兄奕经、弟奕组共同出资，在清乾隆年间重建了鏊舟园。明代始建时的鏊舟居室其景观已不可考，而金增昆仲重建后，其园有：天绘阁、孔安楼、护兰室、云津堂、缥缈楼、得月亭、艺云馆、鏊舟堂等建筑。园内有缥缈晴峦、碧螺拥翠、石公晚照、三山远帆、石桥渔艇、豸岭归樵、双墩出月、弁山积雪等八景。其所置八景，均为鏊舟园四周之自然景观，即北面西洞庭之缥缈峰、石公山；南之碧螺峰、白豸岭；东之弁山、双墩；西之震泽底定桥（俗称石桥）、三山岛。从这些记载可以看出，当年《鏊舟图咏》中所说到的“鏊舟”，如果其规模尚不能算一座园林的话，也应是一处建筑群。

沧海桑田，世事变迁，现石桥村鏊舟园遗址，已是一片橘林，只有当年沈周、蒋藻所绘之《鏊舟图》，还在向后人显示古园昔日的辉煌。

岳婿断交

王鏊一生娶过五位妻子，分别是吴氏、张氏、李氏、胡氏、万氏。旧时，达官贵人及富室家中娶三妻四妾本不足为奇，但王鏊娶五位妻子实属无奈。从成化十一年（1475）王鏊中探花入朝做官，到正德四年（1509）辞官归山，他历经宪、孝、武三朝，在朝中为官三十五年，去掉母亲叶氏病卒，成化十四、十五、十六年守孝三年；父亲王琬亡故，弘治十六、十七、十八年居家丁忧三年外，实际在朝为官二十九年，应该说王鏊的仕途生涯尚属平缓与顺达，尤其是从正德元年（1506）到四年的最后三年，他从一个礼部左侍郎（正三品）直升至少傅，兼太子太傅、武英殿大学士（正一品），直入内阁，参与机务，其升迁速度之快，连他自己也没有料到。但他的爱情生活却充满了坎坷与辛酸，他多次失而复得，又而再失。

王鏊像

张氏是王鏊的第二位夫人，生于明天顺七年（1463），锡山梅里村人。成化十七年（1481）嫁于王鏊，生有一子，即王鏊长子延喆。卒于成化二十三年（1487）七月二日，年仅二十六岁。弘治二年（1489）十二月一日，王鏊怀着沉痛的心情把爱妻葬于东山西马坞祖茔，并亲自撰写了《继室张夫人墓志铭》。正德四年因丈夫王鏊之官职，张氏被朝廷诰赠一品夫人。

王鏊继室张氏是位身世显赫却又记载有些模糊的女子。《莫厘王氏家谱》载：寿宁侯贫贱时，与公有连，比贵，方凭籍用事，势倾中外。公绝不与通，岁时问遗亦辄麾去。或者以为过，公曰：“昔万循吉攀附昭德，吾窃耻之，乃今自蹈之耶？”清初渔洋山人王士禛在《池北偶谈》中载：“明尚宝少卿王延喆，文恪子也。其母张氏寿宁侯鹤龄之妹，昭圣皇后同产。延喆少以椒房入宫中，性豪侈。”尚宝寺是明代朝廷在京师所设之官衙，有长官卿，佐官少卿等职官，其职责是掌宝玺等。延喆因父王鏊之官，荫官为尚宝寺少卿。他的生母张氏是张鹤龄的妹妹，同张皇后一母所生。椒房，汉代皇后所居的宫殿，因以椒和泥涂墙而得名，后为后妃居室之代称。有连，即有姻亲关系也。王士禛是清康熙年间的学者型大臣，官至刑部尚书，所著诗文也较为严谨，且时间离正德、嘉靖朝也不是很长，应该说王渔洋的这则记载并不是空穴来风。

《明史》卷一百一十四《孝宗孝康张皇后》传载：“孝宗孝康皇后张氏，兴济人。父峦，以乡贡入太学。母金氏，梦月入怀而生后。成化二十三年（1487）选为太子妃。是年，孝宗即位，册立皇后。帝颇优于外家，追封峦昌国公，封后弟鹤龄寿宁侯，延龄建昌伯，为后家立家庙于兴济，工作壮丽，数年始毕。鹤龄、延龄并注籍宫禁，纵家人为奸利，中外诸臣多以为言，帝以后故不问。”上述所说，张皇后父亲张峦是河北兴济（今河北省青县兴济镇）人无疑。明史中所指的张峦，也就是王鏊第二位妻子张夫人的父亲，孝宗朱祐樘的岳丈、张皇后的父亲。有关张夫人同姐姐张皇后的关系，《明史》列传第六十九“王鏊”中一笔带过，仅说“寿宁侯张峦故与鏊有连，及峦贵，鏊绝不与通”。《明史·孝宗孝康张皇后传》说张峦为河北兴济人，可在弘治二年王鏊亲撰的《张夫人墓志铭》中，又说妻子张氏是湖广孝感人。两人好像无任何关系，甚至还有点扑朔迷离。

张峦原只是一个秀才，是以乡贡进入国子监的学生，应该说也属地方之佼佼者。后来张峦的长女与时为皇太子的孝宗成婚，并被正式立为皇太后。一人得道，鸡犬升天。张峦在弘治四年（1491）晋封为寿宁伯，不久封侯，死后追赠为昌国公。较为客观点来评解，张峦也是个读书人，素质也尚可。他并未因女儿封皇后而跋扈，非常尊读书人，敬重士大夫，要不一生远避权贵的王鏊不可能娶张峦的女儿为妻。成化十七年，王鏊守孝三年期满，带着幼女返京复职翰林院。其间还一则辅事，据说王鏊丧妻后，既作爹又当娘，带着幼女艰难度日。翰林院里多次有人给他做媒续弦，均被拒之。王鏊好学，每到夜晚，常一手抱幼女，一手持卷，在灯下读书，这事不知怎么传到了宪宗耳中，说王翰林真正人君子，要大臣们给他设法续弦。时国子监有个名张峦的监生，女儿刚好年届二九，相貌德才兼优，朝中有人给王鏊说合。开始王鏊无论如何不肯接受这段婚姻，时张氏刚满满二十岁，而王鏊已经三十三岁，这年龄差异较大岁倒不是什么障碍，主要是王鏊无法忘怀同原配妻子吴氏的感情。加上自己早过而立之年，且有一女，他怕亏屈了人家姑娘，没有立即答应。张峦看中王翰林将来必有前程，自己也好有个靠山，竟亲自上门，要把女儿荐于王鏊。王鏊心中不悦，因看张氏人品不错，才同意了亲事。开始张氏先到王鏊家中当佣人，把吴氏所生的女儿当自己的亲生女儿一样看待。王鏊很是感激，日久生情，不久正式娶张氏为妻，三年后的二月初六日，张氏为王家生下儿子延喆，这时王鏊已三十四岁，属中年得子，可谓人生幸事。王鏊与张氏成婚时，张峦还无富贵可言，在经济上有时还得王鏊接济，岳婿之间的关系还算融洽。待后来张峦显贵，尤其是纵容二子无法无天，干了许多坏事，王鏊多次劝阻无效，遂与之断交。等张峦之女与时为皇太子的孝宗完婚，后来又被正式立为皇后。就在这年七月二日，二十六岁的张夫人为王鏊生下长子延喆后，未及看见张家腾达就病故了。

成化二十三年（1487）二月初六日，也是儿子延喆生日的那天，妻子张氏不幸去世。王鏊十年之间，两失伉俪，心情沉痛至极。家中两个嗷嗷待哺的孩子，没有个主妇怎么行？无奈之下，续聘李夫人为妻。李夫人多病，再娶胡夫人继之。也就在这一天，张峦的第二个女儿同时为皇太子的朱祐樘完婚，有可能成为未来的皇后。小姨子被选为皇太子的妻子，一般人急着攀附，为自己找靠山。可厌恶权贵的王鏊连小姨的婚礼也没去参加，他沉浸在丧妻的悲痛之中。同时，王鏊在与张峦的日常接触中，听到妻子张氏的两个弟弟延龄和鹤龄污迹斑斑，而张峦不问不闻，纵子为恶。如今妹妹成了太子妃，要是日后当上了皇后，成了外戚，还不知要干出多少目无王法的事来。鉴于这一层考虑，加上妻子张氏已亡，王鏊开始疏远同岳丈张峦的关系。张峦女儿被选入宫后，一时门庭若市，朝中显贵、京城名流都上门拜谒，好不风光。唯独女婿王鏊迟迟未上门庆贺，其心中不悦。

苏州学士街

张氏病故后第四十九天“断七”之日，按吴中民间风俗，这一天死者亲属都要前来祭祀，同亲人见上最后一面。据说这一天死者亡灵进至第七个阎王殿，尔后就永远消失在沉沉阴间了。七殿阎王是个富有同情性的阴官，凡亡灵来到他所管辖的这一殿，他都会放死者回阳间一次，在其家中墙上显身形，同家人作最后的告别。王鏊告知张家，可妻子娘家没有来一个人。张峦未显时，常来女婿王鏊家走动，认为女婿的官职虽不高，但是个翰林院侍讲学士，是有前途的，他自己此时还是个国子监的学生，将来入仕说不定还要靠这个女婿。但自从女儿选中太子妃后，身价大涨，态度就大变了。后来张氏又被册封为皇后，张峦成了国丈，更是“一人得志，鸡犬升天”，目空一切，王鏊最看不起的就是这种势利小人，张峦初显时，就从不主动上门。

张皇后父亲张峦死后，钦天监的李正会看风水，替张皇后的父亲张峦选择坟地，因阁臣徐溥上疏反对，孝宗只得收回成命。张峦毕竟还算个读书人，有些素养，但他的两个儿子就不行了。长子张延龄继承父亲的封爵被封为寿宁侯。次子张鹤龄初封建昌伯，后进封为建昌侯。兄弟以皇亲国戚而跋扈，纵容家人掠夺民田，鱼肉乡里，干了不少犯法的事情，被朝臣弹劾。对于张峦父子的所作所为，王鏊早有耳闻，极为气愤，但连孝宗也睁一眼闭一眼，谁还奈何得了他们，只能“及峦贵，鏊绝不通”，与之断绝来往。又严嘱长子延喆，“善有善报，恶有恶报”，不与张家两舅有染。张家兄弟最后的结局果如王鏊所料，张鹤龄被关在诏狱中死去，张延龄被杀于西市，均不得善终。而他们的姐姐张皇后晚景也很是凄凉，年轻时失去了丈夫孝宗，中年后又失去儿子武宗。侄子世宗继位，她已是晚年，身边没有一个亲人。虽然张氏姐弟在拥戴世宗继位上出过大力，开始也曾受到世宗的宠幸。但张氏兄弟实在太骄横了，群臣纷纷向朝廷上奏章，要求严查张氏兄弟的违法之事。世宗把他们关入狱中，以谋逆罪论死。在武宗朝尊为太皇后，嘉靖帝称伯母皇太后的张氏，不得不哀求世宗放过自己的两个弟弟，但还是被世宗所诛杀。

王鏊与国丈张峦为姻亲，张峦贵，绝不与通，人格高尚，受到后世褒奖。但张夫人的身世却扑朔迷离，连王鏊自己也说不清楚。在他亲自为张氏所撰的“继配张夫人墓志铭”中说：“继室张氏，其先湖广之孝感人，曾祖思忠，洪武间佥广西按察司事，谪河间之沧州，遂为沧州人。父宝，丹阳令，丹阳少孤依蔡氏，故又姓蔡氏。孺人庄重寡言笑，其在家甚孝，而父母亦甚爱之。归王氏七年，不闻其出声，待婆姑和而有礼。子寿甫五岁，教之极严。家务细碎，若不经于怀，而知所重类此。”王鏊在墓志铭中最后还说到一件事，孺人（即张氏）四五岁时，尝独负墙而泣，姆问之，则曰：“吾念吾家耳。”姆曰：“此非尔家乎？”曰：“非也。吾家住某县某村，家姓纪云。”王鏊听后感到十分惊奇，曰：“噫，异哉！”遂作铭云：“千里之姻，有数有缘，数也奚为，而止七年，数也七年，其思无穷，西马之藏，百岁其同。”

孝宗朱祐樘的生母纪淑妃，是成化初年征剿两广时掠来的瑶僮，后被宪宗幸临怀孕，生下孝宗，不久纪氏被万贵妃害死。孝宗登基后，曾下诏遍访母亲纪淑妃亲属与娘家人，结果是冒牌货不少，终无下落。王鏊继室张氏幼姓纪，可与纪淑妃有连？王鏊作铭故而隐去。

有关张夫人身世之谜，后人有两种说法：一说张峦之家后来声名狼藉，一子被杀，一子死于狱中，故王鏊在撰《继室张夫人传》时把这层关系故意隐去，含而不露；一说因兴济与沧州在明代同属北直隶河间府相邻，王延喆又致产不訾，生性奢豪，其母张氏与昭圣皇后同产为后人臆造也。

第四章

高风亮节 一身正气

· 严拒中贵
· 胞弟避嫌
· 东峰失解
· 侍讲经筵
· 敢于直谏
· 定边八策

严拒中贵

弘治五年八月，右谕德王鏊被朝廷命为应天乡试主考官，在一般人看来这是份难得的美差、是笼络士子及发财的机会。应天又称南都，是王鏊出身之地，不少亲朋故友及门生可以关照，这些士子被提携后，将感激不尽，是培织个人关系网的良机。但俗语说，祸福相传，这又是个极易惹祸的差使，弄不好将身败名裂，还要连累家人。王鏊自认为“身正不怕影子歪”，只要公正无私为国挑选人才，有何难哉，殊不知世事皆浊，怎能何其独清？主考一场乡试，内外矛盾一齐扑来，他左右招架不迭，结局是得罪了权贵，驱走了胞弟，郁死了同窗好友。尤其是权奸蒋琮欲罗织的那场文字狱，差点要了王鏊的命。

王鏊石刻像

古代科举考试，就好像千军万马过独木桥，在功名利禄的诱惑下，行贿舞弊之事层出不穷。明王朝建立后，为了杜绝这种现象，设立了一套较为有效的监督制度。明初科举考官定有主考官、同考官、监试、提调官、供给官、弥封官、誊录官、对读官、搜检怀挟官和受卷官等，多达十多名，在科考阅卷中互相牵制与监督，但是再严密的制度也难免有漏洞，尤其是权贵的加入与干扰，使主考变得异常艰难。乡试是礼部举行的省一级考试，并不是仅字义上的乡级考试，读书人须经过县试、府试、院试，三级考试合格者才能参加乡试。开始乡试考官由本省布政、巡按二司推举教官出任，要求考官必须是五十岁以下、三十岁以上的文学廉谨者，但因这种本省教官考本地士子的规制弊端极大，成为某些考官徇私舞弊的机会。朝廷在成化年间又规定：“各省主试皆遣京官或进士，每省二人驰往。”弘治五年秋闱，除王鏊主考外，还定有八名同考官。

金中浩书王鏊《归省过太湖》诗

王鏊怀揣朝命，刚到应天府就遇到了一件棘手事，同镇守太监蒋琮发生了冲突。明代委派太监镇守全国各地，所谓“留守”，即朝廷派出的密探与全权代表，一个省的镇守太监，可掌控全省军政大权。时太监蒋琮留守南畿，也就是应天府等地，这蒋太监是孝宗皇帝身边的大红人。在应天流传着“蒋太监跺跺脚，南畿大地抖一抖”之说。凡过往南都的大小官员，都要备礼到蒋府拜谒蒋公公。至于经过龙江的商船，蒋太监层层盘剥，连雁过也要拔毛。明代中期在龙江驿就发行过这样一件事，松江青溪有一批商船，从湖南湘潭购买了上百艘船的蓝靛，沿长江而下，运往苏州。船上均插着小旗为号，以示苏州商船。当船队行至南京龙江关时，操江总督奉镇守太监之命，把蓝靛船全部扣住，并诬陷船上人为流寇，将他们都投入监牢，将置之大辟（杀头），其目的是为谋船上货物。主其事的东山商人席本桢知道后，拿出了大量家财，四处奔走，上下打点，疏通关节，才保住了百多名船工的性命，而席本桢为此事几乎破产。

龙江驿在南京西霞山近处，是入金陵的必经关隘，原在长江百丈危崖之下，有湍流从崖下奔腾而过，至明弘治朝，龙江驿已向内移。王鏊正“夜枕江声宜客梦，午窗山色任人看”，寻找昔日他赴南京乡试时曾留存在墙壁上的题诗时，驿吏说有事求见。按大明科考规定，为防止举子通关节，考官在途中是不允许接见任何人的。王鏊马上警惕起来，厉声问：“何事？”见驿吏发怔，一时不敢回话，王鏊语气缓和了些说：“你究竟欲何为？”驿站小吏这才壮起胆子说："王大人，今蒋公公留守南郡，公卿至此者，皆先通姓名，拜送名帖，否则不得入内。"王鏊在朝一向清高，从不与宦官交往，见一个小小的太监竟在地方上如此作威作福，冷笑一声说："吾奉朝命来南畿，门者不入吾其还耳，名帖不可得也。"在王鏊看来，哪有一个朝廷命官，先递名帖给太监，才能入关，要是这样的话，他返朝复命，不赴应天了。王大人如此严厉，驿吏不敢再言。立即有拍马者把消息传给蒋公，蒋琮闻之不悦，心中冷笑道，一个六品翰林，竟也敢来太岁头上动土，待吾再试之，发难不迟。王鏊自知初赴南畿，就得罪了权奸，但他身正不怕影子歪，坐得下，立得起，心中坦荡无忧。《太原家谱》亦云："（弘治）壬子，四十三岁。命主考应天乡试。行至龙江驿，吏受简请讳。公曰：'何为？'曰：'太监蒋琮留守南都，公卿至者皆先通姓名，否则不得入。'公曰：'吾奉命来，门者不入，吾其还耳。名帖不可得也。'吏不敢复请，琮闻之，不怿。"

王鏊《西山法华寺碑》

"白下秋风擢桂枝，桂枝今日岂吾司？钟山宛宛行来见，淮水悠悠别后思。"这是王鏊初至南京，有感而发所作《至金陵》的诗歌。唐代改金陵为白下，后白下一直是金陵的别称。壬子八月初五日，王鏊一行考官抵南京，进驻试院。当天傍晚，驿站来了一位不速之客，来人自称姓蒋，是当朝中贵蒋琮的门生，还递上蒋太监的帖子。王鏊接过帖子一看，只见上书："王大人，兴儿不才，还望大人海涵，吾以解头盼之。"见王主考看完信后面露愠色，此人自恃后台可通天，还嬉皮笑脸向王鏊挤眉弄眼地说，只要大人答应，后有重礼，他规矩还是懂的。原来此人是南直隶的一个秀才，姓蒋，名兴儿，是太监蒋琮的一个干儿子，故蒋在信中称其为兴儿。解头，即解元，是乡试的第一名，还未考试，就通关节，定名次，公理何在？王鏊把此事告知了应天知府樊莹与府丞冀绮，又把蒋琮的来信给两人过目。原以为这两位地方官会出来主持公道，斥责蒋琮一番。谁知樊尹却劝道："王大人，识时务者为俊杰，当今权要，亦无几人，蒋公得罪不得。"冀通判也附和说："王公三思，日后道长，前程无量，谨慎之，不要应天失蹄。"原来两人均已受了蒋兴儿的好处，又想趁机讨好蒋太监，日后得到升迁，都劝王鏊顺蒋意而行，与人方便自己方便。樊知府呷了一口茶，又劝道："王大人啊，应天乡试说是正大光明，可哪一科不是浊多清少，不照顾几个权要？"见知府樊莹与府丞冀绮越说越不像话，王鏊疾恶如仇的脾气又上来了，忽地站起身来，拍着桌子厉声道："谁为权要？当今公道，惟科目一事，吾受命主试南畿典文，所知者文字耳，馀非所知也！"其话很快再次传入蒋琮耳中，这蒋太监恨得咬牙切齿，布置手下爪牙密切注意应天乡试，不信挑不出你王鏊一点瑕疵。

蒋琮，大兴（今属北京）人，弘治朝宦官，任南京守备，此人工于心机，善于投机，深得孝宗宠信，又与阁臣首辅刘吉相勾结，在弘治初年权势熏天。蒋琮在南京任上占夺民田，与民争利，为江浦县的新生地租税与地方官发生争执。弘治二年（1489），御史姜绾等人弹劾蒋，蒋琮则反诉御史"私种后湖田"。后湖即玄武湖，是明朝初年庋藏"黄册"之处。所谓"黄册"，是天下户口赋税的总册，洪武年间用黄纸作封面，包裹好后密藏于玄武湖四周皆水的沙洲中，命户部给事中、主事及御史等四人负责，其处成为百司不能至的禁地。孝宗反听信蒋琮诬告，把姜绾等十名弹劾蒋琮的御史逮捕下狱。对这样一个通天人物，要找一点乡试中的毛病，还不易如反掌？一些同考官听到风声后告知王鏊，要他处处提防奸顽。王鏊笑曰："吾心如水，愈调愈清。"意思说我的心同水一样清白，越刺探越明了。

据顾清《明故南京刑部尚书致仕赠太子少保谥清简樊公行状》载：樊莹，字廷璧，常山叠石人。天顺八年（1464）进士，时任应天府尹。"京府素称难治，守备蒋琮尤怙宠作奸，与言官奏讦连岁，所蔓引罢黜甚众，而事终不决，公承命推鞫，初若不与异者，琮觇知之，不为意。最后及山陵龙脉事，琮遂得罪去。"应该说，樊莹还是位不错的地方官，也许惧蒋琮淫威，不得已而为之。

极具讽刺意义的是王鏊横眉冷对中官，蒋琮却笑脸相迎。中秋之夜，王鏊诗云“未谓中秋今夕是，外帘慰劳特多仪”，意为考场外准备了丰盛的瓜果和月饼等食品送入场内，大家美美地享受了一番口福。事后王鏊才得知，此为蒋琮令应天府所备。开考前夕，当地官员举办宴会，宴请主考官及执事人员，席间作为应天府当权者之一的蒋琮频频起身给众人敬酒，还来到王鏊身边说：“王公，为国择才，应天得士，全仗王大人了。”在场的考官心中都知道，这是黄鼠狼给鸡拜年，没安好心。

胞弟避嫌

金陵城内，车水马龙，桂枝飘香。十九年前王鏊赴应天赶考，如今自己从一名当年参考的举子成为主考，人世间的变化是多么大啊。“平市烟花应我识，前朝陵寝没人知。道旁不用争先睹，便是当初赴试时。”正当王鏊沉浸在对往事的回忆之中，并对金陵美景诗兴大发时，一场阴谋正在密谋。被主考王鏊退帖后，蒋兴儿到干爹蒋琮面前添油加醋哭诉了一番。哼，一个从五品的侍讲学士也敢同蒋公公斗，也真有点自不量力，蒋琮冷笑一声，令手下爪牙遍查这次参加应天乡试者名单，最好能找到王鏊亲属或同乡，暗中监视，抓到把柄，立即上奏。府衙差人明察暗访，竟找出了一位名王铨的考生，籍贯是苏州府吴县人。主考王鏊也是吴县人，说不定两人还是亲属。蒋琮听报后，连声说好。

这一年，年已三十四岁的王铨，经过多年准备，也赴南畿参加应天乡试。自弘治戊申第二次赴京求学归来，王铨的学业大进，所作之文在太学中争相传诵，说与其兄王鏊之文无异。一晃又是五年，此时他已是有延年、延纪等四个孩子的父亲了，家庭生活负担日重，要是这次秋闱应试再失利，誓不再试。同行的吴中考生有多人，其中祝允明、吴怀、朱希周都是王铨熟悉的文友，岱松人吴怀还是同乡。祝允明原与王铨并无来往，自从六年前王鏊仲兄王鏊在家乡陆巷举办“壑舟雅集”，在集会上认识沈周、祝允明、唐寅等吴中名流后，王铨就同他们结成朋友，还拜祝允明为师，临摹楷书和行草。朱希周，字懋尚，昆山人，同莫厘王氏是老亲，后来王铨侄子，即王鏊的次子王延陵还娶朱希周的女儿为妻，又是亲上加亲，结成了一家。吴怀，字鸣翰，别号东峰，是王鏊昔日的同窗好友。

东山丰圻摩崖

在船上闲来无事，大家猜起当年壬子科乡试的主考来。船中吴怀年岁最高，他好像有先见之明，叹了口气说：“听说这次南都秋闱，朝廷将派南郡官员任主考，若王翰林济之兄就好了，吾等中式均可有望。”王铨听闻心中一惊，天下哪有这等巧事，自己也已多次参加乡试，但总不尽人意，没有考中，心想这次要是真的兄长来主考应天，关照一下，看来中举是没有问题了，但他却故意把话岔开说：“要说南郡朝官，吴宽吴大人官少詹事兼侍读学士，文章尔雅，德高望重，主考壬子科非他莫属。”祝允明为人简易，生性傲诞，有些玩世不恭，他带点嘲讽的口气说：“朝中考官没有一个是好东西，也别指望有啥关照，若他们能笔下留情，公正一点亦算吾等之福也。”船舱里有些闷热，也许祝允明觉得一巴掌打死了十八只蟑螂，话说得有点过了头，他打开扇子，若有所思地说：“不过吾吴中王济之与吴博庵两位先生还是好的。”大家微微一笑，心想能从你祝枝山嘴里吐出象牙来，看来济之王鏊与博庵吴宽真的是两位好官了。

明代对贡院规制极为严密，曾有南方人不能主持南方省份的乡试的规定，避免拉帮结派之嫌。至于亲属，更在回避之规。到了嘉靖三十四年（1555），礼部又严格规定：“今后两京主考，不用本省人，如资序挨及，南人用北，北人用南，以别嫌疑。”王鏊为南人，能主持弘治壬子应天乡试，这种概率极少，是朝廷对他特别信任，还是另有原因，不得而知。主考王鏊之弟王铨赴省参加应天乡试，很快被蒋琮手下爪牙侦知，蒋琮大喜，曰：“密注之，看其何为之。”

古代交通不便，加上王鏊不事张扬，此次奉朝命主持应天乡试之事，家中全然不知。八月四日，当王铨踏进应天考场时，意外发现乡试主考官竟是兄长王鏊，即避嫌退出考场。王鏊起先不知，当得知胞弟避嫌退出后，心中深感歉意。傍晚，王铨被召入府治相见，王鏊谕以朝命，向弟说明实况，王铨曰：“有数存焉，吾何为不豫哉？”意思说，我心中有数，你也不用自责。兄弟间理解万岁，又互赠诗作，第二天王铨就携箧南归。后来，王铨在“弘治壬子八月四日，兄以典试至应天，铨避嫌不入场，是日蒙召入府相见，谕以朝命不容辞之意。”诗中曰：“秋风相见石头城，骨肉悲欢无限情。四海文章君独把，一时宠辱我何惊。西堂梦草添新句，夜雨联床话旧盟。屈指星霜今五载，此来端不为虚行。”而王鏊在《壬子校文南畿，场中初九夜有感》一诗中有“复阁周垣深复深，重门鱼锁夜沉沉”之句，说出了他内心的无奈与歉意。

主考南畿乡试结束后，王鏊返东山省亲期间，同胞弟王铨形影不离，每游一地均作有联诗，曰《南归唱和集》，集中有《舟中共寝》《梅村道中》《将抵京口》等联诗。诗中有“家山十年梦，王事偶经过”“人言好兄弟，子由与东坡”之句。王鏊北归，王铨送兄至京口，分手时所作联诗《夜宿京口》，有“欲将远送当深留”“群才总向此行收”“南北相望万里秋”等句，作于王铨送王鏊赴京口途中。

王铨的主动避嫌离去，既为王鏊在考场上争得了主动，也使宦官蒋琮之

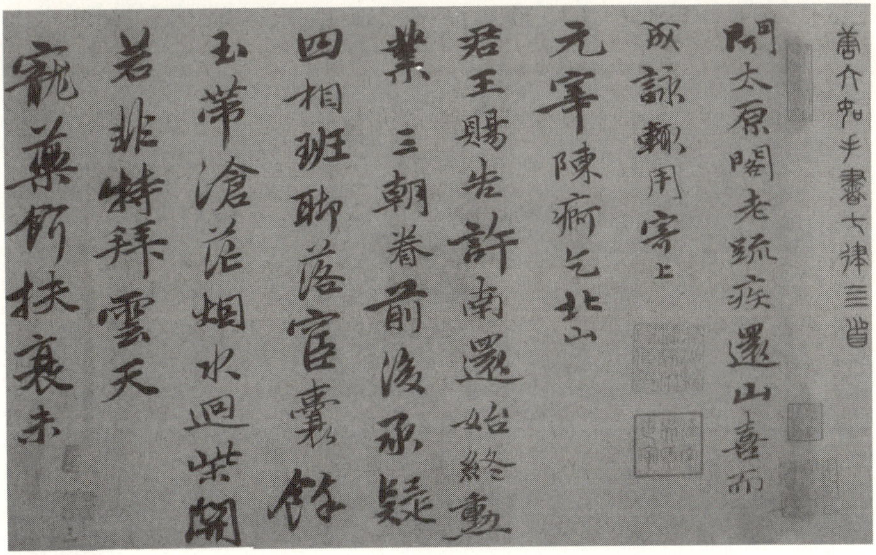

唐寅书王鏊致仕

流想陷害王鏊的阴谋落空。正德初年，王铨以年例贡入京，准备授予官职，时仍为宦官盗政，正直的官员都遭到阉党的排挤与打击，王铨叹曰："此岂求仕时耶！"意即现在哪是入朝从政的时候，遂复入太学读书，到了正德十年（1515），以苏州府儒学养正斋廪膳生授迪功郎杭州府经历，此时王铨已五十六岁，兄长王鏊也于六年前致仕归山，加上例贡官员不算正途出身，被官场清流所贬，遂空名告身，回山以商贾为务，并甚有成就。后来王铨在水东塘桥购地筑园，又置田耕种，且读且耕，自额其宅名"且适园"。王鏊对其弟不恋官场、回家耕读之举很是赞赏，致辞曰："秉之弟积学力行，而困于数奇，正德十年六月，蒙恩特授古杭经府之衔，有其荣而无其劳，予因填近词一阕为贺。"其制《凉州新郎》词云："山林岑寂，官曹喧闹，吏隐中间最妙。圣恩隆重，天书一纸亲教。管领西湖风月，南国烟霞，尽与舒吟啸。清朝鹓鹭，似总贤劳，输于伊人一着高。莲幕后，玉堂老，宴高楼日日笙歌绕。尘世梦，几人觉？"因词中有"输于伊人一着高"之名句，王铨遂颜堂曰"遂高堂"。现遂高堂尚存，为陆巷古村中最古老的建筑。

东峰失解

王鏊与吴怀同庚，王鏊生于景泰元年八月十七日，而吴怀出生比王鏊晚两个月。两人是少年时在东山华严读书的同窗，加上吴怀又是王鏊发妻吴夫人的堂弟，两人情同手足。吴家世东山武山为书香门第，吴怀与王鏊同窗时，两人同有文名，时人称其文有金声，诗有正意。吴怀还兼能武事，有一同庠生在苏州文庙前被群恶少侮之，吴怀抠衣奋臂，从空踊跃而入，双拳击倒两人后，又如草上飞鹰，翩然而去，惊得众人目瞪口呆，群恶少遂有所收敛。吴怀虽然文武双全，然屡试不中。这一年他已四十三岁，当得知昔日同窗好友王鏊主考南都壬子乡试，心中又燃起新的希望。随行的书童吉小乙兴奋地说："今济之王大人主试南都，相公定能得中，如能关照一下，相公中举有望。"吴怀厉声喝曰："胡说，王大人吾知之，绝不会做出这等事来。"但他嘴上这么说，心里还是盼望同窗好友王鏊阅卷时有所照顾。吴怀自成化十一年（1475）同王鏊一起赴南都参加乡试下第后，他又五试乡闱不利，这次是他第七次参加南畿乡试，临行曾向家人发誓，如再考不中，永不回见家人。

贡院建在省城的东南隅，内建有坐北面南的明远楼。乡试考三场，对时间和内容均有严格的规定。每科开考后，考官都要登楼巡视和观望，防止考生和役吏有作弊举动。傍晚，王鏊阅毕试卷，登上明远楼，正"艳魄不辞忙里看，新寒先报客中知"，感到秋晚丝丝凉意时，在墙上考生名录中无意发现了吴怀，而且是吴县人，遂科定是吴东峰无疑。"於乎东峰，天之生才，必将有为……"王鏊轻声吟起十多年前他登科后寄书吴怀的信。自从成化乙未他入翰林后，因忙于朝事，同吴怀几乎断绝了书信往来，屈指而算，吴东峰亦早已年过不惑，想不到他竟连个举人还没考上。王鏊心中感到一阵酸楚，

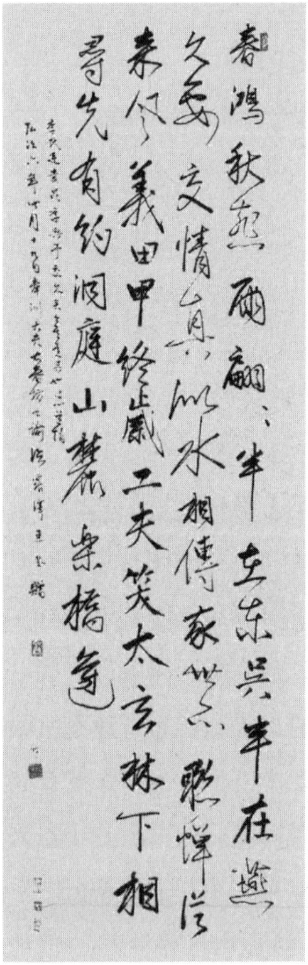

王鏊《行书自作诗轴》

可真是“三场辛苦磨成鬼，两字功名误煞人！”他缓步踱到窗口，望着巍巍钟山，心里默默祝愿，但愿这次乡试能圆东峰举子之梦。

明代的试卷是糊名的，又称作弥封。试卷上方考生的姓名、籍贯等考前都要封住，要等到试卷的成绩评定后，再打开弥封，评定考生的等次。应天壬子科乡试共有两千多名考生，中试者仅一百三十五人左右。王鏊在最后定举子名录时，看到了考官已批卷拆弥封后的吴怀试卷，不在录取范围内，本想关照一下，把名额提上来，使好友中举。又一想，朝命在身，这不是徇私枉法吗？万万不可，待日后返乡面晤时再实情相告，东峰定可谅解，谁知竟酿成了悲剧。

弘治壬子（1492）应天乡试，王鏊喜得两人，顾清与祝允明。顾清，字士廉，别号东江，亦称江东先生，世居华亭城南古西湖。弱冠游县庠，四试不利而不挫。主考王鏊在阅卷中，得顾清卷大喜，置第一，曰：“昔欧阳子谓当让苏子瞻一头地。斯人也，我固当让矣。”遂荐为第一，舆论允惬。“吴中四子”之一的祝允明亦为弘治壬子乡试举人，先生王鏊在批试卷时有所察觉，但他是以才取士，秉公而为。《莫厘王氏家谱》中记载了这样一件事，壬子乡试，一日，王鏊阅试卷时，在考场中看到一份卷子，见文章、书法均出类拔萃，虽试卷弥封，无法知道作者姓名，但意为必祝允明之卷，谓众考官曰：“此文甚好，宜列优等。”待确定名次，拆开糊名，果然是祝允明之卷，王鏊喜曰：“吾不谬知人也。”乡试中举后，祝允明意气风发，然“七试礼部竟不见录”，直到五十五岁才以举人资格，至广东兴宁做了个知县，后升为应天通判，官署在南京。不到一年，就辞去官职，回家赋闲。古时凡乡试、会试中试的举人或进士，把主考称为座师或恩师，自称门人。吴中的祝允明、唐寅、文徵明、陆粲、王守、王宠等都自称为王鏊的门生，但祝允明才可算称真正的门生。

一月后，南都乡试毕，王鏊回东山看望双亲，在渡水桥头有一人拦轿伏地叩头大哭说：“王老爷，害苦了我家相公哉。”王鏊下轿扶起一看，竟是吴怀书童吉小乙，忙问其主人东峰近况。“王老爷不知，我家相公一周前已亡矣！”小乙说完又哭。这吉小乙是吴家收养的一个弃儿，当年王鏊与吴怀在华严寺读书时，小乙朝夕侍两人左右，帮助抄誊诗文，竟也近朱者赤，效作诗句，有“麦浪”“风筠”“相思鸟”等诗为时人传诵。吴怀屡试不中，已郁郁成病，这次吉小乙陪主人入省再试，听到典试南都主考官是王老爷，以为主人非元即魁，主仆两人都满怀希望。吴怀作诗《赴南都乡试》曰：“千里携书上帝乡，红罗先胜闻鸡场。芙蓉独占秋江色，桂子高攀月殿香。”可见他对这次参加秋试还是充满了信心的，诗中流露出他中举后的喜悦心情。

怡老园后楼

迨布乙榜，见榜上无名，吴怀心中甚为沮丧，病倒于驿站。吴怀返家后自知将不久于人世，遂作《下第还家》诗曰：“残灯无焰一尊倾，骨月难为此夜情。野岸西风宿雁度，破窗落叶草虫鸣。飘零江海身何定，点检年华梦亦惊。今日寒塘家独在，丝纶高卷钓船横。”半月后，吴怀在山中亡故，此诗竟成绝笔。王鏊听罢，为之悚立，泣而自语道：“吾愧对东峰哉。”遂作《愧知说》以自责。中有文曰：“是故见贤焉有不得举，见不贤焉有不得去。举于礼部者探策而求，选于吏部者贯鱼而进。”又云：“吴君鸣翰，少与予同学，其诗篇、字画有晋、唐之风，其文非近世之所谓时文也。予谓空冀北之群，非君耶？壬子秋，予主试应天，殚心竭力，于时之才自以无失也。揭榜，而君名不预。”王鏊在文中说，吴怀的失解并不是才智欠佳，而是没有作好时文，时文就是八股文，联想到门生祝允明、文徵明、蔡羽乡试、会试连连失利，心中涌起一股莫名的惆怅。王鏊随吉小乙来到吴怀家中，祭拜吴怀遗像，并题诗云：“於乎东峰，有才如君，卒以不试。君之为诗，高视寰中……於乎东峰，今其亡矣，吾疑犹在，郁硉之气，埋而不坏，庐山竹林，自许生前。於乎东峰，然乎不然，忽览遗像，泪若迸泉。”

王鏊奉公主持南畿秋闱，应该说无可挑剔，但还是有两件事被蒋琮之流抓住了把柄，准备奏章弹劾王鏊。起先，蒋琮党羽遍录王鏊试录序文，鸡蛋里挑骨头，想查出文中有否犯讳之字，进行劾奏。后来同考官中有人向蒋琮密报，祝允明为王主考门生，乡试录取了举子。还有党羽以小人之心度君子之腹，说考试结束后，王鏊擅自返乡，可能是取不义财。蒋琮罗织罪名，准备向弘治帝密报。幸尚书秦纮阻止说：“不可，此等事王公决不可为，吾朝正人也。”秦纮，字世缨，山东单县人，景泰二年（1451）进士，时任南京户部尚书，敬王鏊之人品，亦与蒋友善。事后王鏊得知蒋阉对他之弹劾，笑曰：“我为国求贤，以才取士，士廉（顾清字士廉）置解头，希哲（祝允明字希哲）文列优等，何可不取？”又说：“吾父近在数百里内，忍不一归省乎？归而获谴，吾甘心也。”古代王朝以孝治天下，明朝开国后，尤重官员孝道，如居官者亲人丧后仍恋官不归，被言官劾奏，将治重罪。从人之常情来说，公事完成之外，顺便回家看望一次父亲，也算不得假公济私。蒋琮度不可撼鏊，乃竟不言，没有把劾章上奏朝廷。不久，蒋琮因穷极奢侈，肆意杀人，又掘聚宝山，伤及皇陵地脉，被御史指责弹劾，孝宗终悟，蒋琮被查办充军。

侍讲经筵

所谓经筵、日讲都是为皇帝讲授史书的一种制度。经筵仪式相当隆重，可用兴师动众称之。日讲又称“小经筵”，须选择博雅端介的大臣按日进讲，除了讲圣贤经旨、帝王大道以外，人臣贤否、政事得失、民情休戚，皆可随时敷陈。明初朱元璋设“大本堂”以教育诸皇子，招至不幸后果，皇子教育制度虽非彻底崩溃，也是有名无实。大本党是明初太子、诸王读书和藏书之处。据《明实录》记载：“洪武元年十一月，戊戌朔辛丑，宴东宫官及儒士，各赐官服。光是上建大本党，取古今图书充其中，延四方儒教太子、诸王，选才俊之士充伴读。”明孝宗朱祐樘是个较为勤奋好学的皇帝，成化二十三年（1487）十一月，孝宗即位后的两个月，礼部右侍郎邱浚进所著《大学衍义补》。其书乃采经传子史有关治国平天下者，分类汇集，附以己意，名曰：“大学衍义补。”至是，书成进之。孝宗甚喜，批答曰：“卿所纂书，考据精详，论述赅博，有辅政治，朕甚嘉之。”赐金币，遂进尚书，仍命礼部刊行。于弘治元年三月，初开经筵。

经筵仪式一般在离奉天殿不远的文华殿举行。参加人员不只皇帝和讲官两个人，有主讲的知经筵、同知经筵、值经筵、侍班的公侯和大九卿，以及负责展书的翰林院编修、检讨等官员。殿中设一御龙屏，正面朝南。御屏前中央设御座，皇帝端坐正中。御屏两侧各立一只镀金铜鹤，东西相向。鹤口衔蜡烛般粗细的龙涎香，殿内轻烟袅袅，芬芳阵阵，怡人心肺。这是王鏊在他的诗作中描写经筵的一个场景。起初，王鏊被朝廷选用为展书官，这展书官是开经筵中的一个小角色，经筵开始后，鸿胪寺和锦衣卫各有一名官员负责经筵的进程，先是鸿胪寺的鸣赞唱道：“起案！”两员序班将偏东的

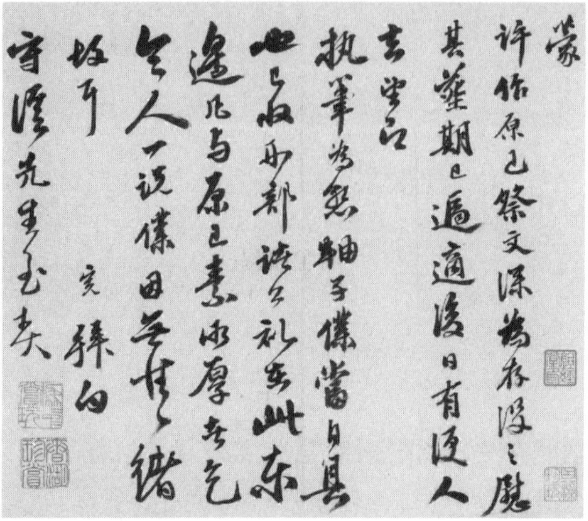

吴宽致王鏊书札

御案举至御座正前方。待鸣赞唱“进讲！”从东西班中各走出一名知经筵事的讲官，来到讲案南面。接着，知经筵官给皇帝鞠躬、叩头，行礼如仪。最后，当鸣赞唱道：“展书！”这时东西两班中各走出一名翰林院的展书官，跪至御案前，将“四书”或“五经”翻到要讲的篇章。展书官虽只是经筵中的一个小角色，但王鏊对这一工作很认真，只一年工夫就升为侍讲经筵。吴宽比王鏊早一科入仕，在翰林院中已待了十六年。他对同乡好友王鏊的擢升感到高兴，作诗贺之，云：“蓬莱晴旭照璇题，卫士成行陛盾齐。朱户洞开通上下，绯衣列侍隔东西。”这是吴宽首次参加侍讲经筵时所作之诗，赠予王鏊。王鏊首次参加经筵后，又次其韵，两诗有异曲同工之妙。

说来使人难以置信，王鏊的侍讲经筵竟是同当国的宰辅刘吉吵了一架才得来的。《太原家谱》云：“（弘治）二年己酉，四十岁。预修《宪庙实录》，列馆分坐，义有未妥者，公率众争于文穆前。众喑不发言，公辩论不已。文穆词色俱厉，公不少屈，由是益衔之。时文穆权势熏灼，所不悦者，率多挤贬，后知公清慎无他，乃更为欢好。久之，讲官缺，欲用公。公辞不能。文穆曰：‘先生不能，谁能其者？’遂以公名进侍讲经筵。”刘吉被朝臣们戏称为“刘棉花”，就是像棉花一样能屈能伸，且越弹越起。孝宗亲政后，万安、刘翊相继落职，而善于见风使舵的刘吉，看孝宗励精图治，来了个一百八十度的大转弯，讲治道、劝节用、斥邪说等事，颇有作为，取得宗信任而被独留。而这个刘棉花柔中有刚，对待下官甚为严厉。弘治初年，朝廷组织人员预修宪宗实录，侍讲王鏊亦被列入撰修班子，列馆分坐，落实商讨有关事宜。时宰辅刘吉大权独揽，遇事声色俱厉，说一不二。在商讨会议上，众编修官均惧刘吉权势，都沉默不言，独王鏊据利力争，同刘吉辩论不已。刘吉是孝宗帝极为信任的宠臣，权势熏灼，凡他不悦者，轻者挤贬，重者削职，翰林院中同事都为王鏊捏了一把汗。事后，有同僚责怪他不该顶撞刘棉花，说不定你将丢掉乌纱帽。哪知“有心栽花花不发，无意栽柳柳成荫”，翰林院中一些巴结刘吉，平时唯唯诺诺，一心想得到提拔的编修官没有重用，倒是敢于直言的王鏊被刘宰辅看中，当时正巧缺一个侍讲学士，遂提拔王鏊任其职。这个官虽然也只五品，但因是每周给皇帝讲课，能接触朝廷最高领导，只要讨得圣上高兴，随时可能升职。许多同行求之不得，王鏊却推辞说自己才疏学浅，不能当此重任。刘吉说：“先生不能，谁其能者？”意思是说，你王鏊这样的正人不能任其职，谁还能称职呢？遂提升王鏊为侍讲经筵。

孝宗是个勤政，也很善于学习的皇帝，被史家誉为“中兴之主”，对进讲“经筵”甚为重视，早在弘治元年三月，他首开经筵，对讲官程敏政称先生，恩赐茶宴。至于程敏政后来因唐寅科场泄密案被言官弹劾，勒令致仕，这是弘治朝整顿科场积弊之举，亦为后事。王鏊的诗作《经筵次林祭酒韵》就较为详细地记载了这件事。弘治十年（1497）四月，王鏊与林瀚同讲经筵，原定于四月二日，然刚巧太庙有祭祀事，按规定凡祭祀事繁，经筵可暂停。帝改之为三日，谁知改日遇大雨，只得又改为四日。“雨脚坏期仍改日，天心纳谏信如流。”是日经筵为王鏊与林亨大同讲。林亨大，名林瀚，福建闽县人。成化二年（1466）进士，比王鏊入仕早三科，时为国子监祭酒，即掌国学诸生教育的官员，从四品。因同讲经筵，王鏊和林瀚结下了深厚的友谊。弘治十三年（1500），林瀚擢南京吏部尚书，王鏊在《送南京吏部尚书林先生序》中云：“三山林先生，初在翰林，鏊犹及与之同事。及为国子监祭酒，又与同在经筵。今自吏侍擢冢宰之南京，鏊实继践其任。”正德初，林瀚不附刘瑾奸党，贬谪为浙江参政，继又致仕。刘瑾被诛，复官，卒谥文安。

三槐之交

“天心纳谏信如流，重瞳屡瞩情无厌。”在这样一再改日的情况下，弘治帝仍专心致志听讲经筵，丝毫无厌烦之绪。王鏊首讲《大学》，当讲到“修身而后家齐”这一句时，见皇上不甚理解，又求贤若渴的神情，王鏊解释说，国是众之家，家是国之本。家既齐了，一国的人便看这一家的样子，也都去学好，国就无有不治了。“国治而后天下平”，王鏊继续分析道，国又是天下的根本，国既治了，天下之人便看这一国的样子，也都去学好，天下无有不太平的了。

“王先生，前年你‘归坐明堂还布德，豫游分与万方同’之句，说的也是这个意思？”孝宗突然发问，王鏊忙答道：“正是此意。”这是前年他奉朝命所作的《春日应制》诗。那日早朝罢，天方刚亮，孝宗召翰林院几位侍讲，以“奉天承运”四字，作应制诗。王鏊以“归坐明堂还布德，豫游分与万方同”与“太平有象群方乐，宵旰虽勤也不妨”两句御制诗得君臣赞赏。说的是古代帝皇与民同乐，太平盛世尚须君臣合力治国之意。想不到时隔多年，孝宗还记得，使王鏊心中感到一丝暖意。记得时隔三月后，正值炎炎夏日，他又被召至宫中作《夏日应制》，诗中有“南陆迎长钦驭日，东皋旱久望为霖”“多少苍生方病暍，为霖须仗傅岩翁”等句，说的是各地干旱，百姓盼降霖雨。只要如尧舜之世，修仁政，得天时，上天定降甘雨。酷暑中，贫困的百姓在苦苦挣扎，盼望有贤人出来拯救百姓出水火。王鏊《夏日应制》诗中所说的傅岩翁，无须说就是当今圣主孝宗了。傅岩翁，即传说中的商代贤相傅岩，助商王武丁，大治天下。这首关心民瘼的《夏日应制》诗，又被得到初政的弘治帝称赞。

讲经筵，除讲圣贤经旨、帝王大业以外，讲官可引古谕今，讲解人臣贤否，政事得失，民情休戚，皆可随事敷陈。当然，讲官还可结合时政，对皇帝有所规劝。有一次，王鏊在讲《唐书》时，用了一则很巧妙的典故，批评张皇后与太监李广相互勾结，蒙蔽圣上。这只“表里用事”的故事出自唐代，李辅国为肃宗在东宫时的太监，张后其时为东宫“良娣”。安禄山造反，唐玄宗仓皇西逃，“西出都门百余里，六军不发无奈何，宛转蛾眉马前死”。杨贵妃吊死马嵬坡，杨氏一家尽皆被杀。唐将陈元礼的这次兵谏，李辅国参与其谋，且内中则有张良娣策划。肃宗在灵武即位，亦为李辅国与张良娣所定计。事成后，张良娣以此大功，封妃进后，两弟皆尚主。而李辅国则封成国公，因有张后的支持，他的权力在宰相之上，可用皇帝的名义下诏书，而肃宗不知其事，形同傀儡。

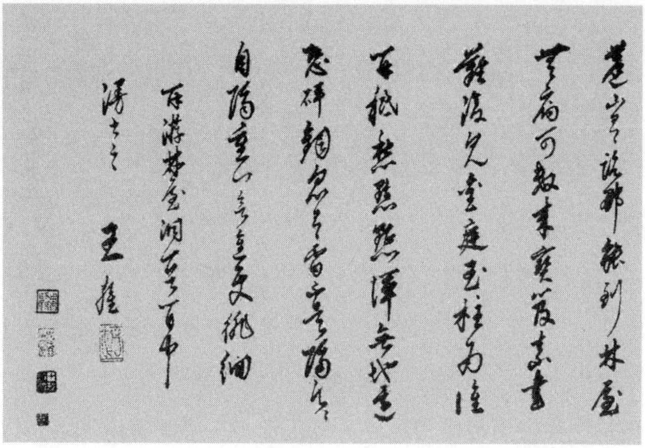

王鏊《再游林屋洞》

王鏊讲李辅国与张后表里用事时，讲到玄宗自蜀地回京后，以太上皇的身份住在兴庆宫，当时称为“南内”，内有“花萼相辉楼”可以俯视大道。李辅国认为不够谨密，与张后密谋，设计将太上皇骗入“西内”。西内荒凉潮湿，不宜颐养。而逼迁上皇，以子疑父，玄宗从此抑郁寡欲，加上肃宗受制于张后，始终不敢去西内看望父亲，陷于不孝。王鏊经筵时的这则典故含沙射影，大有指桑骂槐之意。弘治朝，皇后姓张，有个得势太监姓李，这个李太监又是张皇后的人。王鏊用表里为用的故事，借以指出张、李狼狈为奸，干扰朝政。在场的同知经筵、值经筵、侍班、展书官等大小臣僚，闻讲都大惊失色，想王经筵这下可闯了大祸，竟到太岁头上去动土。再看王鏊却很怡然，讲完向上奏道：“臣王鏊讲毕。”孝宗道：“先生辛苦。”一点也没有责怪王鏊的意思，言语中还有宽慰之意。经筵毕，孝宗还令内侍在奉天门东庑备下酒宴，招待王鏊等进讲经筵。“于是中外皆知公之能以正匡君，上之能受言也。”张皇后、李广等宦官闻知，深感不安，不法之事也有所收敛。

弘治十一年（1498），皇太子朱厚照出阁须教师教授。兵部尚书马文升疏奏孝宗，请从朝臣中挑选正人辅导太子，以保持国本。时朝中唯唯诺诺，明哲保身，委曲求全之臣为多，而严于律己，努力为国家办事的正人很少。孝宗下诏要群臣举荐，在东阁的一次会议上，有大臣提及王鏊之名，与会者皆齐声曰：“此真正人也。”王鏊遂以翰林侍读学士右谕德，升詹事府少詹事入东阁，导太子读书。詹事府是朝中掌统府、坊、局之政事的部门，以辅导太子。而少詹事佐之，正四品的官职。有同僚问及王鏊有何感想，他说：“人君之学与不学，系天下之治乱。太子之学与不学，系日后之治乱，其重可知也。天下之命，悬于太子。太子之善，在于早谕教。”所以，王鏊教授太子非常认真，对太子的学习要求也很严格。

据说太子朱厚照生得眉清目秀，一表人才，从小又聪明伶俐，讨人喜爱，孝宗和张皇后对其异常宠爱。可就是因为父皇母后太溺爱了，以致他少年时顽劣成性，不认真读书，造成严重的后果。王鏊究竟担任了多少年东宫老师，家谱没有明确记载，可以想象他当得很艰难，但又不能直说，只能闷在肚里，这在他以后所著《山居杂著》“教太子”一文中有所涉及。王鏊说，古代帝王都懂得选天下端正孝弟、博闻有道术者，以翼卫之，所与居处出入者也。逐去邪人，不使见恶行。故太子生而见正事，闻正言，行正道。前后左右皆正人也，其身有不正者乎？古之教太子者，其制如此。又道：“今国家东宫之官，师、保而下，有庶子、谕德、洗马、校书等官，亦既备矣。然官以序进，未必皆天下之选。学之日，晨而授书，授毕而退；日中进讲，讲毕而退。凡祁寒暑雨，学皆间歇。间歇之日，所与宴游者谁欤？所与居处出入者谁欤？不可得而知也。”也许，朱厚照在为太子时，就在东宫一班群小唆使下，斗鸡走狗，专事游乐，因而王鏊发出了“近世之弊，患在上下不交。然为太子，亦且未同于君。而今也则已俨然端默，有言且不敢进，又况为君之日乎”的叹息。这样顽劣的太子，一旦驾临天下，成为君王，如何能让老一辈放心呢？俗语说，从小看大，三岁至老，老臣王鏊的担忧不无道理。

敢于直谏

明代成化、弘治、正德三朝，正是明王朝从盛至衰的转折期。史家论宪宗荒嬉怠政，使宦官“奸欺国政”；孝宗勤求治理，恭俭有制，奸邪之徒皆遭斥逐；武宗则胡作非为，颠倒迷乱，造成宦官权倾天下的局面。这三朝皇帝中，无疑孝宗是最有作为的。当然，孝宗的政治改良与图治也是相对而言的，出现了“两头紧”“中间松”的状况，到了弘治朝晚期，经筵也流于形式，一年之中只安排几月，其中每月只安排几天，所以经筵进讲，每岁不过数日，以致“正士疏远，邪说得行”。太监专权，天下不宁。

弘治朝有个太监名李广，是孝宗最宠信的太监之一。他以符箓祷祀之事蛊惑孝宗，矫旨授为传奉官。李广得此为奸，大肆出卖官职，四方索取贿赂，并侵袭京畿的民田，又获得京畿地区的食盐专卖权，真可谓日进斗金。据说李广每年得两浙的盐引五千引，所获收入一万万两白银以上。发迹后，李广在京城什刹后海以南、恭王府东大兴土木，建造了一座极讲究的园林。《明史》本传载：“起大第，引玉泉山水，前后绕之。”同时，在宅前建有一座李广桥，又名李公桥，规模极为宏大。李广得宠时，言官弹劾其种种罪行，孝宗均置之不问，使他更胆大妄为，向文武百官索贿受贿，干了许多无法无天之事。《明史》“宦官”上：“太常卿崔志端、真人王应祥等称广教主、主人，而广为之传陛官职，求赐玉带，转相煽诱。诸皇亲贵戚皆父事广，大臣镇帅以下至呼之为公。广遂以传奉授官，如成化间故事。四方输纳贿赂，先入其门。”

李广等导帝屡游宫中后花园，朝中无人敢劝谏。一次，王鏊为帝讲《无逸篇》，讲了一则周文王勤政，不敢盘游于田的故事，以周公教育成王知稼

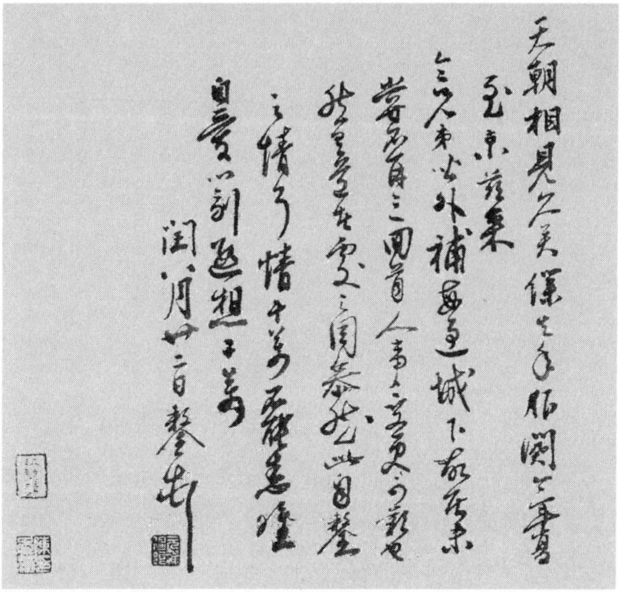

王鏊《天朝帖》

稽艰难、勤于政事的典故规劝孝宗，借古喻今，寓理于教。孝宗当然亦听出讲官之意，竟拂袖罢游。众臣以为讲官王鏊言重，惹恼了君主，祸在旦夕。按理王鏊不是朝中的御史言官，没有进谏之责，他在给孝宗进谏之前也有过激烈的思想斗争，如惹帝怒，不只自身遭祸，恐怕还要祸及家人。王鏊曾在诗中流露出“人不言之我何为?”他问自己，别人不愿讲，甚至不敢讲的话，我为什么要去进讲呢？常言道：伴君如伴虎。同明一朝其他帝王相比，孝宗是较为开明仁慈的一个君主，但也是反复无常，老虎总是要吃人的。思想斗争归斗争，王鏊那种耿直、疾恶如仇的性格，使之不吐不快。就在众卿为王鏊担忧时，事情出现了戏剧性的转变，一日，王鏊知经筵罢，孝宗帝召最信任的太监李广亲谓曰：“若知今日讲官意乎？”李广当然知道王鏊指责的是他们那一帮诱帝终日游乐的宦官，但假装不知说：“请圣上明示。”李广装聋作哑，孝宗心中更生气了，厉声说：“指谓广也。”李广见万岁动了真格，怕要治他的罪，连忙跪下磕头，竟哀哭起来。哭得凄凄惨惨，情真意切，惊魂动魄。孝宗叹了口气说：“起来吧，好自为之。”也许孝宗当着经筵官王鏊等大臣呵斥李广，是做做样子给朝臣们看的，可确把李广一伙吓得不轻。

王鏊直言不讳，劝谏帝皇，孝宗没有罪之，一时朝中言路大开，讲官知无不言、言无不尽，出现了弘治朝的清明政治。 李广权倾中外，朝中大臣多贿求之，对一个小小讲官的指责当然不会罢休，与同党商议，欲罗织罪名，把王鏊置于死地。一日，王鏊经筵中有“以善言启沃他”之句，李广同党对孝宗说："这个'他'字已经触犯圣上忌讳，应予治罪。"听了此话，孝宗却笑道："这能构成什么罪呢！如果这样大惊小怪，还有谁敢讲话呢？"王鏊很快知道了言官对他的弹劾，心中对孝宗的宽宏大量很是感激。

善有善报，恶有恶报，李广的结局很不妙。后来，李广又劝孝宗在景山上建"毓秀亭"，说是可广拓皇嗣，想在风水上玩花样。哪知亭子刚造好，皇子未生，倒死了一个小公主。不久，清宁宫又遭火灾。言官趁机攻击李广，说是建亭冲犯了太岁。孝宗祖母周太后生气地说："今日李广，明日李广，果然祸事来了！"皇太后发火，李广怕孝宗听了祖母的话治他的罪，因而畏罪自杀，结束了他不光彩的一生。李广死后，孝宗疑心他家里藏着什么罕见的"异书"，派人到他家去搜查，结果异书没找到，却搜到了一本登记红包的账簿，上面多是送东西的文武大臣的名字，记载着某人送黄米多少石，某人送白米多少石。孝宗大为惊异，问左右说："李广食量有多大？要收受这么多米？"近侍告知孝宗，黄米指黄金，白米指白银。孝宗十分生气，下令查究行贿的大臣。一查不得了，武臣如保国公朱晖、恭顺侯吴鉴、平城侯李玺、都督孙贵、副总兵朱瑾，文臣有吏部尚书屠镛、户部尚书周经、礼部尚书徐琼、刑部尚书白昂、工部尚书徐贯，以及六部侍郎、都察院左右都御史、各省布政使、参政等一大串官员的名字，唯独王鏊在这本送红包的账簿上没有名字，绝无一污迹。孝宗生气极了，下旨"容司法一一查究"。后来，这些人去求寿宁侯张鹤龄在孝宗面前求情，才得以罢事，"以所劾干碍人众且无指陈实迹，命俱仍旧供职，簿籍亦不必追究"。

王鏊大学士章

王鏊敢于直言，无私无畏，就是在刘瑾盗政、阉党权势熏天的正德朝初期，也能主持正义与公道，说出自己独特的见解。正德初年，少年天子朱厚照刚登基就遇到了一件棘手的事，其父孝宗帝英年早逝，科道官们弹劾孝宗帝为药误驾崩，太医院刘文泰与太监张瑜被捕入狱，必由杀之。据《明武宗实录》卷一载："初，先帝以祷雨斋戒偶感风寒，命司礼监太监张瑜与太医院议方药。瑜私于太医院判刘文泰、御医高廷和，不请诊视，辄用药以进，继

与掌太医院事右通政钦及院判方叔和、医士徐昊等进药，孝宗遂崩。”英国公张懋及给事中王宸、薛金，御史陈世良等交劾其恶。张瑜、施钦、刘文泰、高廷和等有罪下狱，依律论斩。太后孝康素信文泰及瑜，以故不行遏止。武宗继位后，司法又会奏张瑜向与文泰为奸，药不对症，交结作弊，奏启各斩。南北科道官也纷纷上奏，速诛文泰以慰先帝在天之灵。而两宫太后固持不可，因为孝宗临终前曾召大学士刘健等顾命大臣曰：“朕承祖宗大统，在位十八年，三十六岁矣，乃得此疾，殆不能兴，故与诸先生相见时少。”又说：“朕自知之，亦有天命，不可强也。”因呼水漱口，掌御药太监张瑜劝上进药，不答。太监陈宽扶案，季璋捧笔砚，戴义就前书之。上曰：“东宫聪明，但年幼，好逸乐，诸先生须辅之以正道，俾为令主。”健等皆叩首曰：“臣等敢不尽力？”诸臣出，翌日，上崩。从《明武宗实录》这段文字，说明孝宗自己亦知病入膏肓，无药可救，以托后事。

武宗朱厚照迫于内外压力，进退两难，自叹曰：“两人者，杀亦不孝，不杀亦不孝。”武宗就此事问于内阁，当时阁臣为李东阳、焦芳、王鏊三人，软弱的首辅李东阳托病不出，善于见风使舵的次辅焦芳是刘瑾安于内阁中的探子，因揣摩不到武宗的心态而一言不发，耿直的王鏊虽位于三辅，却又直言了，遂问帝曰：“何故？”武宗说：“杀之则违母命，不杀则忘父仇。”王鏊发表自己的观点说，此事请圣上及两宫太后自明，如先帝之宾天，果由泰医所为，则自当杀之，杀之所以为孝；如不是由于泰医所误，则当不杀之，杀之亦以为孝，惟当复其实耳。就是说须查清情况后再下结论，不能光听言官一面之词。过了几天，朝中传出两宫太后与武宗已派人查清，孝宗驾崩不是由于泰医药误，刘文泰与张瑜遂不杀之。有关孝宗死因，史载较为模糊。明朝皇帝死于壮阳药者不少，而孝宗“鲜近嫔御”，其死因与此无关。那他英年早逝，究竟得的是什么病呢？根据《明史纪事本末》语其“自知不起，不肯服药”，说明此病由来当无一日。有说死于肺病，孝宗体魄一向清瘦，而勤政不倦，这对需要休养的肺结核是非常不利的，故属“积劳成疾”而卒。王鏊正直一言，救了刘文泰及张瑜两条命。然亦有学者评解说，王鏊救刘文泰，事出有因：一是王鏊多与医士交往，素与文泰友善。二是两宫均得过文泰治病，知泰医术高明，有相救之意，王鏊欲借此取悦于两宫。

宪宗废后吴氏病故后，权奸刘瑾秘不发丧，欲将焚之以灭迹。吴氏为顺天人，天顺八年（1464）立为皇后，仅月余，因不满宪宗宠妃万贵妃恃宠专横，找个借口把万妃打了一顿。万贵妃哭诉宪宗，宪宗以吴氏“德不称位”为由，请命太后，废其皇后称号，处于别宫。后来，孝宗密生于西宫安乐堂，屡遭万贵妃之害，幸得被废的吴后等人亲自照料，得以长大，继承帝位。在弘治朝中，孝宗念吴氏恩，待之如母后，又官其侄子锦衣百户。可此时孝宗已故，继位的朱厚照根本无主见，朝中大权悉归刘瑾，无人敢违其意。唯王鏊站出来说：“吴尝母仪天下，今若如此待之，必大骇物情，伤之人心。”专横的刘瑾说：“奈不能成服何？”意即吴氏早已是废后，不能按皇后之礼安葬。王鏊争辩说：“服可以不成，葬不可以不厚。”经过王鏊的据理力争，吴后得以礼葬。

代宗汪皇后之葬礼，王鏊又直抒其见，主持正道。明正统年间，一场“土木堡之变”，使朱祁镇、朱祁玉两兄弟像走马灯一样轮坐帝位，上演了又一场骨肉相残的闹剧。先是哥哥英宗被俘，弟弟朱祁钰替代兄长坐上皇位，在兵部尚书于谦等正直大臣扶持下，打败了围攻北京的漠北元朝余部瓦剌也先军队。后来英宗被也先放归，弟弟代宗非但不愿让出帝位，还把兄长打入冷宫。景泰八年（1457），武清侯石亨、副都御史徐有贞、太监曹吉祥等人，乘景泰帝朱祁钰病重之机，发起了“夺门之变”，英宗复辟，代宗被废，死于奇因。

在英宗刚被掠往漠北时，朱祁钰奉太后敕谕代兄坐上帝位，太后同时下诏立英宗二岁的儿子朱见深为太子。一年后代宗废掉原太子，改立自己的儿子朱见济为太子。对这件事汪皇后不同意，劝代宗说，你皇位已代兄所坐，再赶人家的儿子就不太像话了，无奈代宗不听劝阻，一意孤行，颁诏易储，汪皇后也因反对易储而被废。汪氏，顺天人，正统十年（1445）册为郕王妃。十四年（1449）冬，郕王即皇帝位，册为皇后。有贤德，尝念京师诸死事及老弱遇害者暴骨原野，令官校掩埋之。生二女，无子。景泰三年（1452），妃杭氏生子见深，景帝欲立为太子，而废宪宗，后执不可。于是忤帝意，遂废后，立杭氏为皇后。英宗复位，削皇后号，毁所葬陵，而汪仍称郕王妃。景帝崩，英宗以其后宫唐氏等殉葬。阁臣李贤曰：“妃已幽废，况两女幼，尤可悯。”帝乃允，汪妃得以存。

对于汪妃的安葬，朝中公卿大臣争论不休，更多的人是揣摩君主对此事的态度，以便见风使舵，朝自己脸上贴金。正直的王鏊又站出来说公道话了，他大声呼曰：“妃废不以罪，当追复故号，葬以妃，祭以后。”就是说汪妃虽被废，但没有罪，她是因为指责不仁而被废的，应该按妃子之礼安葬，以皇后之礼祭奠。听王鏊讲得有理，武宗从之，诏令把汪妃与代宗合葬金山，并尊谥曰贞惠安和景皇后。

王鏊在《代礼部上景皇后尊号议》中云：“伏惟景后汪氏，出自勋阀，嫔于王家；久侍养乎宫中，旋母仪天下；行无缺失，志尚谦冲；惧蕴禄之太盈，让轩龙而弗处。故英皇复辟，独以贞顺而不预其愆。宪宗追崇，犹以逊避而未正其号。含章不耀，体素无渝……恭惟皇上慎终追远，用惇叙乎本支；考实定名，遂诞孚于有众。臣等谨征诸古义，考以谥法，先皇后汪氏尊号，宜天锡之曰‘孝敬慎惠皇后’。臣等拜手稽首，谨议。”

可以说，王鏊心底无私天地宽，是弘治、正德两朝最敢于直谏的大臣，使君主有所醒悟而亲政，奸佞有所畏惧而收敛，或多或少影响了朝政。

定边八策

王鏊不但文才出众，还有不凡的军事才能，弘治十五年（1502），身在翰苑、心驰社庙的王鏊，以吏部右侍郎之职所上奏的“定边八策”，对当时的军民利病、时政得失、边疆战事分析得极为透彻，提出了定边卫国的八条精辟见解：一曰庙算，二曰重主将，三曰严法令，四曰恤边民，五曰广招募，六曰用间，七曰分兵，八曰出奇。八策相辅相成，极具见地，构成一套完整的政治和军事战略思想体系，被朝廷采纳，在对外谋略上，基本上是按照王鏊的军事思想实施，以抵御外侮。

明代早期和中期的汉蒙边界一直没有安宁过，元朝灭亡后，其残部鞑靼、兀良哈、瓦剌等三股“北元”蒙古势力，时时入塞侵扰，肆意抢掠人口牲畜财物，屠戮军民，对明朝北部与西北部的安宁造成重大威胁。明初，朱元璋采用铁腕手段，对漠北势力边征剿，边招抚，分化离间，使之自相残杀，消耗军力，西北边界尚能保持稳定。到了永乐年间，漠北铁骑挑衅不断，成祖朱棣忍无可忍，曾五次“御驾亲征”，除第一次征剿取得胜利外，其余四次都无功而返，最后连自己也死在征剿回归途中。正统十四年（1449），北元瓦剌部又借明朝赏赐减少为名，入侵边疆。第六代皇帝朱祁镇，在宠信太监王振的撺掇下，亲率三十万大军讨伐瓦剌部，结果全军覆没，连明英宗也成了也先的俘虏，即历史上著名的“土木堡之变”。如果没有兵部尚书于谦等大臣组织军民誓死保卫北京，击退了蒙兵的进攻，明王朝面临倾室之危。

时隔五十一年后的弘治十三年（1500），蒙古达延汗部再次进犯中原，脱罗干七子火筛自大青山入威远卫，其锋锐不可当，明将王杲大败，边疆之警，一日数报。《明史》载：“时敌以八千骑东驻辽塞下，攻入长胜堡，杀掠

王鏊坐像

殆尽……小王子以十万骑从花马池、盐池入，散掠固原、宁夏境，三辅震动，戕杀殆尽……”面对鞑靼的攻势，满朝一片惊慌。《明史》“鞑靼”载：“十三年冬，小王子复居河套。明年春，吏部侍郎王鏊上御敌八策……帝命所司知之。”起先，孝宗轻信了宦官苗逵的话，也想对“小王子”达延汗御驾亲征。事关国家安危，时任阁臣的谢迁与兵部尚书刘大夏坚决反对。王鏊当时任吏部侍郎之职，虽地位还比较低，也上书朝廷，力谏孝宗不要冒这样大的风险，重蹈“土木堡之变”的悲剧。

王鏊冷静地分析了敌我双方形势，连夜伏案疾书，奏陈孝宗云：“昨火筛入寇大同，陛下宵旰不宁，而缘连诸将皆婴城守，无一人敢当其锋，此臣所不解也。臣窃谓今日火筛，小王子不足畏，而嬖幸乱政，功罪不明，委任不专，法令不行，边围空虚，深可畏也。比年边将失律，往往令戴罪杀贼。副总兵姚信拥兵不进，亦得逃罪。此人心所以日懈，士气所以不振也。”在指出了边将兵败，敌军长驱直入的原因后，王鏊在“庙算”之策中又言：“望陛下赫然大奋乾纲，誓灭此虏，时召大臣，咨询边将勇怯，有罪必罚，不以近幸而免；有功必赏，不以疏远而遗，如此将帅协力，不患无人，士卒生气，不患不充，而北虏足可灭矣。”

太监专权是明朝的重症与顽疾，孝宗虽较廉明，也亦不例外。在边塞上将权不专，将位不殊，混而无统。王鏊在“重主将”一策中指出“权不专则散而不一，在边将之任，内臣有太监，武臣有总兵，文臣则有都御史。都御史欲调兵，有总兵不允而止者；总兵要出兵，太监不可而阻拦……大同有急，调宣府之兵而不能；延绥情危，调大同之兵而不可，兵多而权散，欲望成功难矣。”接着，王鏊在陈奏中为朝廷推荐人才，说已致仕居家的原南京户部尚书秦纮，谙练兵务，素有威望，边人至今思之，虽老尚能用，可任以总制，节制诸边将，提督右都御史史琳坐镇京营，遥为声援。这样大同有急，宣府不得不援；延绥出现了敌情，大同不得不赴，号令严肃，声势倍增，隐然有万里长城之势，还愁敌不破？

在“严法令”中王鏊分析以往的战例说：“战斗之际，生死在前，进则有死，退则有生，士卒无不退者矣。要造成进则或生，退则必死，那样将士才为拼命向前。”王鏊还在进策中引用了“穰苴斩庄贾”的典故。春秋时，一次晋国的军队攻入了齐国地域，燕国又侵入了齐国的边疆，齐国军队溃不成军。齐景公忧心忡忡，任田穰苴为大将，宠臣庄贾为监军，领兵退敌。庄贾自以为是皇上的宠臣，出征时间过了许久，才迟迟前往军营，结果被田穰苴按军法斩于三军前。王鏊说，军法无情，不能感情用事，杀一人而活者万人矣。

“恤边民”是八策中甚为重要之一策，王鏊在奏策中指出了许多朝廷失信于民之例：沿边之民，终年守障，辛苦万状，而朝廷委派的大臣百方掠夺，边民虽有屯田，而子粒不得入其口；虽有月粮，而升斗不得入其家；虽有赏赐，而或有不得给；战虽有首级，而不得为己功。今又遭虏寇残破，父

苏州景德路王鏊祠

不得保其子，夫不得保其妻，兄不得保其弟，肝脑涂于郊外，哭声遍于城市，朝廷尚不知恤，其人心怎不动摇，安得不离乎？这是王鏊在批评当朝的弊政、当今的失误及边官的腐败。王鏊接着说：陛下应以内帑之金，命官载之大同等处，验战死者之家，一一抚慰，量为给赏，其被寇掠劫之地，亦宜放免税役一两年，使边疆将士们知朝廷不忘边人，无内顾之忧，这样边兵才能一心杀敌。在“恤边民”中，王鏊又道：当然为有人说，方今府库且不足，哪有钱来赏给边民？但我以为如今朝廷中外，无功受赏者很多，近有徒以造一冠服，传奉升官者多达六十余人。此等事比之浴血苦搏的边民，谁的功劳大，朝廷怎么能吝啬这些钱财呢？朝廷应该节无名之费，赏赐边军，以保国家平安。其策说理透彻，句句在理，难怪孝宗听后，深受震动，命中官设宴盛情款待王鏊。

针对朝臣“无兵无将”之议，王鏊在“广召募”之策中说得很具体，他说，臣以为二者皆有之，行伍之中，有知勇过人者，可以不论贱贵而提拔，就有了大将；边人之中有壮勇者，可以召其入伍，士兵就有了。他又进一步分析说：“士兵生长边疆，骁勇骑射，往往绝人；山川险易，其素所谙，风寒冰雪，其素能耐。同虏有父子兄弟之仇，于内有家室庐墓之恋，驱之使战，人自护其家，家自报其仇，其战斗力强矣。”他进一步分析说，而朝廷派去的京兵，对边地的环境不熟悉，气候寒暑不适应，还没有同敌作战就垮了下来，一有点战绩就相互争夺为己有，其利弊就清楚了。古人云：兵满万不如募数千，近闻边方召募已稍集，但恐为将者不加抚御，使士兵不肯效力，甚至不愿应募。臣以为对所召之兵，宜给以兵械，丰其粮饷，厚其赏赐。对有功者即加以官，并功论赏，战事结束后，许以复业还农，不著其名于籍，这样应募者必众。先加之恩，后斋以法，则人人皆胜兵矣。

如果说“定边八策”中的前五策是战略上的高招，那么“用间、分兵、出奇”三计即为战术之策，是军事行动。“用间”，即伐谋，王鏊说：“闻火筛小王子部队，素称跋扈，今乌合而来，外看虽合，内实相忌，此其有隙可乘，使之敌部分裂，这一计谋，为历史上惯用之策。”王鏊进一步定计说：“今宜榜于边，曰有能得火筛之首级者，赏千金，封高官。小王子旧尝入贡，宜遣通事，责以大义，与之通好，如此，使之互相猜疑，自相残杀。”

在此策中，王鏊最后说，闻廷臣中也有献此策者，众人笑其不切实际，但我感到，三军之事，莫重于“用间”。他又举一例，汉楚之战时，汉曾言愿出千金，购项羽之首，能笑其迂吗？即使未能得其首级，可使他们相疑相忌，达到分化之目的。

王鏊没有参加过战争，但兵书看得较多，他仔细分析敌我双方之因，在“分兵”一策中指出，古人云：匈奴之众，不过汉朝一大县，堂堂中原大国，为何屡遭此一县之害？原因是敌人云散乌集，你备西，则击东；你备东，他掠西，我军守备的兵力分散，而敌则集中优势兵力，攻其一处，得手后又飘忽而去，这是边军常吃亏的重要原因。如今边军与召募之兵已达数万，可选其中勇敢者，组成三至五支军队，加紧操练，严阵以待。鞑靼来犯，一军挡其前，一军击其后，一军冲其中坚，又用一军袭其老巢，这样使敌人首尾不能相顾，不怕边患不除。在近现代战争中，集中优势兵力打歼灭战及对敌分割迂回，进行各个击破，是军事上的常用战术，而早在明代中期，王鏊就提出了这一军事战术理论。

历代中外战争，以奇兵取胜的战例甚多，有大臣奏献此计，可朝中却有迂臣称这是“诡道”，要明枪明刀地交战，才谓“正道”。王鏊听了极为生气，他在“出奇”策中反驳说，自古用兵，未有不用奇兵而能胜者，况且对付强悍的北虏，尤难力敌，只能用计破之。如国朝名将杨洪，在大同常以劫敌营取胜；近之边将王越，守备红盐池，亦用此策退敌。今边地刚被北寇摧破，边兵望风惊疑，无有固志，但能痛杀一阵，则可生国人之气，壮边人之胆。古谓战胜在奇，奇在速，速在果，今敌之大营已在河套，可召募人数达万人的敢死队，令勇将分领，作为主力。北虏犯边，边军固守勿战，密令此军潜之敌后，突然袭击，可能胜之。且现我师屡挫，敌谓我军不堪一击，正好出其不意，打他个措手不及。王鏊又道：“即不能胜，虏亦当有内顾之忧，不敢肆行入寇，边围可安矣。”应该说这是一条很好的计谋，孝宗御览后不停地点首。

鞑靼火筛的屡屡进犯，给边地人民造成了无尽的灾难，村镇成了废墟，百姓流离失所，王鏊极为痛心，在严斥边将逃遁、纵敌劫掠之时，向朝廷大声疾呼：“今边人之困，如在水火，谓濡手足、焦手发，急往救之，犹恐不及，而上下却牵于文法，有所见而不敢言，有所言而不肯行，观望迟疑，虚度岁月，使边民之困日急，虏寇之患日深，使人忧而惧之也。”在“筹边八策”结尾，王鏊说：“臣本书生不知兵，然古今治乱，颇识一二，许国之忠，不觉妄发，如能采择之，则社稷之幸焉。”王鏊的忠君爱国之心，满腔热血的肺腑之言，跃然纸上，使满朝文武肃然起敬。

《明孝宗实录》载：“弘治十四年（1501）九月……甲辰（二十九），起致仕南京户部尚书秦纮为户部尚书兼都察院副都御史，代史琳总制陕西固原等处军务。”王鏊的御敌之策大多被弘治帝采纳，颁诏起用已致仕的秦纮为户部尚书兼右副都御史，部制三边军务。秦纮遂驰至固原，视察战地，躬祭阵亡将士，埋葬其骸骨，奏请奖励死难指挥朱鼎等五人，抚恤军士战殁者家属，劾治败将杨琳等人临阵脱逃之罪，更换守将，加强防守。又练兵屯田，严申号令，军威大振。据《明史·秦纮传》记载，秦纮任总制后，修筑诸边城堡一万四千余座，垣堑六千四百余里，固原遂为军事重镇，屹立于边疆岿然不动。史载，秦元帅还创造了一种战车在诸边防推广，屡败来犯之敌，被将士们称为“全胜车”。秦纮在任守边总制的三年中，四镇晏然，为前后经略西部边陲所不能及。这不能不说有王鏊“定边八策”中一部分的功劳。

第五章

清正廉洁　朝中楷模

- 五试礼闱
- 同年情深
- 良师益友
- 家书训子
- 玉带留名
- 儿女亲家

五试礼闱

王鏊花押

王鏊在成化至正德的三朝中，参与或主考了五次会试，或为同考官，或为副主考，或为知贡举，均清正廉洁，公平公正，为国取士。这五次会试是：成化二十年（1484）他例当甲辰科会试同考官，二十三年（1487）同考丁未科会试，弘治九年（1496）主考丙辰科会试，十五年（1502）又主考壬戌会试，正德三年（1508）主考戊辰科会试，并任主贡举。所谓“知贡举”，即皇帝特派主持进士试的大臣，一般由皇帝最信任的重臣担任。

《明史·选举志二》：“会试同考八人，三人用翰林，五人用教职。景泰五年（1454）从礼部尚书胡濙请，俱用翰林、部曹。”这一年，王鏊已三十五岁。他在《三十五初度》诗中云：“人生七十古来少，嗟我如今已半之。来日更添如许久，馀生怎能几多时。功名似鹢长遭退，学问如船逆上迟。万事悠悠只如此，青山能负白云期。”三十五初度，即三十五岁生日，这时王鏊入朝已十年，可还是个官阶只六品的翰林院修撰，心情有些沮丧。感叹人生无几，有负家乡之白云青山。而当他接到朝命，同考春闱，心情很是激动，又赋诗言志，要不辱使命，公正公平地为当好同考官。一天傍晚，王鏊的寓所来了一个神秘的年轻人，手里还拎了一包东西。来人自我介绍说，他是当国刘阁老的同乡人，这次来京参加礼闱考试，知王大人也是会试的考官，望来日批卷有所关照。说完把一只包裹往书桌上一放，说：“一点小意思，望王大人收下。”王鏊心中一沉，他不动声色，把那包东西拿在手上掂了掂，感到分量不轻，此礼少说也价值千金。来人心中一阵窃喜，他多次听说王鏊是位清官，别人有求于他，从不收礼，看来世间没有不偷荤的猫，这次礼闱得中进士十拿九稳了。正当此人得意之时，王鏊把那包重礼重重地放在桌上，又朝前一推，厉声说：“送客！”那人见王鏊不肯收下，又凑到王鏊耳旁神秘地说：“当国者已见许，王大人收亦无妨。”王鏊生气地说：“当国者可，吾固不可！”把千金退回了来者。

原来此人是阁臣首辅刘吉的一个远房亲戚，家中很有钱，有了钱就想当官留名。在明代时虽然花钱可以买官，但社会上人们把科举入仕作为正途，而对捐纳做官者均嗤之以鼻，从骨子里瞧不起。此人中举后，几次参加京师礼闱都名落孙山，这次他家中下了血本，不但在刘吉、万安处送了重礼，还遵刘吉嘱咐，对主考和几个同考官也一一进行打点，谁知却在同考王鏊处碰了一鼻子灰。刘吉、万安都是宪宗朝的宰辅，那人在王鏊处碰了壁，到刘吉处添油加醋地诉说一番，刘吉怀恨在心，但抓不到王鏊一点把柄，对他无可奈何。于是王鏊拒千金的清节之名在朝野传开了。

成化甲辰科会试的主考官是彭华和刘健。彭华，字彦直，号素庵。江西吉安安福县人，景泰五年甲戌科的会元，正统十三年状元、内阁首辅彭时的族弟，此人在成化朝与万安、李孜省之辈为伍，名声不佳。刘健，字希贤，号晦庵，河南洛阳人。他是天顺四年（1460）的进士，时任翰林院侍读学士，东宫讲官。后受知于孝宗，官至礼部尚书兼文渊阁大学士，任过内阁首辅，是“弘治中兴”的勋臣，亦为孝宗临终嘱托的顾命大臣。成化朝后期，吏治腐败，参加乡试、会试举子向考官送礼司空见惯，此科会试两位主考是否收礼，不得而知。也许是王鏊洁身自好，退厚礼而使一些人很不舒服。此两公同王鏊第一次合作就很不愉快，尤其是刘健刘阁老，因之对南人怀有成见，以后对吴宽、王鏊等直正大臣一直抑而不用。

这一科会试录取贡士三百人，第一名会元是储巏。会试结束后，四月份的殿试一甲三人：状元李旻、榜眼白钺、探花王敕，均称一时之选。

“棘垣深锁夜恹恹，每听钟声识外帘。咫尺相看成不语，两心对越幸无嫌。青灯晃晃官曹接，白战沉沉号令严。一月春光人不见，归来庭草落红

王鏊花押

纤。”这是成化二十三年（1487）二月，王鏊同考丁未科会试，赠外帘吕推官的诗作。据《明史·选举志二》载：“试官入院，辄封钥内外门户。在外提调、监试等谓之外帘官，在内主考、同考谓之内帘官。”吕推官，名吕卣，字宜中，成化十七年（1481）进士。当时王鏊与李卣共任会试同考官，分别在内帘及外帘阅批试卷。诗写院试考场戒备森严，入夜更是寂静无声。每听到钟声，知与外帘联络时间已到。内外帘考官均秉公办事，毫无猜嫌。在晃动的灯光下，考场内外密切合作，紧密相连。考场纪律严明，考生们专心答卷，没有违规之人。从诗中可以看出，王鏊参加会试同考一个月，待批卷结束回家，庭院里已是落花满地的暮春时节。此诗既是对友人精诚合作的称赞，又是一首描写古代试院考试景况的诗歌，可谓考官的清廉之作。是科会试的主考官是尹直与吴宽，这时王鏊仍还只是个翰林院的修撰，至这年九月，他才考满升侍讲，启开经筵。尹直是景泰五年（1454）进士，兵部尚书兼太子太保，是参与机务的内阁大臣，品行尚可。弘治初，被弹劾，令致仕。吴宽为翰林院修撰，少詹事侍读学士。品行高洁，待人宽厚，对钱财两字看得很轻。由于吴宽、王鏊、吕卣等主考、同考及内帘、外帘官的紧密合作，秉公办事，成化丁未科录取贡士三百四十九人。殿试状元为费宏，榜眼刘春，探花涂瑞。

弘治九年（1496）的丙辰科会试，其主考为王鏊与翰林院同学士谢迁，两人既是同年，又是好友，择优取士，甚为愉悦。是科录取人数为两百九十八人，会元陈澜。殿试一甲一名状元是朱希周，榜眼王瓒，探花陈澜。在《震泽集》卷三十六中，有一篇《示馆中诸生》的文章，是主考王鏊告诫诸生作文之理，他说，汝辈做举业，须先打扫心地，洁洁净净，不使丝毫挂带。然后执笔为文，不论工拙，定有一段潇洒出尘之趣。纵不能为祥云甘雨，断不落沴气中去。故平日觉胸中有鄙秽牵缠，如眼中钉，时刻无可留停，无可替换。自朝至暮，如丝过扣，斩钉截铁不得，才是真做业者。若不理会自己，而专于旧文东涂西抹，虽能窃取科第，终非上乘举业，而况科第又未必得哉。

为辅导馆中诸生，王鏊还作了一篇《百姓足，孰与不足？》的范文。题目出自《论语·颜渊》："哀公问于有若曰：'年饥，用不足，如之何？'有若对曰：'盍彻乎？'曰：'犹不足，如之何其彻也？'对曰：'百姓足，君孰与不足？百姓不足，君执与足？'"这原是一篇春秋时有若劝鲁国君欲节用厚民之文。王鏊在文章一开头就说："民既富于下，君自富于上。盖君之富，藏于民也，民既富矣，君岂有独贫之理哉？有若深言君民一体之意，以告哀公。"是啊，既然民间的百姓富裕了，在朝廷上的国君自然就会富裕。因为国君的财富，都是来自百姓的积累，百姓既然已经富裕了，哪有国君贫穷之理？王鏊借有若的话，语重心长地把国君与百姓息息相关的整体道理告诉诸生，也告诫君王。此文后来被收集在光明日报出版社1999年出版的《名家状元八股文》中。

王鏊在丙辰《会试录后序》中云："三岁大比，则两畿十三省之士各萃於所司。所司者三试之，又简其秀，以上礼部。礼部以闻，合两畿十三省前后所贡，三试之，又简其秀以献。天子临轩亲策之，定其高下，则谓之进士……自有科第以来，唐以韩愈榜为盛，宋以寇准榜得人为多，至今传之，以为美谈。今日所取，其亦有若人乎？夫文章如愈，勋业如准，可谓盛矣。"从这段文字中可以得知，弘治丙辰科的科考非常顺利，考官也很愉悦，王鏊在丙辰《会试录后序》中，甚至把是科得士之盛同唐代韩愈榜、宋代寇准榜相媲美。

弘治十五年壬戌科礼闱，王鏊与吴宽同为知贡举，会试很是和谐及顺利。王鏊在阅卷中，偶尔翻到一份鲁铎的试卷，观点鲜明，说理透彻，甚有奇气，亟称之，并把此文荐于主考吴宽，于是两人定鲁铎为省元。鲁铎，字振之，湖广景陵人，乡举中第后，屡试礼闱不中。王鏊的慧眼识宝，使"屡蹶科屋"的鲁振之，十年寒窗终有报，举礼部第一，擢进士高第，人咸称王鏊其知人，为国得士。该科殿试登科两百九十七人，状元康海，榜眼孙清，探花李廷相。使人感到惋惜的是鲁铎没有进入一甲，后鲁铎官至国子监祭酒，卒谥文恪，在《皇明名臣墓铭》中，有黄佐所撰《列朝大夫国子监祭酒谥文恪鲁公传》。

众目睽睽的科考常把考官们推上风口浪尖，主考官稍有不慎，将身败名裂，遗臭万年。明朝会试每三年举行一次，如果说弘治朝中期，王鏊任主考的弘治九年丙辰科和十五年壬戌科礼闱还算平静的话，那么中间十二年（1499）己未科会试可出了大事，因其事牵连到江南才子唐伯虎，所以格外引人注目，明清正史及野史记载颇多。这一科会试的主考官是李东阳与程敏政，两人均称海内文宗，且官阶很高。李东阳是礼部尚书兼文渊阁大学士的内阁宰辅，程敏政为翰林院掌院兼礼部右侍郎。唐寅年轻时就有文名，自负也很高，弘治十一年（1498）二十九岁参加应天乡试，夺得第一名“解元”。这一年，唐寅与同乡友人徐经到京师参加会试，据说徐经花重金买通了副主考程敏政的书童，得到了考试题目，并告诉了唐伯虎。两人自以为高枕无忧了，整日出入闹市酒店，纵情逍遥，引起了考生们的注意和不满。是科会试共考三场，每场连入闱出闱各三天，第三场考策论五道。策论中有一道关于“四书”的题目，通场都不知出处，独有两本答卷“条对甚悉”。程敏政大喜，决定“会元”就取于这本卷子中。

会试卷子是“糊名”的，考官都看不到糊名的原卷，而是要等考试结束后，经过“誊录”的抄本，到填榜拆封时才能揭晓，哪知第三场考试还未毕，外面就知道这一科考试的会元必是唐寅或徐经。这事就奇了，有说是两人得意之余，自己说出去的。也有说是被同考者告发的，因考试前众考生在一起猜题，唐寅所猜之题同考试卷丝毫不差。还有说是唐寅的友人都穆忌才，在背后捅了一刀。给事中华昶具疏弹劾程敏政，说他事先出卖试题。孝宗立即降旨，凡程阅过并取中的卷子，由李东阳会同房官复阅，果然发现了不少疑点。后经进一步会审，查实了情况。程敏政被勒令致仕，唐寅、徐经被剥夺举人名分，关进了监狱。“坐经尝贽见敏政，寅尝乞敏政作序文，俱黜为吏。故政亦勒致仕。昶亦以言事不实，调南太仆寺主簿。”告发者华昶也降了职，而“才高负文学”的副主考程敏政“出狱愤恚，发痈卒”，被勒令致仕，死在了路上。

王鏊与唐寅有师生之谊，早在成化丁未东山的壑舟雅集上，唐寅就在沈周所绘的《壑舟图》上题咏过，要是到了京师，先生王鏊是必要去拜访的。事后王鏊也感到心惊肉跳，要是这次己未科礼部会试他任了主考或副主考，这场门生唐寅也卷进去的科考舞弊案，他王鏊跳进黄河也洗不清了，一定难逃干系，那么他的后半生将是另一种结局了。

正德三年（1508）二月的会试，主考官规格特别高，阁臣王鏊为主考，吏部尚书梁储为副主考。这是正德新朝首次会试取士，也是大宦官刘瑾得势后第一次礼部科考，朝中显贵和应试举子都把眼睛盯着知贡举的王鏊。成化、弘治两朝，都重第一科，权贵们希望主考王鏊有所关照，让自己的子弟或亲友中试，至于回报么，自会送上府来。而绝大多数进京赶考的学子们，都闻阁臣王鏊为官清廉，办事公正，相信他一定能按试卷成绩公正取士。正德戊辰科会试是王鏊入朝后第五次任会试考官，也是他最后一次及最艰难的一次任主考。为公正取士，他这个内阁中的三辅，得罪了次辅焦芳、宦官刘瑾，也使首辅李东阳感到此人太憨直，难于相处。这次会试，王鏊知贡举得罪的政要太多了，也许这是他正德四年（1509）急流勇退，辞官归里的原因之一。

林屋主人

《明武宗实录》卷三十五：“正德三年二月……甲戌（初六），命少傅兼太子太傅户部尚书武英殿大学士王鏊、掌詹事府吏部尚书兼翰林学士梁储为会试考试官。”王鏊《会试录后序》云：“正德戊辰二月，会试天下士。于时知贡举则礼部尚书臣机、侍郎臣粲，考试则大学士臣鏊、学士臣储……试者三千八百八十余人，三试之。遵制诏预选者凡三百五十人。刻其文之粹者以传，凡二十篇，名之曰《会试录》。”正德三年戊辰科会试，原定取士三百人，这后加的五十个名额，还有一则故事。

二月初九，在京城礼部贡院进行会试的第一场考试，这天早晨，参考的士子已全部入内，试院大门已经锁上了，刘瑾派人送来五十人的名单，要主考王鏊录取为进士。王鏊心中极为反感，但又不能公开硬顶这位朝中大权尽归一身的刘宦官，只能婉言回绝，表示因进士名额有限，难以照顾这么多名录。刘瑾得知后，心中很是不悦，君臣均玩于我股掌之上，你这个小小的三辅也敢不给我刘皇帝的面子，等着瞧吧。刘瑾已收了这些人送的厚礼，总要有所交代吧，于是他假皇帝的名义，“矫诏”再增加五十个名额，一定要把他派人送来的党羽名单都录取进去。所谓“矫诏”，就是刘瑾可以不通过皇帝而以皇帝的名义下圣旨。武宗对当皇帝没有兴趣，一心只想吃喝玩乐，每当刘瑾有事请示他时，武宗常挂在嘴上说：“都来问我，要你等厮做甚么？”于是“矫诏”成了皇帝给予刘瑾的“合法授权”。皇帝的圣旨一下，王鏊只得屈以从命。刘瑾还假惺惺地说：“先生辈若恐夺贤者路，我奏明万岁爷，为先生增额。”这一科登科人数为三百四十九人，主考王鏊与副主考梁储无奈，只得把刘瑾用矫诏送来的五十个人的名单都录取了，但还是没有全部按刘瑾的旨意办，第一名会元不是焦黄中，而是取了邵锐。

考生们当得知刘瑾录五十人之名以示主司，又广五十人之额后，舆论大哗。据说王鏊自己也感到屈从未拒，长婿徐缙在《行状》中云：“尝同考丁未（成化二十三年，1487）、庚戌（弘治三年，1490）会试、考壬子（弘治五年，1492）应天乡试、丙辰（弘治九年1496）会试……称公严，能得人，被命教庶吉士顾潜等二十人，多所造就。此独遗戊辰会试，盖公因受刘瑾、焦芳之请而未能拒之，缙为之讳也。”康海是弘治十五年（1502）的状元，平时同王鏊的关系也不错，对王鏊主试的正德戊辰科会试也大为不满。原因是会试以浙江仁和人邵锐名第一，陕西吕柟为第六，偏偏在殿试中吕柟夺得了状元，在金殿考试，第六名一下成了第一名，差距也太大了。康海时为翰林，不客气地说：“戊辰，先生同考会试，场中拟高陵吕仲木为第一，而主者置之第六。”榜后，康海曾忿言于朝曰：‘仲木天下士也，场中文卷无可比拼者，今乃以南北之私忘天下之公，弊贤之罪谁则当之！会试若能屈吕矣，能屈其廷试乎？’”意思是说，会试不公，那么廷试呢，为什么见了分晓，有真才实学的吕柟中了状头？时内阁王济之为主考，康海所责王鏊也。

面对考生的起哄、同僚的指责、长婿的惋惜，王鏊缄口不辩。吕柟是陕西人，而权奸刘瑾也是陕西人，康海亦为吕柟陕西同乡，均称北人。明黄景昉《国史唯疑》卷五“正德”：“正德戊辰擢吕柟状元，方逆瑾用事，内阁意逢迎之，特用陕西人为冠。”是啊，吕柟年三十岁才中乡试第十名、会试第六名，中状元确实存疑。时在内阁，王鏊位三辅，这账要算到首辅李东阳、次辅焦芳还有四辅杨廷的身上，康海只把账算到王鏊头上，也不太公平了。

其实，在殿试定名次中，王鏊对权贵还是有所抵制的。焦黄中是刘瑾党羽焦芳的儿子，焦芳靠刘瑾在朝中说一不二的淫威，不但要王鏊等考官把焦黄中取为会试中的魁首，在接下来的殿试中，也必要名列一甲，不钦点为状元，就点为榜眼或探花。焦芳同王鏊正德初年同时入阁，他是次辅，王鏊为三辅，而入阁前，焦芳是吏部尚书，王鏊为吏部侍郎。无论是入阁前，还是入阁后，焦芳都比王鏊高一级，是王鏊的上司，可此公不学无术，又品行不端，主考文柄当然不会选他。为了能让儿子在殿试中入一甲，焦芳先是向王鏊大献殷勤，表示事成后有厚礼相酬答，被王鏊严厉回绝后，又到李东阳处来活动。李东阳对焦黄中的水准再清楚不过了，知其文字学识和人品均为同僚子弟中最差的，但他性格软弱，不愿得罪人。当同僚焦芳上门来求他帮忙时，李东阳答应再同正、副主考官商议一下。这又给了焦芳希望，李东阳是首辅，他的话王鏊不敢不听。这其实是李东阳的缓兵之计，过了一天，他与王鏊等商量后把焦黄中取为二甲第一名，还是照顾了些焦芳的面子。

焦芳却大为不满，并把一口恶习气出在了王鏊身上。原来二甲的第一名称“传胪”，与一甲第三名的探花虽一名之差，名声、待遇大不一样。按明代科考惯例，一甲三人可直接授翰林院官职，而其余的进士想要在翰苑发展，只有选庶吉士一途。事后，焦芳带着儿子焦黄中拜谒刘瑾，告了王鏊一状。说王鏊执意不肯把儿子取在一甲，不是对黄中有意见，而是对千岁爷爷有成见。谁知状没告成，反碰了一鼻子的灰。焦芳解嘲地说：“若一甲能有四名就好了。”刘瑾不满地回答说：“为了尔等，增加了五十名中式名额，尔还不满足。若第四名点不到黄中，你要我再增吗？”焦芳一时语塞。接着，刘瑾对焦黄中说：“要成大器，文字上尚需磨砺。你莫师尔父，要师济之先生。”焦黄中垂手回答：“是，黄中记住了刘太监的教示，定师从济之先生。”济之是王鏊的字，刘瑾要焦黄中文学王鏊，莫学其父。焦芳讨了个没趣，原来准备说的“南人不可为相”的话，到了嘴边也只得咽下去了。当然，焦芳毕竟是刘瑾的心腹，刘瑾对他也是小骂大帮忙，把焦黄中直接授官翰林院检讨，不久又升为编修。不过好景不长，两年后焦芳致仕，其子“以侍读随父还”回到了河南泌阳原籍。

同年情深

成化十一年（1475）二月，由徐溥、丘濬主试的乙未科礼闱可称为国得士，会元王鏊。四月，成化帝亲自主持的殿试，赐进士及第的一甲三人：状元谢迁、榜眼刘戬、探花王鏊。三甲共录取进士两百九十七人，是明朝开科后登科人数较多的一个年份。据说王鏊中探花时吏部尚书王翱去世，消息同时报至朝廷，有大臣说，失一老王，增一新王，朝廷之幸也。王翱，字九皋，直隶盐城人。永乐十三年（1415）进士，官至吏部尚书，致仕，卒年八十四岁，谥“忠肃”。古代官场重科甲，同科考中的进士称“同年”。被吏部尚书马文升称“正人难得”的王鏊，性憨直宽厚，自守甚严，非其人不交，但极重同科进士之间的情谊，凡有同年升迁或外任离京，他都要去送行，并互相赠诗勉励一番，留下了不少脍炙人口的诗作。

与王鏊同时代的姚江学派领袖理学家王守仁，在“太傅王文恪公传”中说：“成化甲午，应天乡试第一。乙未会试，复第一。入奉廷对，众望翕然。执政忌其文，乃置一甲第三，时论以为屈。”也许是这一层说不清道不明的原因，成化乙未鼎甲中，三人关系很好。榜眼刘戬，字景元，比王鏊长十八岁。刘戬四十四岁考中进士，授编修。为人刚介峻整，人有善能扬之，有过能面斥之。谢迁，字于乔，浙江余姚人，生于正统十四年（1449），比王鏊大一岁。谢迁也是一位秉性耿直、疾恶如仇的正人，两人均是王鏊志同道合的兄长。成化十四年（1478），王鏊考满进阶，朝廷敕封其父为文林郎，母叶氏封孺人。他捧封诰还乡，原应是大喜事，谁知母亲忽得疾病卒，只得在家守制三年。在家守孝期间，王鏊很是想念朝中友人，作《自都下还吴寄翰林刘景元、谢于乔二同年》诗寄之，曰：“大通桥下水，送我到苏州。君心与

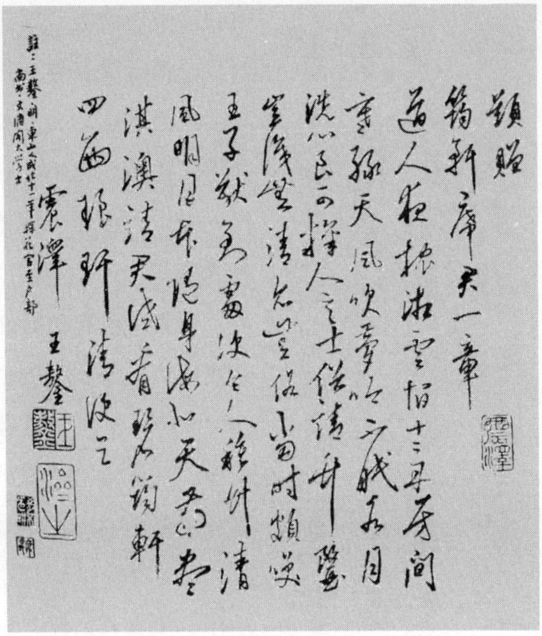

致友人席鸢轩

之同，滔滔日夜东西流。千山万山隔不断，天南天北长悠悠。燕南车尘高十丈，回首湖山几兴望。枫桥忽听寒山钟，欲望燕南在天上。”诗写友人们在大通桥下送别，听到了姑苏城外寒山寺的钟声，思念起在京的好友，好像远在天边。继而又道：“白玉堂，黄金阙，君在京华我吴越。雁飞木落洞庭波，鸡鸣海色长安月。”言京都诸公仍闻鸡起舞，在月色下勤于公事，而自己则在千里之外的洞庭山家中，甚为惭愧。

弘治元年，新帝即位，广施恩泽，派出使臣到邻邦颁布新纪年。当王鏊得知翰林院侍讲刘戬将携礼科给事中吕献出使安南时，心中非常高兴，到南宁给他们送行，并作《送刘侍讲景元使交南》诗相赠。

据《明通鉴》载：“弘治元年，侍讲刘戬，以上即位颁诏安南。由南宁乘传抵其国，交人大惊。戬依旧制，受陪臣拜谒，不交一语。越宿即行，馈遗一无所受。使人要于途，固致之，卒麾去。时与前奉使之徐琦、章敞，并为友人所重云。”而王鏊在《右春坊谕德刘君墓志铭》中述之更为详细：“是行，君时以侍讲为正使，先是使外国者多治巨舰，载重货浮海与其国为市，毂接舻衔，或与陪臣赓和，夸奇角捷以为才。君考地志，陆道南宁径甚无虞，乃乘肩舆，从两僮，忽抵其界。夷人倾骇，郊迎馆候，视旧虔甚。陪臣拜跪，立受之，不与一语。至之日，颁诏，明日宴，宴毕，遂行。国主恐谏，至曰：一国生灵，命悬天使，金珠犀象，馈贻错落，一不顾。王复遣人追授诸途，不与语，独书其入关诗与之曰：归装有一南物者，关神其殛诸其后。安南遣使入谢表，有廷臣清白之语。”刘戬、吕献回国后，王鏊在赠给

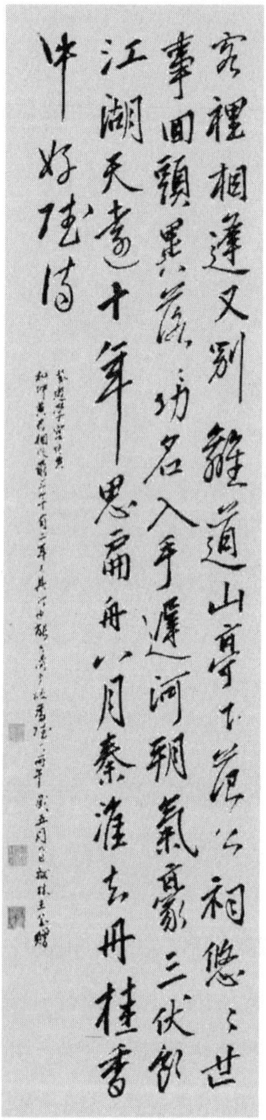

王鏊诗轴

他的诗中还谈道："岁贡包茅仍陆续，春归行李亦寥梢。还朝借我南游录，土俗民风要一钞。"称赞说，南交进给朝廷的贡品如旧，你们出使还朝，不带南交任何礼品或土物，行李寥寥无几。请把记游诗借我一阅，我也要了解些南交的风俗人情，赞扬中颇含情趣。

让人没想到的是好人寿短，"奸庾未死君先化，史钺何年地下成？"王鏊在《哭同年刘景元谕德三首》诗中，发出了这样的呐喊。弘治五年（1492）八月，右春坊谕德刘戬卒于京师，年仅五十七岁。刘景元在病中，王鏊多次前往探视，他执友人之手说："自古有不死者乎？吾已后颜子矣。"意为世上没有不死的人，你我这一世对得起子孙了。刘戬在病中与王鏊同谈国事，谈及刘文穆罢相，寿宁侯病卒，竟泣不成声，时已不能言矣。忻然索笔为诗，有"天留老眼待三月"之句。嘱一旁的弟刘戬曰："卒后乞济之铭。"即请王鏊为其撰墓志铭，因为王济之最了解他的生平。是年八月二十日，王鏊正在应天主考乡试，得同年好友刘戬病卒噩耗，极为悲痛。他在刘戬墓志铭中曰："刘君博学多识，嫉邪守正，气豪论卓，遇事直前，意见捷出。尤精人伦识鉴，见表洞里，分剂参停，十不失一。权门势家，庭无行踪，高亢特立，与世寡合，而独与予善也。"又曰："予还自南畿考试，至临清，遇其丧，哭以诗。"刘戬的病卒，使王鏊失去了一位好同年。

弘治朝号称贤相，与李东阳一起入阁参政的谢迁，深知同年王鏊的人品与才学，多次向朝廷举荐王鏊入阁办事，因主辅刘健的阻挠而作罢。正德元年，宦官乱政，刘瑾等"八虎"导少年天子朱厚照专事游乐，败坏朝纲。朝臣群起上奏要求诛"八虎"，内阁大臣刘健、谢迁等以告老还乡相威胁，希正德帝严惩“八虎”，结果因走漏消息，刘瑾等先发制人，率同党哭诉年少的皇帝，天子朱厚照随刘瑾之流摆布，内阁三人中有两人被致仕，离开了朝廷。同年谢迁先是致仕，后又落职，最后又同大学士刘健，尚书韩文、杨守随、张敷华、林瀚，郎中李梦阳，主事王守仁等五十三人被打成“奸党”，均要治之重罪，谢迁面临杀身之祸。这时王鏊已为阁为相，他不顾自身安危，奔走呼救。

事情发生在正德元年（1127）的三月下旬。一日早朝后，司礼监臣传命：群臣于金水桥南听旨。王鏊凭直觉，这些天刘瑾深居简出，同僚焦芳频繁出入刘宅，朝中又有事情要发生了。不一会儿，刘太监亲自持旨而来，命鸿胪寺官传旨。当王鏊听到朝中出了以刘健、谢迁、韩文为首的奸党，他们都将面临治死罪时，他愤怒地厉声质问主辅李东阳：“这等大事，内阁怎么不知道？”李东阳只得委屈地实说：“我虽为首辅，又怎能知道？”又话中有话地对王鏊说：“济之公，你难道听不出来吗，如你我站出来说话，也将遭获重谴？”王鏊静心一想，果然不错，刘瑾的传旨中，列举一长串奸党名单后，还拖一句：“同党待查……朕皆宥之，后毋蹈覆辙，自贻累辱。”这一手真够狠毒，意即谁站出来为这些人鸣冤，谁也将被列入同党而治罪。王鏊思索了一下，换了口气说：“即便如此，我等也应上疏争上一争。”李东阳深谋远虑地说：“若争之有益，倒不妨争一争，只怕争之有害，反伤了众卿性命。”接着，李东阳分析给王鏊听，尚书韩文初时为降级致仕，给事中徐昂上疏为他申诉，结果，韩尚书的处分反加重了一级：罢官削籍。王鏊听后又忧虑地说：“那么，对这道敕旨，我等无可举措了？”

李东阳对王鏊为同年两肋插刀的精神很是感动，但也提醒他应注意谋略，不能好心办坏事。李东阳有他的考虑与打算，被王鏊问急了，只得把他“欲擒故纵”的韬略说给王鏊听。他说道：“现朝廷定刘、谢等为奸党，究竟是不是奸党，总还有辩白的日子。要是内阁上疏论救，再激他变，刘瑾一不做，二不休，敕旨罪名上升为谋逆，那就是论死，立斩了。”李东阳接着叹道：“人死不能复生，你我该择何策？”王鏊见李东阳说得有理，奋然道：“某愿追随西涯公，极力弥合。我等有十分力，便当用上十分力。”西涯是李东阳的号，在官场上同僚之间以号相称，相互之间表示尊重。事情的发展果如李东阳所料，朝廷对奸党没有再加重处分。

王鏊览胜石摩崖

正德元年，谢迁落职，为刘瑾权势熏天之时，王鏊冒着被打成“刘谢同党”的风险，作诗相送，两人有《将到临清感怀》《泊临清遇雪》《聊城怀古》等唱和诗，诗中谢迁有“乞身讵嫌早”“久与俗驾辞”之句。而王鏊“金兰邈何许，望望长相思”之句，则深含友情。过了三年，王鏊愤而辞官。初不准，疏三上，始获准致仕归乡。后来刘瑾被诛，谢迁平反复职，接着致仕，也算有了圆满的归宿。两位同年及阁臣，一个在浙江余姚，一个在太湖东山，诗书往来，信札不绝。谢迁之父简庵病故，王鏊为之作《右春坊右谕德谢公墓志铭》，称其“瑰伟轩豁，不为崖岸城府，遇人辄尽。故自曰‘简庵老人’”。在《东山图寄同年谢少傅》诗中，王鏊云“奸邪作奸今亦已，中外望公犹未起”，盼望鼓励同年东山复起。谢迁亦作诗《同年王守溪少傅寄梁州序为寿，依韵奉答》，两位老同年，深盼着能重返朝廷，再振乾纲。

嘉靖初年，正当朝廷准备重召王鏊出山时，他却于嘉靖三年（1524）三月十一日，卒于里第。谢迁得知同年济之去世，作《哭文恪公》诗，寄之东山，曰：“白头交谊几人全，莫逆襟期五十年。海内久知人仰望，天颜曾许我推贤。吴山望断春天树，剡水怀孤雪夜船。一束生德两行泪，长歌楚些益凄然。”嘉靖六年（1527），谢迁被世宗再次起用，为武英殿大学士，加少傅兼太子太傅、礼部尚书，重新入阁辅政。要是王鏊晚卒几年，两位内阁大臣致仕二十年后，说不定又能一起在内阁中共事，成为中国封建社会阁臣中的奇闻。也许是谢阁老太年老了，或者说离开政坛已二十一年的谢迁早已不适应新的朝事，今非昔比，回天无力，七年（1528）三月，谢迁仍以年老辞归。十年卒于家，享年八十三岁。赠太傅，谥文正。

同年如兄弟，亲密如手足。王鏊极重同科进士之间的感情，凡朝中有同年放任外官，他都赠诗以送。在王鏊《震泽集》中，贺同年赴任的诗作多达数十首。《送同年范以贞还任宁国》，是他早期的诗作。范以贞，名希正。宣德三年（1428）举贤良方正，知曹县，任上因惩办贪官污吏，被反诬坐逮。曹县民众聚起上京为之申冤，事始得白。成化乙未年与王鏊同中进士，入翰林院编修。二十年（1484），范以贞下任宁国知府，鏊赠诗相送，诗中有“牍中渐觉同年少，席上难逢半日闲”之句，为十余年来同年星散零落而感怀。弘治初年，同年袁德宏还任汉中知府，连任六年，考绩最高。王鏊为同年取得的政绩而高兴，寄诗曰：“多少同年霄汉上，临邛父老莫攀辕。”那么多的同年皆在京城为官，一旦德宏期满回京，请汉中父老莫要阻拦。可谓同年情愫铭记在心。八年（1495），同年俞浚赴四川任兵备副使。蜀川要地“控带西南坐上游”，是国家的西南门户。临行王鏊作《送同年俞副使濬之四川兵备》为之送行曰：“控带西南坐上游，安危须共主分忧。蜀人到老怀张咏，边计从前仗武侯。”言四川位于中国之上游，形势险要，关系国家安危。希望你忠于职守，守卫好四川，为朝廷分忧。蜀中父老如今还怀念张泳，这位宋代守蜀良吏。从前西南边疆有诸葛武侯，如今要仗你俞浚同年。四川地近乌蛮，春耕亦早。那里天高地远，气窥下原。诗之尾联曰“雪山不见南来雁，书寄同年几日收”，言不见四川飞来之大雁，还不知何时能收到你同年之书信。

弘治八年三月，同年户部郎中宗廷威，出朝任河北沧州长芦运使。这个官职全称都转运使，始于唐代，负责一省之粮米水陆转之事。宋元沿置，到了明代改称都转运盐使，其职责除了管理盐务，还要为宫廷采办贵重物品，侦探社会民情向朝廷密报，在正直清廉的士大夫看来，这是个吃力不讨好的差使；而心怀不轨的朝官则争之，认为这是个中饱私囊的肥差。在朝之士大夫咸以为不宜，宗郎中感到为难时，王鏊在《送长芦运使宗君序》中说：“有安分之心，何患之权之轻，官之不迁也？吾故以清惠之事告之。是官之重，示必不是今始也。”在同年王鏊的劝勉下，宗廷威赴沧州任运使，治长芦六年后回朝，颇具政绩。弘治九年（1496），同年王邦镇自大理寺少卿擢都察院副都御史，巡抚延绥。其地是中国的西北边陲，而自成化以来“无财也，无兵也，无将也”，是个三无边疆。王鏊在《送王都宪序》中曰：“若君，岂吾所谓不屈而可畏爱者乎？他日沿边利害以次罢行，隐然为西北边长城者，非吾邦镇也夫？”镇守这样的边疆，非你邦镇莫属，你必然能把延绥筑成西北长城。

凡同年病逝，王鏊都作诗以悼，并为之作墓志铭。正德元年，同年进士赵宽卒于广东按察使任上，年仅四十九岁。王鏊时刚入内阁，机预极繁，他还是为之作《广东按察使赵君墓志铭》，志云：“自少读书，五行俱下。其于举业殊不经意，下笔即超迈，老辈皆推服之。及官，益肆力学问，自经史以及诸子百家，无不淹贯。”苏州同乡徐源，与王鏊同中进士，正德丁亥年卒，其弟南昌经历徐澄乞鏊铭。是年王鏊大病一场，病体稍复，即为之作《都察院副都御史徐公墓志铭》，在徐公墓志铭中，王鏊对这位任过广东、浙江、湖广多省布政使、按察使，以及都察院副都御史的同年，给予高度的评价，称其“端粹温文，以富厥有。施于有政，亦既克守。毁或求全，非我所取。铭于山阿，噫奈公何？”嘉靖二年（1523），年已古稀的王鏊闻同年沈林卒，不顾自己年老病衰，作诗《哭沈公》，又为之撰《都察院右副都御史巡抚山东沈公墓志铭》，较为详尽地记载了同年一生的业绩。

王鏊在《丙辰进士同年会序》中曰：“是科廷试以三月十五日，既而传胪、赐宴、释奠、咸如故事。礼成，洛阳刘东念于众曰‘前此得失不可知，后此聚散不可期，盍及此以订同年之交乎？’”又宣同年会宗旨则：“在内同心匡辅，在外则同心宣力，在上则同心汲引，在下则同心劘切，不幸有事，则同心以报国。”王鏊在《序》文中还提出：同年要进相援，退相拯，宴集相召，才能所谓同矣。予于诸君有一日之旧，故以是告。

良师益友

弘治五年（1492）八月的一天，应天乡试刚结束，一位年轻人独自来到南京阅江楼下的长江边上，望着滔滔东去的长江水发怔。他叫朱懋尚，字希周，号玉峰，苏州昆山人。这次参加南都壬子乡试，见榜上无名，心里沮丧极了，竟一个人游转到了江边，大有一跳了之的打算。

玉山朱氏为官宦世家，希周高祖朱吉，明朝初期官至户部给事中，是个京官。父亲朱文云，字天昭，官至山东按察使。朱希周这次乡试落第，心里感到压力很大，正思量回去如何向家人交代。当朱希周泪流满面，准备纵身一跳时，一位宽厚的长者急步来到他的身旁，大喝一声："不可！"朱希周回头一看，是主考王大人。王鏊与玉山朱家为世交，当年朱希周之父天昭赴京参加礼闱，就住在王鏊家中，时间达两年之久。好友之子朱希周落解，作为主考的王鏊心里也很难过，但朝命在身，丝毫不能徇私。乡试发榜后，他见朱希周因下第而整日闷闷不乐，王鏊一直注意其行踪。一天，见朱希周神情恍惚，衣履不整，王鏊恐有不测，悄悄尾随跟踪到了长江边。

"伯伯，这可如何是好？"见王鏊前来，朱希周委屈地说。王鏊年龄比朱天昭大一些，平时两家常有走动，按辈分朱希周叫王鏊为伯父，苏州人俗称伯伯。王鏊原先得知，希周在苏郡县试、府试、乌台试中成绩均列前茅，有人甚至说朱希周壬子科乡试能中解头。后来细查朱希周的试卷，初场试经义二道尚可，但第二场的试论与第三场的试策都考得不好，作为主考官，王鏊秉公阅卷，也爱莫能助。王鏊慈祥地端详了一会朱希周，没有正面回答他，而是从怀里摸出一封信递给朱希周，临行叮咛道："可细阅，吾深盼之。"望着王主考远去的背影，朱希周的眼睛有点湿了。

西山林屋洞

回到驿站，朱希周拆开信封一看，是伯父王大人写给他的一首诗，曰："前修未有力须追，中道无缘忽自疑。名似甘露殊未蚤，器如马援不妨迟。卑高在手谁能定，冷暖于人只自知。莫怪羲义羡怀祖，瑶环重映碧梧枝。"他轻声吟着，感动得热泪盈眶。这是王鏊伯伯在鼓励他，先人榜样近在眼前，失解后仍须力追。他虽然不能如甘露那样早得功名，但必如东汉马援大器晚成。成败在于自己努力，非旁人所能决定。更不必在乎别人冷言冷语，也不要因计较他人超越自己而懊恼，请他相信，最终仙女必会献给你用碧梧所织成的桂冠。赞扬及鼓励犹如一缕温暖的阳光，照到了朱希周的心中，他重振雄风，加倍努力，一举功成名就。朱希周分试中举后，于弘治九年（1496）参加会试，说来真巧，这一科礼闱的主考官是谢迁和王鏊，按考试成绩录取了希周，会元是陈澜。后"天子亲策于廷"，朱希周高中一甲一名状元，成为明朝开科后，苏州府第四名状元。历官翰林院侍讲、礼部左侍郎、南京吏部尚书等职。有关朱希周中状元之事，《治世余闻》上还载有一段辅闻。弘治九年，会试结束后，主考王鏊把前十名试卷送到孝宗御前览阅。孝宗翻看了几份卷子，文章均写得差不多，一时难定状元。突然，孝宗帝看到了试卷上朱希周的名字，这不是希望朱明王朝像周朝一样久盛不衰吗，于是朱笔一批，把朱希周定为了状元。当然，这是戏说，难道被史家誉为明代"中兴之主"的孝宗，钦定状元会这样轻率？更具戏剧性的是，后来王鏊次子延陵娶了朱希周的女儿为妻，两人恩师门生竟成了儿女亲家。

王鏊在翰林院有两好友，即谕德刘景元和撰修刘道亨，在朝中有"两刘先生"的尊称。两人者，同地，同官，同德行。均刚介峻整，自守甚严，不非义而取。弘治间，刘道亨将赴南京任祭酒，对这位好友的离去，王鏊很是不舍，在《这刘祭酒之南京序》中说：予取友于翰林，得二人焉。其一人，曰故谕德刘先生景元。其一人，曰今南京祭酒刘先生道亨。又说，二人者其设心制行人知之，予知之特深。富贵在前，一言之诎可以取，二人宁不取也；贫贱在后，一言之诎可以免，二人者宁不免也。予结而为友，其为益盖多矣。山东东莱人毛维之，是成化丙午科乡试解元，登丁未进士，授翰林院庶吉士，授检讨。是科会试王鏊参与同考，与毛维之既是师生，又是同僚。弘治六年（1493），毛维之得以归省，王鏊作《送毛检讨归省序》相送。在文中说，说你离开父母已经六年，他们一定非常想念你。忠孝之心人皆有之，教之孝，劝之忠，忠孝须两全。你在翰林院之工作“其职甚重也而若缓也，甚繁也而若适也”。省亲之隙，可徜徉于东海之滨，我盼你有好诗带来。福建晋江人李贯是弘治十五年（1502）进士，授礼科给事中，是王鏊的门生。正德初年，充正使出使占城国（今属越南），封太子沙古卜洛为占城国王。临行王鏊作诗《送李给事贯使占城》。李贯出使占城还有一段曲折过程。正德五年（1510），先朝廷命给事中于聪、李贯出使占城，刘瑾以内批免贯，说是其因乡人与贯有隙，嘱瑾以免。才数日，刘瑾败，仍令贯前往。故王鏊诗中有“鼍鼓八更惊永夜，鲸波万顷变安流。举头南斗分明近，奇绝平生是此游”之句。李贯行至徐州，遇强盗剳其发，奏乞养于家，俟发长乃行。

对落第的考生，王鏊也都给予热情的鼓励，使他们能振作起来，裹伤再战，在下一科考试中取得好成绩。“三年京邸不窥园，落笔翩翩动万言。暗中得失真难定，梦裹输赢未足论。”常熟刘以初是王鏊的学生，曾在京师习举业三年，以例贡入监，中顺天乡试，可会试落第，王鏊作《送刘以初下第还常熟》以赠。诗中说，你在京三年，未外出浏览北国风光。读书认真，才思敏捷，会试得失不必耿耿于怀，月中仙桂在向你招手，下次科举一定有望。似一股暖流沁入落第者的心田，刘以初再接再厉，苦攻学业，后来果然取得功名。

门生及翰林院同僚李旻五十四岁得子，王鏊作诗《贺李谕德子阳五十得子》，诗中喜曰：“一颗明珠入掌中，世间万事总堪空。”“莫嫌五十为人父，比似尧夫尚可同。”李旻，字子阳，浙江钱塘人，成化二十年（1484）状元，是科王鏊例会试同考。诗意是说，天降明珠于李家，从此万事均可看得轻些。中年为父仍有希望，宋代理学家邵尧夫不也五十而得子。“我忆平生事颇同”：是啊，我与你一样，也是中年有嗣。苏州盛汝弼为吴门中医世家，经王鏊、吴宽及吏部尚书马文升荐入京师太医院，后举其子继承，遂致仕。六十岁得孙，王鏊作《盛汝弼得孙》并序赠之，其序云：“在洞庭东山闻报，甚喜，赠以诗。”诗中有汝弼“老蚌生珠亦未迟，庭槐又报长孙枝”之句。弘治十八年（1505）状元顾鼎丞，家昆山，生母是顾家丫鬟。顾鼎丞既是王鏊的苏州同乡，又是朝中晚辈，后亦入阁为相。正德四年（1509）顾母杨氏卒，第二年九月葬吴县潭山。杨氏地位卑下，为母亲葬礼之盛，顾鼎丞向老前辈王阁老乞铭，王鏊欣而从之，遂作《封太安人杨氏墓志铭》，其铭称杨氏：“或非意所干，一切含忍，引分推诚，终不见忿厉之色。”对这位受尽人间屈辱的女性，给予较高的评价。

杨循吉是成化二十年（1484）的进士，与王鏊是吴县同乡人。两人都好读书，但见解不同，在学术上还发生过争论，甚至分歧严重，但师友一生，在吴中文坛留下了不少佳话。杨循吉，字君谦，号南峰，比王鏊小六岁，亦早有文名。成化二十年，杨循吉赴京参加甲辰科会试，是科主考为彭华与刘健，王鏊资例同考官，曾寓言：“君谦必中进士。”礼部试揭榜，杨循吉果然中了甲辰科二甲第十五名进士。杨循吉争强好胜，恃才傲世，不谐于时，独与吴宽、王鏊交厚，三人诗书往来不绝。一次，王鏊见杨循吉闷闷不乐，一问才知道，他对礼部主事的工作不满意，奏乞改教，朝廷不允，遂请致仕。当时杨循吉还只有三十一岁，王鏊作《赠杨君，时君谦有归志》一诗以赠。“相见各欣然，谁能诘其故。我欲永从君，君且为我住。”谓君谦早晨经过我家门，必入而讲道。而黄昏经过，亦进门一诉衷情。如问两人的感情为何这样好，自己一时也讲不清。为了我们的友谊，君谦不要远离，而应住得更近些。但杨循吉没有听王鏊的相劝，不久致仕归乡，结庐支硎山下，以课读经史为务，成为一代名流。

师生两人，一个在京师，一个在吴中，诗书往来，信札不绝。弘治十六年（1503），王鏊父光化公琬卒于家，杨循吉为之撰《光化公墓表》。十七年，王鏊《震泽编》成，他又为之作序，有“生贤本以资世，山水亦若自托焉”等赞语。可在编纂《姑苏志》时，两人产生了分歧，杨循吉对王鏊编书疏漏之处，毫不留情进行批评。是年，吏部侍郎王鏊因父丧在家守孝，苏州知府林世远延聘王鏊为总编，续修《姑苏志》，并以吴宽的积稿，交与裁定。参与其事的有浦应祥、祝允明、蔡羽、文徵明等八人。《姑苏志》成书刻印后，受到人们的关注，评价很高。清《四库全书总目》称：“繁简得中，考核精当。在明人地理志之中，尤为近古。”但杨循吉对其志有不同看法，甚至对主编王鏊还有些微词。据明陈继儒的《见闻录》载，王鏊修志时，以杨循吉喜谣诼，不欲与之同局。“志成，遣使送之循吉。循吉方栉沐，不暇抽看。但顾签票，云‘不通不通’，使者还述其语。鏊以问之，循吉曰：‘府志修于我朝，原当以苏州志名。姑苏，吴王台名也，以此志名可乎？’鏊始大服云云。”对于这则佚事，史学界向有争论，恐不足为信。但嘉靖三年（1524），王鏊去世后，亲友及门生谢迁、王守仁、徐缙、祝允明、文徵明、邵宝等都作有祭文或挽诗，唯独杨循吉没有露面，不知是他远行了，还是在病中，也许两人晚年真的有些隔阂。

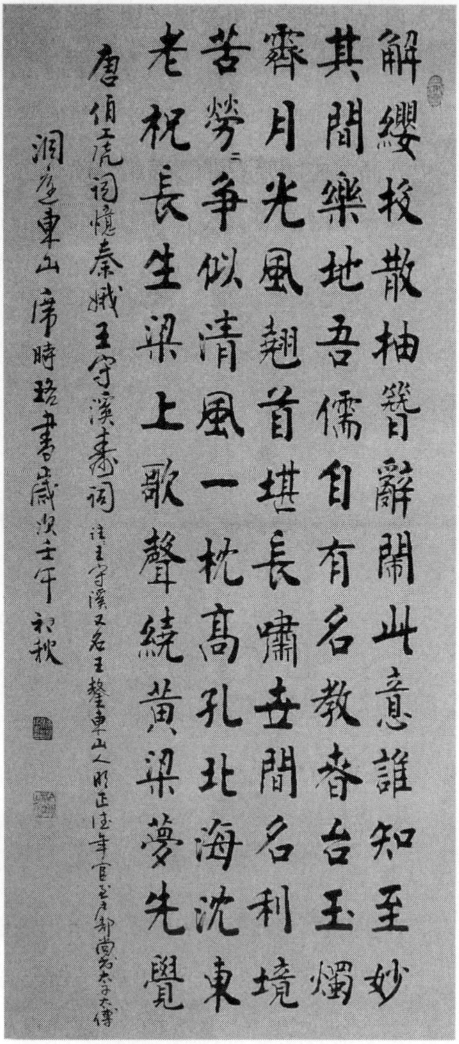

席时珞书唐寅《王鏊寿词》

在成化丁未科殿试录取的进士中有杨尚絅、杨名甫、毛珵、陆全卿等四位苏州府的同乡，四进士同时归省，行前来向同考官先生王鏊辞行，王鏊均作诗相送，《震泽集》中有《送杨尚絅、杨名甫、毛贞甫、陆全卿四进士归省》的长诗。“相逢一笑平生友，此去重来几日程。路指娄江东下急，夷亭斜日暮潮生。”王鏊在赠杨尚絅的诗中说，同你见面相逢一笑，已觉是平生好友。你急急归去南方，经过太仓之娄江，在苏州之夷亭（又名唯亭）可见有潮水涌来？因古有“潮到夷亭出状元”之说。“杏花燕市春随马，枫叶钱塘夜泊船。旧日和凝今老矣，登庸衣钵尚须传。”这是王鏊送杨名甫归省的诗作，说杏花春雨，马蹄声声；钱塘江畔，舟帆云集，好一幅春归图。我等昔日的和凝（字成绩，五代郓州须昌人）已老，寄希望于你们这一代。可惜名甫英年早逝，王鏊在《石田杨君墓表》中云：“予丁未会试，得一卷，烨然有辉。慈溪杨子名甫也。予奇焉。杨名甫先后知昆山及常熟县，皆有政声，誉为循吏。”毛贞甫，名毛珵，苏州吴县人。“还乡未觉关河远，感旧无如岁月何。南望吴门君独去，西风落木洞庭波。”王鏊诗中的“洞庭波”，指的就是太湖洞庭山，说望着你远去的背影，就想到了自己的家乡，缕缕思乡之情跃然诗间。后毛珵官至浙江左参政、南京鸿胪寺太仆，正直敢当事，为人沉敏精悍，严毅果决，在任上平反了许多冤狱。有趣的是后来毛珵的女儿嫁给了王鏊长子延喆为妻，王、毛两家也成了姻亲。

四进士中的陆全卿，名陆完，吴中人。是丁未科会试中考官王鏊最看重的门生，也最有作为，可命运也最惨，险遭杀身之祸。弘治初年，王鏊举荐陆全卿任浙江按察副使，这是掌一省刑名按劾之事的官员，负责纠官邪、锄奸暴、平狱讼、雪冤抑，振扬风纪，澄清吏治，责任重大。王鏊在《送全卿赴浙江宪副》诗中云：“春城折柳赠南还，两浙由来一水间。将母得归君自喜，见贤不举我何颜？道旁明月投谁顾，江上清风去莫扳。此去功名初发轫，未须拄笏望西山。”诗意为，在此春日折柳送别你，浙省与我的家乡苏州一水相连。举荐晚辈是我应尽的职责，否则大丈夫有何颜面立于世。月色清冷，趁着夜色快快赶路吧，江上的清风为你做伴。此得重用，正是你功名事业刚开始，请不要记挂远在京城的老人。陆全卿果不负先生之厚望，正德初，任江西按察使，政绩卓著，但因常与宁王朱宸濠交往而种下祸根。六年（1511），全卿以右佥都御史提督军务，在狼山大败刘六、刘七起义军，因功擢南京兵部尚书。

陆完误上贼船，一世功名毁于一旦，这里有他不知之过，也有他居功自傲之失。正德年间，霸州文安县大盗张茂及刘六、刘七等率众作乱，很快形成燎原之势。他们共推盗魁刘三为“奉天征讨大元帅”，赵燧为副元帅，下设二十八营，上应二十八宿。其口号是：虎贲三千，直抵幽燕之地；龙飞九五，重开混浊之天。还像朝廷一样，发出无数“钧牌”，传檄所占领的各州县，供应粮草酒肉，顺者秋毫无犯，拒者鸡犬不留，大有称王称帝之势。时有消息传出武宗准备出宫，刘三等还计划劫车驾，以“劫天子而令诸侯”。陆完时任兵部侍郎，受命追击，先在河南彰德大败流寇。接着，又在狼山全歼盗贼。狼山大捷，朝廷论功行赏，陆完时为都御史，加太子太保，召回都察院擢正二品的左都御史，并荫一子为锦衣卫百户。陆完功成名就，宁王朱宸濠对他极为奉承，陆遂陷入宁王设下的圈套。据《明史纪事本末》载：正德九年春三月，复宁王护卫、屯田。先是陆完为江西按察使，为宸濠所重，常曰：“陆先生他日必为公卿。”完亦心附之。至是，完为兵部尚书，濠喜曰：“全卿为司马，护卫可得矣！”至宁王作乱，兵败被擒，陆完受牵连罪论斩。这时王鏊已居山中，“既归隐，不复预闻世务，惟居家操弄文翰而已”。闻陆完被捕论死，王鏊急书朝中权要，全力营救。后陆完议功减罪，戍福建靖海卫。

华亭人顾清是王鏊弘治五年主试南畿，所取的解元，嘉靖初年官礼部右侍郎。因顾清之女同陆完之弟陆和卿结亲，陆完出事后，也蒙遭不白之冤。御史黎龙、萧淮、何鳌等捕风捉影，弹劾顾清藏匿陆家银两；又奸宿学士颜某妻，乖师生之义；宠用家僮紫芝，薄夫妻之恩；以妾配人家，致其父母喧闹；纵子杀人，强买田地，不纳税粮，把持官府，包揽钱粮。一时朝中大哗，要严惩凶顽。顾清实上疏自辩，却均为阁臣所挠，被剥夺了说话的机会。王鏊了解学生顾清之德，绝不会干出那种伤天害理之事，作《风闻言事论》上奏为顾清辩白，其论云：“华亭顾君士廉为礼侍，众称得人，忽言者蔑以暧昧事，士廉不辨，自引去。……朝廷以耳目寄之谏官，许之风闻言事，岂不欲是非之得其实乎？而以暧昧不实之事蔑人可乎？”意为道听途说的事怎能作真呢？王鏊的上书为顾清洗清了冤屈，免去了牢狱之灾。顾清在《回守溪》信中云：“令甥至，奉诵高文，无任愧感。清本以疏拙，不慎防捡，自取烦言，执事不以为罪，足矣。又从而洗涤表扬之，清何以得此于门下士也？士不幸而遭诬蔑，亦幸而得大人君子之知，以有辞于世，如清当复何言，惟有日慎一日，以九十为半百，求无辱于门墙而已。”顾清的感激之情溢于言表，自勉须再慎之，不负恩师所望。

正德十六年（1521）四月，陆完母亲华夫人卒于狱中，这时陆完戍边，陆家被籍，亲朋故友均远离之。重情重义的王鏊不顾七十二岁之高龄，毅然为陆完母作墓志铭。其《陆冢宰母太夫人华氏墓志铭》云：“中以奇祸，所坐暧昧，听者不察，又从而下石焉，乃至官校籍其家。家人或惊窜，太夫人怡然就道至京；出诏狱，卒于长安之官舍。”对陆完母亲敢于承事，为子赴狱的气概给予赞扬。嘉靖三年（1524），陆完在闽地得到恩师王鏊去世的消息，作《在惩录·哭少傅王守溪先生》，云：“公归我在朝，相望如参商。音问虽不断，不见千载强。力小任乃重，嗟我罹祸殃。皇慈不忍杀，免死投炎荒。便道得过家，将举老母丧。公犹不弃绝，唁我来墓傍。语及危辱状，泪出瞙眼眶。深悲我不幸，喟许铭幽房。”戴罪之人，朝北遥拜，深深悼今恩师王鏊之逝。

家书训子

在古代，官宦之家均以子孙能考取科举为荣，可王鏊的四个儿子别说考中进士，就连举人也没有考上一个，这对曾主柄海内文宗，数试礼闱的大学士王鏊来说，确是个心头之痛，他痛定思痛，发出了留给子孙之家财“不能不留，不能多留”的叹息。他说，不留，子孙无法完成学业；多留，儿孙们则躺在父辈的功劳簿上坐享其成，将庸庸碌碌，虚度人生。这是王鏊晚年看到几个儿子在科举上都没有取得成就，向后人发出的忠告。

据《震泽先生集》卷三十六所载，王鏊在京城先后写了五十余封家信给兄长王铭、胞弟王铨及几个儿子，其中给长子王延喆的家书多达十五封，大多是正德初年他入内阁时所作，多次告诫他们要遵纪守法，清白做人。在《莫厘王氏家谱》中，有一节有关尚宝公延喆在吴城经商的记载：“公性高

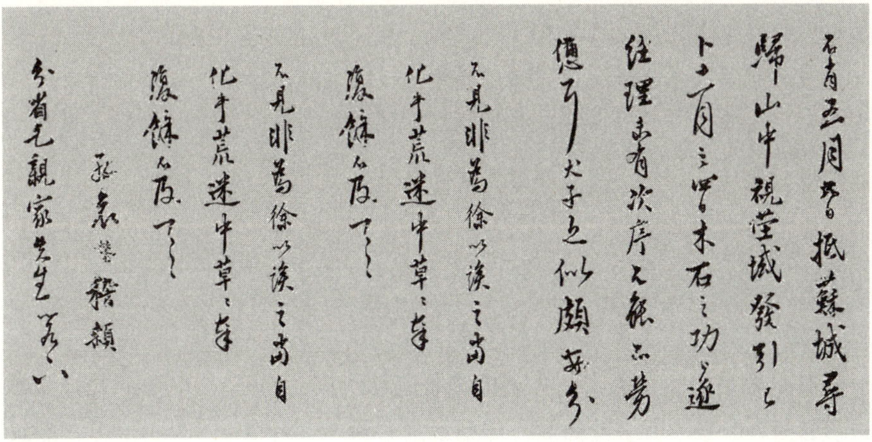

王鏊家书

简，其为家未尝视簿书，仕既隆贵，产业无所增益，君年未二十，归吴，即慨然欲恢拓门户，当时是吴中富饶而民朴，畏事自重，不能与世家争短长，故君得行其意，多所兴殖，数岁中，则致产不訾，诸贯贷子钱，若炉冶、邸店，所在充斥，起大第西城下。”这经商之事本无可厚非，也许是延喆在商贾、置产过程中，采用了些不正当的手段，致使父亲王鏊极为不满，在家书中说：“吾前在家，分付尔小心。及至此，千言万语，诲诫谆谆。近又说行事，在吴下去，教尔闭门敛迹。汝亦人也，这等言语，这等法度，必然也略略动心，如何又在家妄作开河改路，置妓在家，每日画船箫鼓？尔这等所为，果是要求死也。今御史、主事，尚且枷号，吾恐汝所为，必不免。”王鏊信中所说的御史、主事带枷示众，即正德元年，被刘瑾以“莫须有”或小题大做的罪名，用“诏旨”号枷的郎中张炜、副使姚祥、尚书崔璿等人。王鏊用此事例告诫儿子及家人，要引以为戒。接着，他又说：“夫城下之路，岂可妄改？河岂可私开？妓岂可常置在家？尔若是要活，急忙开了旧路；河可填，急填之；官妓放遣还家；家人生事的，尽行逐出；不要放账，尚或可救。不然，不独连累我，我不知汝死处矣。”家书中，王鏊对儿子延喆占官道、开私河、置官妓、放高利贷等不法行为，进行了批评与责备，措辞极为严厉，这在古代父亲给儿子的家信中并不多见。王鏊共生有延喆、延素、延陵、延昭四个儿子，除了幼子延昭尚小，他去世时还只有七岁，王鏊给三个儿子的家书多达三十多封，对他们进行鼓励及批评教育，希望他们严于律己，不要成为让世人嗤之以鼻的官二代。

长子延喆从小是随父在京城里长大的，因他的亲生母亲张氏与张皇后同产，“少以椒房入宫中，性豪侈”。也许是王鏊年过而立才得子，加上儿子年幼丧母，他从小对长子非常宠爱，致使儿子沾染了不少纨绔习气，不认真读书，成了京师的浪荡公子。这使王鏊感到苦恼而生气，于是把他送回原籍吴中生活。莫厘王氏家族世代经商，延喆归吴后，又复承祖业，以经商为务。对于这样一个不好好读书，只想经商致富，有了钱又多次不守法度的儿子，王鏊心中很是担忧，他在给大弟中隐公王铨的家书中云：“十月十七日奉诏旨；兼翰林院学士，著在内阁，同李东阳办事。自愧菲才，忽当重任。如谢公之才，犹力辞去之，我独何以当此？此可以为惧，而不可以为荣也。所冀为予弟者，悯予之艰，勿为生事，以增我罪戾，此外更无他祝也。”又道：“我今蒙恩，召入内阁，此天下之极荣，儒者之所难遇也。然我处此，日常忧心忡忡，未当少宁。盖才疏识短，不能有所建明，不能称此重任，一惧也；位高责重，谗谤易生，二惧也；恐家中不知，因此生事，以为我忧，三惧也。刘公之退，亦因家中生事，大开河港，闻于京师也。千万慎之……”刘公，即阁臣刘健，正德元年在首辅任上被致仕，后又被刘瑾打成“奸党”，这当然是刘瑾为独揽朝政而打击正直大臣的手段，但从王鏊给儿子的信中可看出，“刘公之退，亦因家中生事”，也是其家属在乡下有不法行为，被刘瑾之流抓到了把柄之故。

俗语说，宰相门客七品官。对苏城王府门人狐假虎威，仗势欺人，甚至行凶，王鏊很气愤，也深为忧虑。他在正德三年（1508）四月给延喆的信中云：“近日有人来说，王平、朱祥在外生事，致打死人。其说甚长。我故告在县丞处，使之小惩大戒。进禄在此不安分，我亦逐他出，非我有所厚薄也。汝名下有不安分者，照此例逐出，无令坏事也。”信中所说的王平、朱祥、进禄都是王府的家人，在苏城仗势欺人，还出了人命案子，王鏊得知后，严令儿子把他们送官府法办。过了半年，大概是儿子对惹是生非的门人仍未驱走，父亲王鏊于翌年九月又来信责备延喆云：“人来说：汝日逐兴工不已，跨街越巷，无有已时。不知汝为此，汝心果何为耶？官街侵占改动，法当如何？无为作死之门也。前日有人贴无名帖子，说我纵子杀人，不知汝杀何人？有此谤传至京师，此岂好消息耶？千言万语，教汝守法度。汝不过秋风贯驴耳。一日祸及，悔已无及！闻汝跟随手下，害人者不少，不肯逐去，只来哄我，说不生事。且如进禄，在此生事，我故从轻发他回原籍，全他性命。汝又留他在家使用。岂有我不能用，而汝能用之乎？千言万语，教汝不许用他。尔只说不曾接得，汝诚何心哉？我今千事万事在心，求一毫欢心不可得。汝又作这等事来恼我，汝要我死耶？汝若是人，此书到日，把生事家人逐去，房屋及早停止，官街急让出来。进禄发他下常熟，再不许他到城。他放的账，可贴一票晓人，俱非我家的，不要还他。他如不肯去，告之官，押他回。如此，汝犹可为人也。”这封家信尽是对儿子的责备，也够严厉的了。

延喆在苏城经商与“诸贯贷子钱”，大发其财，成为富翁后，他一掷千金，成为苏城阔少。清康熙年间刑部尚书、国史副总裁王士禛所著《池北偶谈》中，载有王延喆的二则轶事：一日，有持宋椠（书的版本或刻成的书籍）《史记》求鬻者，索价三百金。延喆给其人曰，姑留此，一月后可来取直。乃鸠集善工，就宋版本摹刻，甫一月而毕工。其人如期至索直，故给之曰，以原书还汝，其人不辨真赝，持去，既而复来，曰此亦宋椠，而纸差，不如吾书，岂误邪？延喆大笑，告以故。因取新雕本数十部，散之堂上，示之曰，君意在获三百金耳？今如数予君，且为君书幻千万亿化身矣。其人大喜过望。又有持琥珀求售者，中有蜘蛛，形状如生，索直百金。延喆谓蛛果生邪？曰然。然则碎而视之，果尔即偿百金，否则一钱不值。手碎之，果有生蛛，自内跃出，行几上数巡，见风化为水，延喆立以百金偿之，其豪快如此。

也许这种奇事亦传到了京城，对儿子这种挥金如土之举，王鏊非常不满，他在正德二年（1507）的一次家信中告诫长子及兄弟：“闻汝在家造屋未休，不知汝有几个身体，多少子孙，而为不知止之事乎。为今之计，只是收拾旧账，不要放一钱。省吃俭用，为些本分生理。保身全家，策之上也。为我以此言上复安隐老兄，守如贤弟、进之七官人等。此非虚言，自非鼎铛，亦当有耳也。”在另一封信中又说：“屡得汝书，及寄蔬菜等物，知汝之孝心。人来言者，亦云汝能改过，非得旧日之延喆，我心之喜，何可言喻？但我念汝有改过之心，而手下之人未能全喻此意。家人生事，即汝之过。汝之过，即我之过也。近日法度之严，陈宗让所目见，可问之。杭州之钱都、沧州之强都，其家可鉴也。闻七郎家人甚纵横，彼不能钤束，必致坏大事，可与书看，另有书来也。必有个处置。”王鏊还在信中给家人们说起一件事，前江西之家，止因端阳龙船之戏，全家抄札，发烟瘴之面充军。今南方房屋违式者，恐不能无。他千叮万嘱：“慎之！慎之！所谓有则改之，无则加勉可也。”正德四年，王鏊致仕东归前夕，对这个长子不放心，还给了一封家书，说他五月五日前后启程，你只要在家迎接，不必复来。若已在途中，可于中途少住，接他同归。又叮咛道：“只是凡事小心，戒饬下人，千万勿生事，以重我之忧，斯为孝之大也。”看来，马上到家的王鏊对儿子还是很不放心。

当然，王鏊作为一个父亲，一个在事业和文坛颇具成就的士大夫，他对儿子延喆还是寄予厚望的。延喆年刚满十五岁，父亲就让他外出求学，师从学问精深的翰林学士吴宽。王鏊在《延喆初就外传》中云：“诗书老去还堪付，头角年来欲渐齐。胜事要留为世讲，庾郎非是厌家鸡。”儿子渐将成人，显露才气，学问有人可托。世人都在传，子如其父，王鏊之子将来一定青出于蓝胜于蓝。殷殷之望，溢于言表。“生男喜见发毵髻，元服虽荣未敢夸。道自鲁人期一变，冠依周制重三加。”这是王鏊在《延喆冠》一诗中对爱子的勉励。诗写延喆年刚二十岁，加冠已为成人，弱冠礼虽行，殊不敢自夸。望其成人后，有所进取。应礼行端庄，莫为人笑。

对次子延素、季子延陵的教育，王鏊也没有少花心血。延素上学时，王鏊已年过花甲，且居于东山。因自己年纪已长，他把延素送至苏城，令长子延喆课弟读书。得知延素经常诈病逃课，王鏊非常气愤，他在给延喆的家书中说：“居山中，见人家小学生清晨上课，匠人之子亦然。闻延素诈病赖学，致先生回去，我气愤已极，可著他下来，我整治他，不可误也。”后来，延素靠父荫授南京都府的幕僚，嫌官职低，不想上任。王鏊又进行批评，在家书中说：“得汝八月廿六书，何其言之异也？中府尊严，汝为幕官，人所歆羡，而汝以为下流污浊，何耶？无乃不知福乎？凡为官者，虽县丞、主簿、典史、巡检，亦皆有以自乐。而汝梦寝警惕，疾首蹙额过日，何自苦如此耶？”告诫他，不要身在福在中不知福，要学习县衙中一些最基层的官吏，知足者常乐。延素在外任职久不回家，父亲王鏊又致书云：“汝在官三年，待乡人有礼，人归者皆感德，汝作何事羞见江东父老耶？三年不见父母，乘此考满之隙，一归定省，又携家属以归，至乐至德之事，人谁不然？……且既厌官如粪土，则所谓考满者，去亦可，不去亦可，迟亦可，速亦可，何汲汲乃尔耶。”在给延素的信中，王鏊嘱其关心弟弟延陵的学业，说：“延陵府考，在科举之数，意谓得与汝相见，乃以病不及往，今止预入学之数。此子懒惰，不肯奋发向前之故也夫！”又云：“今年满望五叔二侄登科，今又失望，何我家科第之难乎？其学之未至耶？阴骘之未积耶？”忠厚王家，世有阴德，竟把家族中科考屡屡失误，怀疑到祖上积德之欠。

可王鏊的四个儿子，十三个孙子在科考都名落孙山。王鏊六十岁致仕还乡后，在乡间蜗居十四年，到七十五岁驾鹤西归，整日与帙卷、山水及唐、祝、文、王等门生为伴，不愿同地方官员与士大夫多接触，也许子孙的科举无望也是其中的原因之一。可叹一代文豪，除幼子延昭外，王鏊的三个儿子参加过科考却均落榜。延喆少有冲懿之资，曾学《诗经》，补邑庠弟子员，也参加过几次乡试，可屡试不售。正德十一年（1516），以父荫始为中书舍人，曾奉使入渝，封藩都伯。后擢大理寺右寺副卿，故又称尚宝公。还任过山东兖州知府，只一年就谢病居家。嘉靖二十年（1541）正月二十日，年仅五十九岁的王延喆一病不起，卒于苏城怡老园中。五子：有壬、有霖、有翼、有承、有嘉，惜均无人中举。次子延素，弘治五年（1492），王鏊已四十四岁，奉旨主考应天乡试时所生，因授过贵州思南府知府之职，后世称思南公。“伟身丰姿，有器识。甫冠，以父三载考绩，荫入太学”，成为一名县学生。父荫始授职南京中府都事，六载考绩，擢贵州思南府知府，由养亲而未赴任，谈不上有什么政绩。延素有四子：长有辅，国学生；次有菱；季有龙，邑庠生；四有圯，邑庠生。父子五人虽多次参加科考，却都名落孙山。

季子延陵最为聪颖，王鏊寄予厚望。据崇祯《吴县志》文苑传载，王鏊曾手摘五经要语亲授延陵，又把他同哥哥延素一起送入郡庠读书。延陵学日进，在诸生中列为高第，遂补府学诸生。不久，王鏊告老还乡在山中建了一座住宅，匾额中所取堂名之字都不中意。时延陵方髫年（约八九岁），操管立就，诸名家皆叹为弗及。可延陵对科考不感兴趣，却迷上了绘画。嘉靖元年（1522），世宗继位，遣行人至山存问，王鏊进《讲学》《亲政》两篇文章，被朝廷留取，荫叙延陵为中书舍人，就职京师。“在京与蔡、张等诸名公交游，以诗词华丽倾动京师。曾两奉朝命出京封藩，册封周王府、赵王府，两府所赠一无所受，仅作记游诗数十篇。后来，又几奉皇太后哀诏，出使江南十郡，均谢绝馈赠。”王延陵生有三子：长子有怀，县廪生；次有孚；季有年，邑庠生，三个儿子在科举上也都无成就。

《赠徐子容序》是王鏊对长婿徐缙的教诲。弘治十八年（1505），徐缙考中了乙丑科进士，这在洞庭西山是一件破天荒的大事，但千万不可沾沾自喜。王鏊说，两洞庭山并峙太湖中，谚称“东贵西富”。盖自国初迄今，高科显仕，皆东之出，无闻焉。是不是西山人不好学，或西山人无才且没有秀者？都不是，而是西山人读书的方法不对。西山人对科第失去了信心，于是父兄不督子弟课书，子弟大多弃儒商贾。两洞庭并峙竞秀，西特宽衍，有山泉禽鱼之乐，橘苞竹箭之饶，金庭玉柱，为东南福地，始发于今。王鏊最后说，尔为一第者始也，切莫妄之。王鏊有一妹适于苏州南濠街叶元，与南濠居士都玄敬友善。叶元子已二岁，要舅舅王鏊起名。鏊起名叶森，并告之曰："何谓'森'也？子不见夫种树者乎？其始至也，闲以重藩，培以沃壤，渍以甘泉，则其木森然长茂矣。予欲尔子之长茂也，故名。"叶森将冠，舅鏊又为字"君玉"。何以谓之"玉"？王鏊又曰："子不见种树者乎？其既盛也，鼓之以雨风，饱之以霜雪，磨之以岁月，则挺然刚劲矣。吾欲尔子之刚且劲也，故字。"

王鏊儿子和孙子在科举上虽无显者，然而相隔六十年来后，莫厘王氏在科考中异军突起，自王鏊曾孙王禹声万历十七年（1589）中己丑科进士后，王鏊的裔孙在科考上名人辈出。从明万历后期到清末的三百多年间，竟出了十二位进士，其中一名状元、两名会元，还出了三十一位举人，成为吴中的科举登第名族，这为在世时苦闷中的王鏊所始料不及的。乡老亦云：莫厘王家，世代忠厚，阁老王鏊，一代贤良，家风淳厚，惠及子孙。

玉带留名

弘治十七年（1504），南北方都遇到了大旱灾，赤地千里，草禾皆枯。各省告灾之奏章，像雪片一样飞报朝廷。孝宗慌了，下旨要大臣们以灾异求直言。阁臣谢迁首先引过求退，说这是自己治国不力，请求退位，让具贤德及有能力的大臣来继阁臣之位。一日早朝，谢迁出班朝弘治帝奏曰："当今能负宰辅之望者，惟礼部尚书吴宽及吏部侍郎王鏊，乞以臣位授之二人，则灾异可消，大平可至。"谢迁奏毕，朝官中顿时一片低议。有说谢公能为国荐贤，可敬可贺；有说吴、王两公当之无愧，定能不负众望；还有大臣说，圣上英明，两公入阁，指日可待。对谢公之荐，首辅刘健甚为不满，反责备谢迁立党。结果弘治一朝，吴宽、王鏊都未入阁。当然，全国大范围的旱灾是一种自然现象，仅靠调换一两位阁臣就能消灾，这当然是不可能的，但这也说明了吴宽、王鏊在阁臣心目中的位置。

正当王鏊在翰林院及吏部任上苦苦熬了三十年，有望登上阁臣宝座时，传来了八十五岁的父亲光化公病故的讣闻。当时王琬因儿子王鏊之荣，被朝廷封为中宪大夫詹事府少詹事兼翰林院侍读学士，虽说仅是虚职，但亦属朝廷官员，安葬不可不厚。再说古代帝皇都"以孝治天下"，明朝更是到了登峰造极的地步，凡官员直系亲属病亡，不论官位多大，都须辞官回家守孝三年，要是贪位，被人告发，不仅丢官，还将坐牢。王鏊讣闻，号恸上奏，急忙辞职回家奔丧。王鏊刚回到东山家中，就发生了一件被载入方志的奇事。苏城有一商人，送价值千金的一条玉带上门，说是以报答王大人救命之恩。王鏊当然拒收，后来此人用玉带之钱在东山开了一条玉带河。

王鏊老家原在后山陆巷村，四兄弟长大成人后，大哥安隐公王铭搬迁到了石桥村，三弟秉之公王铨在水东（今临湖）购地建造了且适园，而王鏊家则搬到了前山，在镇西轿子弯头构筑了一座宅园，取名真适园。其园规模不大，占地不足五亩，仅东山中人之家，但颇具特色，园中遍植梅花，置有莫厘巘、太湖石、苍玉亭、香雪林、湖光阁、款月台、寒翠亭、鸣玉涧、玉带桥、舞鹤衢、来禽圃、芙蓉岸、涤砚池、蔬畦、菊径、稻塍等十六景。王鏊十分惬意，因真适其意，故名真适园，并亲自题写园名，园中各景观之名，大多由门生唐寅、祝允明、文徵明所书。其中玉带桥因门前开掘的玉带河而成名。这玉带河很有些来历。

王鏊塑像

据清乾隆年间成书的《太湖备考》记载：王鏊回家守孝不久，一天，苏州府林知府上门拜谒天官王侍郎。这天官是明代吏部官员的雅称。据《明代官制》载：洪武十三年，朱元璋杀左丞相胡惟庸，罢中书省，废丞相，中书省之权归六部。初置六辅官，以天、地、春、夏、秋、冬为官名。吏部为六部之首，又称天官，不久虽废去，可人们对吏部之官仍以天官称之。这则轶事说林知府同王天官正谈得兴起，王鏊忽觉肚中躁动，憋不住放了一个屁。当着客人面放屁，甚为不雅，为了解嘲，王鏊自言自语地说：“唉，年岁不饶人，下元虚啊！”又关切地对林知府说：“林大人今后对下虚不能等闲视之，应慎重对待啊！”其实，这林知府根本没有听到放屁声，王鏊突如其来这几句话，听后有点摸不着头脑，只能含糊作答说：“是啊，王大人，下官对这事一定慎之又慎。”林知府虽没有听清原意，但话中“下虚”两字听得较为真切，百思不得其解。回到苏州府署后，他忽然想起一桩凶杀案。不久前，长洲县衙报来马贩夏栩在马厩中杀人，企图畏罪潜逃，被擒获后已判死刑，即将在察院场之西刑场斩首。王天官所言之“夏栩”，莫非就是此人？

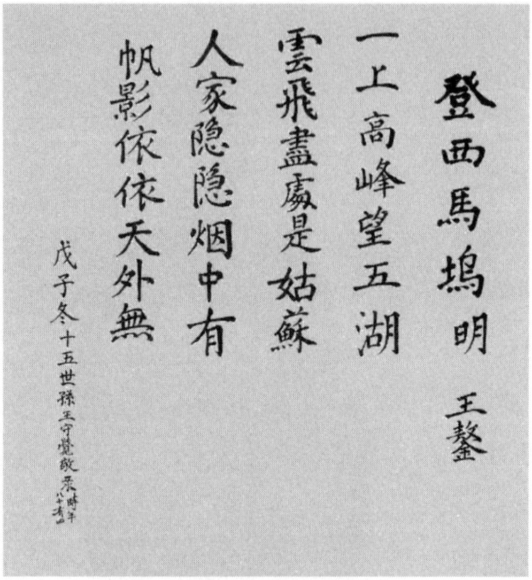

王守觉书王鏊《登西马坞》

林知府回府衙，马上重审案卷。案情是马贩夏栩在马厩中杀人，企图畏罪逃跑，结果被死者家人抓住，扭送官府。天官王大人言及此案，难道有冤？林知府不敢怠慢，他乔装改扮一番，扮成一堪舆家前往亲赴凶杀案现场勘察案情。马贩夏栩之家坐落在苏州城郊，前是三间住房，屋后搭有马棚，四周围以石墙，其墙因年久失修，人可随意跨越。见有个相面先生前来，村人们都围上来，与之攀谈。林知府从村人口中得知，前不久，夏栩从外地购进了几匹好马，拴于马厩中，准备喂肥后出手。其中有一匹未驯服的烈马，极为凶猛，人不能近，被单独拴于马厩的东屋，其凶杀案就发生在东边马厩内。林知府带着衙役在马厩中勘察，地上没有两人打斗的迹象，只留有些杂乱的马蹄和死者的脚印，以及倒地后挣扎的痕迹。死者家人指认，当日死者就倒在拴烈马的厩内，不是夏栩所杀，死者怎会不明不白丧命？

衙役传讯夏栩邻居，一老者告之说，那日傍晚时分，死者阿三与夏栩在马厩内争吵，及时被邻居劝开，没有发生打斗。被害人阿三也听劝告回了家，以后再也没有听到什么动静。可到了第二天凌晨，忽听得一伙人把夏栩抓去送官法办，说是出了人命案子。林知府勘察完现场，又听了邻人的证词，若有所思。回到府衙，他反复查阅了尸检单，发现尸身伤痕累累，均系马蹄踢、踏所致。他根据亲自勘察掌握的第一手资料，思索良久，终于恍然大悟。兴奋得拍案而起，自语道，若不是王大人一言提及，差点造成一桩大冤案。

事件的原委是这样的，被害人阿三也是个马贩，一天，他有匹未经驯养的烈马，因一时无法出手，低价卖给了夏栩。得了卖马的银两后，他在赌场混了几天，把钱输得一干二净，又到酒店赊酒，直喝得醉醺醺回家。傍晚时分，阿三带着酒兴来到夏栩家，开口要增补银两，因此与夏栩发生争吵，幸被邻人劝开。阿三怒气冲冲回家，走到半路，忽而心生一计，何不趁着夜色把自己卖掉的马偷走，待天明夏栩发现来讨要马匹时，再向他索要补偿银两。想到这里，阿三悄悄溜进了马厩，摸黑来到了烈马的屁股后，伸手想去解开柱子上的缰绳。不料烈马发现屁股后有人影，扬蹄朝后猛踢一脚，恰恰踢在了阿三的小腹上，阿三顿时倒地，在烈马身下乱滚。那马也极为惊慌，见有人在身下滚来滚去，四蹄不停地乱踩，就这样把阿三踏死在马厩里。马厩中夜间出了人命，夏栩尚未知晓，第二天黎明，他刚起身跨出家门，守候在门口的人一拥而上，把他五花大绑送进了官衙。状告他杀了人，还想逃跑。原来这些人都是被害人的家属，死者一夜未归，大家四处寻找，于凌晨寻到夏家，从断墙残垣进入马厩，发现阿三浑身是血倒在马厩内，早已断了气。昨天他同夏家争吵，现在殒了命，这杀人凶手不是夏栩还能是谁?

真相终于大白，原来是一桩大冤案，夏栩被无罪释放。夏栩回家后，重操贩马旧业，不辞艰辛辗转南北，获利甚丰。后来当得知自己之命是东山王鏊王大人所救，誓要报答。朝野均知王鏊是个清官，送钱财上门肯定被拒，但不还礼心中又过意不去。一天，夏栩带着重礼来到王衙门前，在大门口徘徊。正值黄梅雨季，王家门前满地积水，路人行走很是不便。夏栩心中忽有了主意，何不把准备送给王大人的钱，在门前沿大道旁挖条小河，排水泄洪，既方便了村人行路，又报谢了王公救命之恩。于是，夏栩雇了山人，在王家门前开工挖河。

这条河道长达里许，地下尽是山石，进展十分缓慢。河道开挖了一半，出资人夏栩因一笔生意蚀了老本，挖河之事停了下来，成了半拉子工程，反而给路人带来极大的麻烦。家中修书给京城的王鏊，讲了事情的经过与现况，问他该怎么办。王鏊知道家门前开河的原委后，先是感到莫明其妙，去年返乡省亲，苏郡林守来府上拜访，我哪里同他说起过夏栩之案？再一想，竟“扑哧”一声，笑出声来，想不到一句自嘲的戏言，竟弄清了一桩冤案，你说奇与不奇。修桥铺路，疏河开港是善举，这个夏栩在自家门前开挖河道，自己无功受禄，虽说于心不忍，但这是件利乡利民的大好事，王家不可袖手旁观。

正德元年（1506），王鏊在东山守孝期满，四月，应召入朝，原供部事，复吏部侍郎之职。是年，《孝宗实录》修成，作为副总裁的王鏊受到了朝廷重大奖励，追封父亲王琬如其官，母亲赠淑人。九月，被正德帝召至左顺门，赐玉带一条。王鏊捐出玉带，资助夏栩完成了开河工程。其河道挖成后，因是王大人助玉带竣的工，故取名玉带河。还有种说法，其河为半圆形，走向形似玉带，而取名玉带河。

玉带河是否真因王鏊捐玉带而得名，已无从查考，但镇西王衙门前玉带河尚存，似乎在向后人诉说着这则王阁老清廉与有趣的故事。

儿女亲家

弘治十八年（1505），东山春早，刚过新年，镇西大园里的梅花已一片银白，暗香浮动。春日里的一天，王鏊正在山前真适园中赏梅，门人来报，说有客求见。王鏊接过拜帖一看，竟是少年同窗来见，心中大喜，把客人迎至苍玉亭相聚。来人姓许，单名一个元字，少时与王鏊同学于岱心湾华严寺，亦具文名，后屡试不中，遂弃举子业，同兄长贾于临清。两昆仲遣人北走燕齐，南贩闽广，成为巨富，号称百万。旧友相聚，自然交谈言语极为融洽。茶过三开，酒过二巡，许元才话入正题，原来他是受人之托，来给王家二公子说媒的。女方是其兄长之女，年届二八，生得花容月貌，又知书达礼，且精女红。介绍完侄女的情况后，见王鏊沉而不语，自觉有些不妥，但又不得不说，他直言告知老同窗，如婚事玉成，大哥愿送两千亩良田，给女儿作陪当嫁妆。王鏊听完，心中一沉，顿觉受到了羞耻。他对许百万早有耳闻，此人富而不仁，勾结官府，鱼肉乡亲，发迹后为建造占地百亩的许府，把一个村的百姓驱赶走， 每日门人傍晚关门，须骑马从前门头关到后门头，可见许宅之大。如今又送良田千亩来提亲，心中极为反感，但还是给了友人一点面子，冷冷地说：“许家小姐，高攀不起。”许元还想说些好话，王鏊把衣袖一拂说：“送客！”这位同窗知趣地走了。这则王鏊拒亲的轶事，记载在明代张本的《五湖漫闻》上。

王鏊生有四子五女，其儿女亲家均为门当户对，家世清白，门风淳厚。男大当婚，其四个儿子，除幼子延昭外，他去世时还只有七岁，王鏊亲为三个儿子择媳，均为中人之家，长子延喆之妻为吴县毛理之女。毛理成化丁未登进士后，授南京工科给事中，正直敢当事，为官十分清廉。毛理看不惯

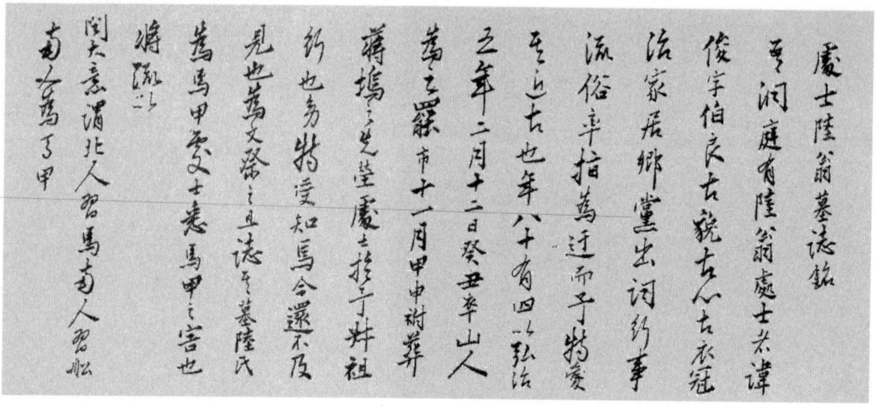

《处士陆俊墓志铭》局部

官场中庸俗而腐败的风气，不满四十岁就告老还乡了。王鏊同毛珵的性格很相近，对之也十分赞赏，他在《白须叹》诗中云："不见毛贞甫，四十挂朝帏。"毛氏嫁至王家，果真很是贤惠，一如小家碧玉，当昌其家。毛氏敕封宜人，惜无出。后延喆又娶洞庭东山徐氏为侧室，生四子。

次子延素成婚于正德初年间，娶长洲陈湖陈璚之女为妻。陈璚，成化十四年（1478）进士，比王鏊入仕晚三年，授翰林院庶吉士。历官户科给事中，都给事中，南京都察院左副都御史等职，为官清廉，执法严厉，留于史书。妖僧继晓就逮，法司拟判以轻刑，马虎了事。陈璚与同官暴其罪，遂服法。他在南京都察院任上时，剧贼施天泰等扰海上，璚引兵会同巡抚魏绅，不即捕灭，用计诱降其首，全歼贼寇，海面遂靖。王鏊与陈璚的友谊也十分深厚，历史上留下了不少他们生活之中互相馈赠礼物的趣事。一次，陈璚家中得到了一只甲鱼，邀请王鏊到他家里去共享。这种东西南方人特别爱吃，而在燕地不大多见。天忽然下起雨来，见王鏊迟迟未到，陈璚竟派人把烧好的鳖送了过来。王鏊独享佳肴美酒，心中积忧一扫而光，特作《陈给事玉汝羞鳖见邀，雨不克赴，以鳖见馈，作诗谢之》。每至金秋橘收季节，王鏊总要送一些家中的特产给友人，一次，王鏊送了篮洞庭红橘给陈家，陈璚作诗有"味甘不用两眉攒，种得成林合弃官"之句。见陈璚尝到橘子，官也不想当了，王鏊诗《和玉汝谢橘》曰："休说枇杷与荔枝，杨家风味总输吾。封侯且得依林屋，投老何须乞鉴湖。"调侃说，是啊，广东的荔枝输于洞庭山的橘子，要是你他日封侯得到土地，就到洞庭东山来吧，把吃后的橘核收集起来，撒在东山的土地上，他年便是百株橘树啊。延素同陈璚之女还是订的娃娃亲。弘治壬子（1492）六月十八日，王鏊继室胡宜人生次子延素，同乡好友给事中陈璚亦生一女，于是两人又结为秦晋之好。

西山花山寺题刻

就在王鏊次子延素同陈璚女儿结婚前夕，陈璚因弹劾宁阳侯陈辅不法之事，得罪权贵，落职致仕。两家婚事一时哗然，王鏊力排众议，给次子延素与陈氏完婚。陈氏天资颖悟，自幼通书史，工楷法，尤精女红。年十九岁嫁延素，入门敬事舅姑，恪尽孝道，十分贤惠。延素荫官南中府，徐氏居家综理庶务，井井有道，又能节俭，家亦日饶。年仅四十一岁而卒，诰封宜人。据杨循吉所撰《思南公元配陈宜人墓铭》载："宜人卒时，祥云五色，弥高林麓，咸以为孝感之应。"正德元年（1506），亲家陈璚蒙冤卒于家，年六十七岁。王鏊为这位好友与姻亲，撰了长达两千字的墓志铭，最后铭曰："谁谓吴远？而多文学。公在谏垣，其仪濯濯，乃平邦刑，乃持邦宪。出入践更，吏以儒缘。世方疾驱，吾独委蛇？吾自吾信，哓哓则那。退处而休，孰怨以尤？琢词玄石，以昭于幽。"对友人的一生给予了高度评价。

三子延陵原配妻子是昆山朱玉峰的女儿。玉峰名希周，是弘治朝的状元，王鏊的门生。朱希周居官以宽厚廉洁闻名，状元及及第后，授修撰，进侍讲，补充经筵讲官。正德初年，因不满宦官刘瑾专权，疏奏弹劾奸党，被降为修撰，其官职从五品降至从六品。当时王鏊虽已入阁任三辅，但因前有首辅李东阳、二辅焦芳，两人仰刘瑾鼻息行事，他爱莫能助，但对同乡朱希周的人品很钦佩。后来有人前来为次子延陵提亲，王鏊一听是朱玉峰之女，满心喜欢，成了儿女亲家。朱氏“温恭靖庄，宜于上下，太傅喜之”。少溪好读书，通览古今，辄相语，朱氏亦能共说，夫唱妻和十分恩爱。嘉靖十九年（1540）朱氏病卒，年仅三十七岁，敕封孺人。王延陵中年丧妻，又娶继室梅氏。梅夫人名瑞中，字淑秀，父梅林世服农业，为山中农家之女。梅氏“性素慧秀，凡剪制缝尝，出纳金刀，掌志典，悉有条纪”。她十六岁嫁到王家后，随中书舍人丈夫王延陵持旌游南北，历青、徐、燕、赵等地，经波涉险，咸劳成疾，谒医不瘥，嘉靖丁酉年病卒，年仅二十一岁。

王鏊共有五女，长王仪，又名妙清，吴夫人出；次福缘，张夫人出；三女善庆，李夫人出；四女妙隆、五女妙员都是胡夫人生。明代中后期，世风日下，财婚普遍盛行，“男计奁资，女索聘财”已成为司空见惯之事。然而王鏊嫁女不重财礼，而是看重男方的家风和女婿的素质。长女嫁于西山徐缙。徐缙，字子容，号崦西，洞庭西山东河人。祖父徐震，父徐潮都是明代行商，属中等人家。《大原家谱》云：“西洞庭徐以同氏率子缙来学。公嘉其质秀而文，遂令读书于京邸。以女妻之。”徐缙从小就“姿干瑰玮，警敏异常，生有异禀，天才出众”。幼即可日记数千言，出语惊人，闻名于乡里。王鏊留缙于京师，悉心培植，又委教于当时的翰林院编修靳贵，缙亦刻苦学之，得其传。

徐缙以留守成籍补顺天府学生，于弘治十一年（1498）中举人，但旋因父丧回籍。弘治十八年（1505）中进士，选庶吉士，授翰林院编修。历讲读、少詹事、吏部右侍郎，充经筵讲官、旋改吏部左侍郎摄尚书事。徐缙侍嘉靖帝讲读甚精，世宗改容听受，甚为信任，取先帝所制“味顺从容”四字赐之。徐缙日益受嘉靖宠信，郊祭时以缙比勋辅以亚行之，甚至入则参帷幄，出则统百官。其官职几乎同岳父王鏊不相上下，说明当年王鏊选婿是很有眼力的。可高处不胜寒，徐缙被权贵嫉妒，嘉靖八年（1529），遭奸佞诬陷，夺职严办，入锦衣卫。嘉靖帝不忘旧绩，诏复原官，许以致仕。回西山筑介福堂以奉母，从此口不言时事，足不入城府，寄情于太湖山水间。

妻子王仪，不仅贤惠，而且还是位才女，她不仅助夫徐缙成就了一番事业，还把玄度、玄成两个儿子培养成人。正德十二年（1517），年仅四十一岁的王仪病故，王鏊悲伤之余，亲撰《亡女翰林院侍读徐子容妻墓志铭》，他在文中云:“余在翰林，长女尚幼，日侍予学，翻阅濡染，不离一室，因是渐识经史大义，且通知时事得失、人才高下。及归徐氏，委子容，于学淬励之，以底于成。子玄度稍长，日与坐一室讲习。玄度学有成绪，而吾女之学益进。间习为五言诗，辄自书之，有楷意。集曰《云阁》，然未尝闻于人，人亦无由知也。”长女去世后，王鏊在给朝中为官的长婿徐缙的信中说:“苏人汹汹，余亦且惊且喜。不然，余贫薄，何以堪之。当今之时，凡事当心，收敛为宜，至祝至祝，馀不能悉。”

王仪卒后葬于西山金铎岭南。金铎山在凤凰山东三里，旧传吴王藏金铎于山中，有仙女居之，金石丝竹之音彻于山顶。有堪舆家相之言，葬此当出一品。噫，王鏊刚入翰林时，花烛夫人吴氏卒，葬丁高峰寺之俞坞，其祖父吴呙尝相风水，乃言:“葬此当出一品。”后夫贵妻荣，王鏊入阁为相，吴氏诰封一品夫人，而吴氏子孙未有登第者，土人称之曰“女贵坟”。徐缙卒于嘉靖二十七年（1548），得朝廷赐葬祭，诏赠礼部尚书，谥文敏，原配王夫人亦诰封一品夫人。竟有如此巧合，东山王家与西山徐家都以妻坟贵。时人戏言说，王鏊妻子与长女均为吉星下凡，帮夫成就一番事业。

次女福缘生时，张夫人难产而亡，由胡夫人抚养成人。王鏊甚为疼爱，适昆山朱天昭之子希召。天昭共有六子，长希周，次希召、希韩、希富、希吕、希冯。希召为朱天召次子，据说次子出生时，妻子王氏尚未有女，希望生一女儿，故给次子取名希召，后果遂愿，连生四个女儿。

东山王家同玉山朱家既为世交，又是姻亲及亲上加亲。王鏊女儿嫁于都事朱希召，而后来希召之兄希周的女儿又嫁给了王鏊次子延陵。正德九年（1514），王鏊在《与秉之公书》信中云:“将行礼于昆山朱氏，四姐珠冠，闻在延望处，请假一用，千万带来为妙。吉日有期，请预先到城，有事可商议，且有数处游山之期未之。专待上来同一行，以散抑郁之怀，旧疾可不药而愈也。”书中所说行礼于昆山，即与朱希召完婚也。四姐即王鏊四女妙隆，嫁于靳贵之子懋仁。延望，王铨季子。抑郁之怀，或许为王铨科举不顺之事。

王鏊其他几个女儿，也都有没有高攀，都嫁给一般中人之家。三女善庆适宜兴生员邵鸾，四女妙隆适镇江靳仁，小女妙员适东山严经次子生员严濡，均有德行。宜兴邵鸾为邵天锡之子，王鏊有诗《与宜兴邵天锡小饮象鼻岭》云："漠漠轻阴雨复晴，晴时还不废郊行。"据《永定邵氏世谱》载，邵天锡，字良椵，号橘隐。弘治五年（1492）输粟赈机，转授七品散官。正德十二年（1517）冬，王鏊怀着沉痛的心情再次至宜兴，弟王铨和门生杜允胜、陈宗让同行，送三女善庆归葬。作组诗《十二月二十日与秉之同至义兴，途中得诗十首》，有《枫桥夜泊》《晓发》《宿毗陵》等诗，毗陵即常州，诗中有"孤舟城下宿，城漏滴更寒"之句，王铨有和诗。三女善庆嫁邵氏，仅三年就去世了，王鏊此时的心情是悲痛的。五女妙员适东山严经季子严濡。严经，字道卿，东山马家底人。弘治九年（1496）进士，历官南京刑部主事、员外郎郎中、河南彰德知府。为官清廉，爱民如子，在彰德有"严一升"之谣。说的是明朝弘治年间，严经至河南彰德任府尹，遇上荒年，及时开启官家粮仓进行赈济，百姓感其德，称他为"严一升"。正德十一年（1516），严经卒于家，王鏊撰《中顺大夫知河南彰德府事严君墓志铭》以悼。

四女妙隆同靳懋仁的婚事，颇历了一番周折。靳仁，又名懋仁，镇江丹徒人。是武宗朝阁臣靳文僖的独子。靳贵，字充道，号戒庵，弘治朝进士，武宗出阁读书时，被选为左允中，继升左谕德兼侍讲。正德初年，礼部侍郎靳贵因忤刘瑾意，被降职外迁。正德九年（1514），靳贵也曾入阁为相，可时间也很短，同王鏊一样，也只有三年。正德十二年（1517），王鏊长女王仪去世，灵柩归家途经丹徒，靳贵作《祭徐子容妻王氏文》云："吾与而翁亲联姻好，而夫于我义重师生。在京廿载，情犹一家。"不久，靳贵就去世了。据王鏊所撰《赠太傅文僖靳公墓志铭》云："正德庚辰八月七日，太子太保、户部尚书、武英殿大学士靳公卒，未葬。武宗南巡还师，过镇江，幸其第，亲临其丧，抚柩嗟悼者久之。"皇帝亲自到靳家吊唁，还辍朝一日，谕祭者九，赠太傅，谥文僖。嘉靖二年（1523），王鏊亲送四女妙隆至京口，同靳懋仁完婚。

第六章

入阁为相　力挽狂澜

· 再次出山　· 议诛『八珰』　· 临危入阁　· 力救忠良　· 勇斗奸党　· 愤而致仕

再次出山

正德元年（1506）四月十二日，在家守父孝的王鏊接到吏部召归移文。《明武宗实录》卷七："弘治十八年十一月壬午朔……翰林院检讨刘瑞言：'求贤首务宜敕内阁、吏部访求名望，如南京国子监祭酒章懋、丁忧吏部右侍郎王鏊、都察院佥都御史林俊、革职都御史雍泰皆其人也，宜亟擢用……'下吏部，复奏：'鏊、俊尤为众望所归，宜令有俟其服满，起送至京简用。'议入，上是之，命亟取鏊、俊来京。"刘瑞，字德符，成都内江县人。弘治九年（1496）进士，时任翰林院检讨。说起来王鏊还是刘瑞参加会试时的主考，庶吉士时的老师，可谓鏊之门生。

接到召文，王鏊的心情既兴奋又复杂。弘治十六年（1503）二月初二日，光化县令静乐公王琬卒于家，王鏊在京接到父亲病卒的讣闻，告假驰驿以归，屈指算来已整整三年有余。去年五月，孝宗英年崩逝，皇太子朱厚照继大统，改元正德。原以为新朝不会再召用他们这些老臣，没想到三年守制刚到，朝廷就来文召归了，吏部的召文是"原供吏部事"，就是让他回朝后仍然担任吏部右侍郎之职。王鏊的心情一阵激动，在亭中的金砖上摊开宣纸，挥毫书下了"万株香雪立东风，背倚斜阳晕酒红。把酒花间花莫笑，春光还属白头翁"。这一年，王鏊已五十六岁，头上早已两鬓白发，可"春光还属白头翁"，暗喻了他"老骥伏枥，志在千里"，还想为国为民作一番大事的雄心。

王鏊因秉性耿直，不善迎奉而在朝中长期得不到重用，直到弘治十三年（1500），才经户部尚书韩文推荐，擢吏部右侍郎，升为朝中的上层官员，开始进入国家的权力中心。朝中有个名萧敬方的内侍，同李广一样不是正人，

《王鏊出山图》

宦阶升迁较慢，但是朝野公认的“正人”，他们相互勾结，蛊惑孝宗，导帝怠政。王鏊在经筵时说古喻今，对中贵进行批评，言辞激切，语中有“今有佞幸用事，功赏倒置”之语。中官萧敬方知道后很是惊慌，曰：“王公所言，此指为我也。”萧太监劣迹有所收敛，其后办事，多采鏊疏语。萧敬方想结交王鏊，一次，准备了丰盛的宴席，上门宴请王鏊赴宴，鏊谢而不往。萧太监叹曰：“王公自能结主，何以我辈为请耶！”意思是说，王鏊能以正匡君，尔等中官怎为在他的眼中。

还在王鏊归家守父丧时，吏部缺员，孝宗下旨：要大臣们举荐“文学纯正，操履端方”入充吏部官员。山西韩文部其事，即任吏部尚书，他首先荐举了王鏊。廷议中有人提出异议，说王鏊尚与朝官结文字会、五同会，有结党之嫌。韩尚书大声说：“王公与张寿宁旧有连，张贵后绝不与通，其端方可知也。”韩文是孝宗倚重的老臣之一，在朝威望很高，加上荐人出于公心，侍讲学士王鏊又是众皆认可的“正人”，众臣皆附韩文之荐，推选王鏊为吏部右侍郎。吏部称“天官府”，位六部之首，掌管朝廷及地方官员的升迁大权，地位显赫。王鏊在吏部任上，两袖清风，不以私干，故而不惧权贵，人皆望而敬疏。他在吏部侍郎任上，凡贪昧求进者必抑之，而恬退无营者必进之。孝宗宠信的老臣，兵部尚书马文升，对王鏊深为器重，曾在朝中云：“如王公者，当于古人中求之，今世鲜其匹也。”又深有感触地说：“王公真宰辅也。”马文升在成化二十一年（1485）至二十二年间，任兵部尚书，后因得罪宰辅刘吉，被挤到南京去担任“南京兵部尚书”，孝宗继帝位后，又把他召回来官复兵部原职。马尚书对王鏊有特别的好感，早在弘治十一年（1498），八岁的王太子朱厚照出阁受学，朝廷要大臣们选正人辅导太子，以端国本。时正人难选，宪宗下诏会众官于东阁，进行会选。有人提及王鏊之名，马文升曰：

"此真正人也。"于是王鏊以翰林侍读学士、右谕德升詹事府少詹事，教授东宫。

"定边八策"被朝廷采纳后，王鏊名声大振，朝臣们看到文质彬彬，谦谦君子的王鏊，不但文华超群，且具吏才与将才，是日后宰辅的合适人选，他的威望在朝臣中与日俱增。可就在这关键时刻，王鏊的父亲去世了，按明朝礼制，凡官员父母去世，必须离职回家守孝，要等到规定三年期满，才能出来复职。这漫长的三年，谁知朝中会发生多大变化，这对在仕途上厚积薄发的王鏊来说，是一极大的威胁。果如好友们所料，王鏊回家守制的三年，孝宗驾崩，武宗继位，可谓世事莫测。

守孝的日子平静而充实，从弘治十六年（1503）二月乞归居家，到正德元年（1506）四月召归还京，王鏊在东山家中度过了三年零两个月的时光，其间同西山蔡昇一起编纂刻印了《震泽编》，这是第一本记载太湖地区名胜古迹、风土人情的方志，对后世影响很大。《震泽编》初名《太湖志》，为西山蔡昇所撰。王鏊丁忧居家时加以重修，取《尚书·禹贡》"三江既入，震泽底定"意，更名《震泽编》。全书八卷，全面记载：太湖、七十二山、两洞庭之泉石、古迹、风俗、人物、土产、赋税、水利等内容。蔡昇的原作《太湖志》，经过王鏊大手笔的修订，在社会上赢得了广泛的声誉。杨循吉《震泽编》序曰："公博洽穷天下书，金匮石室之史，屡预裁纂，高文碑板，照耀四方。而馆阁大手笔，亦如可见。"继而又云其"绘画选物，陈诸简牍"，对其书称颂备至。

其间，王鏊还应苏州知府林世远之邀，以吴宽的积稿，交之裁定，同祝允明、文徵明、蔡羽、浦应祥、文徵明、朱存理、邢参、陈怡和杜启等人，重新编纂了《姑苏志》，王鏊任主编。历时八个

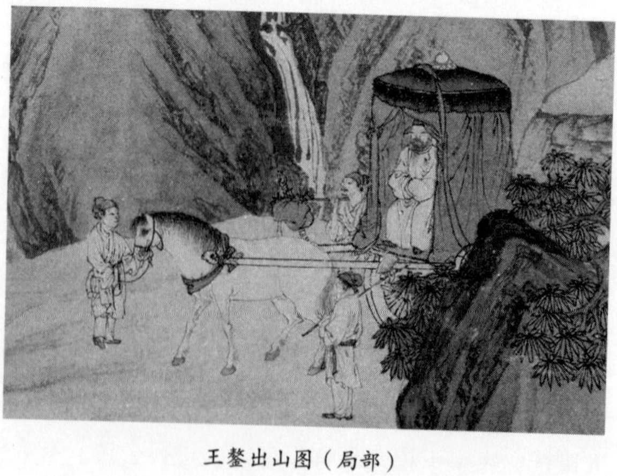

王鏊出山图（局部）

月，便定稿付梓，王鏊为之作序。《姑苏志》共六十卷，“繁简得中，考核精当”，一向获有好评，享有盛誉。明代文学家，“后七子”领袖，太仓王世贞谓：“其文简事核，训词尔雅。古今志乘之简，无有过于是书者。而宏纲细目，包括略备。盖他志多夸饰风土，而此志能提其要，故文省而事不漏也。”这确是一部洋洋大观，无所不包的方志，王鏊在其志《序》中曰：“《姑苏志》六十卷，记载郡之封域、山川、户口、物产、人才、风俗，以至城池、廨宇、井邑、先贤之遗迹，下至佛、老之庐，皆次焉。”又说：“独念是志之续，历三十余年，更六七郡守，而卒成于侯……续而正之，能无望于后之君子乎？姑苏，山名，在城西南，昔以名郡，故今以名其志。”这就是《姑苏志》之名的来历。

有趣的是修书院中一枝白莲开出三朵花，众人惊奇不异。一日清晨，王鏊早起，正在府衙修书院中踱步，构思《姑苏志》序文，抬头忽见院中小池里白莲花开，一茎上竟开出三朵莲花，可谓奇事，王鏊灵感忽至，遂作《白莲诗》云：“埋盆若个便为池，玉葩亭亭有一枝。不以格高知者少，幸因开晚谢迟迟。庭前晓日自相媚，江上秋风空尔为。我欲举杯同此赏，天高露下月明时。”祝允明、文徵明、蔡羽均题和作，亦为枯燥的修志生活平添了几分乐趣。

修志之余，王鏊偕唐寅、祝枝山、文徵明、陆粲、王守等门生，多次游览洞庭东西两山，常诗酒唱和，其乐融融。在东山俞坞兴福寺，题写了《兴福寺山居记》；在西山法华寺门前，又书《法华寺记游》，尤其是在林屋洞前摩崖上所题写的“天下第九洞天”和“伟观”石，被誉为稀世珍品。

弘治十八年（1505）乙丑五月，在苏州府总纂《姑苏志》的王鏊，突然听到弘治帝驾崩的消息，这使他极为震惊，孝宗还只有三十六岁，正当壮年，怎么会丢下社稷而去？王鏊从成化十一年（1475）入翰林，已历成化、弘治两朝，他亲闻甚至亲见了孝宗的勤政爱民，“弘治中兴”有望，可现在却驾鹤西归了，皇太子还只有十六岁，能挑得起大明万里江山吗？王鏊还有一层担心，他深知“一朝天子一朝臣”，太子继承大统后，还会召用他们这些老臣吗，他报国志向还能否得以伸展。

王鏊心胸激荡，在家中摆置香烛，朝北跪身下拜，遥祭弘治帝，作《孝宗皇帝挽章二首》，曰："宽仁延二纪，兵甲偃三垂。问膳长秋数，求衣昧爽迟。懋昭汤不迩，端拱舜无为。莫绘乾坤象，谁为太史辞？"孝宗帝啊，你宽厚仁慈，君临天下二十年，三边无战事，百姓得以安居乐业。为治理国家，你每日拂晓即起，可谓废寝忘食。你弘扬正气，斥责奸佞，虽商汤而不及。你治国的盛世景象，有谁来记载入历史呢？王鏊的这首诗，虽尽为粉饰太平的赞美之言，可亦能看出王鏊与孝宗群臣之间的感情。第二首挽章云："宫车仍跸路，陵寝却因山。天意悲风惨，皇图化日闲。圣神三代上，礼乐百年间。北望飞龙远，髯弓动莫攀。"诗意是说，三代之积善而有后，帝皇之朝将更为兴盛。孝宗已经逝去，我只能在太湖之畔，北望飞龙之升天。

王鏊还朝前夕，沈周、唐寅、祝允明、文徵明等朋友、门生雅集于真适园，为之饯行。唐寅为先生作《王鏊出山图》，后世称《王公拜相图》，在这幅画卷上，吴中名士祝允明、徐祯卿、文徵明、张灵、张凤翼等均有题诗及题跋。张凤翼题记云："王文恪公济之，为吴中名宰相，无论科第、德业、声望，载在志传者，照映千古。"这一年，三十七岁的唐伯虎刚从"科场窃题案"的阴影中解脱出来。弘治十二年（1499），唐寅与江阴人徐经同船到京城参加会试，因徐经贿赂主考程敏政的家僮，事先得到了试题，后被人告发，江南才子唐伯虎受牵连被关进了刑部大牢。时吴宽官吏部左侍郎，王鏊为礼部右侍郎，是苏州在朝官职最高的两位官员，他们义不容辞，联手营救唐寅，其间二人书信往来多达二十多封。后来在朝中高官梁储、倪岳等人的帮助下，唐寅被释放"黜充吏役"，贬赴浙藩。出狱后唐寅没有去浙江，而是回了苏州故里。临行时吴宽与王鏊为他送行，还由吴宽执笔，写了一份力表唐寅清白的《乞情帖》，吴宽在文中明确提出唐寅之狱，实因"有妨其名盛者，遂加毁谤"。唐寅回到苏州家中，等候他的是"僮仆据案，夫妻反目"的尴尬局面。这年十月，王鏊因朝廷封其父为中宪大夫，母为恭人，持恩封驰驿以归吴中。吴宽爱惜唐寅之才，托王鏊多关心家中雪上加霜的唐伯虎。王鏊回到东山，把门生唐寅、祝允明、文徵明、陆粲等都请到了家中，举办了一次"雅集"。在先生王鏊及朋友们的开导下，第二年历尽磨难的唐伯虎终于忘却悲伤，开始了"千里壮游"，最终成为一代绘画大师。情似父子的先生王鏊再次出山，唐寅在苏州桃花坞刚筑成的桃花庵中，闭门一周，创作了《王鏊出山图》，赠给起程还京入阁拜相的王鏊，并在画上题诗曰：“位极三台际，天开六秩春。寿星缠象纬，初度吁昌辰。梦觉黄粱熟，名成白发新。宜缁辞北阙，有哀赋东人。赐吉纶言至，游仙司法纯。洞庭开别墅，莲社访遗民。柑橘毛公宅，鲈鱼亥日津。期颐从此去，德望画麒麟。”其画笔法圆转细秀，人物造型生动。画面上，洞庭东山的峰峦、溪流、山道、林木一目了然，五十六岁的王鏊双手插入袖中，正襟端坐马车内，虽已满脸黑须，却掩不住东山再起的喜悦之情。这幅唐寅所绘的传世珍品，现藏于北京故宫博物院。

回到朝中，王鏊见武宗怠政，朝事日非，心中甚为不安，遂作《时事疏》以准备奏。其疏云：“陛下即位，其亦有乐于此乎？臣窃以为可忧，未可以为乐也。盛衰治乱，自古相寻于无穷，况今天下名为治平，而实有可忧者……比奉诏旨，仰见陛下恐惧修省之心矣。然臣愚以为恐惧修省之心必有恐惧修省之实。所谓实者有四焉：一曰急讲学之为务，二曰急延下之为务，三曰急用人之为务，四曰急节用之为务。陛下昔在青宫，臣幸以经学入侍，窃见圣质高明，于凡经书读不三四，即皆上口，此天假陛下圣明之资也。自登大宝，万几日繁，旧学得无少辍乎？”见这个少年天子整日游玩，不理朝政，王鏊又在疏中云：“殊不知庶人之学与不学，系一家之兴废；人主之学与不学，系天下之安危。天人性命之理，古今治乱之非、得失成败，皆具于书，未有不读而知者。”其疏长达千言，朝中大臣皆迎合附和且与为表里。后来王鏊看到武宗已无法挽回，没有上疏。

弘治十六年（1503）王鏊离朝回家丁忧时，是个吏部右侍郎，正德元年（1506）反朝“原供部事”，官阶还不高，加上他离朝三年，对朝政不甚了解，上奏《时事疏》，矛头直指新帝是有很大风险的。但从这些《时事疏》手稿章节中，可见王鏊再次出山时，想为朝廷出力的一腔热血和豪情。

议诛“八珰”

王鏊回朝，任吏部左侍郎，又参与纂修孝宗实录，任副总裁。王鏊回一到京城，立即卷入了一场朝臣与太监集团的生死较量，这场斗争先是由科道官陶谐、刘茝等人发起，继而户部尚书韩文、郎中李梦阳等全面策划，六部尚书均同意签名，后阁臣（宰相）刘健、谢迁、李东阳全力支持并参与，目的是疏奏武宗，要求严惩以刘瑾为首的的“八珰”。 李梦阳《空同集》“疏状”云：“初，今上即位青宫，旧阉等日导上狗马、鹰兔、舞唱、角抵，渐弃万几罔亲，时号‘八虎’。”

八珰，又称“八虎”。是原来东宫侍候太子朱厚照的太监小集团，有刘瑾、张永、谷大成、邱聚、马永成、高凤、罗祥、魏彬等八人。此“八珰”在东宫时，就整日导太子玩乐，不干正事，但危害还不是很大。弘治十八年（1505）五月，明孝宗朱祐樘病故后，十六岁的太子朱厚照继位，改元正德。这位从小健康活泼、聪明伶俐的王长子，因孝宗与张皇后从小过分溺爱，骄纵放任，他坐上了皇位仍顽劣不改，整天与昔日陪伴他玩乐的东宫刘瑾等一群太监肆意玩乐。

《莫厘王氏家谱》上说，王鏊回朝，只见“上时在亮闇，内侍马永成等导为游导，鼓吹声闻于外”。 亮闇，即帝皇丧居处。皇帝是一国之主，武宗长期不上朝，整日同原来东宫的一班哥儿们大肆玩乐，尤在亮闇鼓乐，这怎么能行，朝臣们都十分担忧。还好，孝宗朱祐樘培养了一班较为敬业的朝臣。当时朝中的士风很好，大臣们大多能以天下为已任，廉洁奉公，直言敢谏，有独立的人格。当看到小皇帝被群小所围，国家面临灾难时，官员一齐上书，劝谏武宗以江山为重，远离“八珰”。对于大臣们的劝谏，武宗根本听不进去，仍然整日玩于后苑。刘健、谢迁、李东阳等三位阁臣是孝宗临终时的顾命大臣，由首辅刘健带头，三人联起手来给武宗上奏“伏观今日以来，视朝太迟，免朝太多，奏事渐晚，游戏渐广”的奏本，多次婉言相劝，武宗还是不当一回事，于是朝臣共议，只有除去群小，严惩“八珰”，才能使皇上归于朝政。这是件大事，首先需要有人在六部之间穿针引线，互通消息。谁来担任联络六部九卿官员，起草疏文的重任呢？王鏊自告奋勇，挑起了这副重担。

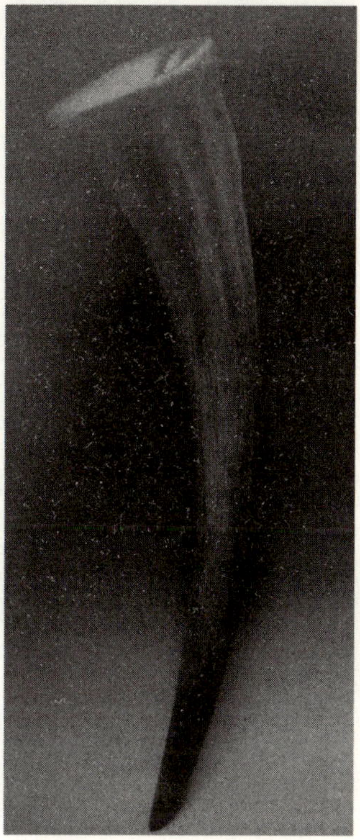
正德帝赐王鏊犀牛角杯

五月初的一天，上完早朝，户部尚书韩文回到衙署，泡上一杯香茗，正悠悠地品着茶，门外突然风风火火闯进来一名年近六旬的男子，进门便负气地说：“韩大人，朝中汹汹，言官们相次论奏，严惩‘八珰’，已成燎原之势，吾等六部官员，反而袖手旁观，可无一言乎？”韩文听脚步声和说话的声音，就知道来人是吏部左侍郎王鏊。两人是好友，相互较为了解，所以王鏊说话开门见山，直奔主题。韩文有点丈二和尚摸不着头脑，也不知王鏊指责他的是何事，他让王鏊坐下来，把话细细道来。原来王鏊是前来游说尚书韩文，要他领衔草书，起草疏文，率六部九卿官员弹劾朝中“八珰”。

首先准备起疏声讨“八珰”的是六科给事中，统称科道官，他们有规谏、补阙与稽查六部百司之责，当然率先而出。但科道官们官阶较低，各科领衔的都给事中也只有七品，无法形成声势，也对“八珰”构不成什么大的威胁，于是六部九卿官员们也行动了起来。吏部为六部之首，要起草弹劾“八珰”的疏奏，吏部尚书应当仁不让。王鏊首先想到了老尚书马文升。成化末年，吏部尚书原是兼衔少师及太子太傅的马文升，弘治帝对他的信任与倚重，胜过内阁三阁老。正德元年（1506）初，马文升遭到监察御史何天衡的弹劾，说吏部择官有私，加上他已八十一岁高龄，只得上奏本，坚请致仕。马尚书去官时，向朝廷推荐的接班人是兵部尚书刘大夏和刑部尚书闵珪，可后来竟让劣迹斑斑、无人问津的吏部侍郎焦芳任了吏部尚书。

听王鏊言语中有些责怪之意，韩文品了口茶，有些为难地说："要说尚书领衔，吏部焦尚书于我是前辈，又位六部之首，我不该越次。"听韩文提起焦芳，王鏊把茶杯朝桌上重重一放，气恼地说："别提了，此事他不帮倒忙，已属万幸。"焦芳是王鏊供职的吏部同僚，一个尚书，一个侍郎，本因亲密无间，但两人形同水火，王鏊从骨子里看不起这个上司。焦芳是天顺八年（1464）的进士，资历倒不浅，入科在韩文和王鏊之前，但焦芳的人品令人瞋目。孝宗初年，他任翰林院侍读学士时，因在朝中与人朋比，被贬为湖广桂阳同知，从五品官职降到从六品。后来他贿赂吏部官员，又挤入朝中，渐升至吏部左侍郎，可朝臣正人都视其为异类，看不起这个焦芳。刚开始王鏊作为吏部同僚，对焦芳还存有幻想，一日三次进其言，希他以国事为重，出来领衔疏文签署。可焦芳却说，我只闻大臣格君心之非，不闻大臣议行政之失。王鏊在焦芳那里碰了钉子，感到自己一个左侍郎，官阶不高，在朝中还没有号召朝臣的威望，于是才来找到了韩文。

王鏊同韩文的关系非同一般，两人亲密无间，都是朝野公认的正人。韩文字贯道，山西洪洞人。成化二年（1466）进士，入仕比王鏊早九年。弘治十六年（1503），韩文擢南京兵部尚书，就敢于担当。是年岁侵，米价腾涌。他请预发军饷三月，户部难之。文曰："救荒如救火，有罪，吾自当之。"乃发廪米十六万石，米价为平。第二年，韩文拜户部尚书，一次，他在召集各部长官廷议中说，国库空虚，而自己又理财无术，唯请皇上节用为要。说这话是需要胆量的，此话传到皇帝耳朵里，皇帝听了一定会很不高兴。徐缙《文恪公行状》云："公素厚户部尚书韩公，因与言：'科道能言，吾辈为大臣，可无一言乎？'时泌阳焦公为吏部，当为疏首，焦不从。韩曰：'焦不敢，整形其为之。'公毅然从之。"韩文同王鏊一样，也疾恶如仇，眼看"八珰"唆使年少的皇帝整日纵欲荒淫，怒火中烧，感到有必要站出来联络朝中各部尚书，领衔奏本，严惩刘瑾等八个太监。王鏊找上门来，可谓一拍即合。韩文慷慨说道："济之先生这般见重，韩某有愧。朝廷大事，不敢落后，此事我当任之。"王鏊见韩文答应了，又激了他一句："韩公莫忘了，今日是丙寅十月十一日，你以朝廷大事应我。”韩文把王鏊送出户部大门，两人相视一笑，都有种跃马横枪，即将冲锋陷阵的感觉。

由谁来似写疏稿呢？韩文想要王鏊起草疏文。王鏊说，他点火加油，摇旗呐喊，口诛尚可，而笔伐欠妥。它是王鏊的谦辞，他感到朝中才高八斗、文笔胜人者众多，应择优者作文。他向韩尚书推荐一人，就是朝中有名的笔杆子，户部郎中李梦阳。韩文恍然大悟，点着头说：“济之先生言之有理，献吉置文，此事必成。”李梦阳，字献吉，西陕人，弘治六年（1493）的进士，王鏊是这一科的同考官。据说李梦阳二十岁那年赴西安乡试，至省城天已黑，考房守门者不许入。李梦阳大声喧闹，言道：“梦阳不入试，是科无解首。”门吏惊其语，放他入内。果然，这一年陕西乡试，李梦阳高中榜首，明年中进士。虽说郎中还只是个从五品官员，但他德才兼备，尤其在文学上独树一帜，“文必秦汉，诗只读盛唐”，深受阁臣李东阳及杨一清等元老和王鏊、韩文等大臣器重，捉其刀笔，甚为合适。

韩文、王鏊正要找李梦阳，他竟自己找上门来了。少年得志，有些气盛，见了本部长官韩文及坐师王鏊，只作一揖而已。两人也不计较，韩文对王鏊使了个眼色，示意要王鏊先对李梦阳说出他们刚才商谈之意，要是李郎中推诿，他再说话，尚可回旋。谁知李梦阳听完王鏊之言，大声说：“梦阳不才，可不敢辞。”接着又道：“内阁三元老受先帝顾命，朝中九卿均有志之臣，若公等争之于外，内阁持之于内，事必可成。”李梦阳不但爽快地答应了起草檄文之事，还说出了讨伐阉党的策略，这使韩文和王鏊都吃了一惊，心中暗暗称赞，献吉乃能任事之臣。回到住处，李梦阳一宿未眠，几易其稿，一夜工功夫就把草拟疏稿写就了，天亮送到韩文手中。韩文推开一看，全文长达五千余言，可称为是一篇精彩的古文。

其疏文一开头就曰：“近闻朝政日非，秋来御朝渐多，仰面圣容，日就清瘦，皆言太监马永成、刘瑾等，置造巧伪，淫荡上心，毬马鹰犬，俳优杂剧，错陈于前，至导万乘，与外人交接，日游不足，夜以继之同，劳耗精神，亏损志德，遂使与天道失序，地气不宁。刘瑾等人惟知蛊惑君上，以便行私。谁思皇天眷命 ，祖宗大业，皆在陛下一身。今大婚虽毕，储嗣未建，万一起居失节，虽将此辈化为灰粉，斩为肉酱，又何补于事！伏望陛下奋刚断，割私爱，明正典刑，潜消乱阶，以保灵长之为一……”

韩文请王鏊前来再议，两人读罢李梦阳的草疏，感到疏奏写得好是好，太长太文了些，要是这个顽童皇帝没耐心看完，疏文就不起作用了。于是韩文亲自动手删改，斟酌成一篇短疏。韩文亲自拿着讨“贼”檄文，到内阁与六部活动，要大臣们签字，使之成为内阁和六部九卿的共同疏奏。这事本应让王鏊奔走，因王鏊还只是侍郎，怕相爷与大司徒们不给面子，韩文只得亲自出马。当然第一个是首辅刘健，只要他在疏文上一签字，其他的就顺利得多了。刘健对刘瑾“八珰”等恶行亦极为愤慨，很快在疏文上签了字。从刘健处签名出来，韩文又来到李东阳书房，从袖中抽出了疏稿。李东阳看后兴奋地说：“韩尚书，我辈等的就是他。”李东阳是细心之人，他签完名拿起疏稿细细一看，吏部尚书焦芳没有签字，又有所顾虑说：“此事重大，吏部焦尚书不肯签字，总感不妥。”李东阳与焦芳为同窗，正因为有这层关系，平时大臣们都鄙夷焦芳，李东阳与他还素有来往。于是，李东阳写了一张纸条，让韩文带给焦芳，属其顾全大局，以国事为重。韩文怀着不安的心情来到吏部，递上李阁老的手迹，事情出奇顺利，焦芳很快在疏文上签了字，还慷慨地说道：“这等大事，吾等理应当仁不让。”六部尚书终于都签了名，正当韩

陆巷古村牌楼

文感到欣慰，走在回部路上时，焦芳却急书一信，在信封上写着“十万火急”四字，唤来家人韩范，嘱他立即赶往刘瑾住处河下，亲交刘瑾刘太监。《明武宗实录》云：“正德初元，逆瑾等号八党方以盘乐导上。内阁九卿率百僚伏阙固争，将除之。芳潜通于瑾，得先为之。”

说来也真让人感到汗颜，这焦芳能当上吏部尚书，全靠是同内监勾结而坐上吏部第一把交椅的。在前一年户部集众官商讨全年经费的会议，时任吏部侍郎的焦芳也参加了会议。当尚书韩文谈到眼下国库空虚，应劝皇上节省开支时，焦芳突然站起身来大声反驳说：“庶民家尚须用度，况是宫中！今天下逋租匿税无数，不去讨租，不去追税，一味要减圣上用度，不知尔等是何居心？”一时众人都面面相觑，无话可说，会议不了了之。焦芳他料知四周必有东厂之人在偷听，所以大声说出这番话来。此事传到武宗耳中，加上刘瑾替他说好话，焦芳就这样取代马文升而成了吏部尚书。

六月上旬，六部尚书与都察院左都御史、佥都御史联名签字，由英国公张懋率众于左顺门上疏，列八人罪恶，要求朝廷严惩“八珰”。一个还只有十六岁的少年天子，从未见过如此大的阵势，武宗一时慌了神，连忙遣司礼监太监李荣赶到内阁议事，商讨对“八珰”如何处之。此时，武宗对八人还心存眷恋，面对朝臣如此大的讨伐声势，他想不去八人，满朝文武官员不允；而罢去八人，实在是于心不忍。武宗思索了一会，还是被他想出了个办法，暂时把八人贬至南京去守先帝陵墓，以作缓兵之策。李荣奉帝命来到内阁，对刘健、谢迁、李东阳三位阁臣，传皇上的话说：“诸先生忠爱之心，朕已尽知。但此辈侍朕已久，不忍置之于法。请诸先生宽之，侍朕再作处置。”听到这样的处置结果，三人都大失所望，首辅刘健激动得推案而泣：“先帝临崩，执老臣手，付以大事。今陵土未干，而内使猖獗，他日有何面见先帝于地下？”次辅谢迁接着说：“此群小贬谪南京，不足以惩之，应对其‘明正典刑’，请圣上裁决。”李东阳为三辅，位于刘健、谢迁之后，平时性格又较温和，见两位阁老都已说话，只是表了个态，同意刘阁老、谢阁老之言，一定要惩处八人。听了内阁三名顾命大臣之意，武宗又同司礼监几个内监商议，对八人该如何处之？老太监王岳是东宫旧臣，从小一手抱大武宗，秉性刚直，对“八珰”的胡作非为早已不满，表示支持阁议。而司礼监掌权的其他太监，都希望处理“八珰”的手段不要太激烈，这样会刺激及吓坏小皇帝。于是，司礼监派太监李荣出面，代表皇帝与大臣们“谈判”。韩文曰：“今海内民穷盗起，水旱频仍，天变日增，文等备员卿佐，靡所匡救。而上始践祚，辄弃万机，游宴无度，狎匿群小，文等何得无言。”听了韩文的话，李荣回答说：“疏备矣。上非不知，今意第欲宽之耳。”李荣又说：“是日诸阉者窘，业自求安置南京，而阁议犹持不从。”听了李公公一席话，众臣乃竟尔尔退。

黄昏，王鏊又来到韩文处探听消息。见韩尚书默默地一人坐着，似乎心事重重。见王鏊前来，韩文说出了心中的担忧，说道：“箭是发出去了，需‘谨防激变’。”见王鏊不解，韩文又说：“圣上日夜与彼等盘桓，彼等窘迫彷徨，圣上小有不安，一旦激变，将危及社稷。”韩文还有话没有说出来，要是打蛇不死，也许将反被蛇害。王鏊性格憨直，又敢于任事，听了韩文的话，自告奋勇独自一人到内阁去打听事情的进展。谢迁与李东阳不在，阁中只首辅刘健一人在办事。刘健和王鏊平时的关系有些紧张，这主要是刘阁老对南人一直有偏见，王鏊的同乡好友礼部尚书吴宽原早已入阁了，只因刘健的阻挠，到死还只是个尚书。他们平时见面也只是相互打个招呼而已，可这次在要求朝廷严惩“八珰”的意见上，王鏊与刘健的立场是一致的，两人有一种亲密感。刘健说：“事已七八分成矣，上不欲轻下，故持之耳。”王鏊即返回户部，把内阁得到的最新消息告诉韩文，大事基本告成，目前是内阁主张重惩“八珰”，可皇上避重就轻，只是把他们赶往南京守陵，故双方僵持着。一丝不安闪过韩文脑际，他毕竟是一位老臣，又熟读史书，宫廷斗争的事见得多，也听得多了，他知道“八珰”只要不死，仍为祸根，自己是这场惩顽的第一个发难之人，要是局面真的有变，其后果可想而知了。

刘瑾看完焦芳送来的急信，大惊失色。马上把张永、马永成、谷大用等人聚在一起，商议对策。这刘瑾是陕西兴平县人，原姓谈，景泰年间，由一名姓刘的镇守太监带入京城，净身入宫，于是随监护人姓刘。当时刘瑾还只有六七岁，被分派到钟鼓司做杂役，后来孝宗看他人较端庄，派他去东宫侍奉太子，凭着一张利嘴和随机应变的本领，刘瑾得到太子的欢心。王鏊《震泽纪闻》卷下“刘瑾”：“景泰间自宫，入掖庭，冒姓刘。鸷悍阴狡，有口辨，常慕王振之为人。在孝庙时愤郁不得志，每切齿大臣。上登极，瑾以执役钟鼓司，与同辈谷大用等俱得幸。”皇太子朱厚照一登基，立刻让刘瑾到内官监作太监，负责朝廷的掌印、总理、管理等事务，与钟鼓司的地位相等，只比司礼监低一级，其身份已拔地而起。可刘瑾野心很大，也极有心机，他连做梦也想进入司礼监掌权。八人中刘瑾年岁最大，亦最有见地。接焦芳密信后，他急忙把其余七人召来，他对同党说：“贬往南京，逃得过一时，但逃不过一世，不是鱼死，就是网破。”继而又侥幸地说：“据内宫消息，万岁爷舍不得我们，迫于内阁与朝臣压力，不得已而为之，贬后总有一天会召回来。”这伙人七嘴八舌商量了一阵，刘瑾恶狠狠地说：“向我等第一个发难之人是韩文老儿，但能得手，定将他置于死地。”因一夜未睡，刘瑾眼角充血，脸色煞白，又眼露凶光对众人讲，还有吏部的王鏊王侍郎，此人在部议中上蹿下跳，到处奔走，宣扬我等导帝玩乐之事，如能逃过此难，也饶不了他。原来疏稿草成后，六部九卿官员又聚在一起商议，他人皆无言，独王鏊说：“若圣上依然故我，奈何？”王鏊的意思说，要是皇上对朝臣的疏奏不予理睬，怎么办？我们应有对策。李荣说：“荣颈上有铁裹之邪，而敢坏国事！”会议结束后，焦芳又把情况密告了刘瑾。

在这次最后商定的部议上，侍郎王鏊是想到了，“若圣上依然故我，奈何？”可惜所有的人都低估了“八珰”的能量，只想到了成功，没有考虑退路，以致后来被刘瑾等奸宦全面得势，甚至控制了朝政。刘瑾再一次看了焦芳的书信，心中冷笑，“若圣上能依然故我，就要尔等好看了”。刘瑾让八人围坐一圈，他站在中间阴沉着脸说：“各位老哥，人称我等为‘八虎’，是虎耶？非虎耶？就看我等今日敢不敢吃人了。”众人问刘哥如何个“吃”法？刘瑾用手指在地上划了一个“哭”字，又鼻子一酸，挤出几滴泪来。八人中有不解者说：“刘哥，这就奇了，哭也能吃人？”刘瑾神秘地一声冷笑，摇摇手，示意天机不可泄露。

当日夜里，八人来到皇宫，围成一个半圆形，跪在皇帝面前，放声痛哭，不停地磕头，八人额上都出了血。少年皇帝也从来没有见过这种苦肉计，被哭得心酸，茫然无措。见哭得到火候了，刘瑾磕着头，爬到皇帝脚下说：“万岁爷救我，我等为圣上开心，粉身碎骨也不顾。”武宗劝慰说，尔等快起，朕不会让人杀你们。接着又说："有人提议将尔等贬去南京，朕曾思过。那是为使尔等暂避风头，不久就会把尔等召回。朕与尔等朝夕相处，何忍心分离。"听到皇帝这一席话，刘瑾像吃了一颗定心丸，他见时机成熟，又挑唆武宗说，司礼监的几位老太监私交外朝大臣，商议以借惩我等八人之名，限制皇上的自由。见武宗动了恻隐之心，刘瑾煽动说："害我们八个人的是王岳。"武宗问："此话怎讲？"刘瑾添油加醋地说："王岳提督东厂，应该是皇上的耳目，却反其而行之，一味鼓动百官说'各位先生有话尽管说！'手臂往外弯，是何用心？况且狗马鹰兔，皇上请想，王岳曾买来进献过否？为何只责备我们八人？"无知的武宗被群小激怒了，生气地说："尔等放心，朕自有主张，下去吧。"刘瑾知道事情已有了转机，向众小使了个眼色，叩头退了出去。

刘瑾八人刚退下，武宗马上召李荣见驾。传旨：司礼太监王岳、范亨、徐智下锦衣卫狱，笞二十，谪南京闲住。又说：刘瑾调司礼监太监，兼提督团营。丘聚提督东厂，谷大永提督西厂。武宗说完，怒气未消，拂袖退入大内去了。李荣大吃一惊，他原以为皇上不会杀刘瑾八人，但流放南都闲住是必定的，最初也是他提出来的，想不到现在反把王岳等老臣贬到南京去，来了个一百八十度的大转弯，自己的脸面也荡然无存。司礼监太监有"内相"之称，可代皇帝批阅奏折。东厂与西厂都是侦探百官言行及行踪的特务机构，被视为皇帝的左右耳目。一夜之间，朝中大权悉归"八珰"，这是满朝大臣做梦也没有想到的。《武宗实录》卷十八："八人者知之，以瑾尤巧佞狠戾，敢于为恶，乃谋使用权瑾入司礼监，与执事伛以为脱祸固宠计。是夜，瑾翕旁笞岳、亨、智于内门，遣之南行。"

清晨，左顺门前群臣云集。大臣们都在盼着朝廷惩处"八珰"的最后消息，听说皇上有旨，朝臣们便早早来到了。不一会，司礼监李荣前来宣旨，其旨甚为严厉，众臣相视没有人敢说话。李荣说："上言卿等所云，罢宴乐则从，勤政事则从，惟八人者不可去。吾少而狎焉，长而安焉。"皇帝的意思是说你们上疏的条件我均可答应，但八人不能走，他从小到大靠的就是这八人，如今陪着他玩玩，怎能治他们的罪？事情突变，众官都面面相觑，不敢发一言。耿直的王鏊拉住李荣的衣袖说："李公公，八人不去，则乱本不除，天下何由得治，且今日之举，果何为乎？”李荣摇手对王鏊说：“圣意已决，王公无须再多言。”韩文长叹一声说：“今日天变极矣，不改纪其政，祸且不测。”李荣等无言以应，温言慰解一番而退。刘健长叹一声：“大势去矣。”转身便回内阁。神态从容，步履稳健，似乎对事情的处理已胸有成竹。谢迁、李东阳一言不发，跟在他后面。朝臣中有人捶胸顿足，有人泣不成声，当然也有人无动于衷，甚至暗中高兴。

回到内阁，刘健细细想来，才感到老太监李荣的忧虑是有道理的，悔不该不听他的话，造成眼下这样的局面。原来初时武宗见到抨击“八珰”的奏疏雪片般飞来，竟吓得“惊泣不食”，一时乱了方寸，不知该如何处之。于是武宗派太监李荣出面，代表皇帝与大臣“谈判”。李荣认为，只要皇帝能疏斥“八珰”，目的已达到；要求过严，恐怕会适得其反，激变出事来。可刘健、谢迁不听，言不诛“八珰”，决不罢休。再说此时“八珰”亦极为害怕，自求安置南京。当刘瑾知得他们的要求被阁臣拒绝，司礼监王岳、范亨、徐智等做内应，必要置他们于死地时，才破釜沉舟，连夜哭诉武宗，重演了出唐文宗时的“甘露之变”。唉，三个协力办事的阁臣，却败在几个不见经传的小太监手里，实在是大明朝的一种悲哀。刘健长叹一声，痛定思痛，他同谢迁、李东阳商议后，决定使出最后的撒手锏，以退为进，上疏“求去”，希望武宗能改变主意，把“八珰”绳之以法，重振朝纲。

临危入阁

正德元年（1506）八月初一日，朝廷敕旨：吏部左侍郎兼翰林学士王鏊，着在内阁，同李东阳办事。王鏊感到突然与惊恐，没有思想准备。此时，他还只是个侍郎，官职不过三品，再说大明朝历来只有尚书入阁，侍郎为阁臣者还不多。王鏊上疏谢辞，以资浅而推辞。十月十七日，朝廷又敕《王鏊辞内阁不允敕》曰："卿学行老成，才望久著，特兹简命，宜勉副委任，不允所辞。"对于皇上的敕命，王鏊再次疏辞不受。于是朝廷第三次又传《王鏊再辞免内阁不允敕》。正德元年十月二十四日，朝廷三下敕命，王鏊再不能推辞了，遂同吏部尚书焦芳一起入阁。这使许多朝官感到突然，然又似乎在意料之中。弘治十六年（1503）王鏊父丧告假返乡，守孝三年，返朝刚满半年，从一个左侍郎入阁为相，这在明朝历史上是不多见的。

王鏊的入阁，是偶然中的必然，但又是必然中的偶然。早在弘治十四年（1501），吏部尚书马文升就向朝廷举荐过王鏊入阁，说："如王公者，当于古人中求之，今世鲜其匹也。"后来马文升在一次朝议中又说："王公真宰辅也。"十七年（1504），阁臣引过求退，荐以己位让于王鏊，因内阁中有人以"南人宜结党"为借口，把王鏊、吴宽拒之门外。正德元年（1506），王鏊已五十六岁，眼看升迁无望，还朝准备辞官回乡。他在给胞弟王铨的信中云："比连得来书，甚慰。闲居亦如常，但归心不减也。今为山中无人，特遣王德回，照顾田园房屋。为我说于周道原，时时令人到山前一看，支分栽种。如有枯朽，即为补种。数年之后，吾来，欲花木成林也。吾弟若过山中，亦一视之，分付无令荒芜也。"从家信中可看出，王鏊告老还乡后，还准备到东山去种橘呢。丁忧三年，王鏊返京，朝政已今非昔比。起先，他积极参加朝臣诛伐“八珰”的斗争，没有夹带任何私人杂念。这场力量悬殊，好像是大力士用拳头打跳蚤的较量，想不到获胜的竟是一群小丑。更让王鏊没有想到的是刘、谢二公去位，他与同部冤家焦芳一起入阁。真是虽已近黄昏，仍有夕阳红。

王鏊像

事情还得从数天前说起，那日李荣传旨后，三阁臣沉默无语回到了内阁。静坐良久，刘健先说出了自己的打算：“我去意已决，不知两公有何良图？”谢迁、李东阳齐声说：“愿随公同去，大家一起求退吧。”于是刘健执笔，默默草书好了内阁三人一起求退的疏文。刘健求退的原意是，以甩纱帽作最后的力争，能使圣上幡然醒悟，对“八珰”的纵容有所收敛。按惯例，阁臣上疏致仕，非上三五道奏疏，才会最后被恩准。三人送去奏疏后，刘健又立即斟酌起草第二道奏疏的措辞。不料腹稿尚未打好，圣旨已下来了：刘健、谢迁着准致仕。李东阳仍留内阁办事，所请不准。来宣旨的是司礼监一个眼生的太监，宣读毕，抽身便走。李荣、萧敬等平时同阁臣们熟悉的公公没有来，大概事出突然，他们也不忍前来。刘健苦笑着说：“竟连第二疏也不需要了。”谢迁也附和着说：“有人唯恐我等去之不速，哪里还为有挽留之辞？”三人突然分手，总有些不舍，两人都嘱留阁的李东阳好自为之。刘健，字希贤，号晦庵，河南洛阳人。天顺四年（1460）进士，成化年间升少詹事，任东宫讲官。孝宗即位，升礼部右侍郎兼翰林院学士，入内阁参与机务。弘治十一年（1498）任内阁首辅，入阁已十八年，三朝元老，德高望重，政绩卓著。此年刘健已七十三岁，深感当年没有听从谢迁之荐，如能及时进一二贤，也不至于今阁中仅存一人，现在要荐，已来不及了。刘健自言自语地说：“唉，老

拙叟

臣之过，今阁中仅存一人，如之奈何？”谢迁听刘健自责，反而宽慰说：“要是当年吴宽、王鏊即能入阁就好了。”但又一想，两人都耿直，难容污垢，即使当年入了阁，今也必一起求退，何况吴宽已于一年前病故了。

李东阳弘治八年（1495）入阁，论资历在刘健之下，而比谢迁老，他在京城的住宅称李阁老胡同，为当年孝宗皇帝所赐。李东阳独留阁中的原因，他自己也清楚。当时内阁在商讨奏诛“八珰”时，刘健、谢迁措辞激烈，而李东阳说了句“请圣上裁决”，对刘瑾等威胁不大。杨一清《李公东阳墓志铭》云：“时逆瑾已柄用，于是刘、谢二公皆得谢去，而公独留。公据案涕泣，连疏恳求乞同罢，上素重公，两宫亦言旧臣唯此一人，不宜听其去。瑾不得已，故留之。”而刘瑾留下阁臣李东阳，更有其深层次考虑。李东阳为文坛领袖，四方仰慕，加上秉性谦和，可以驾驭，刘瑾想一旦他掌权后，如要收拾天下士人之心，得留下李东阳作傀儡之用。刘健、谢迁、李东阳平日阁中办事，虽也有些恩恩怨怨，却也能协力同心，朝臣中曾有人将他们比作成化朝“三杨”，即东之杨士奇、西之杨荣、南之杨溥。离阁之日，李东阳出钱在阁中备酒，为两位同僚送行，竟忍不住落下泪来。刘健是个直性子，马上正色道：“不必哭，不必哭，前日若与我们一起坚持‘明正典刑’，今日不也一同去了吗？”李东阳默然，内心不免感到惭愧。而李东阳独留的真正原因，《明武宗实录》卷十八载：“先是，请诛瑾等疏实东阳秉笔，第太监陈宽等至阁议时，东阳辞颇缓，中人以为事不由之。故与健等同日内疏恳求去任，而东阳独留，人亦幸其留云。”也许这是李东阳留于内阁的幕后之因。两阁老去位，李东阳独留，朝中正人颇以为饥，就连他的门生，时任南京大理寺少卿的罗玘也托人带信来，把恩师严责一番，要与其“先削学生门墙之籍”，然后大加诛伐。

刘健、谢迁致仕后，内阁急需补人，刘瑾想让对他有救命之恩的吏部尚书焦芳入阁，那天要不是焦芳派人来送信，急告朝臣弹劾之事，使他们连夜哭诉皇上转危为安的话，说不定他的人头早落地了。但刘瑾又是个极善玩弄权术的人，内阁补员，不同任命内官，下中旨不好，要廷臣推举。所谓“中旨”，就是不通过内阁，更不经过有关部门，直接由皇帝下旨。刘瑾需“会推”做做样子，说明他办事公正，不是出于私心。可他又有点担心，焦尚书资格虽老，德行实在太差，要是廷臣否决怎么办。刘瑾找来了府中幕僚张文冕，要他想出个两全其美万无一失的办法来。

张文冕是南直隶松江府华亭县人，县学生员，因犯了学规，被学府除名。眼见功名无望，北上京师，攀亲寻友，想寻一条出路。一个偶然的机会，与刘瑾相遇，两人相见恨晚，遂在京城租房住下，帮刘瑾办理文书之类的杂事。刘瑾一夜得势，张文冕也有了用武之地，成了刘皇帝的军师。他给刘瑾出了个点子，让吏部左侍郎王鏊陪衬入阁，此人是朝野公认的“正人”，陪焦尚书入阁，一来不为有人持异议，二来王鏊一个小侍郎成了阁臣，定有感恩之心，为我所用。刘瑾听后沉思一番，摇头着说：“此人在部、院上疏之际，上下活动，很是恶劣，想置我于死地。让他入阁，怕不那么听话。”张文冕分析说，那又何妨，关键在于取势。若公之势不足以镇之，焦芳也未必听话；若公之势足以镇之，又何患王鏊不听话。刘瑾想想也是，要是廷推阁臣，唯独王鏊、焦芳可一起以进。张文冕又分析说：“焦、王都是翰林出身，很符合非翰林不入内阁之例。王侍郎名声很好，有他陪衬，即便有人反对焦尚书，也不好再加非议，等于堵住了他人之口。两人入阁后，只要恩威并施，又何患王侍郎不听话。再说焦、王两人有矛盾，就让他们相互钳制，更利于控制。”听得刘瑾不住地点头，直夸他这个军师说得有理。

廷推阁臣之事，王鏊也略知一二，后又得知众臣独推他入阁。王鏊心想不可，自己官秩只有三品，资历不足。今刘瑾已独揽朝政，自己最早发起及联络部、院奏疏“八珰”，刘瑾不会不知，必不会用，甚至做好了致仕的准备。三天后，诏旨王鏊同李东阳内阁办事。王鏊三次疏辞，朝廷不允，于是同焦芳一起入阁。《太原家谱》卷一下“敕谕”：“正德元年十月十七日，手敕事左侍郎兼翰林学士，着在内阁同李东阳办事。”有道是：有心栽花花不发，无意插柳柳成荫。年初王鏊返朝，正遇朝内汹汹，欲诛八宦，他一腔热血，奔走呼号，联络朝官，讨伐八奸，没有考虑到一己之利，如今臣议把他推上了阁臣的宝座，他的内心反而感到非常不安。王鏊在给长子延喆的家书中说：“十月十七日奉诏旨，兼翰林院学士，著在内阁，同李东阳办事，自愧菲才，忽当重任。如谢公之才，犹力辞去之，我独何以当此？此可以为惧，而不可以为荣也。所冀为子弟者，悯予之艰，勿为生事，以增我罪戾。此外更无他祝也。大爷三爷五叔，可并以此信观之，不及别幅。”又云：“我今蒙恩召，入内阁，此天下之极荣，儒者之所难遇也。然我处此，日常忧心忡忡，未当少宁。”

李东阳见来了两位阁臣，心中甚喜，笑脸相迎。王鏊谦虚地说：“某奉旨入阁办事，无才无德，心中实是不安，凡事得多多指教。”李阁老笑着说：“论人品才学，济之先生为一时之冠。你与守静（焦芳字守静）先生一起入阁，我甚感欣慰。”一个尚书，一个侍郎，李东阳不赞尚书赞侍郎，焦芳听了很不舒服，好像自己倒占了侍郎王鏊的光一样。王鏊与焦芳刚入阁的第一天就吵了起来，焦芳是天顺八年（1404）进士，比王鏊早五科入仕，年龄也比王鏊大得多，又是尚书入阁，倚老卖老摆资格。圣旨刚下时，焦芳心中窃喜，他兼的是吏部尚书，而李东阳兼的是户部尚书，六部中以天官府吏部为首，首辅应由他来兼，说话必要以他为主。如今他只是个次辅，心中感到不快，又一想，次辅总在你三辅王鏊之前。谁知王鏊就是不买他的账，互相挑刺。

两人话不投机半句多，其实也是一点小事。头天入阁，李东阳向两人告知阁中规矩，内阁中不设正位，原因是当年宣宗帝驾临内阁，曾面南坐过，以后首辅徐溥、李贤、彭时都向新来的阁臣告知阁中规矩，臣子不得面南而坐了。焦芳自以为有刘瑾这座靠山，却说：“不然，我看这个规矩要破它一破了。”王鏊反驳说：“禁中自有无正面设座的道理，除了御坐，岂能再设正座？”焦芳马上抬出刘瑾来压人，说要是司礼监的公公来了，也不请正面坐吗？王鏊对焦芳的无知与粗鲁极为反感，正想据理再论，李东阳憋不住说：“弟虽不刚烈，亦不苟同。我在阁一日，就要守这个规矩一日。弟一旦去位，也望诸公恪守。”焦芳这才自觉失言，不再多说。在关键时候，李阁老绵里藏针，给了焦芳一个下马威。这事王鏊在《震泽长语》卷上“官制”一文中有记载。至于王鏊与焦芳的争论，文中没有提及，但随着宦官权益重，这个“事久矣”的规矩，到王鏊著《震泽长语》时可能已被改了。

新内阁排列次序：李东阳第一位名首辅，焦芳排第二位称次辅，王鏊第三位是三辅，后来晚些入阁的杨廷和名四辅了。上朝朝参的序列是：公侯、内阁大学士、六部尚书、都察院左右都御史、大理寺卿等。王鏊虽已入阁参与机务，但仍为三品官阶的礼部左侍郎，加上他较为自谦，每次朝参，均按官秩排在六部尚书之后。一日朝毕，武宗见王鏊走在各位尚书的后面，曰：“咦，岂有阁老班尚书后之理！”一问吏部，才知王鏊入阁后官职未升，仍为侍郎。于是武宗降手敕，升王鏊为户部尚书兼文渊阁大学士，兼国史总裁，官阶至正二品。

吏部掌进退百官之权，刘瑾把焦芳安排进内阁，只是想在阁中安插亲信，掌控“内阁佐天子出令”的内况，吏部尚书之职还仍让焦方兼任，所以王鏊入阁后，阁中之事仅与李东阳两人而劳。一身同时兼阁部、吏部两要职的焦芳，很快遇到了一个使他哭笑不得的尴尬事，原来凡朝参奏章奉旨时，事关吏部者，尚书须当廷跪接承旨，而阁臣只须班侍立听。这焦芳已是名正言顺的内阁次辅，可当朝廷有旨吏部时，焦芳须行尚书之职，跪接圣旨。在众目睽睽之下，他又立又跪，实在是太刺眼了。纵观明朝开国后，从洪武至弘治的九朝中，还未有阁臣同兼吏部尚书两职之臣。王鏊实在看不起这位品行全无的同僚，见焦芳两边跑得不亦乐乎，与之开了个不大不小的玩笑，有些挖苦地说：“守静兄，你就这样内阁部事两边跑，可当心贵体。”焦芳当然听出王鏊是在挖苦他，但还是假惺惺地说：“圣命难违，任劳负重，有何法子。”焦芳的回答有些做作。“兄昨日为部事跪接圣旨，我等同为阁臣，与西涯兄（李东阳字西涯）于心不忍啊！”王鏊的这句话，触到了焦芳的痛处。心想好个王济之，如此戏言，想赶我走吗，没那么容易。

焦芳向刘瑾诉苦，想辞去吏部尚书之职而专心内阁办事，刘瑾阴着脸，好一阵没有说话，这给他出了个不小的难题。为了安插焦芳入内阁，刘瑾找了个王鏊陪衬。现在要让焦芳离开内阁而留下王鏊，这与他的初衷相差甚远，这是刘瑾无论如何不愿意的。好在大权掌控他的手中，他可翻手为云，覆手为雨，谁敢说个“不”字。加上焦芳找他闹着坚决要辞去尚书部务，刘瑾卖了个顺水人情，让焦芳入阁后离开吏部。《明武宗实录》卷一十七：“瑾遂擅政，引芳入内阁，表里为奸。”焦芳、王鏊入阁后，吏部只剩下一个老侍郎梁储，刘瑾不喜欢他，他同张文冕商量后，把兵部尚书许进改任了吏部尚书。

力救忠良

月黑风高，雪花飞飘，山东临清的冬夜显得宁静而神秘。夜已深了，王岳、范亨、徐智三个老太监被人看押着，住进了临清运河边的驿站。这时，几条尾随的黑影也翻入院内，潜伏在草丛里，窥视着屋中疲惫的客人。数天前，三人还都是位居一人之下、万人之上，有内相之称的司礼监的公公。可就因为他们支持了内阁严惩“八珰”之议，被人密告刘瑾，武宗又受了刘瑾的挑唆，一夜之间，他们被下了锦衣卫，笞二十杖，谪南京闲住。王岳是抱养大孝宗的老太监，又是同刘健、谢迁、李东阳等阁臣一起受孝宗托孤的内相，可这些有什么用呢，如今连性命也难保了。几天前，刘瑾率“八珰”哭诉武宗，在听到武宗说，朕与尔等朝夕相处，何忍一日分离？既然王岳要与尔等作对，那就把他们贬去南都。阴险的刘瑾又提出把王岳杀了，可武宗说：“朕不忍心杀之。”圣上对王岳还有留恋之情，刘瑾心中发狠，想这个王岳必杀之，留下来将后患无穷。于是急令刚刚提督东厂的丘聚和西厂的谷大用，各选出几名武林高手，尾随王岳等三人，在赴南京途中把他们杀掉。

王岳三人刚刚入睡，四五条黑影破窗而入，对准床上的几人用刀一阵乱砍，瞬时刀光剑影，血溅客栈。年老的王岳、范亨早已丧命乱刀之下，年轻些的徐智被砍掉一条臂膀，从窗口跳入运河逃生。事情发在山东境内，朝廷令济南府限期破案。事关朝廷内相被害，知府赵璜不敢怠慢，派人明察暗访，终于查出了眉目。他在上奏武宗的疏文上道：“臣知王岳等为刘瑾辈所恶，此事必刘瑾所为。望陛下察岳无辜，惩瑾妄为。”这疏文当然先到刘瑾手中，赵知府当着和尚骂贼秃，这还得了。疏文上奏不过半月，朝廷的旨意就下来了，赵璜被罢官为民，山东巡抚朱钦因同赵璜交往过密，又置酒为赵璜

怡老园

送行，被勒令致仕。赵璜、朱钦一个被罢官，一个被致仕，要有冠冕堂皇的理由，刘瑾说朝廷命官在他们管辖的境内被杀，抓不到凶手，只能拿地方官是问。开始有中官担心，追杀前朝老臣，要是朝中科道官弹劾，皇上追问起来怎么办？刘瑾夸口说："使瑾入司礼，可使科道结舌，文臣拱手。"有了这么一句话，于是，司礼监共推刘瑾典政。

杀害王岳等三人，嫁祸山东地方官，这只是刘瑾实施报复的第一步。这时的王鏊尚未入阁，对王岳等正直的公公爱莫能助，当然身在京城的王鏊也不能预知百里之外临清发生的事情。随着刘瑾的羽翼逐渐丰满，他对朝中六部九卿中不附己的官员逐一清除，安插亲信，进行一番调整后，露出了狰狞面目，开始对三年前上疏要求武宗处置"八珰"的大臣反攻倒算，其打击面之大，手段之残忍，令人发指。此时，整日玩乐的正德帝，在刘瑾等中官的误导下，经常数月不上朝，根本不理朝政，把国家大事全部交给了刘瑾去处理。大权在手的刘瑾，常以"矫诏"来施其淫威。刘瑾真正成了一人之下、万人之上的刘皇帝。《明武宗实录》卷六十六："时上亲政，且厌苦者。瑾揣知上意，巧为迎合，乃变置大臣，日求官僚细过，深文以督责之。言官小有触犯辄中以危社祸，散遣官校，远近侦察，使人皆自救不给，莫敢进言。上喜，谓瑾可任，乃悉以机务委之，大小奏章不复亲决。”在前后三四年的时间里，刘瑾及党羽寻机打击、迫害了七百多名官员，对这些曾经弹劾过他的朝官，或廷杖，或削职，或下狱，或降级，或凌辱，或罚俸，采用各种手段来整治迫害朝臣，以巩固他的统治。

三月下旬，春寒料峭，紫禁城里寒风凛冽。一天早朝后，司礼监臣传命：群臣集于金水桥南听旨。刘瑾持旨而来，宣读圣旨称：刘健、谢迁、韩文均为“奸党”，治重罪，将被以谋逆罪论死。在“圣旨”中被同时被列为奸党的有原司礼太监王岳、范亨、徐智，尚书杨守随、张敷华、林瀚，郎中李梦阳、主事王守仁等翰林院官、科道官共达五十三人。南都科道官蒋钦不屈三次上疏，已被杖死在锦衣卫狱中。尚书林瀚本来无事，因上疏替韩文鸣屈，也被刘瑾列入了“黑名单”。这些朝臣与太监，均是当年要求朝廷严惩“八珰”，在疏奏上签名的人。刘瑾得势后，开始不露声色，密派东厂、西厂侦探摸清情况后，利用皇帝给他不受任何制约的特权，对这些人来了个一网打尽。弘治帝苦心经营一朝，留下的这一大批朝廷精英，就这样毁在武宗及刘瑾等败家子手中。

阁臣刘健和谢迁在正德元年（1506）十月被迫致仕，本已与政事无关，但刘瑾、焦芳仍不肯放过，诬陷两人“变乱黑白，煽动浮言”，“彼此交通，曲意阿附，诽谤朝廷”，企图给他们再次抹黑，处以极刑。正德四年（1509）二月，竟将两人“削职为民”，又凶狠地要对他们逮捕抄家，重新判刑。危急关头，李东阳以私交求情于刘瑾，王鏊也仗义执言，与李东阳一起力争，事情才得到缓解，但焦芳对刘瑾说：“虽轻，亦当除名。”处理虽很重，但两人的命是保住了。《明武宗实录》卷七十四：“瑾持至内阁必欲逮健、迁并坐，且籍其家。大学士李东阳徐为劝解，瑾意少释。焦芳在旁因抗声曰：‘纵从轻处，亦除名。’既而旨下，健、迁皆为民，礼等谪戍边卫，符各罚米三百石。”

尚宝司卿崔璿出使、工部郎中张玮巡河、湖广副使姚祥上任，都违制乘坐肩舆，随从也向驿站索马，被东厂侦探获悉。这事本属小事，处理也只属降职、罚俸之范围，可刘瑾为立威，传中旨：下镇抚司拷讯，狱具，请付法司拟罪。内批令枷两月，满日奏之。于是崔璿于长安街左门、姚祥于长安街右门、张玮于张家湾，各带枷示众两个月。明代对官员乘轿、骑马虽有严格的规定，京官三品以上得乘轿。尚宝司卿，正五品；按察副使，正四品；工部郎中，正五品，皆不得乘轿。但前此奉使远行者多乘轿，从者亦得乘驿马，因袭之弊年久。刘瑾专政，故此事以立淫威。赤日炎炎，大地如火，三人枷号不到一周，年长的张玮已奄奄一息，倒在了地上，刘瑾仍不肯罢休。有朝官从张家湾赶来内阁，告知几位阁臣："张郎中不行了，快救救他们吧。"此时，李东阳告病在家，焦芳不作一声。王鏊急步赶到司礼监，用责问的口气对刘瑾说："士大夫可杀不可辱，今公既辱之，又将杀之，吾又何颜面立于此？"刘瑾假惺惺地说，此事他尚未知，皆东厂之为，待查后处之。王鏊又用缓和些的口气对刘瑾说，崔、张、姚等确是违制，但动辄枷丁市，亦非朝廷体制。经王鏊力救，三人的命是保住了。《明武宗实录》卷二十二："甲戌……太监李荣传旨：'崔璿、张玮、姚祥枷号期未满，姑从轻开释，以辽东铁岭卫永远充军。'"此事在杨一清所撰的《李文正公墓志铭》上亦有载，说崔、张、姚三人皆李文正公东阳所救。王鏊在《震泽纪闻·读李文正公墓志》一文中说："崔璿、张玮、姚祥等枷号，以公奏得释。三人枷号，最瑾作威之初，公于时方称病不出，于何所奏？《纂要》最瑾所恶，又曷尝锡宴示恩？而公又曷从辞之？匿名文书之投，逮廷臣于狱，因事解释，不可谓无。今云公奏，不知奏于何人？奏于上乎？奏于瑾乎？瑾卒四出，公无一言，乃云上疏极论之，不知疏今安在哉？"对墓志中不实之事，进行了责问与批评。事实上，当时内阁三人，李东阳告病在家，焦芳是刘瑾死党，能站出来主持公道的也只有王鏊。

王鏊和李东阳营救重臣韩文、刘大夏、杨一清免于被杀害，更为惊心动魄。户部尚书韩文是当年同王鏊共议严惩"八珰"的先锋，韩文还领衔了疏文，是刘瑾第一个要治其死地的大臣。正德元年（1506）十一月，朝廷派员清理内库，发现了有作假的银两。库存少许假银，这本是很正常的事情，几乎历朝都有。刘瑾却抓住不放，大做文章，把责任推到户部，尚书韩文首当其冲，降一级，勒令致仕。郎中李梦阳谪为山西布政司经历，限日离京赴任。韩文是山西洪洞人，成化二年（1466）进士，是位清廉正直、自守甚严的大臣，受到朝野敬重。三十年前，韩文妻子病故，当时他刚过不惑之年，子侄及好友轮番进言，或请劝他续娶，或请其纳妾，韩文一概不允。从五十岁劝到六十岁，韩文仍无动于衷，孤身一人。平时他独处一室，婢女亦不许入。到了冬天，只有孙儿在室中替爷爷温足。

韩文与王鏊亲如兄弟，在朝互赠诗文不绝。韩文任吏部侍郎时，王鏊就赠《调韩侍郎》，诗曰："空斋不用辟寒金，一任浮云结暝阴。杨秉一生三不惑，鲁山千古两同心。"赞扬韩文如东汉杨叔山和唐代鲁紫芝，一生酒、财、色三不惑。一次，两人一起参加秋日斋居，值雨雪不断。王鏊作《秋日斋居值雨已而大雪呈韩亚卿》，韩文复诗和之。王鏊又作《韩见和复次韵》，说是在官衙少有快乐，公事堆积如山。没有同心同志趣之人，显得拘束窘迫。黄昏时，与韩亚卿对席交谈，又有新诗见之，诗作古淡似张籍。自己如此幸运，能得一莫逆之交韩亚卿，真是三生有幸。继而又道，你太寂寞了，何不续娶一位夫人陪伴你。韩文喜种花，庭院中的芍药花盛开时，邀王鏊前往观赏。王鏊作《韩侍郎庭中芍药盛开》诗相赠，称赞："露浥红香湿未干，绿阴深静护阑。道人自是忘情者，莫作当年侍史看。"一年冬天，王鏊送韩文至郊外谒陵，天沉沉，路漫漫，"燕山路超忽，我心如惨戚"。王鏊又作《送韩亚卿谒陵》诗相送。在发动朝臣合力上疏弹劾八虎，需一尚书领衔时，王鏊在焦芳处碰了壁，第一个想到的就是户部韩尚书，韩文也勇挑重担，没有推辞，可见两人友谊之深。现韩文因小节而被致仕，王鏊心中愤愤不平。

离京之日，王鏊等好友想去送行，可韩文一概谢绝。他一身官服，在大明门外面北而跪，遥行叩拜大礼。然后，换上便服，向东步行而归，伴随的只有一挂牛车，车上一只黑漆斑驳的旧木箱，一名年在五旬开外的家仆。刘瑾派了三名西厂探子尾随，交给他们的任务是查清木箱中藏有多少金银财宝，一旦发现立即拘捕押回。刘瑾心想，不信你韩文老儿为官数十年、还做了两年大司徒，会如此清廉，挑不出一丝纰漏。在中原故道的一座荒庙中，西厂高手乘着韩文主仆两人夜间熟睡，打开木箱，借着月光细看，箱内只有一身旧官服，十余函书籍，加上晚间使用的几条被子。连西厂的冷血杀手们也被感动，天下竟有如此清廉的官员。他们不愿再尾随下去，赶回京城向刘瑾复命。督掌西厂的谷大用感到刘瑾是多此一举，想干脆途中把韩文老儿做掉就是了，可刘瑾还有更恶毒的计划，他阴险地对谷大用说："让他死于非命，不如死于刑法之下，可以儆戒百官，立吾等之威。”

王鏊在金水桥畔听罢“圣旨”，好友韩文被打成“奸党”，将治死罪，心情非常沉重，他厉声责问首辅李东阳：“这等大事，内阁竟无知晓？”李东阳告知王鏊，刘瑾宣的是“中旨”，可以不经内阁，直接代圣上宣达敕旨，毫无办法。韩文刚宣旨落职时，给事中徐昂上疏为其申诉，结果被治罪，从此再也无人敢出来说话。现在韩文成了“奸党”，谁敢再言，就是为奸党翻案。风险再大，王鏊还是要站出来说话，他先对李东阳说：“我等是否应上疏为韩大人再争一争？”软弱的李东阳怕争之无益，更怕累及自身而想作罢。王鏊又说：“虽然是争之无益，似也该进谠言。”意即要进正义之言，救忠义之士。王鏊见说不动李东阳，干脆一不做，二不休，直接找到了刘瑾论理。

刘瑾知道王鏊秉性耿直，在朝中口碑又好，是他重点拉拢和利用的对象，因而对王鏊不薄。威恩并施是刘瑾一伙的惯用手法，他在“奸党榜示朝廷，甚感欣慰”之时，又使出了拉的一手。历朝官员都以得到朝廷恩赐的玉带为荣，弘治末年，圣上恩宠赐玉带的大臣有五位，阁臣刘健、谢迁、李东阳与尚书马文升、闵珪。正德初，马文升致仕，留下的玉带又赐予正二品的尚书焦芳。刘健、谢迁去位后，刘瑾把玉带以皇帝的名义，赐给了王鏊等大臣，并敕升王鏊为少傅，兼太子太傅、武英殿大学士，还在文华殿赐宴，以示祝贺。刘瑾原以为这样一来，王鏊一定感恩，对他的倒行逆施会睁一眼闭一眼，不予理会。谁知王鏊根本不在乎玉带之赐，宴毕，他找到刘瑾毫不客气地问道：“韩公清德粹行，海内所知，今无故加罪，恐天下不服。”刘瑾对王鏊又恨又敬，违心地说：“济之先生的话亦在理，尚可商量。”当时满朝大臣都感到韩尚书凶多吉少，必死无疑，王阁老替奸党说情，恐怕也要自身不保，被列入异党。也许是刘瑾被王鏊的正气所感，最后，韩文被戍边，也算给了王鏊一个大面子。王鏊在《震泽纪闻》卷下云：“瑾怨韩文，以微事逮至诏狱，必欲置之死。百僚振恐，莫敢为言。一日朝罢，有遗籍于庭，言瑾擅威福，扶安、王伟清慎，文等无罪。其籍在御东街，疑文臣所为也，自大臣及翰林外皆令跪赤日中，晒死者数人。搜索至暮，入狱死者又数人。卒无验。上手其籍曰：‘汝谓贤，吾故不用！汝谓不贤，吾今用之！’于是任瑾之意益专，扶安等皆斥南京，然文竟以是得免死云。”这是韩文得救的又一种说法。

户部郎中李梦阳是为韩文草疏严劾“八珰”的笔杆子，刘瑾认定他也是元凶，欲置死地。正德三年（1508）正月，刘瑾借户部失策的一点小事，把郎中李梦阳贬为山西布政使经历，不过数月，朝中宣示奸党，他又被迫致仕。事情还没有完，不足一年，李梦阳又被逮入京，关在北镇抚司监狱，被折磨得奄奄一息。在京商贾的哥哥李梦和找到阁臣王鏊，哭着说：“王大人，救救献吉。”献吉是李梦阳的字，李梦和知道两年前王鏊也参与策划了严惩“八珰”的草疏，如今刘太监秋后一一算账，弟弟危在旦夕，也只有来求王鏊王大人了。王鏊宽慰了李梦和一番，先了解清楚了李梦阳在经历司犯事原因，都是一些杂务上的失误之事，刘瑾小题大做，欲罪该论死。王鏊思量了一下，认为自己去同刘瑾论理，未必救得了献吉，利嘴刘能说出一大堆李梦阳的罪状来。必须找一个同刘瑾有私交的人前往，也许能事半功倍。后来到底被王鏊想起一个人来，弘治十五年（1502）状元翰林院编修康海。王鏊告诉李梦和，若康状元肯出面去游说刘瑾，也许能救得了你弟弟李梦阳。

颜乐斋

康海，字德函，号对山，陕西武功县人，与刘瑾是同乡。康海中状元后，刘瑾感到他为陕西家乡争了光，极为敬仰，想招至门下，数次“降尊纡贵”去访康海，而康海总是事先避去，待刘瑾不在家时去回拜，以回礼节，刘瑾一筹莫展。李梦阳经哥哥李梦和劝说，在狱中写了“对山救我！惟对山能救我”的纸片，请探狱的友人带给了康海。王鏊的奇计果然有效，事情出奇的顺利。当刘瑾得报关中康海来访，竟衣衫不整，倒拖双履出门迎接，备酒款待。三杯酒过后，康海切入正题，利用刘瑾好名之心，为李梦阳说情，果然成功。第二天，朝廷有旨：李梦阳获释。《明史纪事本末》载：“瑾大喜，延置上座，海曰：‘昔唐玄宗任高力士，宠冠群臣，且为李白脱靴。公能之乎？’瑾曰：‘即当为先生役。’海曰：‘不然！今李梦阳高于李白，而公曾不为之援？奈何欲为白脱靴哉？’瑾曰：‘此朝廷事，今闻命当为先生图之。’”原来康海是用了激将法，使老奸巨猾的刘太监就范，放出了在诏狱中被打得奄奄一息的李梦阳。李梦阳出狱后，匆匆离京，栖居河南开封。刘瑾事败，他被朝廷重新起用，后官至尚书。而关中才子康海因救李梦阳同刘瑾有了往来，后来刘瑾要升康海为吏部侍郎，被坚决推辞掉。刘瑾被诛，康海被列入刘党，削职为民。他夺魁一场，仅当了五年翰林官，就结束了自己的政治生命。

刘大夏是弘治朝的能臣，他在任兵部尚书期间，大力整顿军政，一再要求裁革全国额外的镇守宦官和传奉武臣，“以杜幸门，以解边人之困”。为此，得罪了宦官刘瑾及刘宇等一些久掌兵权的武臣。弘治朝，孝宗对刘大夏极为信任，其恩宠甚至超过了刘、李、谢三阁老，时常独召燕对，三位阁臣反而向他询问皇上对朝政之事。正德初年，吏部尚书马文升致仕时，曾向朝廷推荐刘大夏接替吏部尚书之位。就在这时，御史王时中疏奏，斥刘大夏老耄，刘只得上疏求退。刘大夏致仕后回到湖广老家，以耕读伴其晚年。刘尚书戎马一生，原以为致仕后可享享清福，平安入土，谁知祸起萧墙，三年后，七旬高龄的刘大夏被捕入狱。事情还得从弘治十八年（1505）说起。广西思恩府土知府岑浚作乱，攻破临界的田州府，掠土知府岑猛家属五十余人，又兵犯田州府所属的上林县与南宁府。朝廷征调两广官兵十余万人，分六路大军围剿。双方一接兵，岑浚逃遁，不久死去。思恩平定后，兵部奏议，思恩、田州两地均有朝廷派流官管理，原田州府土知府岑猛降为福建平海卫千户，但岑猛使人厚赂太监刘瑾，宣旨为以同知署理府事。三年后，岑猛兵势复振，又向外侵扰。事情累及兵部，已致仕的刘大夏被捕入狱。罪名是兵部正官除乱不尽，使贼势复燃，罪不该赦。这是表面，获罪的真正原因是，有同党对刘瑾说，刘大夏富有，籍其家，可当边费十余年。刘瑾大受诱惑，下中旨逮刘大夏至京，准备抄没其家。谁知东厂缇骑前往华容县逮捕时，刘大夏正在整理菜园子，接旨后，入家携数百钱，骑一小驴，仓促上路，家中仅一幢中人之家的住宅，屋中陈设甚为简陋，除祖宅和十几亩薄田外，刘家别无余赀。刘瑾听完东厂办案汇报，大失所望。话又说回来，要是刘大夏真的家财万贯，那必死无疑。

王鏊敬重刘大夏，两人也有很深的友情。弘治十四年（1501），刘大夏隐居华容后复起，任兵部尚书，王鏊有诗《赠刘司马时雍》云：“纷纷末路竞先驰，安石东山起独迟。声望在人真不偶，功名到手可终辞？”十七年

（1504），刘大夏失子后，王鏊又作诗《和刘司马失子二首》劝慰道："死生难得似东门，泪眼逢春转觉昏。顿悟要从迷处得，浮生须著梦中论。雪迎炽炭愁方却，月近顽云势易吞。嬴博有封那复记，庭前苦竹已生孙。"劝慰刘尚书，丧子之痛使人悲伤，世间无有达观者如东门吴者，将浮生视作南柯一梦。请刘司马节哀，悲痛能如雪近火炭而消融。长时沉溺于伤痛中，将有伤于身心。可喜刘司马已得孙，后嗣已有人。刘大夏致仕，王鏊曾作序《送太子太保兵部尚书刘公致仕序》，云："公行有日，公卿大夫倾朝出饯。于是相与赋诗为别，所以叹其贤，侈之逢，惜其去，而不能不望其复来也。"

刘瑾之流为立威，给刘大夏强加的罪状是地方激变。这事有些原委，因当年两府改设流官，岑猛降为千户，远徙福建，均是兵部尚书刘大夏提出的。岑猛之变，由此而起，按大明律，激变定死罪。刘瑾为表示自己办事公正，装模作样来到左顺门，与大臣们廷议。众臣均知"激变"两字的分量，又惧刘瑾的淫威，一时屏息闭气，无人敢言。又是王鏊向刘瑾发问道："有人说刘大夏激变岑猛，但岑猛只是迁徙不行，并未背叛朝廷，既未背叛，刘尚书说激变便是不实，依激变定罪更为不妥。"王鏊责之的刘尚书即刘瑾同党，后任的兵部尚书刘宇，受刘瑾旨意，奏劾刘大夏激变岑猛，要必置刘大夏于死地。辩驳甚为有力，在座的大臣都松了口气，只要不以激变论罪，刘大夏便不至于宣判死罪。李东阳与刘大夏是同科，都是弘治朝重臣，私交又不错，见王鏊无惧仗言，也站出来说："改设流官，也是为朝廷计。今又示激成大变，要说有失误，也只是安抚不当，我等以此论处好了。刘先生以为如何？"讲完还反问了刘瑾一句。一位堂堂首辅，坐第一把交椅的宰相，屈称一个太监为刘先生，还以公相称，王鏊十分反感，可李东阳自有他的道理，只要能救昔日老友，屈就屈就些吧。

一代忠良刘大夏，他在正德元年致仕时，尚言镇守中官及武臣贪腐。未几，又言镇守太监如江西董让、苏州刘琅、陕西刘云、山东朱云等贪残尤烈，乞朝廷按法治罪，而上皆不见问。弘治朝，刘宇巡抚大同，私市善马贿赂权要，被时任兵部尚书的刘大夏言知孝宗。刘宇知道后很是害怕，后来走了寿宁侯张鹤龄的路子，孝宗才没治他的罪。所以刘宇入刘瑾集团，当上兵部尚书后，第一个报复对象就是昔日的顶头上司刘大夏。幸在刘瑾对刘大夏并无大恨，只是听了党羽刘宇之言，才下旨把刘大夏逮捕。刘宇是河南人，始为大同巡抚，后被吏部尚书马文升提为大同总制宣、大军务。刘大夏激烈反对，还在朝廷之上斥责过刘宇的过失，刘宇发誓要报当年一箭之仇。刘瑾原意只是想借此事树威，并不真正想杀刘大夏，见两位阁臣为刘说情，口气有了点缓，说："死罪可免，活罪难赦。以两阁老之论，即使可以不死，也不可以不戍。"刘瑾一语定音，众臣都松了一口气，王鏊更为高兴，常言道：留得青山在，不怕没柴烧。刘老尚书只要不死，日后必有出头之日。刘瑾怕众官不服，又略作考思说："安抚不当，是潘蕃的罪过，刘大夏的罪过是不从潘蕃之议。当年如依潘蕃的主张，今岑猛就不会激变。"言外之意，刘大夏处置失误，即使今日不曾激变，以后只要激变，仍难逃死罪。王鏊顿时又吃了一惊，心想这刘瑾虽为宦官，却非等闲之辈。

刘大夏戍肃州。两年半后，他获准致仕，加太子太保衔，赐予敕书，驿递供给交通，归家后岁给廪米隶夫，李东阳、谢迁等重臣均至广宁门外设席送行。这次离京，刘大夏从一品尊衔变成了布衣，没有一个老友敢来辞别，相伴的只有老仆刘才。刘大夏布衣徒步过大明门下，朝北遥拜，叩首而去。观者叹息泣下，祈祷这位七十三岁高龄的老人，尽快灾去生还。《明史·刘大夏传》载："大夏忠诚恳笃，遇知孝宗，忘身殉国，于权幸多所裁抑。尝请严核勇士，为刘瑾所恶。（兵部尚书）刘宇亦憾大夏，遂与焦芳谮于瑾曰：'籍大夏家，可当边费十二。'三年九日，假田州岑猛事，逮系诏狱。瑾欲坐以激变罪论死，都御史屠镛持不可，瑾漫骂曰：'即不死，可无戍耶？'李东阳为婉解，且瑾诇大夏家实贫，乃坐戍极边。初以广西，芳曰：'是送若归也。'遂改肃州。"《明武宗实录》卷四十二："正德三年九月……辛酉（二十六）复得旨：'数大夏、蕃罪当死，姑从轻，永戍肃州。'"

正德元年（1506），右都御史杨一清被朝廷授予总制陕西三边军务之职，辖管陕西、延绥、宁夏、甘肃四镇。他在职充军伍，部署兵力，加强防御力量，奏请修筑自延绥以东石涝池到宁夏横城，以北至镇远关等处边墙，利于国家边防安宁。修边工程从正德二年（1507）春动工，计划九月完成。但杨一清一向不附刘瑾，很快被刘瑾借故革职，他苦心经营的修边工程也毁于一旦。杨一清借病求去后，刘瑾仍不肯放过他，又以"冒破边费"为名，把杨一清捕入锦衣卫，必欲杀之。事出有因：一天，刘瑾至户部，同尚书顾佐议及边费严重超支，随即请旨差给事中、御史核查边费。各边粮储、马匹、草束、银两等数目，清点极为困难，这些核查官员怕查报不清，对朝廷无法交代。负责核查陕西三边的给事中安奎、御史张彧，粗粗估算了一下，虚报了边费亏损。刘瑾因恶杨一清，马上派人追查有关官员的责任，遂把前任总制杨一清逮捕至京。

刘瑾借“边费”一事，欲治杨一清的重罪。王鏊又去找刘瑾论理：“听闻朝廷损一柱石，特来报与公知。”王鏊开门见山，用手指了指北镇抚狱方向对刘瑾说。刘瑾对这位软硬不吃的阁臣十分头痛，知道王鏊又为杨一清之事寻上门来了，却假装不知，反问王鏊：“济之先生言之柱石，为何人耶？”当王鏊说是朝廷重臣杨一清时，刘瑾反驳道：“杨一清是朝廷蠹虫，朝廷逮治，已有明旨，何必再问！”刘瑾言语中关门落闩，一副居高临下的样子。“圣旨非经阁议，吾未见其明，特来请教。”王鏊知道逮杨一清是刘瑾盗用的所谓“中旨”，遂不客气地责问。这下可触到了刘瑾的痛处，只得换了口气说：“科道官说他浥烂草束，亏损粮储，遗失马匹，才有内旨逮他。”“这正是下官不明之处”，王鏊紧追不放，又质问刘瑾道：“自弘治十年以来，陕西三边总制之设已有二十年，杨一清在其任不过一年。以一年之任，而负二十年之责，圣明之世，成何道理？以此治罪，何以堵天下之口？何以服一清之心？”连首辅李东阳见了也自感矮三分的刘瑾，遇到这样一位不怕威的倔老头，一点办法也没有，只得应付说：“二十年的糊涂账，总要一笔一笔地清算。”见王鏊若有所思，刘瑾停了下又说：“再者，杨一清修边墙，用去朝廷数十万帑金，第一笔算到他头上，不冤枉他吧？”王鏊熟记当年杨一清修边墙给朝廷的疏奏，其中说到，弘治末年，总制秦纮复修边墙，但掣肘于费用，仅修了四五小堡，谓可无虑。不过一两年，寇复深入。为巩固边防，杨一清上任后提出修边四策：一曰修浚墙堑，以固边防。二曰增设卫所，以壮边兵。三曰经理宁夏，以安内附。四曰整顿韦州，以遏外侵。“杨一清在延绥安边镇、石涝池至横城三百里，设墩台九百座；石涝池至定边营百六十三里，平衍宜墙者百三十一里，险崖峻阜可削为墩台者三十二里；花马池无险，宜制卫；兴武营守兵不足，宜召募；横城以北，黄河南岸有墩三十六，宜修复。哪处边墙不当修，哪处墩台不当筑？”王鏊问得刘瑾几乎无言可答。只得搪塞说：“济之所言，也在理上。杨一清之案，内阁还有什么解见，再作定论。”王鏊一听杨一清有救，想刚才言语过分直率，缓转口气作了一揖说：“一清才高望重，诚为朝廷柱石，望能善处之。”

李东阳与杨一清私交也极深，两人同被视为神童，同是顺天乡试中举，又同于十八岁中进士。杨一清小李东阳七岁，因无子，酷爱东阳长子李兆先，兆先亦师从杨一清，二人胜似父子。以公而论，杨一清曾是军中百年难得的边帅，朝廷倚重的心腹大臣，李东阳更爱之如弟。只可惜两个神童，一对能臣，一个无子，一个得而复失，仅一代而止。李东阳柔中有刚，尽管对刘瑾的倒行逆施采取了缄默迁就，甚至屈从的态度，但他自有底线，就是不亲自上刘瑾之门。这次当得知杨一清案将有问于内阁，为救一清，他也顾不得自己那张老脸了。对李阁老的亲自登门求访，刘瑾又惊又喜，惊者，又一说客上门来了；喜者，你首辅终于也屈从于我权威之下了。“公此枉顾舍下，可是为了杨大人一清？”待李东阳坐定用茶，刘瑾先开口说话。“济之先生传老先生的话，东阳不敢不来，亦不能不来。”李东阳说话较为婉转，关键是要达到目的。刘瑾迫于朝臣压力，对重治杨一清案也有所顾虑，可嘴上仍不松口，言道：“王济之说杨某是朝廷柱石，不知公认可非？”李东阳避过刘瑾话锋，答非所问地说：“东阳今来拜谒，并非要辨明应宁（杨一清字应宁）是否朝廷柱石，而是另有告于老先生。”见刘瑾一怔，李东阳停了一下，又接着说：“应宁先生督学陕西，鉴识、选拔才俊均超人一等，于陕西有极大的功德，老先生不可不知。”就这样，经过王、李两位阁臣的力救，杨一清得以转危为安，没有丢掉性命。《明史·杨一清传》：“又明年，给事中安奎等核陕西边储亏折，瑾遂矫旨逮一清下诏狱。大学士李东阳、王鏊力解得释，复先后罚米六百石。”

后来，安化王朱寘鐇在宁夏起兵叛乱，朝廷因杨一清最熟悉当地边防军伍，诏起他部制军务，并命宦官张永监军。张永原为“八虎”之一，但刘瑾得势后，大权独揽，与张也发生了很大的矛盾，甚至扬言要除掉张永。杨一清乘机献计，策动张永利用献俘，正德帝接见的机会，揭发刘瑾之罪，刘瑾因而败死伏诛。史家有言，刘瑾败亡，因杨一清之计，而一清又因王鏊和李东阳等人力救才得以保全与重新起用，完成这一诛杀奸顽的大事，王鏊和李东阳间接立下了功劳。

南京都察院十三道御史因联名签字，上疏刘瑾罪状，被全部逮至京，治罪下诏狱。主事王守仁上疏为其鸣冤，被廷杖四十，降为贵州龙场驿丞，从正六品降到了从九品。王守仁，字阳明，浙江余姚人。成化朝状元礼部侍郎王华的儿子。刘瑾办事向来心狠手辣，对已治重罪的王守仁也是一不做二不休，必欲置于死地，又派东厂数人跟踪追杀。幸亏王鏊送行时有所嘱咐："此去龙驿，千里迢迢，山路难行，多加小心。"王守仁知王大人话中有话，发现有人跟踪，途经钱塘江时，他在江边留下鞋子和衣物，还有一首遗诗"百年臣子悲何极，夜夜江涛泣子胥"，示意他已投江自尽，追随伍子胥去了。家人得知后在江边设祭与成服治丧。大家都相信王守仁死了，东厂杀手回京复命，刘瑾这才撤回了沿途伏击的侦卒。后来王守仁升为都察院左佥都御史，巡抚江西，平定了宁王朱宸濠之乱。而王守仁最大的成就是创"阳明之学"，超越了历史上著名的程朱理学，有学者说，王守仁"阳明之学"的基础，是在王鏊《山居杂著》中"人心道心论"的思想基础上发展起来的。王阳明学说的核心思想是"心外无物，心明便是天理"，提倡反求内心的修行方法，这同王鏊文中"心者，神明之舍，湛然虚而已矣，莹然明而已矣。虚明之外无物也。安得有二哉？"两者有异曲同工之妙。

宜兴人吴俨，成化丁未科进士，正德初，召修《孝宗实录》，直侍讲经筵。刘瑾听闻吴俨家饶富，以擢官索贿，被严拒而落职。吴俨，字克温，是徐溥的外甥。临行，王鏊作《送吴编修克温归宜兴》赠之，诗中有"问罢起居还就道，渭阳云树思重重"之句，鼓励他挫折是暂时的，不要消沉。刘瑾被诛，吴俨官复原职，因功擢南京礼部尚书。卒赠太子少保，谥文肃。顾佐，字良弼，安徽临淮人。成化己丑科进士，官右佥都御史巡抚山西，任上严惩镇守太监之罪。正德改元，代韩文为户部尚书。刘瑾逼顾揭发韩文罪，被严拒。瑾大怒，顾佐被夺俸三月，致仕，继罚米千余石，至塞上，充作军粮。顾家被索一空，靠借贷以偿。"淮之水，去悠悠，君家正住淮水头。宅边不种凡草木，修竹森森如立玉。"这是王鏊赠顾佐家书屋中的诗句，以修竹来比喻顾佐人格之高尚。《送刘都宪廷式巡抚宁夏》，是王鏊替刘宪鸣冤的诗作。刘宪，字廷式，湖广益阳人，成化十四年（1477）进士，历大理寺左、右寺丞，故称都宪。正德二年（1507），升巡抚宁夏右佥都御史。宁夏卫大沙井驿场突发大火，毁草料十四万三千余束，实为监守失职。刘瑾恶刘宪不附己，逮刘宪下锦衣卫，竟在狱中将其折磨而死。王鏊在刘宪赴宁夏时曾作诗相赠，云："北来烽火达甘泉，勃勃城高气势全。且喜大夫重授阃，悬知子弟总雄边。"诗写北来的战火已烧到甘泉，刘都宪带领子弟兵，一定能雄镇边关。朝廷牢牢掌控宁夏之地。刘宪赴宁夏不久，就发生了大沙井驿场大火，并为此冤死狱中。

从正德初年起，朝廷一大批正直的官员因忤刘瑾意，被瑾用中旨罢官，"罪无轻重，辄被首木编戍，死者相望于道。"王鏊利用自己的特殊地位，直接或间接地进行救援，为朝廷保存了一批精英。

勇斗奸党

正德五年（1510）八月，刘瑾在奸党狗咬狗的争斗中败北，被朝廷处以极刑。其党羽张彩、曹元、杨玉、张文冕等文武死党被一网打尽，刘瑾苦心经营了数年的刘家王朝，一夜之间土崩瓦解。朝廷的大清算开始了，南京监察御史张芹上疏，指斥内阁一意迎合、阿媚刘瑾，并把首辅李东阳列为刘瑾党羽，要求武宗严惩内阁中的败类。朝臣中有人为"一意阿顺刘瑾"的李东阳与敢正面对抗阉党的刘大夏进行对比，还编了一首歌，歌谣唱道："西涯不及东山好，东山壁立西涯倒。若把西涯比东山，西涯满目皆荒草。"刘大夏字东山，李东阳号西涯，一东一西成了鲜明的对比。甚至有朝臣上疏指出：李东阳是"软骨头的领袖"，以他为代表的内阁，是一个向刘瑾等屈膝投降的上层官僚集团。

朝官们的指责言之有据，自正德元年（1506）阁臣刘健、谢迁致仕后，到五年刘瑾败亡，前后共有两任内阁，六名阁臣。其中同王鏊一起入阁的焦芳，以及后来入阁的曹元、刘仁都是刘瑾按插在内阁的党羽；李东阳与杨廷和是中间派，在许多问题上不敢忤逆刘瑾，顺从他的意图办事，客观上起到了助纣为虐的作用。唯王鏊不惧刘瑾淫威，甘冒廷杖、谪戍，甚至抄家灭族的危险，多次力抗权幸，同刘瑾及党羽进行了针锋相对的力争，虽然因内阁软弱，王鏊的斗争并没有完全取得胜利，甚至说是失败了，但也多少阻挡了逆流的横行。

焦芳是刘瑾奸党的主要骨干，也是刘瑾按插在吏部及内阁的一颗钉子。王鏊同焦芳的首次交锋，发生在吏部任上。时焦芳为尚书，王鏊任侍郎，焦芳要越级提拔员外郎张彩，王鏊等固执不可，焦芳只得放弃。何良俊《四友斋丛说》卷九："时泌阳焦公芳为事吏书，吴郡王公鏊为吏侍，灵宝许公进初为兵书。焦亦才彩，王、许固不可，乃止。后彩附刘瑾，起为文选郎中，升佥都御史，即转吏侍，竟以瑾事伏诛。"张彩，陕西巩昌府安定县人。弘治三年（1490）进士，十年（1497）升稽勋员外郎。及为文选，奸状毕露，后以病乞归。

《洞庭两山赋》

正德三年（1508）殿试，福建兴化府人戴大宾高中一甲第三名探花，时独揽朝政的刘瑾想把戴纳为侄女婿，委兴化县知府张鼎赴北京去说媒。戴大宾幼时聪颖，十二岁参加乡试，有同试者取笑他，问道："小朋友如此年少就来参考，将来要做多大的官？"戴大宾答："做阁老。"同试者大笑。其中一人有捷才云："未老思阁老。"想难难他。别人还在寻思，戴大宾对曰："无才作秀才。"刘瑾为侄女择婿的标准是年少、多才、貌美，年仅二十二岁的戴探花是他最中意的人选。一问，戴大宾在家已定亲，是一位参议的千金。参议算什么东西，刘瑾要他即悔婚约，并暗示，只要做了他刘家的女婿，高官厚禄等着他。而要是不从呢，后果自负。谁知这个戴大宾还真有股犟脾气，对媒人说："婚约之事，何等郑重，怎能说毁约就毁约？"来人还想劝慰，告之刘千岁的厉害，戴大宾又说道："如此轻率，与禽兽何异？请上复刘太监，戴某不能领命。"当着和尚骂贼秃，戴大宾的结局可想而知，满朝文武没有一个人敢同他说话。偏偏主考王鏊不买账，作诗《赠戴大宾》以送行，诗中有"便与古人争先驰，慎勿蹉跎若我为"之句。意为你这样德才兼备，将来一定能与古人贤人共驰骋，可别如我辈一样，蹉跎了时光、学业。据说刘瑾从党羽手中接过王鏊给戴大宾的赠诗，看了一遍，一言未发。

王鏊同焦芳之斗，最含蓄，也最激烈的是正德戊辰殿试名次之争。是科，焦芳之子焦黄中也准备参加礼部试。殿试前，焦芳四处活动，靠着后台刘太监这棵大树，想把儿子焦黄中列入一甲。明朝殿试共分三甲，以一甲为荣：仅状元、榜眼、探花三人，登科后都可直接进入翰林院为官。焦芳心想，要是焦黄中能列入一甲，今后有望入阁，可接替自己的相位。王鏊与焦芳不和，虽同在内阁办事，但两人异梦。故焦芳先去走副主考梁储的路子，要他在定科甲时关照一下，被梁储一口回绝。老侍郎梁储是广东顺德人，入科时间比焦芳还早，根本看不起这个不学无术的阁臣。他话中带刺对焦芳说："吾同王大人奉朝命为国选士，不敢有私，望焦阁老谅解。"在梁储处碰壁后，焦芳又想到了李东阳，想他是内阁首辅，何不走走李西涯的路子，他出面说话，王鏊不敢不听。

李东阳对焦家的情况再清楚不过了。焦芳生有二子，长子焦邦重十二岁时病故，次子焦黄中是纨绔子弟，不仅文字与学识极差，其品行也不敢恭维。焦芳有一妾，名桃红，生得艳美无比。这桃红原是广西思恩土知府岑浚之妾，弘治十八年（1505）朝廷派重兵剿灭岑浚之乱后，美姬桃红作为战利品入宫中浣衣局，焦芳用重金买通太监刘瑾与韦经，用"李代桃僵"之法，把桃红弄到手，藏之金屋。为获取李东阳的同情，焦芳使了个苦肉计，把家中丑事全盘托出，说是焦黄中也看中了桃红的美色，常以关心为名，夜间至后院鬼混，同比他年岁还小的姨娘桃红私通。一次，被焦芳撞见，父子俩竟在屋内殴斗。这次要是黄中能列入一甲，入朝为官，也解了他心头之患。焦芳说完，竟跪在地上求李阁老成全。李东阳深知王鏊秉性，主柄礼闱，唯文章为重，出面说情只能自讨没趣，苦笑着推托说："会试取士，全由主考官与同考官选定，未奉旨参与考试事，首辅也无权圈点。"焦芳被李东阳回绝后，只得硬着头皮来见王鏊。这焦芳也真是能屈能伸，见了王鏊竟低头而立，用哀求的语调说："济之兄，弟这次要你高抬贵手了。"说完还用绢头揩了下眼睛，挤出几滴泪来。王鏊心中暗暗发笑，也只有这个无赖一般的同僚能说出此话，论年龄焦芳比他大十五岁，论入科时间比他早十一年，竟谦称起弟来了。王鏊也与之客套一番，不软不硬地说："焦阁老，以吾等的身份，只可论文，不可论人。若要论人，当请圣上或刘太监成全。"王鏊的回答柔中带刚，还明显带有告诫与挖苦。焦芳也不是等闲之辈，马上到河下刘瑾府上告了一状说："王鏊对科甲名次再三推诿，不是对黄中有意见，而是对千岁爷爷有成见，故而刁难。"刘瑾心中也清楚，这是焦芳在挑拨离间，心中思道：真是以小人之心，度君子之腹，心怀不测的人，总会得出自以为千真万确而大错特错的结论来。王济之可不是那种势利之人。焦芳毕竟是刘瑾的一条狗，日后还有用处，这个忙刘瑾还是想帮一帮。怎么帮呢，刘瑾自有办法，结果借皇帝的名义新增了五十个名额，焦黄中名列二甲进士。

焦芳心里明白，如果不是刘瑾帮忙，按儿子焦黄中的文章水平，别说中二甲一名（传胪），连三甲也进不了，而且黄中还直接安排进翰林院为官，可谓双喜临门。焦芳想报刘瑾提携之恩，苦于没有机会。殿试后的第十天，拍马的机会终于来了，可是老冤家王鏊又同他作对，弄得他在东阁差点下不了台。事情的起因是兵科给事中赵铎上了一道奏本，称各省往年解额分配不公，当重新拟定分配名额。解额就是名额，三年一次，各省所送参加会试的举子。明代自洪武朝起，每科会试名额时有变动，但从正统年间开始，已历八十多年，一直未动过。厘正解额，事情重大，新任礼部尚书周经，集内阁大臣和各部尚书，在东阁商讨。会议刚开始，焦芳抢先说："赵铎言之有理，解额确是不公。"见无人接话，停了一下又说："北省额少，南省额多。"王鏊一听话音，就知道焦芳芦葫里卖的啥药，立即接着反问道："何为不公？此额维系数科，自有其道理，不能一言蔽之。"

按明朝区域划分，南省辖南直隶及江西、浙江、福建、广东、湖广诸省；北省含北直隶及河南、山东、山西、陕西诸省。刘瑾是陕西兴平人，焦芳想借调整各省解额之际，提出给陕西多增名额，以此来讨好刘瑾。"以江西与陕西为例，前省解额九十五名，而后省只有六十五名，怎能说公允？"焦芳自以为说得很有道理。王鏊反驳说："不能光从解额多少来论，江西解额多，未必进士多；陕西解额少，未必状元少。"焦芳憋不住了，终于脱口出面说："陕西地域半天下，非他省可比，不可不增。"这句"陕西地域半天下"，是刘瑾常说的一句口头禅，焦芳想以此来压王鏊。"历科皆此，今拟减少南省之数，增北省之额，甚为不妥。"王鏊不理睬焦芳那一套，理直气壮地说。两人针尖对麦芒，在朝会上争个不休。参与议会的朝臣均肚中自明，这是焦芳在向刘太监献殷勤，没有人愿意说话，众臣均怕去碰刘太监这根高压线。焦芳见只有王鏊同他作对，又骄横地说："弘治十五年以来的三科，陕西解额只有六十五名，而江西却有九十五名，实在不公允。""江西籍的状元未必少了。"王鏊反驳说。

都穆与王鏊同游灵岩山的摩崖题刻

李东阳知道凡朝会，刘瑾必定会派耳目在外偷听，说话表态须慎之又慎。他敬重王鏊的傲骨，厌恶焦芳的奴相，但他不敢得罪手握朝柄的刘瑾，对王鏊与焦芳两人的争论，不偏向任何一人。李东阳是首辅，职位与年龄都高于王、焦两人，自己属下的两位阁臣，在六部九卿正官会上这样争来争去，甚至恶言相伤，成何体统？思来想去到底被他想出了一个两全其美的办法。他说："往事不必多论，我看南省解额不减，北省解额可增。"李东阳想用折中的办法来平息事态。礼部左侍郎费宏也跟着说："陕西增加解额，似可增到九十五名。"陕省解额一下增了三十名，那其他省呢？王鏊心中不服。谁知焦芳仍不满足，接住费侍郎话头大声说："不行，陕西可增至一百名。"见无人敢提出反对意见，他又说："河南系泱泱大省，解额亦须增加。"王鏊生气地说："有人说了，你不满。你说多少，便是多少，何必廷议？"焦芳的靠山是刘瑾，当然没有人敢与之较量，独王鏊心地无私，一身正气，与之争斗。最后的结果，刘瑾甚是满意，基本上满足了焦芳提出的、同时也是他的要求，但王鏊的这一番争斗，使他感到自己虽然权倾朝野，但仍有朝臣不服，其一意孤行不得有所收敛。

正德初年，王鏊同焦芳一起入阁后，焦芳曾在刘瑾面前发牢骚说"南人不可为相"，刘瑾听后一笑了之。其实这是刘瑾的心意，焦芳则不过是作他的传声筒罢了。他所指的南人，主要说的是王鏊、谢迁等江浙籍的阁臣。按明代科考南北直隶的划分：江浙属南直隶，简称南省。而刘瑾是陕西人，焦芳老家是河南泌阳，均属北省。

其实，南人易结党，不可为相的论调，并不是刘瑾、焦芳之流的首创。早在宋代就有人说过，而在弘治年间，首辅刘健也持此说，而坚持不允南省的吴宽、王鏊入阁，焦芳其言只不过拾人牙慧。但前人持这种观点，只还是一种偏见，而刘瑾、焦芳等说此话藏其奸，为此，王鏊经过充分的准备后，同刘瑾、焦芳奸党进行了一场激烈的交锋，著文《南人不可为相论》进行驳斥。在此文中，王鏊列举了历史上夏至秦朝的贤相后说："自汉以来，其名相有若萧何、曹参，沛人。唐有张九龄、曲江人。陆贽，嘉兴人。宋有若范仲淹、范成大，苏州人。欧阳修、周必大，庐陵人。若此者，为贤耶？为不贤耶？相得若人焉，其亦可矣，文章、事业亦可观者矣。"当然，焦芳之流也不是等闲之辈，他知道王鏊性烈，与之当面争执不能占便宜，亦置文抛出了"天下将治，地气自北而南；将乱，自南而北。故南人不可用也"之说。王鏊听后感到这是狡辩，又驳斥说："南北对立于天下，南主生，北主杀，故人君向明而治。孔子曰：南者，生育之乡。北者，幽阴之地。南何以为乱乎？"刘瑾、焦芳的党羽又说，丁谓、王钦若、王安石，卒以亡宋。其三人，皆南产也。王鏊又据理而言："亡宋者，果三人乎？"接着，他说自汉以来，窃国之盗，无若王莽、曹操、司马懿、杨坚、朱温；误国之奸，无若孔光、卢杞、李林甫数人者，出于南乎？北乎？北也。王鏊的意思是说，这些窃国之盗，误国之臣，究竟是南人还是北人呢？皆北人也。

王鏊又言："大抵天地之开也有渐，气之盛也无常。三代以上，南、东未尽辟也。故周之才盛于西，汉以来盛于北，晋、唐以后渐转而南。至宋南渡，则中原文献皆在南矣。故国朝之兴，奋自南服。"他继而道："宋祖还说过'宰相须用读书人。'不闻其曰'须用北人'也。"最后王鏊用辩证的观点说："惟贤与妄，何地无之？南贤用南，北贤用北，亦在人君者审择之而已。"焦芳原本肚里缺货，王鏊这一番有理有据的批驳，批得他只有招架之功，毫无还手之力了。

在"各省镇守太监便宜行事"上，王鏊又同奸党刘瑾还有过一次直接交锋。正德皇帝是个十足的顽童，每当他玩得高兴，刘瑾面禀官员升黜等朝廷大事时，少年皇帝将外袍一丢，喝道："这等小事，也来烦朕，要你入司礼监何用！中朝外朝官职，当去当留，你做不得主吗？"刘瑾要的就是这几句话，遂结党营私，卖官买官，贿赂聚财的胆子越来越大。王鏊在《震泽纪闻》卷上云：“上不亲万机，政无巨细，悉由瑾专决。兵、吏二部，凡进退文武官，必先白瑾。有今日升迁，明日谢礼轻者，遂遭降黜者；贿赂旋通，又能即起用。或不由吏部推选，径从内批于官；或于别疏批出，选法大坏。京官六年，外官三年，乃一考察。瑾令吏部得非时考察，因而取赂。令阅视库藏羡馀，悉输京师，大半入瑾之家。”随着权力的膨胀，刘瑾的野心也暴露了出来。竟想谋皇篡位，让其侄子刘二汉坐上皇帝宝座。

一日，刘瑾亲临内阁，与四位阁臣议事。所谓“议事”，实际上是来传他的指令，议事只不过是摆摆样子而已。原来四川镇守太监罗龠疏奏朝廷，各地太监要“便宜行事”，即无论军民钱粮刑名，事情轻重缓急，镇守太监均有权处置。首辅李东阳是个和事佬，他一时也弄不清刘瑾葫芦里卖的什么药，试探性地说：“我朝镇守太监便宜行事，从无此例。”刘瑾盛气凌人地说：“难道祖宗旧制，不可改一改吗？”次辅焦芳看刘瑾的眼色行事，急着奉承说：“吾以为不然，各地镇守太监上对天子，下对黎民，便宜行事乃天经地义，无须再议。”王鏊马上反驳说：“不可，镇守太监便宜行事，关乎政体，内阁须三思而行。”刘瑾不悦，沉下脸来问：“介夫先生，你说呢？”杨廷和字介夫，居阁臣末位，说话十分小心：“守静先生说无须再议，很是。”守静是焦芳的字，他见内阁中有人向他，似妇人撒泼地连连说：“便宜行事，便宜行事！再议三议，不对，不对。”各地镇守太监为朝廷下设的巡抚，凌驾于地方官之上，国家政体将成什么样子，而这一切内阁竟全要听一个太监刘瑾发号施令。王鏊还想替内阁争一争，赌气地说：“照制度，便宜行事，不由主管衙门奏请，不便拟旨。”李东阳环视三位阁臣，焦芳眼中包含着急切的迎合；王鏊一脸愤恨，显出强烈的不满；杨廷和微微颔首，好像在表示赞同。他想，刘瑾现是朝廷上是说一不二的刘皇帝，即使内阁全部持反对票，也无济于事，刘瑾可敕中旨通达各省，于是知趣地说：“刘太监亲临内阁交代，我看内阁也无妨便宜行事一回。”李东阳说完，看了王鏊一眼。好像在说，济之啊，别顶了，再顶也没用，阁臣刘健、谢迁被打成奸党，就是前车之鉴。“老先生之意如何？”李东阳又讨好地问了刘瑾一句，算是代表内阁表了态。刘瑾提高声音说：“可准。” 势单力孤的王鏊，虽然在这场争斗中败北，但使刘瑾隐隐感到，王鏊背后有一股巨大的力量，一旦爆发，他将死无葬身之地。

内阁的无原则退让，尤其是李东阳虽为首相，内阁拟旨，尽付瑾裁决，使刘瑾之流气焰更为嚣张，也等于把朝政大权拱手让给了奸阉。王鏊在致仕后所著《震泽长语》中说：正德二年（1506）四月，刘瑾矫诏内阁撰敕，天下镇守太监等预刑名政事。其最为害者，河南镇守太监廖堂，剥取民财，辇送数十万于京师。毕贞者，初差天津取海鲜，后请敕自山东沿海达于苏、松、浙江、福建，所至括民财，凌辱官司，莫敢言者。故事，六部奏准，备事由送内阁请敕书，未有不由六部，内阁自出敕者。瑾付内阁创为之，东阳等不能执奏，唯唯而已。

确实如王鏊所言：刘瑾虽擅权，然不甚识文义，徒利口耳。中外奏疏处分，亦未尝不送内阁，但秉笔者自为观望，未至，先问此事当云何，彼事当云何，皆采瑾意为之。有事体大者，令堂后官至河下（河下，即刘瑾宅）问之，然后下笔，故瑾益肆。使人人据理执故牢不可夺，则彼亦不敢大肆其恶也。

从王鏊的著作中，有许多对李东阳不满之词，“东阳虽居首辅，尝委蛇避祸”，讥讽了李对奸党的软弱与屈从等不光彩的表现。但客观、公正点评价，李东阳的功还是大于过，对上述韩文、刘大夏、杨一清等重臣的救援，光靠王鏊一人的力量是很难达到目的的。

愤而致仕

正德四年（1509）正月，朝廷大祀天地于南郊，武宗在奉天殿大宴文武臣，又郊祭天地、宗庙、社稷、山川。参加者文武大臣近侍官二十多人。王鏊充作分献官，作诗《己巳正月十三日夜分献星辰二坛作》与《十四日庆成宴上作》，纪郊祭与庆成宴盛况。诗中有："钟声忽断燎烟升，玉履西来甲士层。蓦地灵风生彩旆，满天凉月浸华灯"与"列席分依黼座前，坐中几度听传宣"之句。

王鏊自成化中期入朝以来，历侍宪宗、孝宗、武宗三朝，且一直担任京官，从未离开过明朝的政治中心，朝廷对他极为信任，先后曾五次陪祭皇陵，均有诗文纪其盛。成化二十三年（1487）二月，王鏊同吴宽参加了孝宗生母纪太后的迁陵仪式，作诗《恭送孝穆皇太后梓宫迁茂陵》，归途作组诗《谒文丞相祠》《元耶律丞相墓》《狄梁公祠次匏庵》《昌平刘谏议祠》。南宋文天祥、元耶律楚材、唐狄仁杰及刘蕡刘谏议，都是名相与名臣，王鏊对他们极为崇拜。弘治五年（1492）清明节，王鏊随驸马都尉周景、蔡震，分祭了长陵、献陵、裕陵……所作《朝陵行》诗中有"山行自好况清明，朝陵偶作东门行"之句。十三年（1500）十一月冬至节，他又随驸马黄镛、齐世美祀祭东陵，有《庚申长至有事于东陵，倪宰冢、吴、韩两少宰俱有诗赠行，和之》纪其荣。倪宰冢，即吏部尚书倪岳；吴、韩两少宰，为吏部侍郎吴宽、韩文，三人为鏊送行，可见参加祭祀官员规格之高。正德元年（1506）五月，朝廷遣驸马都尉林岳祭泰陵，王鏊随其行，陪祭泰陵，作诗《五月七日陪祀泰陵二首》。二年（1507）十一月，他又奉朝命往景陵题汪后神主。作内制《景皇后尊谥敕》，并代礼部上《景皇后尊号议》，还作《遣祭景皇后文》。朝廷待之不薄，当然，王鏊心中也清楚，正德改元后的朝祭是刘瑾一手安排的。

王鏊“无意插柳柳成荫”，历史给了他一次施展才华的机遇。王鏊抱着安邦治国定天下的信念入阁，想干一番大事，可现实却给了他当头一棒，被刘瑾控制的内阁完全成了阉党的傀儡，一批批朝廷的重臣被陷害，正直的官员被杖杀，同朝好友一个个离他而去。作为百官之首的内阁，却无能为力，眼睁睁看着昔日的同僚们接连倒在宦官的淫威下，王鏊心中悲愤之极，发出了“吾有何颜立于此”的呐喊。王鏊心中还有一层苦涩及自责。昔日“五同会”好友中，吏部尚书吴宽已于四年前去世，且不论。工部侍郎吴洪，正德初，入视部事。不避权幸，严惩中贵之兄，忤刘瑾意，被勒令致仕。礼部尚书李杰，正德二年（1507），因不附刘瑾，被致仕。南京都察院副都御史陈璚，弘治末年惩治妖僧继晓，得罪宦官，被致仕居家，不一年而卒。五个志同道合的同乡友人，一个已去世，三个因不附刘瑾而致仕，朝中正派大臣均逐一去位，自己却“渔翁得利”，坐上了阁臣位子，又官至极品。友人们将如何看他？太常寺少卿罗玘是李东阳的门生，正德元年（1506），刘健、谢迁、李东阳三位阁臣，支持朝臣上疏严惩“八虎”，结果刘健、谢迁两人去位，李东阳却留了下来，与阉宦妥协。罗玘在写给先生李东阳的信中说，不知乃公身后百垢，百岁之后，史册书之，万世传之，公可作何思？罗玘还在信中表示，声明与先生断绝师生关系。李东阳的好友，南京工部侍郎黄琯的来信，责问李东阳：“诸公皆去，独公欲去未可，安乎？”王鏊感到他留朝是种失误，入阁更是一种耻辱。

数日后，王鏊与焦芳在内阁又发生了激烈的争执，加速了他致仕的决心。事情便是各省镇守太监便宜行事之事。刘瑾赤膊上阵，亲临内阁与四位阁臣议事，在会上，王鏊与焦芳发生了激烈的争吵，结果内阁四个大臣，在与刘瑾集团篡夺朝政的斗争中，一个是帮凶，一个附和，一个弃权，剩下他一个人，势单力薄，无奈只得败阵。大明朝的悲哀啊，王鏊独自坐在书房中叹息，几颗老泪从脸上滚落下来。他二十六岁中探花，入翰林，在翰林院中整整度过了二十五年，直熬到两鬓斑白，才升为一个吏部侍郎，如历史的机遇终于成全了他多年愿望，王鏊得以入阁拜相，助君治天下。王鏊的满腹经

王鏊“天下第九洞天”摩崖

纶本来有了施展的机遇，可是他辅佐的是一个荒唐腐朽、不务正业的武宗朱厚照，又遇上了明朝三大凶珰之一的刘瑾，而内阁首辅李东阳对“八珰”的倒行逆施又噤若寒蝉，王鏊要么与之同流合污，要么放弃斗争，致仕告老还乡，他选择了后者。

妻子胡氏见丈夫王鏊整日闷闷不乐，她知道丈夫想告老还乡，但又有些依依不舍，恋相位而不忍去。胡氏说：“八貂用事，归以避祸，公需乃决。”继而又言：“公固不为己虑，难道不为家耶！”胡氏门出滇南宦族，父亲胡崇成化间，由国学生除三河县令，俄解职，远不能归，寓居河北宛平里。她年十七岁嫁于鏊，时吴、张二夫人早卒，次聘李夫人亦病，三位夫人留下了四个嗷嗷待哺的儿女。胡氏挑起了家庭生活的全部重担，归王氏十八年，含辛茹苦把七个孩子抚养成人，丈夫间感情很深。在妻子的忠告下，王鏊更坚定了辞职去位的决心，向朝廷递交了《乞归疏》，曰：臣以菲薄，受知圣明，始自铨曹，拔置内阁。荐蒙宠命，阶至一品，旋被玉带蟒衣之赐……福薄宠逾，自去年冬，痰喘屡作，迄今头眩腰痛，腿膝麻木，举步之际，疲曳不前；立班之时，每虞倾跌……况当朝廷综核名实，中外庶官，必皆称职，臣独以衰病之质，玷崇高之班，朽腐之材，居枢要之地，岂惟久妨贤者之路，亦恐深负圣明之知。伏望察臣恳悃，特赐矜从，俾就安间，少延残喘，如其终不获痊犹，且感因地下……

王鏊的第一份《乞归疏》上奏后，刘瑾诏旨勉留，还遣太医院一吴姓医官，一内侍，相继至王府视疾，又赐白粲、黄封、羊豕及嘉蔬等物。王鏊去意已决，又上奏了第二份《乞归疏》曰：“臣比缘衰病，疏乞休致，伏蒙温诏，委加褒饰，未赐俞允……臣禀既薄劣，性复颛蒙，其于古训之略，虽当寻讨，至于当世之务，多不通晓是以待罪内阁，二年有馀。而于国家大政，毫发无补，方此循名责实，谴已难逃……况今中外贤才，济济相望，但加拔擢，悉愈于臣，伏愿圣明，念政本之为重，悯疲瘵之已衰，特赐允俞。俾还田里，则于物情归允，且于私义获安，臣无任。”刘瑾还想挽留王鏊，借他的正人之名为己所用。复降温诏慰勉，又遣中官问候，赐衣一套。有朝官提醒王鏊，再疏辞归，亦忤刘瑾意，也将遭祸。王鏊说，瑾权在人之右，士大夫无敢拂其意者，吾独奋然不顾，屡违诏旨，祸将不测。又对友人说，且大臣以厚贿求固位，吾有何恋耶？纵不爱爵禄，独不虞祸患乎？李东阳是阁中首辅，平时两人关系尚可，亦劝说王鏊留下共事。王鏊知李东阳可能是奉刘瑾之意来挽留自己，不客气地说：“今瑾权势虽盛，能立降祸福。然吾自省无咎，亦何所畏。”见李东阳面露难色，王鏊又用缓和些的口气说：“且彼但知中外臣工，皆求固位，今吾独求去，使知天下亦有不爱官职之人乎。”好友的劝留，王鏊亦不为所动，又向朝廷递交了第三份《乞归疏》。

对王鏊这样一位刚正不阿、正直无私的阁臣，刘瑾内心很钦佩的，还是希望能把王鏊挽留住。刘瑾亲使心腹中贵赠贽礼刺探鏊，中官回报王鏊不受贽币。刘瑾无奈地笑曰：“过矣，受之何害？”意思说，即将致仕之臣，受点贽礼很正常，王鏊却不肯接受。王鏊三疏上，情词益切，终于得朝廷旨赐，告老还乡。且敕旨有司，每月给禄米五担，岁给人夫八名，以示对阁臣致仕的优礼。制词曰：卿德足润身，文足华国。谋猷辅益，裨益良多云云。抚按有司，各加礼待，无有所忽云云。五月，王鏊先后作《辞免内阁疏》《辞免户部尚书兼文渊阁大学士疏》《辞免少傅兼太子太傅武英殿大学士疏》《谢准乞归疏》《辞朝疏》等五疏，于七月三十日回到离别三十五年的家乡洞庭东山。

青山湖上人家

《明武宗实录》卷四十八：“正德四年三月……壬子（二十），大学士王鏊以衰病辞免。诏谓：‘卿学行兼优，素隆闻望，方资辅导，以副朕怀，岂可遽求休致，不允。’丁巳（二十五），大学士王鏊再以疾自陈求退。上不允，曰：‘朕以卿德性端谨，擢居内阁，委任方隆。顷求休致，已有旨勉留，有

疾宜加调摄’。”卷四十九：“正德四年四月……乙亥（十四），上以鏊情词恳切，特允之，令乘传还，仍给与应行得诰命。鏊以疾不能廷谢及面辞，复两具疏，诏并许之。”《太原家谱》云：“时中外大权一归于瑾，动以诏旨从事，大臣往往有下狱者。公救之不能得，戚然忧形于面。瑾望见之，曰：‘王先生身居高位，常若有所负，何也？’初开诚与言，瑾时亦见听；至是，瑾以威权日盛，横厉凶虐。缙绅罹其酷害者不可胜纪。内外诸司悉以货贿祈免于死。内阁西涯噤不发一言，焦又惟务媚婀，公有言不能久矣。……乃上书乞骸骨。”王鏊就是在这样对朝政无望的背景下，不得已致仕的。

王鏊《己巳五月东归三首》诗云：“莫把功名更问天，一朝阙下赋归田。迂疏自缺匡时策，衰病多蒙主上怜。便制荷衣随野叟，永将云路让时贤。太湖波浪如天阔，不碍鸱夷一钓船。”第二首诗又曰：“家住东山归去来，十年波浪与尘埃。头颅今日已如许，勋业古人安在哉？”在王鏊看来，功名利禄都不值得留恋，古代显赫的名人，多少人有好的结局？只有“长途疲马早思回”，到太湖中去做一钓翁，过自由自在的生活。尔后，王鏊作文《乐全说》，这是他告归后，无官一身轻的独白，其说云：“王子归自内阁，日暮途穷消摇乎洞庭之野。名山福地无弗登也，澄波激湍无弗泳也，悬崖怪石无弗题也。……所谓全者，孰全哉？全天乎？全人乎？全人者有所乐而乐之者也；全天者无所乐而乐之者也。全人者得则喜，失则悲。全天者不然，贫亦乐，富亦乐，出亦乐，处亦乐，无人而不自得焉，无人而不自乐也。”

刘瑾事败后，右副都御史林俊上奏朝廷，疏言宜召用先朝旧臣，如王鏊等。消息传到东山，王鏊心中又燃起了新的希望，可朝廷不纳。《明武宗实录》卷六十九：“正德五年十一月……辛未（十九）……巡抚四川右都御史林俊言：‘……臣又闻吏部取杨一清，当矣；户部莫如韩文、许进；内阁如刘健、林瀚、谢迁、王鏊。《春秋》举仇举亲，方拨乱反正之始，而不引忠亮端谨不可屈之人，徒取圆熟，治未可望也。’”可惜林俊这样好的建议没有被朝廷采纳，疏中所荐之老臣，一个也没起用，这里可能首辅李东阳无颜再见昔日的同僚，抑而不用之故。朝臣的疏荐如石沉大海，王鏊在《六十三初度》自寿诗中云：“玉堂近日无宣召，且是山中卧得牢。”“且作山中宰相，依然玉带蟒绣为袍。扁舟范蠡去迢迢，五湖烟景无人要。”如今在陆巷王鏊读书楼前的照墙上，有九只非狮非虎的砖雕小兽，称如务兽，据说当年王鏊告老还乡时，是正德帝送给他的，寓意“识时务者为俊杰”，看来正德帝也不喜欢老给朝廷挑刺的王鏊。

其实，王鏊告归后，仍时时在关心着朝政，在《震泽长语》下卷中，有一篇《杂论》，记载了正德五年（1510），籍没“立皇帝”刘瑾的货财，以及嘉靖初年籍没朱宁的货财的明细。其中从刘瑾宅抄家获：金二十四万锭，又五万七千八百两；元宝五百万锭；银八百万，又一百五十八万三千六百两；宝石二斗；金甲二；玉带四千一百六十二束；狮蛮带二束；金银汤盆五百；蟒衣四百七十袭；牙牌二匮；穿宫牌五百；金牌三；衮袍四；八爪金龙盔甲三千；玉琴一；玉宝印一颗，以上金共一千二百五万七千八百两，银共二万五千九百五十八万三千六百两。在杂论中，还载有嘉靖初年，世宗籍没朱宁的家财：金七十扛，共十万五千两；银两千四百九十扛，共四百九十八万两；碎金银四箱；碎银十匮；金银汤盆四百；金首饰五百十一箱；珍珠二匮……王鏊在最后云：“闻昔王振、曹吉祥之籍尤多。官家府库，安得不空？百姓脂膏，安得不竭？”要是王鏊归隐湖山后，真的做一名富春江上的钓翁，对被抄家没收的刘瑾、朱宁家财，他怎么能知道得这清楚？

第七章

吴中名师　文坛领袖

· 忘年之交
· 情同手足
· 关怀“四子”
· 提携后进
· 诗文唱和
· 德高望重
· 著书立说

忘年之交

八月风潮，淫雨连月。吴中相城，一片汪洋。正德四年（1509）七月三十日，六十岁的大学士王鏊荣归故里。刚在家中坐定，王鏊惊闻八十三岁的先生及友人石田翁卧病在床，里中又遭大水，病愁交加，恐有不测，连忙遣人雇快舟至相城沈府问疾。已处弥留之际的石田翁闻忘年交王济之来书，嘱人扶起持手执笔而书，曰：“勇退归来说宰公，此机超出万人中。归来车马忙如海，那有闲怀问病翁？”字墨惨淡，乃为绝笔。两天后的八月二日，正当王鏊备船准备赴湘城探望时，传来沈周与世长辞的噩耗。此事记载在何良俊《四友斋丛说》一书上。而张本《五湖漫闻》上云：“黄鹤白云说宰公，此机超出万人中。归来车马忙如海，先有闲怀问病翁。书就，授公使。使者未出门，而石田翁逝。”不但诗句略有不同，病卒时间也相差二天。而沈周《年谱》载：正德四年七月三十日，户部尚书文渊阁大学士王鏊致仕，闻沈周卧病在床，速遣人问疾。沈周后二日卒，应是八月二日。

王鏊像

“明四家”之首，“吴门画派”创始人沈周，字启南，号石田，晚号白石翁。宣德二年（1427）十一月，出生于苏州府长洲县湘城里。从曾祖父沈良琛开始，绵延数代，以诗、书、画传家，名声显著。祖父沈澄，字孟渊，永乐初年曾以人才被征用，不肯为官，托病归里，亦能诗画。父恒吉，字同斋，其山水师法杜琼，笔墨高逸，虚和潇洒，其画不在宋元诸家之下。沈周自幼聪明过人，长于记忆。知识深广，尤以诗文、绘画著称于世，称为明代最大的诗画家，在中国美术史上有崇高的地位。王鏊与沈周是忘年交，他们的友谊长达半个世纪。王鏊生于景泰元年（1450），与沈周的长子云鸿同年而生，此时沈周已二十四岁，但年龄与辈分上的差距，并未影响两位文豪的友谊。共同的抱负、志趣爱好和对劳苦百姓的同情心，使之成为古代吴中文坛上有名的忘年交。

沈周《枇杷图》

成化元年（1465），十六岁的王鏊在苏城县衙学府读书，诗文超群，人争传颂。那时沈周的诗画作品已达到辉煌的时期，据《式古堂书画汇考》上载，他所创作的《有竹居图卷》上，即有少年王鏊的题诗。但《沈周传》上又有另一说，王鏊题诗可能性不大，因在沈周《穰梨馆过眼录》《书画题跋》等著录的《有竹居画卷》上，均未见王鏊的题诗。沈周何时同王鏊相识？最早的文字记载为成化十五年（1479）。这一年，已入翰林的王鏊因太孺人（母亲）叶氏病卒，居家守孝。因路途劳累，加上悲伤过度，生了一场大病。病愈不久，吴县令文贵来到东山探病，王鏊陪同友人游览莫厘峰。沈周原欲同往，后因喜得孙儿未行，但为他俩所求作了一幅莫厘峰的画卷，并题诗画上，送于王鏊。沈周所作《莫厘登高》诗长达三十行，诗中有“茫茫意会复有咏，长安西笑何其迂。有生不游山亦消，手搔白发吁嗟呼”之句。是年沈周还只有五十三岁，从诗中可看出他已有白发。成化二十三年（1487）十月，王鏊仲兄王涤之在陆巷筑“壑舟”而隐，屋成之日，在后山景德堂举办“壑舟雅集”，刚升朝廷讲官的王鏊为之作《壑舟记》，沈周应王鏊之邀赴东山，与蒋春洲各绘《壑舟图》以贺，并同唐寅、祝允明、文徵明等一批门生在图上题作和诗。

《沈石田送行图卷》是沈周的一幅名作，曾送于吴宽与王鏊。弘治五年（1492）九月，王鏊与吴中同在朝为官的吴宽被任命为江南乡试主考官，考试结束后，王鏊还乡省亲时曾在苏州逗留数日，文徵明之父文林设宴款待两位友人，沈周应邀作陪。早在成化初年，王鏊在国子监读书时，曾从文林之父时为涞水县儒学教授的文洪学过诗法。沈周在酒宴间听闻王鏊行至龙江（今南京）驿时，发生了当朝权奸蒋琮门生送厚礼，欲通关节被鏊严拒之事，对王鏊很是仰慕。临行沈周绘《送行图》相赠，图上有吴宽、文林题跋。王鏊作《过太湖》诗题其上。诗曰："十年尘土面，一洗向清流。山与人相见，开将水共浮……"乡情友情跃然纸上。弘治十年（1497）三月，有友人持王鏊《洞庭两山赋》文，至相城沈府求画。沈周见此"觉神思快爽，遂援笔为图并志识"。是年五月，王鏊修书家中，邀沈周至东山一游。在陆巷东邻的白沙纪革头，沈周品尝著名的白沙枇杷后，赠诗王鏊之父光化公，曰："谁铸黄金三百丸，弹胎微湿露溥溥。从今抵鹊何消玉，更有饧浆沁齿寒。"对白沙枇杷大加赞赏。

"远寄萧萧十幅图，霞明雨暗雾模糊。眼着觉我无云梦，胸次知君有太湖。溪壑怀人如有待，烟云入手若为逋。黄金万树秋风裹，拨棹西来莫滞濡。"这是王鏊在京师收到沈周所寄之图，所作的《沈石田寄太湖图》之诗，诗意说，这十幅太湖图各有姿态，或霞明，或雾暗，或雨濛，道尽洞庭太湖之秀色。太湖洞庭与楚之洞庭相隔千里，古人常混淆不清，现之画卷，可无使人再疑为巴陵之洞庭。君对太湖之热爱、熟悉，已融入胸怀之中。细赏太湖山水，尤在等待自己归去。可图中烟云缭绕，顿觉故里不能归，自己好似一缕流亡塞外的烟云。秋风萧萧，洞庭柑橘已经成熟，万绿丛中，一片金黄。自己应赶快拨棹归去太湖，片刻不要滞留。据说沈周寄给王鏊十幅《太湖图》，原意是要同吴宽分享的，谁知朝中友人欣赏后，被索一空。王鏊无法向吴宽交代，还请吴宽到自家晚宜轩中饮酒赔礼。

沈周病故后，王鏊非常悲痛。九月十六日，王鏊携唐寅、徐祯卿、师邵、卢襄等门生和友人，乘舟十二小时至湘城，凭吊沈周故居。这年七至九月间，湘城大水，一片汪洋，沈宅亦被洪水所围，五人宿陈宗让校书宅。唐寅作《野望悯言卷》，王鏊、唐寅、卢襄在卷上均有题诗。其中王鏊的题诗云："几年约兹游，为访石田叟。石田今已亡，不使此言负。相知三四人，拏舟过湖口。片片抵相城，自卯将及酉。回顾何茫然，天水合为薮。茅屋几人家，荒蒲与衰柳……"三年后的十月二十一日，沈周庶出沈复与孙沈履，将沈周遗骨安葬于湘城西牒字之原，王鏊为之撰墓志铭，文徵明撰行状。王鏊在《石田先生墓志铭》中曰：

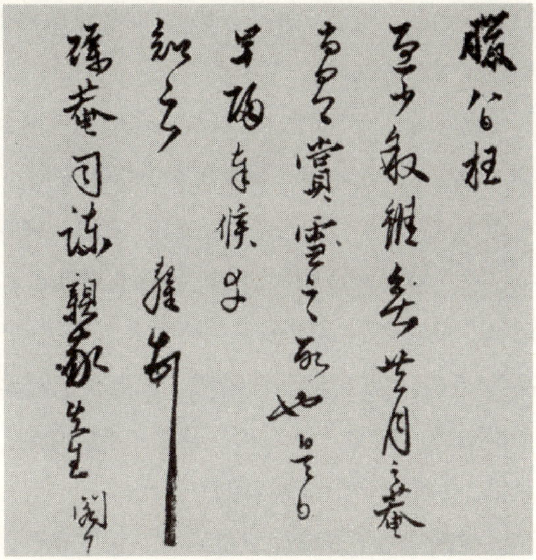

王鏊《尺牍》

"先生风骨洁修，眉目娟秀，外标朗润，内蕴精明。书过目即能默识……诗雄深辨博，开阖变化，神怪迭出。书法涪翁，遒劲奇倔。间作绘事，峰峦烟云波涛，花卉鸟兽虫鱼，莫不各及其态，时称三绝。别业名有竹居，每黎明，门未辟，舟已塞港矣。闻以事入城，必择地之奥僻者潜焉，好事者已物色之，比至则履满户外。先生高致绝人，而和易近物，贩夫牧竖持纸求索不见难色，或为赝作求题以售，亦乐然为之。近自京师，远至闽楚川广，无不购求其亦以为珍玩，风流文翰照映一时，其亦盛矣……"对沈周一生给予高度评价。

王鏊在墓志铭中还谈到"先生景泰间已有重名。汪郡守浒，欲举应贤良，不果。王端毅公巡抚南畿，尤重之，延问得失，而先生终不及时政，曰：'吾野人也'，于时事何知焉？"景泰五年（1454），苏州知府汪浒推荐贤良而致书沈周，托辞不应。成化十六年（1480）八月，沈周已五十四岁，王鏊在翰林院得知宪宗下征聘诏书，派行人至苏征用沈周与史鉴，心中非常高兴，日夜盼先生赴京，可两人都托病推辞了。弘治十五年（1502），南京直隶官员彭礼巡行到苏州，爱其才，欲留幕下。时沈周已七十五岁，以母亲年高而谢绝。沈周终身不仕，可爱憎分明，对世事颇为关心。成化中期，南京工部戴缙，追随太监汪直，事败，与汪之党羽王越等均被革职，沈周作《戴工部去官》诗责之。正德二年（1507），闻南京监察御史蒋钦因弹劾刘瑾而被杖死狱中，沈周以诗挽悼。

正德十六年（1521）八月，沈周百年诞辰（沈周生于宣德二年，1427，实为诞生九十五年），王鏊在家中祭祀沈周，览阅先生遗画，作《次石田松石图》，诗中有“长松落落，白石凿凿，根株联蜷皮驳牵”“仲圭死，石田生，后先意匠同经营”之句。又回忆往事，作诗《石田学蒙泉阁老画葡萄》以悼。蒙斋阁老，即岳正，顺天人。明英宗朝宰辅，“尝戏画葡萄，遂称绝品”，诗曰：“虬髯诘屈杆鳞皱，二老含毫阔出新。试看山亭秋雨里，不知若个得渠真。”诗意为：石田、蒙泉二老画葡萄，率出新意。画中葡萄在山亭秋风里，不能分辨出谁画得更为逼真。

沈周“上下千载，纵横百辈，兼其条贯，揽其精微”的精神，以及自守甚严、宽以待人而又爱憎分明的人格，可以说影响了王鏊的一生。

情同手足

弘治十七年（1504）七月十日黄昏，一艘快舟驶出苏州胥门水城门，急赶洞庭东山。船至陆巷得月亭畔靠岸，信使急步奔到王府门前，敲开了静观楼的大门。正在守父孝的王鏊接过信札一看，吴中一代文豪吴宽去世，悲痛至极，作《吴文定公挽词》，云："四海文章伯，三朝侍从臣。"又说："盛德难为绘，高风不可泯。儒林谁作传？谁刻垅头珉？"这样一个志同道合的好友去世了，谁来为他作传，在他的墓地刻上不朽业绩呢？当然是王鏊。王鏊在所撰《文定吴公神道碑》曰："予与公生同乡，仕同朝，相知最深且久，故以是表诸墓，哀而不怨，亦公之志也。"

王鏊与吴宽是明代弘治、正德朝时期，吴中在朝官阶最高的两名官员，也是两朝中威望最高的两位大臣。一个任过东宫太子朱祐樘即孝宗皇帝的老师，是弘治朝的礼部尚书，卒于任上，追赠太子太保，谥文定；一个当过东宫太子朱厚照，即正德帝的老师，又入阁为相，朝贵为宰辅。致仕归乡，卒后追赠为太傅，谥文恪。官员卒后能得到朝廷的谥号，是对其品行及政绩的肯定，也是最大的荣誉。吴宽比王鏊大十五岁，科举入仕也要早几年，是王鏊的兄长与老师。吴宽是成化七年（1471）的会元及状元，王鏊是成化十年（1474）的解元与成化十一年（1475）的会元，两人都与连中三元只差一步之遥。使人感到惊讶的是，吴宽三十五岁状元及第，入翰林院，六十九岁卒于礼部尚书任上，在朝为官三十五年；而王鏊二十六岁中探花，授翰林院编修，六十岁在相位上被迫告老还乡，历经成化、弘治、正德三朝，在朝刚好也是三十五年。两人虽在年龄上有些差异，入仕也相差几年，但志趣、道德、诗文皆十分相似，史书上均记载有他们不少为官清廉、做人正派、关心

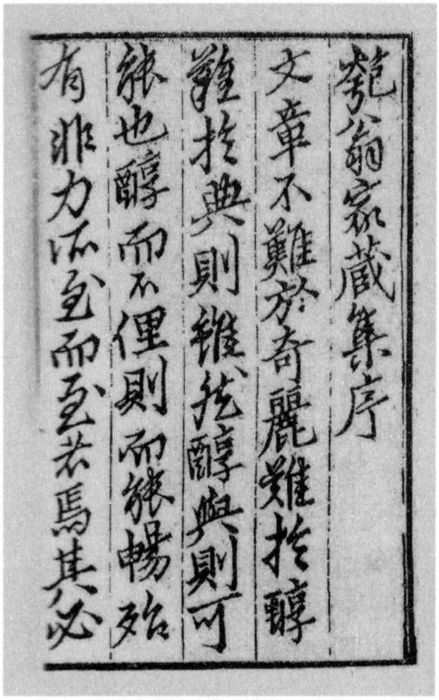
匏翁家藏集序
文章不難於奇麗難於醇
難於典則雖於醇與典則可
能也醇而不俚則而能暢殆
有非力所至而至若焉其必

王鏊《匏翁家藏集》

民瘼的故事。

北京香山离京城不远，香山玉泉水非常有名，两人在朝为官多年，均公事繁忙，少有光顾。一次，王鏊与吴宽约定第二天同游京郊西山，刚巧王鏊的弟弟王铨驰京，西山去不成了，王鏊寄诗吴宽云：“西山尝向梦中登，骑马相从却未能。春日山行应更好，新诗莫惜借人誊。”意思说，多次与你相约，骑马游览京郊西山。春天西山的景色很迷人，你去之后一定有新诗，借来给我一读。吴宽收到王鏊诗作回赠曰：“西山佳处约同登，旧学登山法颇能。莫笑晓来风雨阻，卧游诗句也堪誊。”又过了几天，王鏊手头案牍稍闲，约吴宽赴西山一游，以了前日之心愿。谁知老天下起大雨来，西山又去不成了，吴宽寄诗曰：“诗家山路说登登，风雨潇潇便不能。若说累年诗券起，字多须用倩人誊。”接到吴宽的诗作，王鏊又以《次日博庵亦以雨阻以诗来纪旧约》复诗再答之。诗曰：“方冬海市见文登，常怪坡翁自托能。风雨十年曾有约，一翻诗案要重誊。”两人为外出游览的一件小事，诗书往来酬答，甚为有趣与亲密。

在《王守溪全集》中，王鏊同吴宽的友情诗作多达数十首，最发人深思的是《和蜀秫饭》与《博庵因菜根之句复之》。蜀秫饭即高粱饭，吴宽请王鏊至家中吃饭，王鏊吃到吴府“碗面盈盈红玉浆”的蜀秫饭后，感慨万千，用诗酬答说，自己生平最厌奢侈之物，今简陋之饮食最为适当。生活俭朴是做官的准则，普通百姓终年就是在吃这种食粮。“若说菜根风味好，小园多有不须行。”意即你的园里这么多，用不到花钱去街市上买了。吴宽家中托人捎来吴下豉，即用大豆煮熟后发酵拌菜根制成的一种豆浆，称“黄豆浆”，是吴中的一种传统菜肴，旧时苏州一带贫家百姓家常年必备。每当家中捎来了吴下豉，吴宽总要送给王鏊品尝。这种吴下豉非常可口，王鏊吃完了去讨要，致诗曰：“千里远陪吴下豉，多年何须禹馀粮？康侯去后谁为赏，耕织还须问当行。”说常食精美的食品易龋齿，用菜根所腌的瓮菜，亦是美味佳肴。其菜有点酸味，味道更佳。你从千里之外捎来的豆豉，食之有益健康。康侯之家无人能识此菜，还是到耕田织布的平民之家去问其菜的好处。吴宽的答诗更为有趣和发噱，云：“君家菜瓮碧流浆，饭熟应兼此下肠。须是芥根新切细，未容槐叶冷淘当。”意即你这样没完没了，老是来讨怎么行，还是我来把做吴下豉的方法教给你吧：先把菜根切细，再把槐树叶拌之，同黄豆一起发酵，吴下豉就做成了。

共月庵

在京城，吴宽海月庵之北新构了一座板屋，甚为简陋，邀友人在屋中相聚。王鏊称赞不异，作《博庵作板屋诗以落之》云：“竹楼颇高寒，茆亭复卑下。卑高两适宜，无如板屋者。制朴体势牢，费省工力寡。虽然立四柱，乃不施瓦片。”说竹楼高旷阴寒，简朴而坚固，夏天凉爽，冬季保暖，最适宜居住。可以在屋中饮酒、品茗和读书，真可谓人生乐事。吴宽和诗曰：“古诗载板屋，遗制千载下。嗟我同心人，在其是谁者。江南想犹无，都下知更寡。”说我家朴陋之屋，有谁想来住呢？我想江南无人，京师更寡，只有你志同道合的王济之喜欢。过了一周，王鏊下朝后又来了，在板屋中又作诗一首，说世上自从有巢氏以来，始建的就是板屋。现造房愈益奢华，有违有巢氏初衷。此屋看似类贱物，则胜过金玉。我一见板屋就心情舒畅，不知吴公能否割爱，让我进住板屋。吴宽见王鏊这样喜爱板屋，再和诗，作《济之再和复次韵》曰：“退食初自公，我常在其下。凡此连墙居，孰是无椽者？价直既甚廉，规模亦殊寡。成风劳运斤，御雨谢陶瓦。”收到吴宽的再次和诗，王鏊又作《三次》答谢，并在吴宽的指导下，在家中小适园内也建起了一座板屋，从此，他在板屋内“朝坐见日升，夕坐见日落。午坐日更多，可心更可乐”。

一次，吴宽冬天睡觉，不慎被汤媪（俗称汤婆子，一种盛热水，封紧盖的铜容器）烫伤臂部。刚巧王鏊省亲在东山，没有知道，过了些时间，王鏊回京师，当得知吴宽患臂疾，遂作诗《匏庵臂疾，予问之偶迟，有诗见贻，次其韵》问候，诗云：“偶因请告得闲身，子墨依然日见亲。汤媪曾闻能作祟，竹奴何事亦欺人。”因吴宽的烫伤是由竹席引起的，故诗中有“竹奴何事亦欺人”之句。风趣幽默，引人发笑。吴宽亦作诗《病中简济之》，诗云：“长夏修然一病身，案头药裹自相亲。幽居却似偷闲者，高卧翻成避暑人。”说的是他当年夏天臂疾之事。

王鏊在《震泽先生集》“补遗”中还忆起一段往事。弘治四年（1491）九月，礼部请遣使节册封诸藩。兵部武选使郎中长洲徐仲山被派往河南之郑府。在京之乡友，自少詹事吴宽而下，多人相聚，置酒赋诗为之送别。一时士大夫多和之，咸以成卷。适朝廷有前星之庆，遂以展出，至十月甲子，乃始克行。是月丁巳，再饯行于玉延亭。辛酉，饯于共月庵。复相与联句，以为赠。诗成，少詹吴先生题其首，曰“祖筵馀思”。以为众友与徐君之别，依依不舍之情。共月庵与玉延亭都是吴宽京邸院中的小筑，也是王鏊等同乡经常相聚及诗酒酬答之处。其《饮玉延亭联句》云：“使节天教一月留（鏊），共闻朝士羡南州（宽）。夜永还乘海月游，且得樽前陪笑语（鏊）。何劳座上杂歌讴？他时定对西山别（宽）……”而《饮共月庵联句》更富情意：“官河冰已合（鏊）。津口滞方舟（宽）。小斋重叙别（鏊）。短席故延留（宽）。行装琴与鹤（鏊）。去路马兼裘……”

吴宽的谢世有些突然，去世前四天，他还在沈周画上题字，幽默风趣，评价其画的书法贴度与平时无异。让友人们没有料到的是，一向无病，且心胸开阔，有古大臣之风的吴宽，竟疾而卒于官邸。王鏊在《跋吴文定公与沈石田手札》中说：“闻之王秋涧云：‘字画亦可以观人之寿夭。’文定以甲子七月十日奄逝，此札作于是月之六日，相去四日耳。点画法度俱在，言辞温润谆切，与平日无异也。秋涧之言岂欺我哉？昔曾子临终，所以告孟敬子者，尤谨于容貌、颜色、词气之间。文定此札，久要之诚，恬退之节，盖略见焉。其所养可知矣。公与石田最厚，往来简牍多，而此札则若与永诀然者。”这幅画作上的题字，可谓是吴宽的绝笔，王鏊收取极为爱惜，特装潢成卷，珍藏于家。

吴宽道德高尚，诗文俱佳，是明代中期振兴吴文化的杰出人物之一。吴宽、沈周谢世后，王鏊又接过这面大旗，再创吴文化的辉煌。

关怀“四子”

“海内文章第一，山中宰相无双。门生唐寅拜撰。”

这是在东山陆巷梁家山麓，王鏊陵园中唐寅所撰的一副墓联。其墓联高度概括与赞扬了先生王鏊一生的成就。有关唐伯虎所撰之墓联，一说原为“四海文章第一，山中宰相无双”。(据原震泽县《震泽报》记者黄进伟1953在王鏊墓抄录，惜无照片保留。）有说其墓上联“海内”两字，为后人使上下联对偶公正而改之，原来应该是“四海”两字。王鏊墓地面设置毁于“文革”，地下棺木等尚存，1986年列为吴县文物保护单位。据当事者说，王鏊墓唐寅之联未毁，而是原石深埋于离墓地约30米的环山公路下。唐寅卒于嘉靖二年（1523）十二月初二日，而王鏊病故于嘉靖三年（1524）三月十一日，唐寅先王鏊三个月作故，如何能为王鏊撰墓联呢？一种较为合理的解释是，这是副唐寅为先生撰的寿联，后来镌刻在王鏊墓的石柱上。正德七年（1512）八月，王鏊六十三岁寿辰，自寿诗中有“且作山中宰相”之句，这是他的自谦之词。唐寅、祝允明、文徵明、王宠、王守等门生都上门贺寿，并作有寿诗。此墓联可能为唐寅寿词中之句，后家人镌刻于墓碑。

吴中四子，又称“吴中四才子”，即明代唐寅、祝允明、文徵明、徐祯卿四人。四人都曾从王鏊游，其中三人自称是王鏊的门生，徐祯卿去世较早，是否可称王鏊门生，不见记载。古代中试的举子及登科的进士，把主考称为座师，自称门生，从严格意义上来说，祝允明才是真正的王鏊门生。在年龄上，王鏊要比祝允明十岁，比唐寅与文徵明大二十岁，至于比徐祯卿年龄就大得更多了。就如王鏊同沈周的忘年交一样，年龄上的差异并未影响王鏊与吴中四子的交往，尤其是唐寅，自“科场案”受到沉重打击后，可以说是在

王鏊虎丘剑池摩崖

王鏊等前辈和友人的关怀下，才走出阴影，最后成为“一代才子”的。

唐寅第一次到东山是明成化二十三年（1487）十月，当时唐寅刚满十八岁，祝允明二十六岁时。他们同沈周等一起受王鏊之邀，赴东山参加王鏊仲兄王鎜的“壑舟雅集”，两人都在沈周等所绘的《壑舟图》上题诗，已显露了很高文学才华。弘治七年（1494），唐寅父广德、母邱氏及妻徐氏相继亡故，为排除心中的悲伤，唐寅游览洞庭东西山。在东山，他游览了王鏊父亲光化公所筑的得月亭，夜宿陆巷静观楼。九年（1496），唐寅与张灵纵酒放游，忘乎所以，后经祝允明规劝，又专心学问。曾祈梦于福建仙游县九鲤湖之九仙洞，梦神赠之墨万锭，后祝允明撰《梦墨锭记》记之，陆粲作诗《九仙梦验》，王鏊也作《送唐子畏之九仙山祈梦》诗：“人生出处天难问，闻有灵山试叩之。三月裹粮真不易，一生如梦复何疑。”

王鏊和唐寅的师生情谊，是从弘治十二年（1499）后开始的。这年春天，唐寅与江阴人徐经同船到京城参加会试，因徐经贿赂主考程敏政的家僮，事先得到了试题，后被人告发，江南才子唐伯虎受牵连被关进了刑部大牢。时王鏊还只是翰林学士兼右春坊、右谕德，在朝中地位还不高。但他义不容辞，同吏部左侍郎吴宽，一起设法营救唐寅。后来在吏部侍郎梁储、尚书倪岳等人的帮助下，唐寅被释放“黜充吏役”，贬赴浙藩。出狱后唐寅没有去浙江，而是回了苏州故里。

唐寅感先生王鏊关怀之恩，每至王鏊返乡省亲，唐寅总要到东山探望与陪伴先生。据《莫厘王氏家谱》记载，弘治十七年（1504），王鏊因父丧在家守制，唐寅雇舟赴东山，同文徵明一起游览了翠峰寺，并留下了著名的《咏悟道泉》诗，曰：“自与湖山有宿愿，倾囊刚可买吴船。纶巾布服怀茶饼，卧煮东山悟道泉。”从这首品泉诗中可以看出，唐寅自从有了赴东山的愿望，倾其所有才租了一只帆船游览东山。穿着布服，带着茶饼，在翠峰寺旁搭一石灶，捡些松枝，汲泉煮茶。山涧中有风，灶火常被山风吹熄，于是须俯身趴下把火吹旺。在画家兼诗人笔下，一个“卧”字，写得极为贴切，充满了童真与游趣。当年的唐伯虎是否真的是趴在地上吹灶火，已无法考证，但给人留下了无限广阔的想象空间。十八年（1505）初春，唐寅陪先生王鏊游歌风台，作《歌风台图》，王鏊在图卷上题诗曰：“八千子弟空歌楚，百二河山竟去秦。莫道四方须猛士，商山闲杀采芝人。”正德元年（1506），王鏊守制满期后返京，唐寅赴东山送行，为先生作《王鏊出山图》。四年（1509）九月，唐寅陪王鏊至相城凭吊沈周故居。唐寅作《野望悯言图卷》，王鏊在图卷上题诗。

第二年，恰逢王鏊六十寿辰，八月十七日，吴中士大夫及名流雅集于东山真适园，为王鏊庆寿，唐寅、祝允明、文徵明等门生均有诗祝贺，众名公作近体乐府诗百首，裱成巨轴，挂于堂中。唐寅《王守溪寿词》云：“解缨投散，抽簪辞闹，此意谁知至妙？其间乐地，吾自有名教：春台玉烛，霁月光风，翘首堪长啸。世间名利境，苦劳劳，争似清风一枕高。孔北海，沈东老，祝长生，梁上歌声绕，黄粱梦先觉。”唐寅又代众门生向先生献寿诗：“无疆献上诸生祝，万丈冈陵不筭巍。”继而又道：“绿蓑烟雨江南客，白发文章阁下臣，同在太平天子世，一双空手掌丝纶。”面对门生的赞赏，王鏊没有陶醉，他作《拙叟自赞》词云：“噫嘻先生，何如其人？穷年矻书，结发励行……归卧空山，家徒立壁，晏然居之。”他告诫唐寅等门生：“风尘楚蜀干戈地，历观宦海几人还？”又说：“古来富贵谁长保？早是抽身好。”可唐寅没有把先生王鏊的话听进去，在仕途上虽一再受挫，对显贵还是抱有幻想。九年（1514），唐寅受南昌宁王朱宸濠所邀，与谢时臣、章文同往作画，王鏊闻讯大惊。朱宸濠是朱元璋的五世孙，早有异志，还在正德二年（1507），朱宸濠就重贿刘瑾，将已革去的护卫及屯田恢复，又在境内大肆招兵买马，囤积钱粮，反意已炽。当时王鏊等阁臣上疏此事，可武宗忙于游幸，一直不以为意。

唐寅到南昌后，宁王卑辞厚币，把他奉为上宾，所居的阳春书院名流不绝，他的虚荣心一时得到了满足。可好景不长，唐寅很快发现朱宸濠私制兵器，罗致四方奇才异士，谋反之意已很明显，悔不该当初没听先生王鏊的劝告，草率赴南昌，陷于进退两难之中。惊惧之下，他使出了在书院中“装疯作癫”之伎，赤身露体，不顾体面，经常打人骂人，对宁王的使者亦不例外。朱宸濠大失所望，只得把他送回苏州，唐寅才逃出了魔穴。五年后，宁王朱宸濠果然起兵造反，很快被都察院左佥都御史、巡抚江西的王守仁讨平，唐寅听到后吓出一身冷汗。

正德四年（1509）十月，王鏊致仕告归不久，唐寅陪先生王鏊游苏州城西尧峰山尧峰寺，归途宴饮于王铨远宣堂。王铨在横泾塘桥有且适园，内筑远宣堂。王鏊作诗《十月九日登尧峰，宿僧房，时秉之并解元子畏皆从》。从诗中得知，他们雇舟从横泾出发，翌日至管渎，登舟赴东庄，谁知舟人迷路，直摸到是夜初更时分才到达。舟中寂寞，于是三人在船中作诗，联句得二十二韵，皆与王铨、唐寅和，其《晚渡白洋晚》诗中有“两岸秋虫互相应”之句。第二天，台风来袭，舟无法行，三人阻于王铨东庄，又作联诗《次日阻风仍饮远宣堂》(与王铨、唐寅和)。五年（1510），王鏊得知唐寅贫病交加，“书画诗文总不工，偶然生计寓其中。肯嫌斗粟囊钱少，也济先生一日穷”。唐伯虎的一幅画，当时市价只值“斗粟”，只能济以一日饥荒。读王鏊诗《访子畏别业》可知，王鏊当时自己也大病刚愈，“偷闲先访戴逵来”，见唐寅卧病于床，家中穷得几乎揭不开锅，很是心酸，曰：“矮屋虚明浅送杯。”他问唐寅，要不要给你倒杯水喝？或自谦说，我给你送来了杯水，以救你燃眉之急。王鏊细看屋居四周，“生计城东三亩菜，吟怀墙角一枝梅。”宅旁是菜地，墙角扔有一幅卖不出去的梅花画。

《同唐子畏游阳山》是正德十一年（1516），王鏊和唐寅同游吴中阳山，所作长达百行的联诗。阳山，又名余杭山、万安山、蒸山、四飞山、白鳝山等，位于苏州浒墅关南，有太湖群山第二高峰之称。是年四月，王鏊偕唐寅及弟秉之、进之、妹夫顾元庆同等登阳山，过虎丘桥、七宝泉至灵岩山，游兴甚浓，两人合作“登阳山”联诗记之。其联诗长达百行，内有：“偶来试春衣，蹔足解尘鞚。(鏊）登原路屡回，入门树争滃。(寅）”“阳山划中开，虎阜凛旁从。(鏊）灵璧岂同侪，岐阳真异种。(寅）”“凿须神禹功，炼待娲皇用。(鏊）岩岩挹孟轲，侃侃立子贡。(寅）”“好事来重寻，佳句时一讽。(鏊）宁能辞脚茧，且得愈头痛。(寅）……”

唐寅晚年更加清苦，又傲世不愿附于权贵。诗中有“老我近来多肺疾，好分紫雪归烦襟”及“青山白发老痴顽，笔砚生涯苦食艰。湖上水田人不要，谁来买我画中山”之句。在唐寅晚年最困苦的时候，王鏊父子给他很大的帮助。王鏊长子王延喆是苏城的一位大商人，曾建怡老园于城西。延喆因得父荫，叙升中书舍人，奉使赴闽中，事毕补山东兖州推官。临行，唐寅作《金阊送别图》以送行，又在画上题诗曰：“爱我惟君众所知，君今去我我谁依？阊门十里官杨柳，谁把枝柯比泪垂？投契于君十年间，寻常花月酒杯前；酒杯今日将君别，花为谁开月自圆？”说王君啊，你走了，我的生活还能依靠谁呢？我与阊门的垂柳一样，滴泪为你送行。其感情之真挚流露于字里行间，读后使人潸然泪下。

嘉靖二年（1523）十二月二日，才华横溢、又坎坷一世的唐伯虎在贫病交加中作《绝笔》诗曰：“生在阳间有散场，死归地府也何妨？阳间地府俱相似，只当飘流在异乡。”诗毕而逝，年仅五十四岁。时王鏊送四女至京口，同中书舍人靳仁完婚，得唐寅病故，痛惜不已。

祝允明同先生王鏊的师生情谊也极深。在《王鏊集》“续震泽纪闻”中，载有一篇《应天府通判枝山祝公》文章。祝允明，字希哲，号枝山，因他手上生有枝指，时人称之为祝枝山。祖父祝颢是正统乙未进士，官山西参政。外祖父徐有贞为宣德年间进士，因谋划英宗复位有功，封武功伯兼华盖殿大学士，入阁为相。早在成化十四年（1478），王鏊省亲返京，路过山东阳谷古运河，作诗《舟次张秋，冒雨上读徐武功治水碑》，表达了他对前辈治水功德之景仰。（徐人品不佳，另当别论。）

祝枝山读书一目数行下，援毫疾书，思若泉涌，一时名声大震。王鏊的好友太仆寺少卿李应祯，奇其才，以女妻之。壬子应天中举后，连试礼部不第，铨授广东兴宁知县，颇具政绩。“兴宁地界岭海，民尚哗讦，淫于祷祀。允明至，一示以礼。暇则莅学，进诸生都试讲授，遂一变其俗。故从盗，窜山谷间，时出焚劫。为设方略，一旦捕得三十余辈，邑无警。稍擢应天通判。”但他厌倦官场生活，不久就借病辞官归里。弘治十七年（1504），苏州知府林世远发起编纂《姑苏志》，并请因父丧而在东山家中守孝的吏部右侍郎王鏊任主编，王鏊受任后又聘请祝允明、文徵明、蔡羽等七人同修。这是师生相处最长也是最美好的一段时光，在这一年多时间里，他们在苏州府衙里同吃同住，又一起翻阅史书、探讨史料、研究书法，间亦评说时事。在《姑苏志》初稿完成后，祝枝山与文徵明又陪王鏊同游近郊莲花寺，三人作联诗数十首，并结集刻印《莲花诗集》。

正德二年（1507），王鏊从京城修书给在苏城的祝允明，询问《姑苏志》完稿后的刻印情况，祝允明作书《上阁老座主太原王相公》，其书云："正德二年正月十日，门生祝允明谨斋洁具百拜，献于尊师门先生大人均墀下"，内有"昨日郡侯召见，赐示钧答云云"之句。郡侯即苏州知府林世远，此书乃林世远发起重撰。祝允明在回恩师王鏊信中言："自先生行后，众以郡公考绩期迫，相趣入刻。虽曰随时随校，专责有人，而要之人情散解，又坐图籍单寡，日力拘局，不免漫浪作事。"回答了其志刻印进展情况，以慰王鏊等待之心。

祝允明为人简易佚荡，不耐拘检，玩世自放。时独居著书，解衣盘坐，宾客来者，叩户呼之，若不闻也。但他对先生王鏊极为尊敬，《莫厘王氏家谱》载："入城则有门下士诸生祝允明、文徵明、唐寅等，相与谈说古今，花前月下，饮酒赋诗，挥毫染翰，竟日不厌。有所感触，则著述以况。"王鏊归里后，其纪于《震泽文集》中，六十岁、六十三岁、七十三岁，三次规模较大的寿诞，祝允明都献有祝寿诗。王鏊病逝后，祝允明作《祭文》云："门生应天府通判祝允明，谨以柔毛庶羞清酤，奉祭于柱国太傅户部尚书武英殿大学士，王文恪公尊师……小子将哭公以私也。"

旧时戏剧及书坛上，把祝枝山描成一个玩世不恭与不近人情的恶讼师，而明代真实的祝允明富含正义，极重友情。叶明哲是东山明朝时的一位儒商，家住后山纪革村，与祝枝山友善。弘治十五年（1502），其新居"芝庭"落成，苏城众名贤前往庆贺，叶明哲想请书法成就如日中天的祝允明撰篇"庭记"，但难于启唇。这一年，唐寅远游归来，曾言："大丈夫虽不成名，当要慷慨，何乃效楚囚乎？"即忽然醒悟，自己为什么要像个囚徒呢，并自刻"江南第一风流才子"印。风趣的唐寅知道主人的心事后，宴席间把先生王鏊为叶君所书的"芝庭"二字园额，偷偷藏入祝的文房四宝中。宴席后祝枝山打开文箱一看，心中自明，定是唐伯虎干这等事，看来叶君"庭记"非他莫属。祝枝山本有此意，就即令书童临屋磨墨，撰书了一篇三百六十八字

王鏊《叶孺人墓志铭》

的《芝庭记》，曰："叶君明哲之新居，在太湖东之纪革。始迁而芝产焉，因自称芝庭主人。吾师天官守溪（王鏊号守溪）先生，为署二大字……"现"庭记"被收入《苏州历代名园记》一书中。

除了座师王鏊，祝允明在东山还有三位好友，即严经、叶明哲与吴天裣。严经是南宋苏城判官严伯成的九世孙，明弘治丙辰科（1496）进士，历官南京刑部主事、郎中及江西吉安、河南彰德府知府之职，因不畏权贵，刚届"天命"就拒贿而弃官归里。严经与王鏊既是挚友，又为姻亲，两人朝夕相处，饮酒赋诗，挥毫染翰，形影不离。祝允明爱屋及乌，同严经也成了密友。正德十一年（1516），年仅五十五岁的严经在东山病故，祝允明极为悲痛，买舟赶到东山吊唁，并撰《明故封刑部郎中严公墓志铭》。是晚宿王鏊胞弟陆巷王铨家中，晨书"一晚园"以谢之。（一说祝允明至陆巷蒋湾游叶梦得故居，书"一晚园"。现沙岭猛将堂壁间嵌有清乾隆年修缮捐资者，有"一晚园叶"。）王铨如获珠宝，把这三字镌刻在三块方砖上，砌入遂高堂后王家里门楼，"文革"中门楼被毁，村中有贤者把"一晚园"三字砖送之吴县文管部门保管。吴天裣，是明成化年间的东山的一位粮长，具区风月桥的建造者，因赈边有功授官中书舍人。吴君比祝枝山长二十多岁，两人为忘年交。弘治十二年（1499）吴天裣病故，祝允明为友人撰并书墓碣铭。1999年苏东公路拓宽，在西泾山右侧挖路基时，挖出了这块吴天裣墓碣。此外，在东山还出土过祝枝山撰书的《明故孺人邱氏墓志铭》等多处碑碣。

相比之下，文徵明从王鏊游要晚些，而徐祯卿是随文徵明至东山始拜谒王鏊的。与唐寅、祝允明的天资聪明、才思敏捷不同，文徵明七岁犹不能言，八岁虽能开口，尚语不清。十九岁为长洲县学生参加科考，但乡试失利，后又考了好几次都没有中试。而祝允明中过举人，唐寅虽然后来因“科举案”受挫，乡试得过解元。也许是这一层原因，文徵明与王鏊交游要晚，他先接触的是王鏊之弟王铨。文徵明曾在游记中写道：“弘治壬戌（1502），余与友人浦有征、王秉之（即王鏊胞弟），泛渡水桥，绝太湖而西，蹑履以登，由百街岭而上。始自翠峰，历能仁、弥勒、灵源诸寺，延缘顿登，转入俞坞，至兴福寺而次止焉……夜久僧定，寂静无声，山月入户，林影参差，灵光显映，萧然妄寝……”当年文徵明三十三岁，之前他可能与王鏊有过交往，但关系也许不太密切。

弘治癸亥（1503），即文徵明夜宿兴福寺的第二年十月，他偕年仅二十三岁的徐祯卿到东山游览了一周。从两人合刻的洞庭唱和诗《太湖新录》和文徵明《游洞庭东山诗序》看，此行他们宿过东山翠峰寺、灵源寺、能仁寺、弥勒寺等诸古刹，作诗近五十首。在“空翠夹道松十里，断碑横路寺千年”的翠峰寺中，客僧双方互有所求：“尝橘客求藏瓮法，煮茶僧乞啜泉诗。”灵源寺之夜，他们是“夜随钟梵入灵源，一笑虚堂解带眠”。推窗向远山望去，只望见山坞中“高高松桧摇山月，兀兀楼台宿暝烟”。是年王鏊因守孝在家，两人遂至王府拜见了王鏊。

一晃七年过去了，正德五年（1510）八月十七日，文徵明再赴东山时，是同唐伯虎、祝枝山、王宠、陆粲、蔡羽诸友一起来的，雅集于镇西唐股村王氏真适园，庆贺先生王鏊六十辰寿。唐股村离兴福寺只一里之遥，大家又一起游览了兴福寺。“爱月不妨寒步影，举冠微觉露濡头……蒲团对语僧围烛，菊宴分题客咏秋。”从诗中可以看出，虽然秋夜的露水湿了他们的头巾，但大家还在庙中同寺僧夜宴吟诗。

文徵明虽对先生王鏊极敬重，但对“程文”，即八股文有不同的见解，对朝廷科考时只重八股文而忽视古文进行了批评，他在《上守溪先生书》中说：“顷者恭侍燕闲，获承绪论，领教实深，又承命献其所为文。窃念某自蚤岁，即有志于是。侍先君宦游四方，既无师承，终鲜丽泽。伥伥数年，靡所成就。年十九还吴，得同志者数人，相与赋诗缀文。于时年盛气锐，不自度量，然欲追古人及之。未几，数人者，或死或去，其在者亦或叛盟改习。而某亦以亲命选隶学官，于是有文法之拘，日惟章句是循，程式之文是习，而心中窃鄙焉……盖程式之文有工拙，而人之性有能有不能。若必求精诣，则鲁钝之资，无复是望。就而观之，今得隽者，不皆然也，只殆有命焉。苟为无命，终身不第，则亦将终身不得为古文，岂不负哉？用是排群议，为之不顾，而志则分矣。缘是彼此皆无所成。”文徵明认为“程文”没有价值，完全不能与“古文”相比。为了应试得中而只习“程文”，不作“古文”，这岂不是很大的损失吗？也许这是他在向制作“程文”大师先生王鏊挑战，表现了他进步的文化思想倾向。

文徵明对八股文不感兴趣，故屡试不中。正德八年（1513），四十三岁的文徵明和蔡羽参加应天乡试，都没有考中，心情很是沮丧。王鏊作诗《徵明失解兼柬九逵》，诗云：“学就屠龙谁与试，技同操瑟不相谋。人间得失无穷事，笑折黄花插满头。”对两门生进行劝慰。以后，文徵明又多次赴南畿应试，都没有中举。直到五十四岁（1523）那年，经过工部尚书李充嗣的推荐，并经吏部考核，授翰林院待诏，参与修《武宗实录》，不巧碰上了正德末、嘉靖初明朝宫廷内部的一场重大政治争斗，即围绕所谓“大礼议”而产生的斗争，他看到了政治斗争的残酷性，加上他为人正直，不趋炎附势以求显贵，他在朝中只待了三年，曾三次上疏求退，并于嘉靖五年（1526）十月致仕还乡。

王鏊去世后，文徵明与先生的家人仍保持良好的关系。嘉靖十二年（1533），王鏊长婿吏部侍郎徐缙邀文徵明到洞庭山作《花卉园》八篇，避暑洞庭山湖（太湖），游览住宿东西两山。此时先生沈周、王鏊均已驾鹤西归，好友唐寅、祝允明也于五年内相继去世，而小他十岁的徐祯卿，二十二年前年仅三十三岁时就夭折了。吴中文坛前辈和同代名士均已作古，只剩下文徵明一人再游东山，心头别有一番滋味。

“吴中四子”之一的徐祯卿，同王鏊的关系也很不一般，某些方面甚至胜过唐寅、祝允明、文徵明等门生。徐祯卿在“吴中四子”中，是唯一考上进士的门生，弘治十八年（1505）他中进士后，授大理寺左丞，曾与王鏊同为朝臣。

《续震泽纪闻》中载有一篇《国子博士徐公》之文，较为详细地介绍了徐祯卿同王鏊的交往与其短暂一生。徐祯卿神清体弱，双瞳烛人。弘治十八年（1505）考中进士，王鏊已任吏部侍郎，对其关怀很多。授国子五经博士，进阶迪功郎。又因王鏊的关系，认识了北地李梦阳、信阳何景明等名士，始大悔，尽异其故所业，力追古作，至忘寝食。其诗作同李梦阳、何景明及历城边贡齐名，弘正间，有“边何徐李”之誉。继而徐祯卿又结交了理学家王守仁，两人常在一起论“化气之术”。正德初，王守仁因忤刘瑾意，被贬贵州龙场驿。正德庚午，刘瑾被诛，王守仁招回京师，素善祯卿。一日，两人对人的生死，发生了争执，王守仁说：“谓吾为有秘，道固无形也。谓吾谓子非，子未吾是也。夫去有以超无，无将奚超矣？”徐祯卿听后曰：“命之矣，然吾疾且作，惧不足以致远，则何如？”守仁曰：“悸乎？”曰：“生，寄也。死，归也。何悸？”这场有关人之生死的争论不到一月，徐祯卿竟一病不起，他自知将不久于人世，整衽端坐，以后事托王鏊之婿、翰林院友人徐缙。徐缙听了十分难过，流出泪来。徐祯卿却笑曰：“常事耳。”说完，气益微，以指儿子伯虬手，作“冥冥漠漠”四字而卒，年仅三十三岁。所著有《谈艺录》，李梦阳称其文温雅以发情，微婉以讽事，爽畅以达其气，比兴则其义，苍古以蓄其辞，议拟以一其格，悲鸣以泄不平，参伍以错其变，第守而未化，故有蹊径存焉。而明代“后七子”领袖，刑部尚书王世贞称：祝允明书、沈周画与祯卿诗为国朝三绝。

提携后进

王鏊祖居在陆巷，正德六年（1511）始建新第于前山，称阁老厅，山人称之为王衙门前，全家搬至前山居住。其实，所谓的阁老厅只有房屋数楹，大门前还有一段弯路，凡轿子经过须下轿步行一段路，人称轿子弯头。两年后，又在宅后购地筑五亩，筑小园一座，遍植梅花，取名“真适园”，并手篆园额“真适园”三字。与此同时，长子延喆建宅于苏州城西，王鏊嫌其宏丽，不乐居之。延喆乃别建一宅于第左，规制稍庳，类中人之家，其父才入城居之，名曰“燕喜堂”。

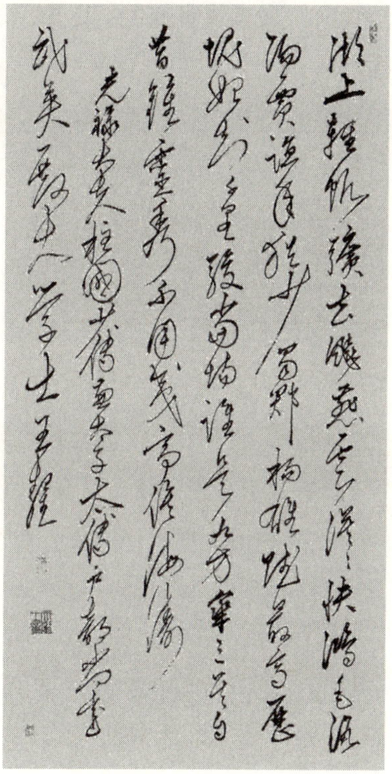

王鏊《送吴文之会试》

王鏊归后，尚与山中高士贺元忠、施凤、王鎜、陆均昂、叶明善、王铨六老结社，称“五老会”，又名“五老社”。六人者，王鎜为鏊仲兄，王铨为其胞弟，陆均昂是陆俊次子，鏊之表弟。余二人为鏊东山之故旧，其中贺元忠为宣德间进士，官至云南按察副使，故称宪副。叶明善已迁居苏州南园。王鏊《次韵贺宪副泽民会老诗》云：“年年共约林间醉，世上升沉总不知。”而王铨和诗并序曰：“少傅归吴未几，与故旧六人为社，仿香山洛阳之意。予时以疾不及赴，丁丑（正德十二年，1517）始入社，追次前韵。”也就在这一年十一月，五老会中年岁最高的贺元忠病故，十二月葬东山之西坞，王鏊为之作《云南按察使副使贺公墓志铭》，称他为官清廉，操执坚定，“吾知有国法，不知有他”。而王鏊隐退居山二十四年，更多的是承上启下，提携后进。

贺泰，字志同，东山槎湾三卯堂人，弘治十二年（1499）进士。是年贺泰与唐伯虎同试礼闱，贺泰中己未科三甲二十六名进士，授南京刑部郎中。贺泰科考前曾随父在西卯坞守祖父贺廉之陵。弘治壬子年间，王鏊主考应天乡试后返乡省亲，在家逗留数日。陆巷离西卯坞不远，少年贺泰前往拜谒过王鏊，学习“制文”。正德初年，贺泰升任御史，这是专门向皇帝进言提意见的谏官。在古代官场上被称为“老鸦”，因为他们像乌鸦一样，一开口就使皇帝扫兴，给官员带来不祥。太监谷大用、刘瑾等一批宦官专权乱政，误导皇上终日在后苑玩乐，荒疏朝政。贺泰多次进谏劝阻，惹得武宗很不高兴。一日，武宗竟收京师无赖及宦官厮养为义子，赐国姓者二十七人。贺泰奏言，批评正德皇帝不该这样做。武宗大怒，立即罢了贺御史的官，觉得还不解气，又把贺泰打了一顿，赶出京城。过了几年，刘瑾阴谋败露，党羽尽诛。贺泰曾冒死进谏，又被重新起用，以御史按闽，升至广东布政使，称为“弹皇”贺御史。正德十四年（1519）贺泰赴广东，王鏊作诗《送贺志同少参之官广东》，诗中有“自是隐之风节在，石门泉水不名贪”之句。嘉靖二年（1523），王鏊在给次子延素的家书中，有：“近闻贺志同有一女，察年貌之细，聘与似祖如何？回书来，再令人细访。”似祖为延素之子，从此信看来，王、贺两家后来还结成秦晋之好。

五湖漫士张本，字斯植，刚满周岁，即失其母，鞠养于祖母刘氏。后父又取了继房，他对继母陈氏极为孝敬。及长，习举子业，砥求经史，却屡试不中。乃弃举子业，学古文辞于王文恪公（王鏊卒谥文恪），日有所进。张本读书于福济观时，一日，观中道士以“梅花”为题，请学子赋诗。张本《九月梅花诗》夺魁，太仆寺少卿都元敬见之叹赏不已，遂于之交游。王鏊以少傅居家，不轻于许可，赞誉他人之文，独张本辑学缀文能当鏊之意。张本的《吟风岗》诗，王鏊尤加赞赏。曰：“青天半入石嶙峋，云里风和三月春。满径桃花自天地，狂吟时有谪仙人。”后张本同文徵明、陆粲、黄姬水等结成好友，名重吴中。著有《五湖漫稿》《五湖漫闻》等。晚年自号忘机野老、五湖漫士。

王鏊居官以清高自持，归田亦不改操。有抚按有司等地方大员拜谒，一概谢绝；朝廷部使者至吴，往往避之，时有不得一见面者；而对年轻人则关怀备至，鼓励他们进取。东山武山吴文之有神童之称。一次，文之随叔父去苏州，进城后，见明代成化状元、礼部尚书吴宽府第巍峨，气宇不凡。叔父以此出上联云："清峻牌坊，会状二元分左右。"文之适才经过长洲和吴县两座县衙，便即以应对："黄堂郡守，长吴两县列东西。" 一日，有文友来访，赠文之五言诗一首，文之不假思索，即席步韵，答以一首，诗曰："爱尔蓬莱客，青云气夙生。玉都麒麟足，金殿凤凰声。酌酒山云湿，论文海月明。秋来应有约，湖上片帆轻。"座上文友均为文之出众的诗才而倾倒。吴文之是王鏊原配夫人吴氏的堂侄，年轻时就向王鏊学习"制义"，十九岁中乡试，后因病羁身，未能进京会试。正德十六年（1521）病体好转，准备束装赴京，至先生王鏊处道别，王鏊赠诗《送吴文之会试》云："湖上轻帆彍去飙，燕云漠漠快鸿毛。洛阳贾谊年犹少，蜀郡扬雄赋最高。历块始知千里骏，当场谁是九方皋？洞庭自昔钟灵秀，不用夷亭俟海涛。"现王鏊这首《草书七律诗轴》手迹，藏于北京故宫博物院。吴文之果不负王鏊所望，中辛巳科三甲六十名进士，授翰林院庶吉士。同年十月，少年英才吴文之因病与世长辞，年仅二十八岁。

王鏊门生蔡羽，字九逵，号林屋山人。明代文学家，吴门十才子之一。蔡升之孙，蔡滂之子，为古代吴中自学成才的著名人物。蔡羽的母亲吴庭吉是王鏊原配夫人吴氏的侄女，少年时同窗好友吴东峰的姐姐。庭吉是东山有史记载最早的女诗人。她年轻时嫁到西山蔡家，婚后不久即赋诗一首，托人带回娘家，有"久违膝下缺承欢，尺素无奈远问安""紫泥诏下修承宠，白发年来且自宽"等句。吴庭吉丧夫早寡，只得与诗书为伴，苦度青春年华。后儿子蔡羽渐渐长大，她亲自授之以书，蔡羽十二岁时就能操笔作文，有奇气。后师从王鏊，工诗词，好古文，自负甚高，作文必称秦、汉，精于《易经》，书法成就也很高，长于楷、行，与祝允明、文徵明齐名。弘治末年，王鏊受苏府林世远之邀，主编《姑苏志》，还请蔡羽等同修。 蔡羽不喜欢八股文，应试多次均没有考中，王鏊为之惋惜。蔡羽在吴中《名公笔记》中称先

东山柳毅井碑

生王鏊“国有大疑，非得钜公伟人，无以释天下之忧。先生固心乎时政，而能借适于山水也”。有一次，王鏊偕弟侄数人游太湖，不巧遭到大风雨，夜宿蔡羽家，有诗记之，其序极为有趣，曰：丁丑八月二十日，与弟侄辈泛太湖。将游石蛇山，舟发微雨，既而雨大作，抵消夏湾蔡九逵舍宿。明日雨又作，游兴索然，乘便风而还，至家则日出皎然矣。为之一笑，赋诗纪之，云：“载酒张帆信所如，青山含雨转模糊。蛇丘咫尺翻成远，夏渚消摇可作疏。”从其诗与序中可以看出，师生之间关系亲密，经常走动。石蛇山位于太湖之西北，背龙头而迎风涛，地势极为险要，因而世人少有涉足。正德四年（1509）清明，王鏊偕蔡羽等数人，放舟石蛇山，遥见巨石下若有门，而急流从洞中出，甚为奇特，遂作《游石蛇山记》，王鏊为作《跋蔡九逵石蛇山记》。林屋蔡羽虽有奇气，工诗词，好古文。可他同文徵明一样，乡举屡试不中。嘉靖十三年（1534），蔡羽六十四岁时以贡生得选，授南京翰林院孔目。赴任三年后，他就致仕还乡。越四年而卒，入苏州沧浪亭五百名贤祠。

在木渎灵岩山，留有一处明代的摩崖石刻：“正德丙子四月壬戌，奉陪少傅公重游，时同游者公之弟秉之、进之，诸生顾元庆也。郡人都穆题。”而在《莫厘王氏家谱》中，亦载有正德十一年丙子“四月，与秉之过顾氏，偕都敬穆，登阳山、过虎山桥、七宝泉至灵岩山，赋诗记之”。都穆，字元敬，居苏州南濠街，因号南濠居士。弘治进士，官至太仆寺少卿。明代学者、文学家、批评家。都穆在苏州是个有影响的人物，我国文学史上著名的“读书灯”的典故，就出自都穆家。都穆致仕后每晚挑灯夜读，常通宵达旦，苏城南濠街上民舍，凡夜间灯火被风雨吹灭，到阊门南濠都家必能要得，因为这时都穆必定还在读书呢！可都穆留给后人更多的却是忌才的负面影响，说他诬告唐寅，是弘治十二年（1499）会试科场案的告发者。王鏊与都穆素有交往，也很关心这位读书认真的年轻人。弘治己未科春闱的主考是李东阳和程敏政，两人都同王鏊友善，所以知道些实情，案情复杂，一言难尽。

王鏊知道都穆的人品，绝不会去干无中生有之事，况且他与唐寅关系也不错，自己又考中己未科会试进士，何必还要去陷害友人呢？据说此科场案另有内幕，史书上说科场案"事秘，莫能辨也"。许多人的冤情，包括都穆的冤屈，也许均在这六个字中。都穆有口难辩，吴中士人多鄙之，据说文徵明与之断交，祝允明等与之少了来往。当都穆因莫须有的罪名成为众矢之的，吴中士人大多鄙之，十分孤独时，王鏊却给予他父亲般的关怀。正德八年（1513），都穆以太仆寺少卿致仕，告老还乡，王鏊作《喜玄敬少卿致仕》云："似我归来亦未迟，夫君得谢又先之。清朝况自悬高位，白社多缘赴夙期。"诗赞其像我一样离开险恶的官场，还不算太迟。诗尾又曰："一场好梦今朝觉，却任傍人道是痴。"意即让旁人去评说吧，只要自己感到心安理得。都穆归乡后，居苏州阊门南濠里，"放情山水，绝迹公府"。正德丙子（1516），王鏊又邀其多次同游吴郡诸山，使都穆十分感激。在城西阳山之巅，留有一处摩崖石刻："正德丙子四月庚申，少傅王鏊、少卿都穆、经府王铨、经术王镠、诸生顾元庆同游。"落款：少卿南濠都穆。

自誉大中丞门人的王守和太学门人的王宠兄弟，都得到过王鏊的提携，是王鏊的学生。兄王守，字履约，号涵峰，嘉靖五年（1526）进士，官户科给事中、南京副都御史。弟王宠，字履仁，号雅宜子及雅宜山人。与祝允明、文徵明并称"吴门三家"及"吴中三才子"。王守与王宠同拜师蔡羽，居西山三年，学习经、诗，论资排辈，应是王鏊学生的学生了。时王鏊常去西山，王守、王宠兄弟随蔡羽从王鏊游。王鏊初致仕，常住苏城怡老园，王守、王宠同唐寅、祝允明、文徵明等陪同先生王鏊，吟诗酬答，常日有所进。王守赴京参加会试前夕，王鏊赠以诗，《送王守会试》曰："双珠出南国，光曜珊瑚枝。一入天府选，一嗟沧海遗。连城总无价，韫椟亦有时。雁行先后耳，去去勿复疑。"王鏊这对兄弟门生满怀希望，称他们是南国苏城的两颗明珠，哥哥王守如领头雁先赴礼闱，弟弟王宠后将继之。后来，王守考中嘉靖丙戌科三甲二十四名进士，王宠却连试八次都名落孙山。对仕途追求感到绝望后，王宠专攻诗书画，成就很大。他在书法上独具慧眼，融晋唐诸家之长，以拙取巧，神韵超旷，开创了明代书法风格的先河，而其篆刻则与祝、文齐名。王宠仕途不通，却取得了另一番成就。

在吴中，得到王鏊提携的后进还有陆粲、黄省曾、陈怡、杜璠，以及横金卢雍等一大批后进士。陆粲，字子馀，号贞山。少谒王鏊。嘉靖五年（1526）中进士，授工科给事中，不畏权贵，劲挺敢言，被廷杖三十下诏狱。释后还职，不屈，寻疏奸党事，谪贵州都镇驿丞，稍迁永新知县。研心经史，学问宏博。《明史》有传。黄省曾，字勉之，号五岳山人。弱冠与兄鲁曾散金购书，覃精艺苑。先后拜王鏊、杨循吉为师，学习诗文。又从王守仁、湛若水游。又学诗于李梦阳，深得“七子”影响。《明史》亦有载。卢雍，字师邵。曾从王鏊游，其学问、道德均深受王鏊的影响。卢雍正德六年（1511）中进士，授御史。武宗北狩，欲建行宫，雍上疏请罢。河间旱，奏请免赋税。按四川，首劾巡抚不法之事，有惠政。正德十五年（1520），御史卢雍在苏州城郊石湖建范文穆公祠及石湖书院，六月，庙成，王鏊为之作诗《卢师邵侍御新建范文穆祠于石湖傍，有诗次其韵》，云：“万木阴森荫画梁，淳熙奎画尚流光。一丘占尽吴山胜，二水分萦越垒长。”范文穆，即南宋范成大。王鏊《震泽集》卷十七《范文穆公祠堂记》：“昔在宋，吾苏人参大政者，有两范公。文正公，当仁宗朝……文穆，当孝宗朝，在政府两月，未及有为，以言者罢。”

这些曾先后从过王鏊游的吴中士子，太多在科举上取得了成就，为官亦清廉敬业，颇具政绩，这使先生王鏊感到欣慰。

诗文唱和

偃月岗上，风和日丽，青山似黛。明代正德六年（1511）的一天，东山莫厘峰下的梼梌墩上，来了四位满腹经纶的读书人，他们时而登高远眺，时而吟诗作词。四人情趣相投，又借景抒情，不一会就作成了一首名《梼梌墩》的联诗，曰："梼梌墩前举一杯，良辰胜友好徘徊。深绿野色鳞鳞绕，翠银湖光面面开。墩姓只今应我属，风流自昔有谁来？悬崖便欲题名字，千古行人首重回。"诗作字字珠玑，脍炙人口。这四人便是刚从官场归来的王鏊、严经、王铨和山中高士施凤。

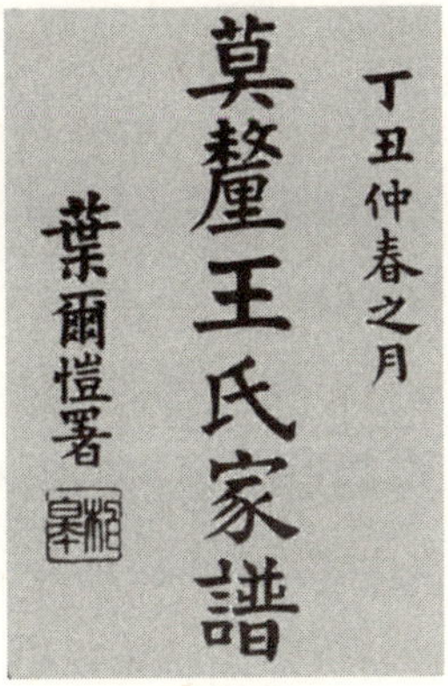

《莫厘王氏家谱》

王鏊回乡后的岁月中，常邀苏城与山中友人出行，其足迹踏遍了故乡东山的七十二峰及吴中的山山水水。他们每临一处，多联诗题咏或留下摩崖石刻，诗酒酬答，相互唱和，后结成《珠联璧合集》等刻印留世。在王鏊的《震泽集》中，载有王鏊与吴宽《昌平道中大风联句》、与唐寅的《阳山大石联句》、与师邵的《石湖联句》、与都穆的《第三泉亭联句》等以及与徐源、沈杰游览越来溪，在卢纲秀芝堂作客、联诗，与陈霁、沈晖畅游宜兴山水，联诗志喜等作品，而更多的是他同胞弟王铨的酬答，达百首之多，后结成《梦草集》刻印。在游览山水与诗文唱和中，王鏊正直清廉、学无止境、重情重义及忧国忧民的品质也深深影响了吴中士人。

严经，字道卿，号芥舟。东山马家底人。明代弘治九年（1496）进士，是年王鏊主考会试，因而严经是王鏊的同乡门生，居官后同先生交往甚密，诗书来往不绝。王鏊为官刚正不阿，为官清廉的品行成了他学习的榜样。严经考中进后，授南京刑部主事，后又历任员外郎、郎中及江西吉安知府、河南彰德知府等职。彰德府有一藩王，是正德帝之叔。其藩王仗着权势，不但自己横行霸道，欺压百姓，还放纵手下人狐假虎威，无恶不作。地方百姓忍无可忍，敢怒不敢言。正德初年，严经外放任彰德知府，恰逢河南连年荒旱，百姓四散逃荒，流离到了他乡。严经上任后，一面用求雨的方法来安定人心，又上奏开启官仓进行赈济，外逃的百姓纷纷归来重建家园。

藩王见严经有才干，政声显著，很得百姓拥护，便想笼络严经，用以抬高自己，想得个敬贤名士的美名。一天，藩王在府上特地准备了场面盛大而丰盛的筵席，邀请严经赴宴，还挑选了几名长得俊美又聪明伶俐的女乐，想在席间送给严太守。严经知其用意，不予理睬。藩王府三请四邀，其就是没有就范。那藩王碰了个软钉子，丢了脸面，但又不好发作。从此以后，藩王和其下属对严经既敬重又畏惮，不敢再在地方上仗势欺人了。彰德府山多，流贼猖獗，加上城池破残，贼寇破城入室，屡屡得手，百姓深受其害。严经上任后，加固城墙，修筑防御工事，整治训练兵丁，严阵以待，吓得贼兵再也不敢来犯，地方上得到了安宁。

严经政声流闻，皆以期为大用，却急流勇退，告病以归。原来朝廷一名姓曹的执掌升迁官吏的大员，有事路过彰德，到府衙名为拜访太守，实是想要好处。这位朝廷大员认为，太守是个肥职，严太守一定捞了不少，且他正当中年，又政绩卓著，以期朝廷重用，必有求于他而有重礼相送。谁知严经粗茶淡饭招待，又两袖清风相送，曹铨叙感到失了他的面子，加上彰德府的那位藩王送了重礼，便说了严经不少坏话，本该升迁的严经被冷落了，其遂挂印归乡。《六修严氏家谱》中说："君知其意不中，时以足疾，遂乞归。"

这一年，王鏊也经"三疏上"，致仕回到了故乡。一个宰相，恩师；一个太守，门生，两人志趣相同，又都满腹经纶，常招朋邀友，雅集于高山之巅或太湖之畔。一年春天，王鏊邀好友严经、施凤及胞弟王铨同上东山莫厘峰，又南下至法海寺，东转循岭，涉杨家坞，还饮偃月岗，四人作联诗十二首。严经在《莫厘登高》前诗中曰："久矣不辨登山履，拟结篮舆上莫厘。五十看看成老大，不妨归路醉如泥。"四十九岁就被迫归里的严经，叹自已刚刚满五十岁，已思归期了。王鏊接着说：“为爱韶华连日醉，历观宦海几人还？风尘楚蜀干戈地，举酒何缘一破颜？”劝慰开导严经，伴君如伴虎，你我能告老还乡已属幸事，何必再去想人生已过去的那些事情呢？正德十一年（1516），严经卒于家，年仅五十五岁，安葬东山俞坞严氏祖茔，王鏊为之作墓志铭。

《倚玉集》是王鏊与耕读山人施凤诗文唱和的联集，记载了王鏊归乡十四年间，同东岗高士深厚的友谊。王鏊在所撰《东冈高士传》中称：“从吾游者多矣，好古不同流俗，惟鸣阳一人。”施凤，字鸣阳，号东岗，东山金塔河人，明代农家，但亦是诗人。施凤是明初苏州府第一名状元施槃的侄子，施槃二十二岁中状元，二十三岁病故，无子，嗣侄子施凤为子。同叔叔施槃家一样，施凤的祖辈也是务农为生。施凤少时即勤诵读，能文章。时任南京礼部尚书倪文僖、陈御史对施凤评价很高，说吴中竟有如此深负才学之年轻人。弘治初，施凤乡试失解后，再也没有参加过科考。他于家中辟园凿池，养鱼种树，食贫励行，终其一生。曾主握过文柄的大学士王鏊，与施凤这个农家诗人过往甚密，两人在一起以文会友，诗酒唱和。在他们笔下，一山一水、一草一木、春风夏雨、秋霜冬雪皆成诗作。

正德己巳五月十三日，王鏊归乡还只月余，过施凤宅，看其屋竹林笋茂，杨梅正熟，红绿掩映，甚可观，作诗赞之，曰：“新竹娟娟早竹斑，东西俨立万琅玕。缰鞭迸占松竹间，清荫浓添白石坛。”吴中民间有重阳登高之俗，九九重阳，王鏊与施凤等友人携酒登山一游，他们“壶觞纷提携，曲磴屡回转”。在松竹掩映的山崖上畅饮。酒酣，施凤首作《和守溪先生游山》曰：“勇退归来孰可攀，但逢佳日便登山。身闲名遂功成后，兴绕鸢飞鱼跃间。”少傅王鏊经常光顾，施凤倍感荣幸，在园中松竹间筑一亭，名“款相”，意即款待山中宰相王鏊。八月二十四日初会亭上，王鏊口占一律，曰：“竹间新筑小亭低，草色花香醉不迷。安乐窝中人略似，逍遥公侯世谁齐？”诗罢，王鏊临亭磨墨，挥毫书“来贤”两大字，送于施凤，作匾额同显于亭中。有人问其意，王鏊说，予与世人寡谐，亦鲜与谐者。立朝几四十年，日接天下士而所与友者才四五辈，皆海内名流也，晚归洞庭得一人焉，曰东冈高士。

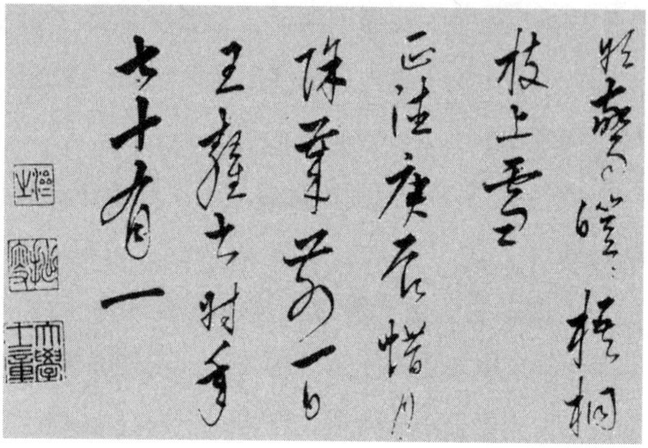

王鏊行书诗卷

施凤比王鏊年长多岁，两人亦可谓忘年之交。正德庚午，施凤子仁德不幸夭折，王鏊也很悲痛，作《慰东冈失子》长诗相劝，说：“纵使铁石肠，谁能不哀思？”可哀哭有什么用呢，若如“哀之倘可生，哀也理亦宜。”如今是“号天天不闻，扣地地不知”。诗尾说“劝君急返棹，收泪举一杯”。意即不要过分悲痛伤了身体，面对现实，要勇敢地活下去。王鏊又作诗《挽施仁德》，云：“又是山阳听笛时，状元门第旧弓箕。凤池乍长丹山羽，瑶圃俄摧玉树枝。”施凤是状元施槃的嗣子，仁德是施槃之孙，施家状元门第的匾额尚存。笛声悠扬，凤鸟起舞，可惜瑶林玉树断枝，一代名门变色。王鏊的挽诗催人泪下，对东岗之子寄予了无限哀思。

在王鏊、施凤唱和的《倚玉集》中，两人关心民瘼、情系百姓的诗歌多达三十多首。正德五年（1510）夏，东南风骤至，太湖偏东水枯涸三十里，三日后，有声如雷，暴雨连月。施凤《和守溪相公苦雨二首》云：“前后春夏交，淙淙雨不止。今年交夏来，淫雨如前年。正当麦熟时，滂沱复连绵。人家无完居，十室九壁圮。”面对灾情，王鏊倾家救灾，赈济百姓，故施凤在诗尾说：“伟哉王相国，忧民似忧己。”而王鏊所唱和的《苦雨和施鸣阳》《酬鸣阳苦热韵》《重阳后复雨速东冈》等诗，有“摧颓杨柳春无奈，狼藉梅花梦自惊”“皇天分四时，夏也独可畏”“一朝雨势翻天至，两月炎威掠地收”等句，喜怒哀乐，尽在诗中。

在《东山郑氏家谱》上，记载了归隐后的王鏊多次邀郑氏昆仲，游南湖，纪胜联诗之雅集。王鏊在《登临纪胜联句》序中曰：“洞庭之南湖有二小山，谚‘猫鼠山’，谓其肖猫之逐鼠也。正德壬申（1512）仲秋，余与弟秉之、郑氏昆仲秉忠、秉善、秉元，泛舟同出南湖，指是山而异之，特往登焉。其山可三四亩，而所见甚远。酒酣兴发，相与联得二律，聊纪一时之胜。”王鏊首曰：“扁舟载酒出南湖。”秉忠曰：“联袂登临兴不孤。”秉善接曰：“绝壁雨收开画障。”秉忠继之曰：“澄波云敛净水壶……”

郑氏为河南荥阳望族，始迁祖郑钊，字公远，行季一。宋哲宗朝，以世族巨姓应聘为驸马都尉，尚孟皇后顺德公主。建炎元年（1127），郑钊夫妇随孟皇后南渡，路途受尽艰辛与险阻，终于到达杭州。他在朝中委曲周旋，内消猜疑，外捍凶逆，功劳居多。南宋“绍兴议和”后，高宗重用巨奸秦桧之流，杀害抗金名将岳飞，致使人心涣散，朝议日非。郑钊叹曰：“王业既可偏安，小臣亦宜明哲。”遂举家隐居太湖东山之武山，口不言朝政，在东山寿终。郑氏昆仲为郑钊十世孙，年龄比王鏊小得多，而且均为白衣居士，曾身居宰辅的王鏊却不以为然，与之联诗并作序，一代风范，使人可敬。

王铨《梦草集》卷三“归田唱和”联句《将归洞庭途中唱和》序：“庚午春，正月既望，少傅将归林屋。是日，出阊门，过毛大余第，遂宿。乙亥，自江村出彩云桥，至横塘，徐中丞来会于水滨，连舟抵行春步，寻越城故迹。复下舟，师邵、师陈昆仲迓于湖中，同舟过越溪造其家，而沈方伯亦至。”大家欢聚一堂，作《寄隐者》《越来溪怀古》《宿秀芝堂》等联诗。是月，王鏊、王铨等又由管渎经横泾造陈封家。陈家分日张乐设宴，优人呈戏，夜宿。朝至张庄桥，度风雨，舟不得进。复返棹至陈君别墅，回灯温酒，吟诗联句，剧饮至三鼓而散，与陈霁等作联诗《将发陈氏遇雨》《复至陈氏》《再发张庄途中》等多首。

正德十六年（1521）四月，王鏊同门下士祝允明、文徵明、陆子馀、陈怡等八人，雅集于苏城怡老园。文徵明赋诗以庆，众相和之，陈怡取诸诗联为卷，陆粲为之作序。时人有裴晋公之绿野、司马公之独乐之云。文徵明《怡老园》诗云：“名园诘曲带城闉，积水居然见远津。夏驾千年空往迹，午桥今日属闲人。江南白苎迎新暑，雨后孤花殿晚春。自古会心非在远，等闲鱼鸟便相亲。”王鏊即和诗一首曰：“吴王消夏有残闉，特起幽亭据要津。剩水绕时伤往事，短墙缺处见行人。绿杨动影鱼吹日，红蕊留香蝶护春。为问午桥闲相国，自非刘白更谁亲？”其《怡老园诗卷》在历史上有很大的影响，是吴文化中的一枝奇葩。

德高望重

洞庭卧云，望重东山。震泽波澄，名崇北海。德高望重的王鏊急流勇退，隐居太湖东山，凡朝中南下部使，外放朝官，省亲的官员及各省过往的都宪、方伯、正郎，大多取道苏州，至东山看望山中宰相王鏊，或传递朝中近况，或讨教为官之道，更多的则是问候王阁老，祝他寿比南山，福如东海。

灵岩山王鏊题刻摩崖

正德八年（1513），监察御史汤鼐来访山中，王鏊热情地接待了这位昔日的同年，时值初冬，洞庭红橘已采收，王家端出红艳而象征吉祥的橘子，招待远方来的客人，第二日又邀汤鼐游览了苏州石湖、上方山等名胜。汤鼐，字用之，安徽寿州人。成化十一年（1475）进士，故与王鏊为同年。王鏊作诗《同年侍汤御用之来自寿春来访予，于吴中流连久之。时同年在者，惟仲山、世熙两中丞，因邀为石湖之游，日云暮矣，直至上方而还。因赋诗为别二首》。其诗有“迟日溪山好放舟，同人同作石湖游”“姑苏台上看斜阳”“风寒尚有篱边菊”等句。九年（1514）秋，苏松兵备副使谢琛来访，与谢琛登阳山，游西洞庭，作诗《与谢宪副宪温游阳山箭缺至半山寺而止》。谢琛为弘治十二年（1499）进士，《明武宗实录》卷九十八：“正德八年三月……命苏松兵备副使谢琛分管水利。”其时苏州亦为谢琛属地，谢可能利用职务之便拜望老前辈王鏊。是年，先后还有副使曹节与知县胡巍来访。曹节，字时中，松江华亭人。成化五年（1469）进士，时为浙江按察副使致仕，途经苏州而至。曹时中登进士比王鏊还要早六年，资格老，少与人来往，独崇鏊，据说梦见王鏊有病，特访之。曹作诗有“可惜中兴天下计，独留忠鲠老东吴”之句。王鏊作《云间曹宪副时中梦予抱病，作诗见及，因酬之》。其诗云：“自惭杞国忧天计，谁辨咸池捧日功？多谢青山不吾负，朝朝长对白头翁。”诗意为：惭愧自己所进之言不被采纳，杞人忧天。既然不能为国家朝廷效力，归隐于青山之间，亦不失为一乐。胡巍，字世高，开州人。正德三年（1508）进士，常熟县令，淳质有吏能。故王鏊有诗《予伏林下睹闾阎之苦，悯征求之繁多，伤循吏之难值也，每以为叹。癸酉六月，客有过予，谈海虞胡令政之政者，为赋诗》。诗有“吴侬偏感德，汉吏不求名”“怀哉不可惜，送子若为情”之赞。

接着，有朝官董谕德来访。董玘，字文玉，浙东小江人。弘治十八年（1505）会试第一，殿试榜眼。时任左春坊左谕德兼翰林院侍读，给假省亲，归途中途经苏州，绕道东山，拜访王鏊。南京礼部尚书邵宝来访。邵宝，字二泉，以母老乞养亲，朝廷许之。其诗《闻申诏侍养喜而有述》。有“一封书奏再逾年，温诏春来忽自天”句，说出了他许以奉亲的喜悦心情。王鏊有诗《和邵二泉申许终养韵》与《邵二泉点易石得泉有诗》等。后来，王鏊又作书《复邵二泉》，其书云：“伏睹清朝更化，特起老成，此正君子汇进之时也。素守虽不可夺，而诏旨不可屡违。鏊窃为公思之，南畿去家不远，而太夫人闻已勿药，兹奉以之官，则高义不失，而官事不废……望更思处之。”劝慰邵宝复起为官。工科给事中陆粲来访，这使王鏊感到非常高兴，陆粲是王鏊的得意门生，曾有“斯文之传，非子谁任”之赞语。陆粲为鏊长子延喆所作《大理寺右寺副王君墓志铭》云：“余少为文恪公所知爱，为其孙娶余女，即有壬也。”在王鏊居山的日子里，还先后有大学士阁臣费宏、都察院都御史王懋中、副都御史毛珵、江西道监察御史叶忠、云南按察御史孙乐、湖广按察副使张鸣凤、户部郎中钱世恩、南昌经历徐季止等朝廷大员与地方封疆大吏，至苏或赴山，拜谒大学士王鏊。

王鏊自守很严，交友亦严谨，上述与之交往的官员，大多为忠君爱国的清廉之士，但却有一人晚节不保，且声名狼藉，那就是嘉靖朝的大奸相严嵩。正德十六年（1521），时任翰林院编修的严嵩来访。严嵩，字维中，江西分宜人，故又名严分宜。严嵩为明朝重要权臣，在嘉靖朝专政达二十年之久。不过严嵩开始还是个不错的官员，他二十六岁中进士，入翰林院，有才华，且有正义感，暗地里声援过王鏊同焦芳的斗争，是王鏊当年见重的翰林士子。同时，他与王鏊两个儿子延喆、延素及女婿严缙皆有交往。严嵩曾在江西钤山下结庐读书，其书斋名钤山堂，是王鏊为他所作。还有严嵩那个比父亲名气更臭的宝贝儿子严世蕃，其名也是王鏊给起的。时严嵩奉命使三湘，还朝路过苏州，遂访致仕阁臣王鏊。主宾同游虎丘，在千人石上夜饮，诗酒酬答。王鏊有诗《月夜与客饮千人石》《余断送迎久矣，内翰严维中奉使三湘，还过吴，治具邀余过虎丘，余不能辞也，赋诗一笑》。诗中有“如何地主翻为客，多少荣途未得闲”“夕阳共下山门去，处处停桡未拟还”之句。从诗中可得知，此夜宴为严嵩反客为主，由严嵩做东。酒酣，玉兔升起，千人石上月光如水。严维中亦酬诗《虎丘寺侍少傅守溪公游奉次高韵》，其诗有“分明仙舸中流坐，瞻送宫袍月下还”“石留僧讲谩遗踪”之句。后来，严嵩入阁后，专擅媚上，排斥异己，招权纳贿，肆行贪污，成为臭名昭著的奸相，又被世宗疏远，去职抄家，不得善终，那是后事，这也许是王鏊当年没料到的。

最使王鏊感到高兴的是他的七十辰寿，朝中友人沈方伯、乔白岩、林见素、邵二泉诸公皆有诗寄赠，樊都府训导王成宪特来贺寿。鏊也作诗酬答，其自寿诗云：“生世七十年，回看如一日。所贵寸心虚，修然不留物。俯仰天地间，无愧亦无怍。”远在南北两都的朝中门生杨廉、方鹏、方凤、胡缵宗、刘瑞等都有贺诗，祝座主王大人七十寿诞。杨廉是成化二十三年（1487）的进士，时为南部礼部尚书。其贺诗名《守溪阁老寿旦，郎中方时举贺之。守溪以诗见答，时举索和这之续绍。时举与弟时鸣会试，守溪时为主考》。内中提到的时举，即方鹏；时鸣为方凤，昆山南新渎里人。兄弟俩正德三年（1508）同举进士，有诗《呈守溪座主和伯兄韵》，有“文齐北斗无双士，梦隐东山见一人”“门墙桃李知多少，回首东风又十春”之句。时方鹏官文选司郎中，方凤为广东提学佥事。南京礼部侍郎刘瑞和副都御史胡缵宗，都是正德三年王鏊任主考所取之士，他们的贺寿诗中分别有“黄阁归来又几年”“温诏还从銮掖下”之句。

应该说，王鏊的晚年生活是退而不隐，居而不安。他告老还乡后，朝廷大臣，地方要员举荐其复起的疏奏不绝于朝。正德五年（1510）十一月，焦芳致仕，刘瑾伏法后，都察院副都御史林俊上疏，言宜召用先朝旧臣，如王鏊等，上不纳。《明武宗实录》卷六十九：“正德五年十一月……巡抚四川右都御史林俊言：‘……正贼瑾之党，当矣，宥二党魁犹失刑。夫为户部莫如韩文、许进，内阁莫如刘健、林瀚、谢迁、王鏊。《春秋》举仇举亲，方拨乱反正之始，而不引忠亮端谨不可屈之人乎？’”可惜朝廷的批奏是：“俊乃补奏成于瑾乱政之日，未及进呈，其怀奸畏罪明矣。宜从究问，但以流贼未平，姑令自亥劾。”时隔数年，右副都御史王懋中又上疏荐王鏊于朝，诏责之为滥举。《明武宗实录》卷一二九：“正德十年九月……巡抚云南副都御史王懋中言四事：‘一，致仕大学士谢迁、李东阳、王鏊、刘忠，尚书刘大夏、韩文、都御史李士实、林俊宜起用。’”朝廷的回答是：“诏责其泛言滥举，令具实自陈。”可真是太伤大臣们的心了，也不知正德王朝出于何目的。嘉靖改元，优重老臣，朝廷多次遣行人至山存问老臣王鏊，老臣王鏊次被李司空、王都宪等尚书、巡抚举荐于朝。王鏊《复李司空》书云：“仆伏林下，衰病瘖聩，功名之念灰冷。”而他在《与王都有宪懋中书》中说，某久伏草野，无复当世之才，亦无复当世之志。往年得邸报，乃若以不肖之名玷古灵之稿，非鏊之所宜蒙也。德高望重，众望所归，王鏊居里后为朝中显贵、吴中父老、乡间草民所作的赞、记、碑、碣、铭等文，多达数百篇，就在他病归前的前两年，还先后为王世贞的祖父，南京兵部侍郎王倬撰神道碑，为户部尚书武英殿大学士靳贵、都御史山东巡抚沈林、南雄府推官魏志宁、徐缙之母太孺人沈氏、陆完母太夫人华氏、邵宝之母太淑人过氏等作墓志铭。

洞庭主人

著书立说

王鏊一生著作等身，除了在朝参与所编写的一些《实录》《会典》《奏议》外，他的大部分著作，是守孝居家，或告老还乡后完成的。《明史》称其“学有识鉴，文章尔雅，议论明畅”，是朝中有名的笔杆子。弘治二年（1489），王鏊参与了预修《宪宗实录》。十年（1497），孝宗敕令修《大明会典》，徐溥任总裁，王鏊任副总裁。正德元年（1506）他又参与主修《孝宗实录》，任副总裁。同年，升户部尚书文渊阁大学士国史总裁，完成了《通鉴总类》的编纂工作，又奉命撰曲阜颜子庙碑文。其间，曾多次被宪宗和孝宗召去，作应制诗，都甚合圣意，有白金、鞍马、罗纱之赐。值得一提的是王鏊参与纂修并任副总裁的《大明会典》，其会典成书于弘治十五年（1502），孝宗在御制的序中云：“朕祇承天序，即位以来，蚤夜孜孜，欲仰绍先烈，而累朝典制，散见迭出，未会于一，乃敕儒臣，发中秘所藏诸司职掌等书，参以有司之册籍，凡事关礼度者，悉分馆编辑之，百司庶府以序而列，官各领其属，而事皆归于职，名曰‘大明会典’，辑成来进，总一百八十卷。”正德四年（1509），会典由内阁重加参校，补正缺失，颁行天下。从此百官职掌、办事程序才有正轨可循；

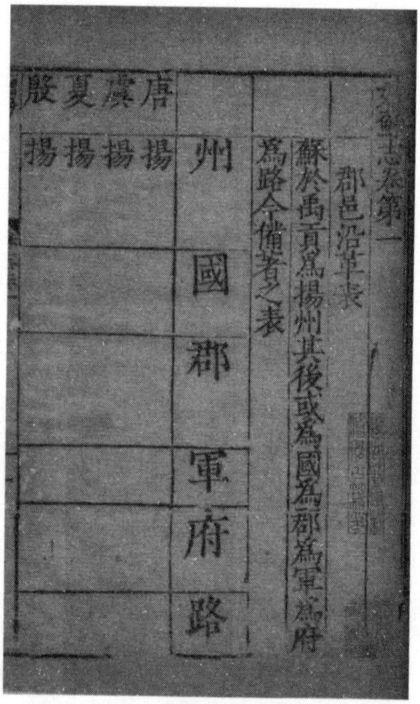
郡邑沿革表
蘇於禹貢爲揚州其後或爲國爲郡爲軍爲府爲路今備著之表

	州	國	郡	軍	府	路
唐	揚					
虞	揚					
夏	揚					
殷	揚					

《姑苏志》

而百官临事，亦可依据会典复按而知。以后嘉靖、万历两帝数十年不视朝，而百官庶政得以照常推行，其会典有成法可资，为一主因。

弘治末年，王鏊丁忧在家的三年间，他“朝夕坐起，不离卷帙；日持羊毫，操弄文翰”。甚至抱病而作，先后编著成了《震泽编》八卷及主编《姑苏志》六十卷，可称为是一位高产作家。弘治十七年（1504）成书的《震泽篇》，是王鏊与蔡昇合撰。蔡昇为洞庭西山东蔡人，他博涉书史，精于地理，以教自任，是个教书先生。蔡昇生于明永乐六年（1408），比王鏊长四十岁，两人也可谓忘年之交。弘治初年，蔡昇经过多年努力，成功编纂了一部《太湖志》，因其身价太低，在社会上影响不大。在家守父丧的王鏊，读到了蔡昇的《太湖志》，非常赞赏，但感到书中内容单薄了些，遂与之合作，补充了许多新的章节，重新编写成八卷《震泽编》。由蔡昇撰，王鏊编的《震泽编》，弘治十八年（1505）由苏州知府林世远刻印后问世，于是蔡昇也名重吴中。

正德八年（1513）八月的一天，东山街西唐股村阁老厅里热闹非凡，门前旗杆石上牵着好几匹高头大马，大门西侧的轿厅中，穿短装的轿夫们坐了满满一桌，正天南海北地讲着山海经。真适园里，红橘挂满枝头，甜橙垂于叶间，金桂吐艳，鸭梨飘香。而园后的寿坟山上，枫叶似火，翠竹摇曳。这天，是王鏊六十三岁寿辰，又是他归乡后所著《广隽》与《震泽纪闻》刻印问世，双喜临门，苏城杨循吉、唐寅、祝允明、文徵明、陆粲、王守、王宠等友人与门生，以及山中弟子张本、蔡羽、吴文之等都前来庆贺，雅集于祝枝山题额的款月榭中。这是一座依山临池的水榭，壁间还有祝枝山写的一首《少傅王公款月台》诗，云：“青天洞荡浮云开，东方日出临高台。光流碧汉轮飞度，影入湖波魄共来。”亭中款月额下，长子延喆赶着为父亲刻印的《震泽纪闻》，整齐地摆放在书桌上，庭前一对花架，两棵盆栽红橘果实累累，为雅集又增加了几分春华秋实的气氛。

一年前，长子延喆在苏城为父亲建造了一座宅第，类中人之家，王鏊入城居住，自题堂额曰“燕喜”。又恰逢他归里后的第一本著作《春秋词命》成，并自为序。说：“予读《左传》，爱其文，而尤受其词命。当春秋时，诸侯、大夫朝聘、宴飨、征伐、会盟，类以微可感触，其词命往来亦皆婉而切，简而庄，巽而直。”同时，这一年，王鏊又著《拟招》《短解》《罪言》

及《十三绝句》，城中杨循吉、唐寅、祝允明、文徵明等友人与门生都作诗相贺，王鏊均喜而和之。

相比之下，《震泽纪闻》是王鏊的一部力作，也是他历朝三十多年，亲历、亲见、亲闻的一部人物传记，全书分《震泽纪闻》卷上卷下两部，记载了从明太祖朱元璋至武宗朱厚照十一个王朝，五十位当朝人物的传记，大多为闻所未闻，能补充正史的不足。卷上，主要记载有名臣宋濂、王彰、薛瑄、吕原、王翱、李贤、倪谦、钱溥等宰辅、阁臣及尚书的朝野轶闻，还载有同乡宣德朝大臣吴惠奉命出使占城的故事。卷下所记载的是成化朝到正德朝，王鏊亲闻的各式人物，有徐溥、丘浚、谢迁、吴宽等良臣，也有梁芳、刘瑾等一批宦官。

王翱是孝宗朝的吏部尚书，也是王鏊敬重的前辈，为官清廉，人品高尚。王鏊在《震泽纪闻》中载：一次，有个中官赠数颗明珠给王翱，还说，你要是不受，就是看不起我，吾即死在你面前。王翱无奈，只得收下珍珠，缝在衣领间，随身起卧不离身。后来，这个太监死了，从子家中赤贫，没有地方安身。王翱召之对他说："何不买宅？"中贵从子说："贫无资。"王翱从衣领间取珠还之，可值千金。吴宽、谢迁都是弘治朝的名臣，翰林声最高者，首吴宽，次谢迁。两人皆状元及第，仪干修整。弘治八年（1495），阁臣丘浚卒，谢迁入阁，颇为不安，数言首相刘健："宽之科第先于予，年齿先于予，闻望先于予，越次在前，吾心惭焉。"健曰："待我去，用之。"谢迁争之不得，至声色俱厉曰："吾岂私于宽耶？"健只是一笑而已，宽于不得入。王鏊在其书卷上说到一件同乡之事，正统六年（1441）十二月，吴惠奉朝命使占城立嗣王。某日，过七洋洲，船只遇到飓风，忽飓狂舟危，险情不断，同船者都不知所措，拍弦惶哭，以为必死。吴惠神色自若，为安定众人之心，他在船上作祭文祷告天地，谓曰："海神必保佑也！"众人齐心协办，终于战胜风浪，闯过险海，到时达占城。

在《震泽纪闻》中，王鏊对李东阳贬之尤多。李东阳为三朝阁臣，与王鏊同阁办过几年事，他一意奉瑾，每四方奏疏入，将批答，必先问曰："上面意云何？"有重大难处者，令堂官抱至河下问瑾。得瑾旨，然后下笔。于是，瑾大悦焉。瑾每有疏，东阳辄优为答诏。及鏊去位，东阳留自若；瑾败，亦自若。于是，始不为公论所容。刘瑾在正德初的几年中，居一人之下而驾万人之上，被称之为皇帝和坐皇帝，不法之事触目惊心。但开始并不是这样，而是内阁放弃原则，助纣为虐，才造成他独断专行，最后竟发展到要篡夺皇位。王鏊在“刘瑾”一文中曰：“初，瑾虽暴横，然犹貌敬正士，闻言亦纳。其后威权日盛，一时正人屏逐殆尽，群小谀佞，惟其所为。”一天，刘瑾忽召同党张采商议，今上无嗣，宗室代立之事。瑾忽变计曰：“无以宗室为耳，吾欲自立耳。”想让他的侄子刘二汉继皇位。采言不可。瑾怒，以茗盅掷其面，曰：“汝不从，今先斩汝首矣。”采惧，从之。后瑾败，被刑之日，犹曰：“误我者，张采也。”有大臣把李东阳也列入刘瑾同党，后因武宗的庇护，才保住了官职。

两年后，王鏊的《震泽长语》成，并自己为之作序。这一年，王鏊经历了许多事情，先是自己生了一场大病，卧床一月有余，病得他几乎失去康复的信心。在《病中五适》诗中云：“久眠即不能，久坐仍未得。半眠半坐间，唯尔我为适。寄语柳仪曹，何伤此为直。”在前后几年中，门生徐祯卿病故，兄长安隐公去世，胞妹叶元夫人暴病而卒，少时同塾读书的堂兄弟王钦、王锺又遭意外。尤其是他最心爱的长女徐缙妻病亡，如“天降割于我躬”。这时王鏊感到，也许命生留给他的时间不会太长了，不顾病后身体虚弱，夜以继日，伏桌而书。

王鏊在《震泽长语》序中之云：“余久居山林，不能嘿嘿。阅载籍有则录之，观物理有得则录之，有关治体则录之，久而成帙，名曰《震泽长语》。”其实，这本著作并不长，仅千言，所谓长语，吴中张凤翼《重刻震泽长语

王鏊塑像进屋

序》中有一段精辟的解释：“‘长’之为‘言余’也，犹云‘长物’也。‘长语’者，公之绪论也。公自有全集，故云‘长语’。” 而其玄孙王永熙重刻《震泽长语》，同郡张金芳校正时说：“文恪公三世不朽之业，独擅今古。《长语》，盖明农之所属笔也。仅千言，而国宪朝常、天人理学，无不具载。乃信先正经世大业，不为小儒雕虫耳。而考据精当，议论纯正，与浚仪《困学纪闻》、昆山《日知录》相伯仲。”万古义理，万古文字，这是《四库提要》对这部书的评价。

《震泽长语》分上、下二卷，自《经传》《国猷》，以至《仙释》《梦兆》其目一十有三，其条则百五十有奇。凡纪纲之兴废，经术之续绝，礼乐之隆污，人事之得失，休咎之征应，咸凿凿有据，可以广见闻，资笔舌。在《梦兆》中载有一节唐伯虎的轶事：唐寅，字子畏。少有逸才，发解应天第一。横遭口语，坐废。自吴至闽，诣九仙蕲梦。梦有人示以“中吕”二字。当以问余曰：“何谓也？”余亦莫知所指。一日过余，于山中壁间偶揭东坡《满庭芳》，下有“中吕”字。子畏惊曰：“此余梦中所见也！”试诵之，有“百年强半，来日苦无多”之句，默然。后卒，年五十三，果应“百年强半”之语。民间还有种说法，明嘉靖二年（1523），五十四岁的唐伯虎身体越来越差，这年秋天，应好友所邀，赴先生王鏊家，但见王家壁上悬苏东坡真迹，词中有“百年强半，来日苦无多”之句，正好触到唐寅之痛处，他一阵悲哀，告别回到家中。从此，卧床不起，不久病卒。

正德十二年（1517）八月，王鏊呕心沥血，集毕生精力所著的《震泽文集》成，并付梓刻印。这部文集，王鏊收集了他六十八岁前所撰的大部分诗词文章，主要有诗、词、赋、序、说、记等诗文，以及所撰碑、传、行状、表碣、祭文、墓志铭等，诗文有千首（篇）之巨。

老骥伏枥，志在千里。王鏊不顾年老体弱，再接再厉，疾笔奋书，十三年（1518）又著成《山居杂著》一书。如果说王鏊《震泽纪闻》《震泽长语》前两部笔记，对明史研究有重大贡献的话，那么他后一本《山居杂著》则在科考及思想文化教育方面，有着重要见解，可惠及后人。

“性善对”是《山居杂著》中的重要的一篇，采用弟秉之问于兄拙叟（王鏊）这样一问一答的方式来阐明道理。说：“夫太始汤穆，一气推迁，融和为湖，结而为山，爰有蜂群，散见叠了于波涛之间。大抵天地之开，有渐，气之盛也，无常。气之灵则性，人得气以生，而灵则亡。”他在文中指出，气是构成天地、山湖乃至人的本源，万物是气本身聚散变化而生的。又说，这像天上的月亮映现于江河湖滨之上，水中月亮是天上之月的表现。他针对朱熹客观唯心主义的“理一分殊”说，用“气一分殊”的道理，来阐述各种事物都从充满宇宙间的气，“各随其分”受之而成，“岂必物物而授之？”从而提出自己新的观点，驳斥朱程理学中的错误。有人认为，王鏊的性善对，强调人心的作用，被理学家王守仁继承和发展，成为其阳明学说的一部分。而《人心道心论》一篇，则是导人向善从善之路。他对《尚书·大禹谟》“人心惟危，道心惟微，惟精惟一，允执厥中”这十六个字作了全面解释，用儒家道统的本旨，教诲群臣乃至百姓，培养中正之人。

有人对王鏊隐退江湖进行指责，说他逃避斗争，使刘瑾之流阴谋全面得逞，王鏊著《谪解》一篇进行反驳，他言：“吾闻之也，薰莸不可以同藏，忠邪不容以两立。《易》之《泰》曰：‘内君子外小人。君子在内则君重，君子重则小人道消，世所以泰也’。《否》曰：‘内小人外君子。小人在内则小重，小人重则君子道消，世所以下也’。”明说世间忠奸势不两立的原则，这就像香花与臭草不能合在一起一样，从哲学的高度阐述阴阳消长、忠邪万难相处的道理。

此外，王鏊一生对中医学也很有研究，且颇具成就，他抄录整理及编著的《古单方》，就是一部医学著作。王鏊在《古单方序》中说：“予读《大观本草》，见汉、晋以来神医名方往往具在。间取试之，应手而验，乃知药忌群队，信单方之为神也。而世不及见。穷乡下邑，独以海上为良方，不知古方固犹在乎，而散见杂出，仓促之际未易讨寻。予在翰林日多暇，手自抄写为一编，对病验方，较若画一，不敢自秘，因梓刻以传。於乎！群队之忌，非独医药也，用人用兵，盖莫不然。有能得是方而治之，其可已少瘳乎？”

王鏊著《古单方》一书，既为治疗“穷乡下邑”乡人之病痛，亦为自己及家族友人痛失亲人之教训。纵观王鏊一生体弱多病，载于其《年谱》的就三次，成化五年（1469）二十岁，十七年（1481）三十二岁，弘治六年（1493）四十四岁，这三次大病，鏊先后有《卧病》《病间偶成》《病中五适》等诗纪之。在莫厘王氏家族中，虽有如光化公王琬那样寿届八十多岁高龄的长寿之人，但大多是年轻时就被疾病夺去生命。从王鏊诗作中可以看出，其弟王铨、王钦、王钟，胞妹叶元夫人，以及侄儿延宠、延质、延年、延纪、延望等都是英年而逝，他均有诗悼之。还有王鏊吴、张、李三位夫人和三位女儿，也都早卒。在王鏊所作九卷诗集中，有《慰刘大夏失子》《悼东冈子施仁德》《次韵秉之失子》等多首诗作，均是对亲属或好友失子之痛进行劝慰。也许这就是王鏊编著梓刻《古单方》的原因，目的是使之广传，惠及世人。

《古单方》之书可能已失传，但王鏊为著其医书所结交的名医、御医，同时对古单方治病的疗效与研究总结，都载于集中，其中提到有吴中名医盛氏、张颐、陈公贤、王履的高超医技。尤其是《赠陈希承序》一文中讲到，弘治十一年（1498），京师痘疾盛行，鏊之徐氏甥甫周岁，热不二日而见苗，众医谓难治，孩子没有希望了。希承视之，曰："药非附子不可。"一投，少间再投，遂愈。张颐，字养正，吴中名医。据说此公能预料年月日，决人生死，往往奇中。王鏊为学其医术，曾馆于张家，亲见他医好了许多疑难杂症。崔御史按吴，病痰气，气短不能息。养正谓："药支饮，法当汗。"汗之，愈。长洲知县王汝器患伤寒，久治不愈。养正视之曰："是极寒，当用附子。"用附子，果愈。乡人王孟南母患足疾，不能转动内外，医莫知其证。养正后视，用祛风汤治好了她的病。

对中医中药颇有研究的王鏊还交了不少御医朋友，太医院院判周庚医术高超，且工古文辞，是王鏊的好友。周庚，字原己，吴中世医，在朝同王鏊等乡人结成文字会。后来周庚调至南都，王鏊赠以《送周院判原己还任南京得杲字》诗相送。弘治初，周原己卒于任，王鏊在《哭原己》诗中曰："馀惠犹存旧药方，昨忍看春蚓一行行。"诗谓原己为其诊疗的旧药方尚存，春蚓笔一样柔美的药方不忍细看。御医陈公贤，字公尚，安徽凤阳人，后迁居吴中，精小儿医，同王鏊友善。他究切脉理，力护本原，不求近效，不肯乘危射利，贫者或反给之。宠入御药房，亦有名京师。弘治十三年（1500），陈公贤病卒，王鏊为之撰《太医院判陈君墓志铭》。

古单方上有一药方，可治难症，须一种药草配制，但京城药铺没有。王鏊在给胞弟王铨的信中说："孛孛丁，遍访药铺，皆无之。盖草名也。野外有之，端午日采掇寄来。如合成妙药，可分寄也。"这正是王鏊对古单方"间取试之，应手而验"的具体实践。继而又"不敢自秘，梓刻以传"，治病救人。《震泽先生集》卷三十二，王鏊有一篇《瑞芝园铭》云："水部正郎、上虞朱君朝章，作园于五癸峰下。正德丙子冬，乡人来告曰：'园有异植，若草非草，若石非石，有赫如丹，有黑如漆，吾不知为何物？园丁不识，锄而去。明年春，复有一本生于故处，其丹其黑，宛然如故。人始异之。'"后来，王鏊亲临园中视之，识为是灵芝，可为药用。

王鏊一生所作之诗文，多达三十六卷，涉及科考、边备、经济、医学及文学艺术、社会生活、文化教育等诸多方面。

第八章

回天无术　忧国忧民

- 忧帝『亲征』
- 议均赋徭
- 橘荒之叹
- 翠峰悯松
- 心系灾民
- 寄书嘉靖

忧帝“亲征”

正德十二年（1517）十月，汉蒙边界上传来军情，活动于漠北的鞑靼小王子率兵五万驻扎在边疆上，似有入侵企图。消息传到京城，武宗感到这是一个发挥他“威武大将军”军事才能的机会，立刻调兵遣将，准备御驾亲征。《明武宗实录》卷一五三：“正德十二年九月甲戌朔，上驻跸宣府。江彬，宣府人，欲挟上自恣，始诱为西北之行。”几天后，蒙古军队果然分道南下，同明军在应州发生激战。武宗不顾群臣劝谏，亲率张永、张忠、江彬等人增援。战斗很激烈，据说武宗曾亲冒矢雨，临阵督战，获斩敌一首级。但战绩并不理想，明军仅斩敌首十多级，而武宗几次被敌兵所围，还差点像英宗那样做了蒙古兵的俘虏。《明武宗实录》一五四：“正德十二年十月……丁未（初五），上亲督诸军御虏于应州。是役，乘舆几陷。”即几次险陷入敌军的包围。

石公山王鏊题刻摩崖

一月后，王鏊在苏城得到天子“御驾亲征”的消息，惊得他目瞪口呆。这天子亲征可不能儿戏，他清楚地记得，大明开国以来，成祖、宣宗、英宗曾有过七次“御驾亲征”，均是消耗巨大，无功而返。更可悲的是永乐二十二年（1424），成祖第五次“御驾亲征”，竟病故于途中。还有正统十四年（1449），英宗亲率数万大军征讨漠北，结果全军覆没，连皇帝也被鞑靼所俘。王鏊在《丁丑十一月得宣府报》诗中曰："土木垂殷鉴，俄传北狩音。泪绕寰宇痛，坐压法官深。洛汭歌钧石，祁招度式金。谁扶鳌极正，持慰杞人心。"其诗说，难道忘记了正统年间，英宗御驾亲征，发生土木堡之变的教训吗？如今天子又亲自北狩，怎不让人忧心忡忡。有谁能阻止天子亲征，来安定社稷呢？他在诗中流露出对内阁及朝臣责怪之意。

可事实上，大臣们已尽了最大的努力，无奈武宗顽劣成性，阴阳两套，偷出关隘。这年八月，武宗在群小的纵容下，微服出德胜门，直奔昌平，准备偷着出居庸关到宣府巡幸。一行人刚到沙河，就被闻讯追来的阁臣梁储、蒋冕等拖住，苦苦劝驾回城。武宗不听，一行人边劝边走，来到居庸关前。巡关御史张钦得知内委后，竟阻挡圣驾，拒绝放行。武宗出关属私行，故对张钦无可奈何，只得返回。谁知过了几天，武宗得知张钦去了白羊口巡视，带着一群奸宦又乘夜溜出德胜门，强行过了居庸关，到了宣府。于是，发生了所谓的"亲冒矢雨，临阵督战"之事。

王鏊隐退江湖，但仍"怀范老之先忧"，心系廊庙。武宗是王鏊看着他长大的少年天子，从小聪颖，又活泼好动。原以为大明朝有望，谁知他登基以来，荒唐至极，尽干嬉误朝纲之事，使天下大失所望。王鏊退隐后，朝中阁臣先后有梁储、刘忠、费宏、杨一清、靳贵、蒋冕，这些人都是较为正派的大臣，且同王鏊有良好的关系，他们经常诗书往来，相互问候。王鏊也从他们寄来的书信中，亦知道朝中发生之事。

正德十四年（1519）二月，武宗又欲南巡，群臣感到全国动荡不安，流民起义已成燎原之势，加上国家财赋主要依靠东南诸省，如皇上再南巡，必将带来严重后果，于是群臣发动了一场反对南巡的运动。武宗根本不听，在江彬等人的挑唆下，武宗将黄巩、陆震、万潮等劝谏的大臣下了狱。这时，恰巧发生了宁王朱宸濠举兵叛乱事件，武宗趁机下诏亲征，准备到南方去游山玩水。其实，宁王朱宸濠的造反，早在七月已被提督江西的王守仁剿灭，武宗令不许声张，继续南行。十二月到南方，滞留数月，到十五年七月，王守仁上奏将再次献捷于京师，并称"奉威武大将军方略讨平叛逆"，将平叛之功归于武宗。在随行宰辅梁储、蒋冕的苦苦劝谏下，武宗这才下令班师。

“吴中胜迹”王鏊题字

对武宗的“威武巡边”，在南方长期不归，王鏊非常忧虑。《莫厘王氏家谱》载：“上南巡至京口，幸杨、靳二阁老第，载杨以后车还京。初闻驾欲幸江浙，人情汹汹，公窃忧之，辄见于词赋。”作《十三绝句》云：“白草茫茫走乱沙，边风猎猎动胡笳。燕山坛殿虽然好，宣府元来是我家。”“少年天子重边功，乌帽戎衣手角弓。行遍渔阳并上谷，并无虏骑到云中。”“安化跳梁即日平，中原群盗敢纵横？鸿都造乱谁堪使？除是君王自领兵。”“彭蠡风帆一箭收，九江、安庆是安流。说与藩王徐送款，亲臣无数要封侯。”“燕云漠漠锁重楼，八骏驱驰正未休。莫道十旬犹不返，金陵原是帝王州。二水三山入豫游，八方无事更何忧？秦淮流水悠悠在，好与官家造酒楼。”“相国移家江水湄，金山望幸已多时。太平金镜无由进，愿得回銮一顾之。”诗一开头，就讽刺武宗视国事如儿戏，所谓北征、南征，并非为国安宁，而是至各地游玩之借口，所以遭到全体朝臣的疏谏。接着说，武宗的所谓北征，行遍边关各地，未见一敌骑，真可笑。大明朝国力强盛，往昔安化王谋反，立即被平定。乱军早已肃清，武宗平安渡江。当年帐下猛将如云的魏文帝，亦自愧不如。继而又道，长江山水甲天下，秦淮风光无限好，正好为帝王造一酒楼，以供享乐，来讽刺武宗。相国靳贵宅在长江之滨，盼武宗能便顺一至其府第。武宗三幸杨一清府第，还载其北归，君臣如鱼水相依。诗尾叹道，武宗与一清在酒宴上相继赓诗唱和，可忘国事乎？全诗均为无奈、讽刺、担忧、企盼之句，老臣王鏊的一片忧国忧君之心，亦寓于诗间。

镇江古称京口，杨、靳二阁老，即杨一清和靳贵。在正德朝，两人都在王鏊之后为阁臣，而且均为镇江丹徒人。靳贵与王鏊是姻亲，王鏊四女适靳贵之子懋仁。靳贵正德九年（1514）春入阁，为文渊阁大学士，已于正德十五年（1520）去世，王鏊为之撰《户部尚书武英殿大学士赠太傅文僖靳公墓葬志铭》。杨一清正德初被刘瑾诬陷，差点被杀，为王鏊、李东阳所救。致仕在家，武宗班师途中，三幸杨一清府邸，在杨家待隐园书房中，君臣同览《文献通考》，一清还以此书进献皇上。过了几天，武宗第三次幸临杨一清家，《武宗外纪》说："是日一清有所献，上大悦。"此一献，有说可能是美貌女子。杨一清宅在黄祐街。焦竑《杨一清行状》载："武宗南征，特幸公第，宴饮赓歌两昼夜。左右有导上幸江浙者，公从容婉谏，不果行。"《（万历）丹徒志》卷四载："大学士靳贵第，在虎踞门内。正德庚辰闰八月，皇上幸时，贵已卒，殡于堂，上嗟悼久之。"

正德十六年（1521）春，武宗在江南经过一年多的游荡，终于回到京城，进行了盛大的庆功典礼。王鏊又作《辛巳新春有感》，诗曰："山林朝市本无心，怪事惊心欲遣难。金谷多藏还作祟，鹿门计拙却为安。"王铨有诗和之，亦作《新春有感》诗，有"天与百年双老眼，可堪看遍世途艰"之句。王鏊诗中所言的惊心怪事，说的是宁王朱宸濠被擒，武宗欲放之事。是年八月，王守仁在南京献俘后，武宗命将朱宸濠松绑放开，再指挥兵将擂鼓鸣金将其抓获。但武宗仍觉不过瘾，又欲将朱宸濠放归湖上，再亲自带兵抓捕他。这是非常危险的，帝王之身，怎能如此胡闹？而王铨的新春诗感受与兄王鏊略有不同，有叹科举之难、世途艰难之感受。还有一件事，王鏊听闻后非常惊心，武宗班师回京时，路过淮安清浦江，见湖水清澈，一时心血来潮，让太监张永陪同他到积水池去钓鱼。湖面上忽地起了阵大风，船翻武宗落入水中。待众人将他救起，武宗已遭惊吓，受寒致疾，埋下病根，三月后而驾崩。《明武宗实录》卷一九一："上至清江浦……逾三日，上自泛小舟渔于积水池，舟复，溺焉。左右大恐，争入水掖之而出，自是遂不豫。"待至三月十四日，荒唐皇帝朱厚照崩于豹房，年仅三十一岁。四月，世宗即位，改元嘉靖。

翰林王济之

对武宗朝的挥霍无度，财政出现赤字，王鏊也极为担忧。他在归家后所著《震泽长语》"食货"中说："祖宗时，岁用省。以黄蜡一事言之。国初岁用不过三万斤。景泰、天顺间，加至八万五千。成化以后，加至一十二万。其余可推也。正德十六年，工部奏巾帽局缺内侍帽靴鞋，合用苎丝、纱罗、皮张等料。成化间，二十余万。弘治间，至三十万。正德八九年，至四十六万。末年，至七十二万。”在文中，王鏊用宫廷所需的黄蜡与鞋帽之例，来进行对比，隐喻心中的担忧。黄蜡明初所用仅三万斤，到成化以后，逐年增加，翻了几番。而制鞋帽的苎纱等原料，成化年间岁用二十万，正德末年猛增到七十二万。冗官、冗兵也一样，成为朝廷之患。王鏊从唐朝说起：“唐太宗诏：内侍不立三品。中宗时，黄衣乃二千员，外置千员，紫衣者尚少……宋初，自供奉官至黄门，以一百八十人为定员。孝宗时，仍定以二百人为额，后增至二百五十人。今上即位之初，锦衣卫旗校革三万一千八百余，岁省粮储数十万。”裁革冗官、冗兵已成当务之急。武宗朱厚照整年不理朝政，只知许官封爵。王鏊在“食货”中曰：“正德以来，天下亲王三十，郡王二百五十，镇国将军至中尉二千七百；郡文职二万四百余员，武职十余万员；卫所七百七十二，旗军八十九万六千余；廪膳生员三万五千八百二十名；吏五万五千余。各项俸银约数千万。”

一位早已退居家中的老臣，能熟知朝中官员、军队、学校人员的情况，可见王鏊忧国忧民之心。

议均赋徭

嘉靖改元，王鏊已进入古稀之年，衰老多病，常卧山中，可他仍心忧天下，尤其是关心着吴中百姓，家乡的父老乡亲的生活。晚年，他同朝廷来苏的林司空、巡抚李充嗣等朝廷和地方大员，多次探讨苏州府百姓赋徭太重，并上书林、李两位朝廷命官，呼吁给吴中百姓减轻税负。《家谱》载："公居家辄怀民瘼，患吴中赋税、征徭之弊苦，与巡抚李司空极论之，李亦虚心咨访，书札往来反复。卒如公议举行之，万民称便。又上章荐公于朝，公复书云：久伏林下，衰病尫聩，功名之念灰冷，不敢谢，也不敢忘也。"《吴中赋税书与巡抚李司空》《与李司空论均徭赋》《复巡抚李司空》等文，都是他晚年所作，也确实取得了一定的效果，吴中的赋税有减轻，所以说得到万民称赞。

济之

苏湖熟，天下足，因而苏、松、湖是历代王朝税赋最重的地方，明代尤烈。吴中赋重，这里还有一层政治原因。元朝末年，苏州是姑苏王张士诚割据势力的地盘。元至正二十六年（1366）八月，朱元璋令大将徐达、常遇春率二十万大军进攻苏州。也许是张士诚对苏州百姓还不错，老百姓都助姑苏王拼命抵抗明军，坚守苏州城达十个月，最后苏州军民弹尽粮绝，被明军攻破，灭掉了张士诚。"困我吴民年五百，祸由明祖怒张王"，朱元璋花了很大的代价才拿下城池，对江南之民怀恨在心，取得政权后，遂对苏州等地区予以严惩。《明史·食货志二》载："惟苏、松、嘉、湖，怒其为张士诚守，乃籍诸豪族及富民田以为官田，按私租簿为税额。"同时，明王朝还动用强大的国家机器，强迁江南富民十万户至安徽凤阳等地，进行严厉打击。

籍没富户地田，以租额作田赋，加倍收税，以至江南一带的国地税超过其他地方数倍。王鏊在《吴中赋税书与巡抚李司空》中谈到，今天下财赋多出吴中，且税法之弊极大。原因是吴中有官田、民田二种。官田之税，一亩五斗、六斗至七斗，其外还要加耗，盖几于一石。民田五升以上，表面看起来似乎不重，而加耗很多，这样负担也就很沉重了。实际上，官田并不是官员之产，而是籍没的富户之田，均为百姓租后耕种，以交皇粮。王鏊又说："久之，民田多归于豪右，官田多留贫穷。贫者不能供，则散之四方，以逃其税；税无所出，则摊之里甲。故贫穷多流，里甲坐困，去住相牵，同入困。"官田、民田的租税不均，使富者暴富，穷者更穷，只得四处逃荒。这样，又形成恶性循环，上交朝廷的税赋不能少，只能再强增派给人数已不多的里甲，吴民的负担就更加重了。

李充嗣，字士修，蜀之内江人。成化二十三年（1487）进士，为王鏊同考所取之进士，亦称鏊为座师，属鏊之门生。嘉靖元年（1522），李奉诏巡抚应天等府郡。李充嗣任过工部尚书，明清时俗称宰相为大司徒、户部尚书为大司空、工部尚书为大司空，故王鏊以李司空称之。《明武宗实录》卷一九五："正德十六年正月，升总理粮储巡抚应天等处户部右侍郎佥都御史李充嗣为工部尚书兼管水利。"李司空巡抚江南，至苏州，拜谒老前辈王鏊，并与之交往。李充嗣也是位不错的官员，他在巡抚江南期间，治理了太湖数百年未根治的水患，使吴中百姓安居乐业。嘉靖元年，王鏊所撰的《吴郡治水之碑》，较为详实地介绍了李司空博访群策，相度源委，在吴中治水的经过。其碑云：东南诸水汇太湖，尔后入三江，而三江久失故道，造成水患。久之，海沙淤积，久成平陆。明代自成化起，每议疏开，辄哺其难而止。正德辛巳，李司空巡抚苏松，再议苏南治水工程，在一片"非人力可治""徒且费劳"的责难声中，李曰："我知奉诏行事耳。民固可与乐成，不可与虑始。"乃住节湖上，且行且度。量功赋役，分取近远，责任明确，时犒行赏。天时晴好，万人竞劳；入夜未已，河上灯火如星，呼号之声数里不绝。至嘉靖壬午四月，大功告成，历时半年有余。费工四十一万二千五十三，耗银两若干，米为石若干。疏开水道为三江之二，一条自双庙至东仓，长一万七千三百九十二丈，深一丈五尺，宽三十三丈。另一条从夏驾浦至龙王庙江口，长六千三百三十六丈，深一丈二尺，宽十八丈。王鏊在《吴郡治水之碑》铭曰：三江分流，朝宗斯沛。神禹之绩，万世攸赖。三江既涸，水乃溃溢。大浸稽天，伤我稼穑。当宁患之，命我令公。公来湖上，询民之瘼。乃经乃谋，乃疏乃凿。三淤既疏，百川同来。吴民谨呼，司空之功。无事之事，民乃奠安。对抚巡李览的治水业绩，王鏊亲撰其碑，又刻碑河旁，以昭示后人。

李司空多次登门拜谒王鏊，向这位老前辈讨教治郡为民之道。王鏊也向李开诚布公，寄书说出吴中赋税的弊端与百姓的疾苦。王鏊说，吴中赋税重困有三：即解户，解军须颜料，纳之内府；斗库，供应往来使客有司之营辨；粮长，督一区之税，输之官库。在这“三困”中，王鏊指出“粮长”之困尤忧。所谓粮长，实为明朝里中代收皇粮之长。王鏊曰：“自前代无所谓粮长者，我太祖患难与共有司之刻民也，使推殷实有行义之家，以民管民，最为良法。”这原本是朝廷一项惠民之举，可推行到郡县就走了样，原因是朝廷之征求既多，有司之侵牟滋甚。王鏊寄书李司空说，里中所收之粮赋本不多，可贪官从而侵之、公务有急取之、私家有需亦以借而取之。官之百需多取于粮长，长又安能不多取于民？及逋租积负，官吏督责如火，则拆屋伐木，鬻田鬻子女，民竟死于此重困之下。

税有三困，赋亦有三重。王鏊不客气地对这位朝廷大员说：“三役之重，皆起于田。一家当之则一家破，百家当之则百家破。故贫者皆弃其田以转徙，而富者尽卖其田以避役。近年吴下田贱而无所售，荒而无人耕，职此之故也。”皇粮国税是朝廷的经济命脉，而百姓必须负担的赋役，则是国家机器运转的支柱，王鏊论责税役，矛头直指朝廷，这使李巡抚感到有些不高兴。再细阅之，王鏊在书中分析得很有道理，他说，有田则有租，有身则有庸，有家则有调，今田既出重租，又并庸、调而归之，此民之所以轻弃其田者也。使民尽归末作，则国之赋税将安出哉？时值年丰，小民犹且不给；一遇水旱，则流离被道，饿殍塞川，甚可悯也。

王鏊在指出“三困”“三重”后，发出了“民之患极矣！有仁心者忍坐视而不思所以拯救之”的呼吁。他又说，鏊日夜思惟，今日之弊，亦当先端其本乎？使官田无太半之税，内府无出纳之银，有司无侵刻之扰，则诸弊可

《唐寅沛台实景图》(送王鏊赴京图)

一扫去，而民有息肩之所。然官田之税，国有定法。昔宣宗皇帝亦尝敕减其数，因是再损削细碎之数，并为一二则，或四五则，或如旧例十一则。出纳之艰，则在明主加之意，时察之，而重为之禁。贪官之弊，则抚、巡之责，而乃使之晏然在位？或幸而见黜。如此，三者之弊，及今治之犹可。不然，民日以困，田日以芜，国家之财赋日以益缺。数十载之后，吾未知其秘税驾也。

《与李司空论均徭赋》是王鏊写给李充嗣，也是上书朝廷的又一道疏奏。他在书中开门见山地说，鏊居乡数年，见民间甚苦均徭，富者或至毁家，贫者多至卖田、鬻产、伐树，继以逃亡，前此未有也。苏郡长、吴两县共有一千二百五十里，岁额共一千一百五十五役，其他大略相当。原每里共当一役，虽有重费，十户共之，不为甚苦；人户贫富，里长素谙，略为轻重，人亦能堪。吴县自郑轼为尹，谓里长不能无弊也，悉召人户至县，人人面审，家家着役。役少人多，则储为公用，谓之“馀剩”“均徭”。这人人面审，恣意酷派，一户有至百余两者。严刑痛棰，敢有不承？民吞声而不敢言。

王鏊不解地说，这“馀剩”者，竟不知何在？这是一笔糊涂账，“馀剩”无穷尽，说穿了是府县贪官污吏盘剥百姓的一种手段。王鏊在书中向李鉴提议说：“以愚之见，役之在者，莫若解户、斗库之类，宜别为一项，推上户有名、众所知者当之，而下户物为优免，其余一甲止当一役，按里可定，不必人人面审，骚动一县。”这“均徭”从表面上看，似乎是穷富相均，王鏊分析道：“实不均之大者也。”他又言：“盖面审之际，不免询人。人恐重役，多方行贿。询之粮、塘，则贿粮、塘；询之里老，则贿里老；无所不询，则无所不贿。”王鏊希望李巡抚能革新吴中弊政，如此，数十年之害一旦除去，吴下人人欢呼相庆。不特此也，田无重役，民皆务本，不至轻弃其田而逃亡，是本末均利矣。然须刊定大榜，昭示远近，永为定例。不然，公去吴之后，贪官污吏又将如前之为，吴人之弊，吾未知所税驾也。

济之

对这样一位朝野敬重的阁老，忧国忧民的老臣，巡抚李鉴深感敬佩，他依据王鏊的来书，向朝廷疏奏减免吴中赋税，又改革了“馀剩”“均徭”等弊政。王鏊在后来《复巡抚李司空》中称：“治水功完，又闻有均田之举，此吴下无穷之利也，百余年来，谁敢议及此者？仰羡不已。”《明世宗实录》卷五：“总理粮储工部尚书李充嗣言苏州、松江、常州、嘉兴、湖州五府，正德间以内府新添小火者五千三十一名，岁用粮各府赠派共二万四千一百四十八石……南京酒醋局等衙门复不下数千通，计加耗共一十三万七千余石。岁比不登，小民重困。乞敕该部查免，户部题复从之。”看来王鏊论赋减税的提议，李巡抚的疏奏起了作用，朝廷对苏、松、常地区减免了赋徭，百姓得到了实惠。

此外，嘉靖初年，尚书林见素亦奉诏三次至吴，存问老臣王鏊。苏州知府胡缵宗亦多次到山中拜谒王阁老。王鏊都向他们反映吴中百姓生活之苦，其《和林见素次苏子卿见寄之韵四首》诗云：“归来洞庭野，茹糗勿复辞。椒兰亦已变，粮莠能无滋？”嘉靖元年（1522）二月二十九日，王鏊陪同林司空见素登上方山，在“雨歇花畦红冉冉，春归麦陇绿迢迢”及“远客登临思无限，手摩苍藓认前朝”的和谐气氛中，王鏊又谈起了吴中赋税之不均，他说，吴下官田税十，民田税一，则国用不亏，民不困。又言，州县官克下，朝廷“宜多设官相监制”。王鏊在《胡太守冬季存问，谢之》诗曰：“三代引年闻有礼，闲身报国愧无缘。独怜葵藿心犹在，愿得回光遍海壖。”王鏊忠君爱国，忧国忧民之心跃然诗间。

橘荒之叹

正德十二年（1517），东山莫厘王家发生了一件奇事，上年入冬以后，太湖地区连降大雪，湖江冰冻，沿岸橘树几乎全部冻死，而王家却存有数棵橘树，开春后仍枝叶茂盛，结出果子。王鏊在《瑞橘诗》序中曰："洞庭柑橘名天下。弘治、正德之交，江东频岁大寒，其树尽枯。民间复种又枯。包贡则市诸江西、福建，谓柑橘自此绝矣。予漫栽数株，丁丑秋，树有五十余颗，皆珍柑也。其余绕盈二尺许，亦结五十余颗。山人争谓之瑞，喜而赋之。"有"洞庭千树绿，化逐鹤林仙。寂寞荒园里，累垂宝颗骈"之句。有山中乡老言，王家宝树瑞橘也，鏊遂作诗纪之，王铨亦有和诗。

王氏在东山始以农耕起家，种果为务，尤以栽植木奴为生，每至洞庭"霜降"，王家屋内艳红一片，寒谷渡口风帆不绝，数以百担（旧时一担为一百六十市斤）的木奴出陆巷港入太湖，运往苏、杭、宁等大中城市。木奴，即橘子树，这是因为橘树产量极高，成年树一般年株产能达三百至五百斤，最高的能结果子一千斤，几乎每根枝条上都能结许多果子，就像木之奴隶一般。《三国志》："丹阳

太湖

太守李衡，在宅种柑橘千株。临死，敕儿曰：‘汝母恶我治家，故穷如是。然吾州里有千头木奴，不责汝衣食，亦可足用耳。’”在王鏊《震泽集》中，有《匏庵谓木奴与鸭甲子同至，不宜见遗，仍次前韵》的诗作。鸭甲子，银杏之别称，因树的叶子极似鸭脚而得名。秋后，王鏊把自家所种的橘子和银杏馈赠给好友吴宽，宽以诗谢之，鏊见诗复其韵。

据中国科学院南京中山植物园编，上海科学技术出版社1960年出版的《太湖洞庭山的果树》一书载：“洞庭山是我国北缘的柑橘经济栽培区域之一，栽培历史极悠久。”唐书地理志就载有“苏州、杭州、温州土贡柑橘”。在吴中其他文献上也有唐代已经以柑橘进贡，并作为亲朋间的馈赠品。因其橘色泽鲜艳，所以早在唐代就有一个好听的名字，称洞庭红。王鏊在《震泽编》中说：“湖中诸山，大概皆以橘柚为产，多或千树，贫家亦无不种。”东山栽培柑橘的历史，应当在唐朝之以前。

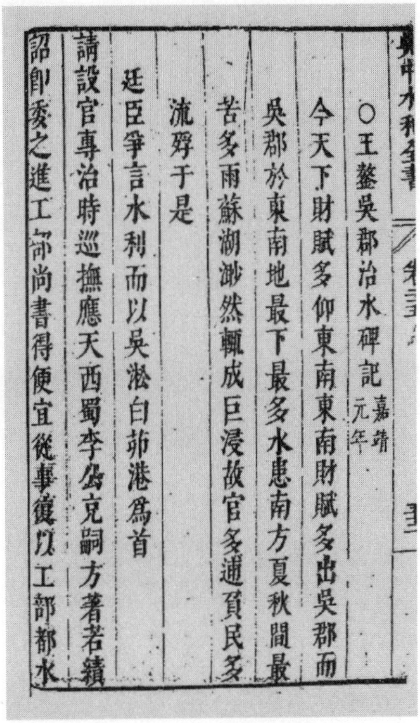
○王鏊吳郡治水碑記嘉靖元年
今天下財賦多仰東南東南財賦多出吳郡而
吳郡於東南地最下最多水患南方夏秋間最
苦多雨蘇湖渺然輒成巨浸故官多逋貧民多
流殍于是
廷臣爭言水利而以吳淞白茆港爲首
請設官專治時巡撫應天西蜀李公克嗣方著若績
詔即委之進工部尚書得便宜從事復以工部都水

《吴中水利全书》

然而，洞庭山也是我国最危险的柑橘栽种区域。宋石湖居士范成大《吴郡志》载：“其木畏霜雪，又不宜旱，故不能多植及持久。”洞庭东山地处我国北缘，因冬季气候较为寒冷，本应不宜栽种常绿果木橘树，靠太湖小气候调节气温而生存。在严寒的冬天，当西伯利亚的寒流袭来时，非云非雾的太湖水蒸气挫挡了寒流的锋芒，柑橘树才能安全过冬。而一旦太湖冰封，橘树将全部裂皮枯叶而萎。据清康熙《吴县志》记载，从宋政和元年（1111）到明天启七年（1627），在这五百多年间，太湖就有十一次冰冻，其中北宋政和元年、元天历二年（1329）、明景泰五年（1454）及弘治十六年（1503），太湖冰厚数尺，柑橘全部冻死。

弘治十六年（1503）冬，太湖地区遭受了一场数百年未遇的特大冻害，八百里太湖“湖搅（全面冰冻）”达一月之久。《太湖备考》载：“冬，大雪，积四五尺，太湖冰冻，舟楫不通逾月。柑橘尽毙。”这一年，王鏊守父孝，丁忧在家，目睹“我行洞庭野，万木皆葳蕤。就中柑与橘，立死无孑遗”的惨景，万分心酸，满怀激情写下了长篇纪实诗《橘荒叹》这篇在历史上有一定影响的诗作。

这年冬至过后，天就频频下起雪来，在家守孝的王鏊同山中果农一样感到很高兴，瑞雪兆丰年，大雪能冻死潜伏在田间稻根下及橘叶背后的害虫，确保来年之丰收。为此，他有感而发，诗中有“三白丰年称上瑞”之句，谁知老天下完腊雪下春雪，大雪一场接一场，把洞庭山封了个严严实实。雪后天倍寒，太湖冰封，经月不化，气温降到摄氏零下七八度，这是橘林无法承受的低温。大批橘树开始裂皮，继而落叶，一大片一大片地枯萎死。枯黄的橘叶在寒风中瑟瑟作响，山农们摇着皮裂的树株在低泣，此情此景，催人泪下。王鏊所作的五言长诗《橘荒叹》，详细而真实地记载了弘治十六年（1503）洞庭山的灾情，亦流露出他同情劳动人民的真实感情。

王鏊《橘荒叹》一开头就说，在洞庭山的原野，我所看到的全是下垂而干枯的枝叶，山中柑橘树全部冻死，少有幸免。“借问何以然，野老为予说。前年与今年，山中天大雪。自冬徂新春，冰冻太湖彻。”这冻害是怎样造成的呢？村中老人告知之他，从去冬到今春，太湖连底冰冻，这就是受灾的原因。“洞庭苦无田，种橘充田荒。霜余树树金，寄此万木奴。”接着王鏊又说，洞庭山少平地，无田可种粮食，山农赖以种橘为生，并交纳皇粮税赋。百姓一年之生计，全寄托于此称作木奴的橘树。

“悠悠彼苍天，三白望为瑞。如何为橘灾，斩伐如剑利。饤饾索宾筵，贡篚缺王事。”三白对农家原是吉祥之兆，农谚云“正月三白，田公笑吓”，可对洞庭山的橘林，却不啻是利剑斩伐。新年前后，富豪之家索要柑橘，以实筵席，招待贵客；官府亦需催逼红橘，进至宫中，媚于朝贵。如今橘树尽毙，哪里还有橘子呢？洞庭红自唐初成为贡橘后，身价百倍。在历代名人的诗篇中，也不乏对洞庭红橘的称赞。唐代白居易于宝历元年（825）春至苏州任刺史，次年秋就离任前往江州，在苏州任上还不足两年，但他多次游览洞庭山，留下了“水天向晚碧沉沉，树影霞光重叠深。浸月冷波千顷练，饱霜新橘万枝金”的千古绝唱。说洞庭红橘是天地间的精气炼成，因而价值万金。

王鏊在《橘荒叹》中又云：“曾闻后皇树，不过淮之郊。他处岂独无，洞庭号珍苞。衢州徒菌蠢，湘潭亦寥稍。”说我曾闻橘在《楚颂》中名后皇树，不能生长于淮之北。他处虽也有橘子，而独数洞庭橘为佳品。衢州橘味殊差，如菌类丛生，而湖湘橘数量少，“轻逑落处花寥梢”。所以范成大《吴郡志》中亦载：“真柑，出洞庭东西山，其品特高，芳香超胜，为天下第一。浙东、江西及蜀果州皆有柑，香气标格，悉出洞庭下。地气信有偏，天灾曷仍遭。物贵因难成，难成复易槁。遂令洞庭人，为计恨不平。从今原隰闻，只种桑与枣。”洞庭山橘子之所以珍美，确为一方水土育一方果之因。既然上天恩赐于山人，又何以降此大灾？唉，物以精贵，其成必难。亦怪果农们缺乏忧患意识，未能对橘树冻害有防治措施，以减少冻害之损失。还说从此东山低洼之处不再栽种橘树，而要改种桑叶和枣子。

历史上洞庭红橘确为佳果，除了唐代白太守外，另一位也任过苏州刺史的诗人韦应物，他在《故人重九日求橘》中云：“邻君病后思新橘，始摘犹酸亦未黄。书后欲题三百颗，洞庭须待满林霜。”寄书请友人来洞庭山品尝红橘，也许病就好了。宋代苏轼在《洞庭春色赋》序中有：安郡王以黄柑酿酒，名曰“洞庭春色”。其独子德麟得之，以饷予，戏而作赋。南宋范成大在《橘园》中说：“橘中有佳人，招客果下游。胡床到何许，坐我金碧洲。”他在诗末还说：“拆开甘露囊，快吸冰泉瓯。热脑散五浊，岂止沉疾瘳？”把洞庭红橘说成了能治百病的神果。而王鏊是第一个用诗歌来描写洞庭山橘荒之年的灾情的人，反映了他对劳动人民寄于无限同情。

时隔三百多年后的同治元年（1862），“冬，大雪，橘皆冻死，洞庭山尽改植桑，民风为之一变。”为此，洞庭西山曾入湘军任过幕僚的冬木老人秦敏树，也作了一首长诗《橘荒叹》，诗中有“洞庭朱实漫山垂，叶叶凋青皮碎裂”“田园荒废囊橐抛，飘泊无从觅饘粥”等句，记载在郑言绍所撰的《太湖备考续编》上，可与王鏊的《橘荒叹》媲美。

翠峰悯松

洞庭古名刹翠峰寺，唐宋游览之胜地。正德十五年（1520）夏日的一天，在通往翠峰坞山道上走来一老一壮两个人，老的手持蒲扇，不时举扇遮挡松林树隙中洒下的阳光；少的挑了两只装水的石瓮，紧跟在老者后面。年老的就是王鏊，年少的是他的书童南道，主仆两人准备到翠峰坞去汲悟道泉，为即将在东堂举办的雅集准备神来之水。

翠峰寺与王鏊少年时读书的华严寺只一坞之隔，也是至华严寺的必经之地。他清楚地记得，一次，父亲送他到华严寺读书，路过翠峰坞，指着寺庙中高高的普同塔，给王鏊讲翠峰寺的来历。唐广明元年（880），黄巢百万义军攻破潼关，即将进入长安，唐王朝面临灭顶之灾。曾率禁军保卫唐室的武卫上将军席温，眼见孤掌难鸣，寡不敌众，遂带着部分家兵，并携夫人与三子南遁，寻找隐居之地。时东山还在太湖中，为湖匪所占。据说席温的军队还在太湖边的武山，同当时占山为王的湖匪武装打了一仗。小股湖匪当然不是京城正规军的对手，席家军大获全胜。对已投降的强人，席温一律放“虎”归山，还从外地买来一批年轻女子，分配给自己的兵士和归顺的湖匪作妻室，让他们改恶从良，在湖边以农耕为生。席温自己则带着家眷在莫厘峰下的翠峰坞中筑室定居。晚年他又舍宅为寺，皈依了佛门。

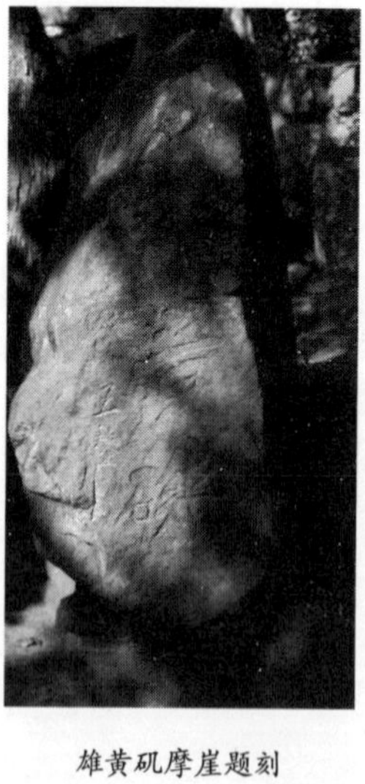

雄黄矾摩崖题刻

据《吴郡志》记载：“翠峰禅院，在吴县西南七十里洞庭东山，席温将军舍宅建。”寺庙中原建有天衣禅院、药师殿、藏经阁、远翠阁、大悲坛、微香阁、古雪居和悟道泉、香花桥、饮月亭（又名六角亭）、仙人洞等名胜古迹。明陈宗之《翠峰山居修普同塔记》记载：“翠峰自雪窦开山，天衣禅师从之，始聚徒匡众，建设林宇。凿井以通汲，则有悟道之泉；置塔以代封，则有普同之窆……”据传一塔一泉是翠峰寺中的灵物，普同塔建于宋代淳熙戊申，后在一日大风中吹得不知去向。悟道泉则传得更为神奇，说是唐代天宝年间，一日寺中雪窦禅师聚众僧在井旁阐经说法，忽有神龙从井中跃起，隐树而听之。雪窦高徒天衣妙契禅旨，亲汲泉为众僧养都，井中忽涌异泉，状如白莲盛开，故得名悟道泉。

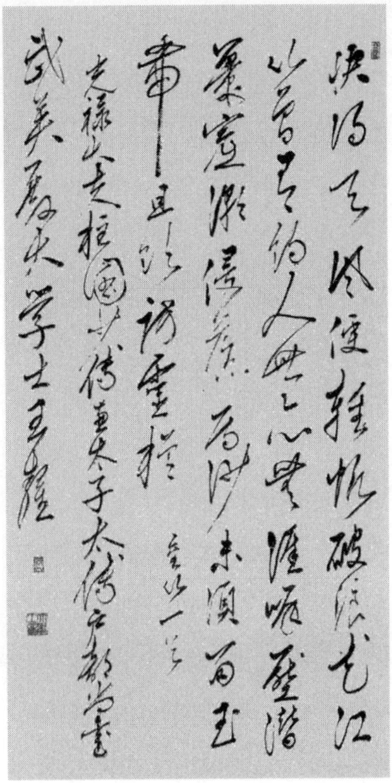

王鏊诗《金山》

王鏊和书童缓缓而行，在山路右侧的石壁上，出现一大片摩崖石刻，这是历代文人游览翠峰寺后留下的诗赞，足有上百首之多。王鏊曾多次陪同父亲与好友沈周、吴宽以及唐寅、文徵明、徐祯卿、蔡羽等门生游览过翠峰寺，摩崖上均刻有他们的诗作。“来从第九天，橘社系归船。借问翠峰路，谁参雪窦禅。应真庭不木，说法井中泉。公案新翻出，诸方一任传。”这是范成大的《翠峰寺》诗，镌刻在头山门的摩崖上。说的是他从有“天下第九洞天”之称的林屋古洞乘舟东游，在东山古橘社上岸，一路问讯，终至翠峰坞。“翠峰拥出太湖东，峰上楼台架碧空。曾拂丰碑读文字，将军第宅改禅宫。”这是父亲王琬当年写下的《游翠峰》诗，读来仍是那样亲切。在一株巨松下的山石上，是文徵明的一首《翠峰寺》诗，云：“空翠夹舆松十里，断碑横路寺千年。遗踪见说降龙井，裹茗来尝悟道泉。”那是正德元年，王鏊守孝在家，在应邀主修《姑苏志》时，曾同诸门生游览了翠峰寺。

越过头山门，王鏊突然发现寺道两旁的古松已全被砍伐，急问寺中老僧，何人砍去这千年之松？寺僧告诉他，近些年来官府赋徭加重，征税急如催命，山农无法，只得把山寺周围古松砍伐后充作税赋，年复一年，古松已荡然无存。王鏊听罢，长叹一声，作《悯松歌》以一吐心中之忧伤。他在诗序中曰：“翠峰，洞庭古刹也。自寺门至官道，皆双松夹峙，大可数围，如葆盖，如虬龙，每至风动，声闻数里。盖宋元故物也。予甚爱焉，每至辄坐其下移日。今年夏至则无复遗，予甚愕焉，召其僧问之。僧曰：‘县官征徭急，身之不存，松于何有？’盖之以充徭费也。吾闻笃氏为出世法，谓世纲不能加也。徭且不免焉，非独人之加，而剪伐及于兹松，千年故物，且不能逃，于乎？苛政之害如是哉！是岁正德十五年也。”

从席家湖至翠峰寺，有十里山道，路两旁尽是古松，因而文徵明在《翠峰寺》诗中有“空翠夹舆松十里”之句。王鏊在自序中说，从寺门至官道，两边尽是大可数抱的古松，皆宋元故物，竟被砍伐殆尽，以充徭费，可谓苛政之害猛如虎。长诗《悯松歌》是王鏊诗集中关心民瘼的代表作，也是一首夹叙夹议，观点鲜明的纪事诗。“洞庭古寺名翠峰，山门夹道皆长松。苍皮鳞皱根诘屈，风动十里闻笙镛。团乐下荫翠羽葆，夭矫上耸苍髯龙。不知当年谁手植，云是宋家三百年前之旧物。”又道：“每当赤日坐其下，时有清风吹鬓发。因思古人不可见，重是甘棠无剪伐。兹来忽见怪且警，倒卧道途纵复横。可怜堂堂十八松，尽与官家充践更。”《悯松歌》又可作悯松叹，长达三十多行，王鏊在诗中又曰：“神跳鬼越竞遮护，崖摧壑陷难支撑。我伤佳树因久立，封植有怀何所及。颠僵力与风雷争，昏暗如闻龙象泣。龙象泣，何所为？县官催租如火急。伊昔秦王法最苛，犹有封爵来山阿。如何今日值劫数，大斧长锯交挥呵。深山更深无避处，岂若社栎长婆娑？年来征税总类此，谁采野老民风歌？”诗歌首先描绘了翠峰古松壮观之象与历史渊源，告诉人们这是三百年前之古物，接着作者又回顾了自己昔日游翠峰，坐在古松下纳凉的情景。继而王鏊笔锋一转，用“县官催租如火急，伊昔秦王法最苛”等句，揭露了官府催税急，苛政猛如虎，把矛头直指封建帝王。

这年十二月，王鏊在家中设宴，招待雅集于东堂为他庆寿的文徵明、蔡羽、王守、王宠诸门生及山中友人。席间王鏊示新作《悯松歌》于众人，文徵明、蔡羽等有诗和之。文徵明为先生王鏊作《兰竹图》并诗，蔡羽等均有和作。

到了明嘉靖年间，太湖洞庭山寺上还发生了一件同王鏊有关的奇案，明代凌濛初《二刻拍案惊奇》中，开卷首篇就记载了这件奇事。说的是唐代宝历年间，白居易到太湖洞庭山寺游览，因寺僧招待殷勤，特送一部亲手抄写的《金刚经》给寺僧，为洞庭山寺镇庙之宝。到了明嘉靖四十三年（1564），吴中遭到大灾荒，寺里断粮，住持差一个名叫辨悟的和尚带了这部《金刚经》到苏城王相国府，想当五十石米以度寺中饥荒。这时相国王鏊已去世，夫人万氏好行善，知其情况后，传话五十石白米施舍寺里，但《金刚经》发还和尚。事情本该结束了，谁知这个和尚多事，在乘舟回山的船上，把此宝卷拿出来给同船人炫耀一番。不料一阵大风吹来，《金刚经》首页被湖风刮走卷向空中，不知去向。事情迅速传开，常州府有个姓柳的知府，极喜收藏白乐天的真迹，派人到洞庭山寺来高价购买白居易的《金刚经》，多次未果，手下给其献了一计。一次，府衙捕获了一批盗贼，内有一个和尚，师爷教唆这个贼秃在堂上招供，赃物就藏在洞庭山寺。常州府捕快立即驾了快船来到洞庭山，把寺庙里的方丈等一行三人捉了去。在常州府狱中，府衙又故意放出话来，只要和尚们献来寺内的《金刚经》就可获释，否则三人均要获“绝单”（杀头）了。

为保三人性命，老方丈只得火速派人返回洞庭山，到寺中取了《金刚经》献于府衙。柳知府满心欢喜，邀了许多亲朋好友来看这千年宝物，谁知打开包裹一看，经书纸色晦黑，还缺了首页。心想不全之书，藏之何用，遂放了和尚，又归还其书。三人如惊弓之鸟，雇船行至枫桥，天色已暗，且风雨大作，见近处一草舍中透出烛光，于是上岸叩门讨火。在茅屋墙上，他们无意间发现贴着一张裱好的经纸，上书“金刚般若波罗蜜经”，正是一年前在太湖上被大风刮走的那张封页。后来，靠捕鱼为生的草舍主人送归经卷封页，老方丈又到苏州城请高手裱好了《金刚经》，故事圆满结局。

作者在故事结尾说，小子不敢明说寺名，只怕有第二个像柳太守的寻踪问迹，又生出事来。有说是西洞庭包山寺，有说是东洞庭的翠峰寺，而翠峰寺清咸丰年间毁于太平军的战火，包山寺在“文革”中被夷为平地，寺藏白居易的《金刚经》成了一桩无头案。

心系灾民

洞庭东山地处太湖之中，历史上水旱灾害不断。仅明正德、嘉靖年间，严重的旱涝灾害就达十多次。《太湖备考》载：正德五年（1510）夏，东南风忽至，太湖偏东水刮涸三十里，三日后，有声如雷，水复涌溢堤。八年（1513）十二月，大寒，太湖冰，行人履冰往来，果树尽死。嘉靖二年（1523），夏、秋，旱，大饥，食禾几尽。而嘉靖元年（1522），太湖地区遭受了更严重的自然灾害，先是干旱、继而飓风，紧接着洪涝，一齐突降洞庭山。据明崇祯《吴县志》记载："嘉靖二年五月大旱，不得庄稼。六月，太湖有龙与蚌斗，声震两山。龙自云端直下，其爪可数十丈，蚌于水面旋转如风，仰喷其涎，亦数十丈，三四日夕，乃息。久之，渔人于洞庭山侧得死蚌壳，可贮粟四五石。七月三日，大风拔木，太湖溢，漂溺居民。"方志上这则有关"灾异"的记载，虽带有些神秘色彩，但也真实记载了旱涝灾害给太湖地区百姓生命财产造成的严重危害。

这一年，王鏊已七十四岁高龄，因身体有病，常伏山林，也就是住于山中。据《莫厘王氏家谱》载：是年荒歉，米价腾涌。上复遣有司以时诣家存问，太守胡缵宗奉诏存问于东山。过太湖有诗奉公，公和之。往复再三，吴下诗名家咸和成帙，相传以为盛事。太守本为战国时郡守的尊称。隋初废郡改设州，此后仅作刺史或知府的别称，明代太守则专尊称为知府。苏州知府奉诏到东山慰问老丞相王鏊，又赠以诗。王鏊《胡太守孝思奉诏存问，过太湖，有作，次其韵》云："东南巨浸茫无外，吴越交争向此中。漠漠雁飞愁欲堕，冥冥帆远若乘空。"说连空中飞过的大雁，也唯恐落水。湖面上飞飘的风帆，亦不知岸边。从王鏊的诗中，可见洪水之大。"太湖三万六千顷，七十二峰烟雨中。万壑奔流秋野阔，孤松倒挂寒潭空。”王鏊在《胡太守再次前韵，复答之》的诗中，他用“秋野阔”“寒潭空”，描绘了水灾之严重。连山崖上的苍松也倒挂于水中，那么山民的房屋呢？显然是“沿江溃海万人家，一半漂流喂蛟鳄”。房屋全被洪水所淹，万人葬于蛟鳄之腹。

王氏惇裕义庄

天灾无情人有情，王鏊不顾年老体衰，疾笔奋书，写下了大量反映灾情和人民生活疾苦的诗歌。有《久旱喜雨》《次韵施东冈喜雨》《苦雨二首》《伤庭梧》《苦雨施鸣阳》等诗作，再现了他的忧国忧民之情。正如他在诗中所说那样“挽日当谁能？补天恨无术”，有谁能够拔开雨雾，使大地重见日头？只恨自己没有补天之术，而只能“嗟吁民之苦”。

这年五六月间，洞庭东山大水之后，又遭大旱，正值夏天，却一月无雨。庄稼半枯焦，果木蔫叶落果。六月底，老天突然开眼，下了一场透雨，枯萎的草木重新焕发了生机。王鏊作《久旱喜雨》曰：“五月炎熇炽若火，西来一夜雨翻盆。欲知远近欢多少，白满坡塘绿满村。”好一个“绿满村”，从诗中可以联想到，此时诗人的兴奋之情。一年前，王鏊在《次韵施东冈喜雨》中的诗句云：“幢幢淅淅又潇潇，两月炎威一夕消。乖龙久郁苍生望，淑气潜回赤土焦。”面对久旱之雨，他这位林下老人也忘记了自己的高龄，同村人一起在山道旁听歌谣。

在王鏊心系灾民的诗作中，而更多的是描写太湖地区的风涝灾害及百姓灾后生活之艰。“南方春夏交，正是插秧时。望望惜雨干，事乃胡大缪？霖霪已弥旬，雨意犹未透。”王鏊在《苦雨》诗中又云：“田畴浩荡荡，浸与太湖一。吁嗟生民居，化作龟鳖窟。”《苦雨施鸣阳》是王鏊又一首忧民之作，诗云：“十日愁霖一日晴，晴时旋听屋檐鸣。摧颓杨柳春无奈，狼藉梅花梦自惊。触石玄云随处起，中天红日几时明？”

王鏊《西山徐处士墓志铭》

诗歌《飓风起》又名《七月三日大风》，是王鏊描写山中洪涝灾害的代表作，曰：“去年七月飓风作，驾海驱山势何恶？沿江溃海万人家，一半漂流喂蛟鳄。今年七月仍飓风，驱山驾海势略同。人家有备幸多免，禾偃木拔岁则凶。当今公道如天开，金縢既启群公来。宾贤养老天子圣，风伯尔独何为哉？”是年七月三日，山中忽遇飓风，太湖溃堤，水漫湖岛，溺民居无数，王鏊作诗记之。诗歌流畅自然，纯用白描，述飓风之灾。王鏊的忧民之作，也影响了东山一代诗人，用诗歌来反映劳动人民的疾苦。东岗高士施凤在《和守溪相公苦雨二首》诗中云：“前年春夏交，淙淙雨不止。一月无晴日，溜声常在耳。黄潦朝夕趋，溪壑浩弥弥。田畴一太湖，岸浸波涛里。人家无完居，十室九壁圮。夏麦穗垂黑，民食更何倚？伟哉王相国，忧民似忧己。”东山另一位诗人吴兆鲤在《风灾》中说：“蓦地暴风发，天心骤降殃。急雨撼山谷，树随屋共拔。”则描绘了蓦地发生的暴风，使之翻江倒海，树屋共拔，人稻俱僵的情景。

王鏊无力回天，但倾家济民的故事在东山流传甚广。事情发生在嘉靖二年（1523）秋后，一天，前山王家真适园门吵吵嚷嚷涌来一大群灾民，足有六百多人前来求粮。王家门人吓得紧闭大门，准备报官。王鏊正在书房读书，忽听家人来报，饥民闹事，恐怕伤主，要他赶快从后门出去避一避。谁知王鏊却打开大门，对饥民坦率而言：“我田只两百亩，租米收入，仅以赡家，何来余粮？然你等既来，不能不给，但得不多！”见王阁老亲自出来，众人都伏地而言：“王阁老能赐一餐之数，已感满足，岂得多求！”于是王鏊令家人打了米库，每人给一升米而去。第二天，王家门前又来八百多人，乃为昨日得赐米之灾民相传，王阁老家可讨得活命之粮，于是饥民们又蜂拥而至。王鏊让人一查家中米粮，已所剩无几。可面对这一大群嗷嗷盼食的灾民，王鏊倾家之粮，如昨日一样给予。第三日，又来了男女近千人，门前黑压压的一大片，大多是老人和孩子。王鏊向众人说：“米已发尽，今无他法，吾给每人买一升米之钱发放，可去他处购米，如何？”众人听后，知王鏊所讲系实情，都很感动，也都知王鏊位虽高，家则贫，是个“穷阁老”，后再也无人前去讨米了。

明代是我国官俸最薄的朝代，《明史》说：“自古官俸之薄，未有若此者。”这是因为明太祖朱元璋出身农民，对生活要求不高，又结合自己的亲身经历，制定了官员低标准的俸薪。他认为官员为民办事，官俸只要解决生活所需后略有剩余就可以了，因而《明太祖宝训》中有“澹泊可以养心，俭素可以养德，纵欲败度，奢侈移性”之训。正德元年，王鏊官至一品，年俸也不过米六百石。在这之前，他是正三品的侍郎，岁俸四百五十石。而弘治十三年（1500）前，他还只是个翰林院侍读学士，大概只有五品，收入就更低了，其官俸仅以养家糊口。王氏家中人多地少，王鏊对这份俸薪看得很重，在《震泽集》王鏊诗作中，多次流露出想辞官归家，可没了俸薪，一大家子人怎么生活的忧虑。如他在《送秉之还吴》中云：“子今去矣我何有，为买湖滨田十亩。上载禾黍与木奴，菱芡荷花绕前后。读书稍暇来朝班，我却归卧湖山间。”又如在《送周院判还任南京》诗中曰：“醉中劝我不如归，只说金陵山水好。人生出处谁得知？世路东西难自保。”还如《过西洞庭徐氏》中说：“楚客音还爱土风，林屋有

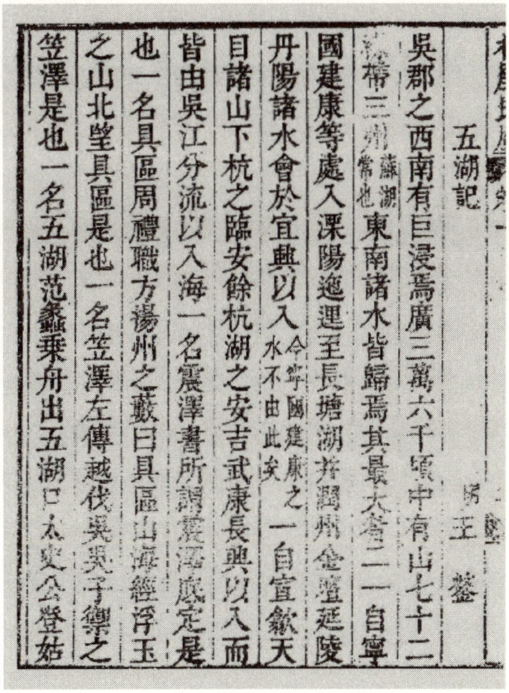
五湖記　明　王鏊
吳郡之西南有巨浸焉廣三萬六千頃中有山七十二
帶三州（蘇湖常也）東南諸水皆歸焉其最大者二一自寧
國建康等處入溧陽迤邐至長塘湖并潤州金壇延陵
丹陽諸水會於宜興以入（今寧國建康之水不由此矣）一自宣歙天
目諸山下杭之臨安餘杭湖之安吉武康長興以入而
皆由吳江分流以入海一名震澤書所謂震澤厎定是
也一名具區周禮職方揚州之藪曰具區山海經浮玉
之山北望具區是也一名笠澤左傳越伐吳吳子禦之
笠澤是也一名五湖范蠡乘舟出五湖口太史公登姑

《林屋民风》

田吾欲老。”这些诗作，都是王鏊早年就想归乡之思。可“一朝辞官俸，何以谋代食”，一旦去官，失去俸禄，何以养家活口？这是王鏊四十四岁时，在《怀山》诗中的忧虑。

王鏊辞官归乡后在前山所建之新宅，仅类中人之家，宅后真适园，又称五亩园，可见其面积也只有五亩之广。《家谱》载：公祖居洞庭东山之后，正德六年辛未始创新第于山之前，入山则居之。新建厅事，柱下获一瓮，有钱曰“太平”，喜而口占云：“一钱清白承先哲，八柱高明应宰司。天赐不多良自贺，国家重建太平基。”据说王家在山前购地筑新宅时，大园村一叶姓寡妇有块桑地，在新宅规划之中。王家多次委人前往，愿以高价买下，但其女回答说：“我家男人生前关照，这一亩多地，是日后我伲孤妇寡儿的活命地，就是穷得去讨饭，也不能卖。”

万事俱备，只欠东风，要是这块地买不成，新宅门前的道路只能转弯。族中有人提出，阁老厅门前之路弯弯曲曲，成何体统？不丢尽了王相国的面子，干脆报官，强行购买，长子延喆修书报知父亲。王鏊收到来信，回了一首小诗，曰：“苦费心思争一垅，门前曲之又何妨？巍巍莫厘兀云端，不见将军下山岗。”莫厘峰是洞庭东山的主峰，因隋初莫厘将军率兵驻扎而得名。王鏊信的意思是说，财物都是身外之物，高高的莫厘峰仍在，但当年叱咤风云的莫厘将军已作古数百年了。诗中一个“争”字，婉转巧妙地批评儿子不该为了自家的一点私利，去违人之愿， 强购一垅地。接到父亲王鏊的家信，延喆遵父意，再也没有去强购叶家之地，就让阁老厅前面的房子和道路转了个大弯。

岁月流逝，五百多年过去了，如今东山西街阁老厅、轿子弯已荡然无存，但轿子弯头的地名却流传了下来。

寄书嘉靖

嘉靖帝是明王朝第十二代皇帝，也是同王鏊有君臣之交的第四位天子。正德十六年（1521）三月丙寅日，荒唐一生的武宗朱厚照死于豹房，大明正德朝画上了句号，兴献王府中的王爷朱厚熜继位当上了皇帝，国号称嘉靖。这朱厚熜做梦也没有想到自己能当上皇帝，历史对他似乎格外垂青。朱厚照驾崩时年仅三十一岁，尽管他生前嫔妃如云，嬉弄女性成癖，但没一个嫔妃为他生下一儿半女。武宗死后无嗣，谁来继承皇位呢？必须在朱家皇族中挑选。按明朝皇位嫡长继承制和兄终弟及的规制排列：武宗无子，上推至孝宗，孝宗二子，而一子早殇，再上推至宪宗，宪宗四子，长、次子早亡，三子即孝宗，第四子是在湖广安陆府做藩王的朱祐杬，朱祐杬已死，但他有二子，长子早亡，次子即朱厚熜，年仅十五岁。就这样，朱厚熜成了继大统的法定继承人，稀里糊涂地登上了大明皇帝的宝座。

朱厚熜能当上皇帝，内阁大学士杨廷和起了关键的作用。朱厚照病逝后的第二天，以杨廷和为首的内阁，在得到朝中所有大臣的同意后，由太监谷大用、驸马崔元、内阁学士梁储、定国公徐光祚及礼部尚书毛澄等人赶赴安陆，迎接新天子至北京登基。正德初年，杨廷和与王鏊在内阁同过事，他比王鏊小九岁，入仕也要晚几年，又位于四辅，王鏊是他的兄长与前辈。嘉靖继位后，首辅杨廷和即遣行人柯维熊，以新皇帝的名誉赍敕至王鏊家中存问，以示对老臣及前辈的敬重。时间为嘉靖元年（1522）正月初三日，朝廷对王鏊的存问制词云：“卿以高才博学，屡冠科名，载笔词林，执经讲幄，多效劳贯，誉望日彰，出佐卿曹，赞掌邦治，清鉴雅操，孚于十论，正德之初，擢居内阁，代言辅德，志切匡时，直道难容，奉身而退，优游乡梓，亦既有年，全德成名，海内推重。朕嗣承大统，图任旧臣，惟卿累朝耆俊，实轸朕怀，方将召用，兹先遣行人赍敕存问，并赐羊酒，以示优眷。卿其颐养天和，益绥福履，以副朕尊贤念旧之意。”

黄昏，真适园款月台上月光一片，亭前的梅花已在早春的寒风中开放，阵阵暗香在月光下浮动。王鏊的心情久久不能平静，自正德四年（1509）告老还乡，至今已整整十三年了，自己也已成了一个古稀老人，往事像月光一样既清晰又似乎有些模糊。十多年前，他在内阁为相，眼睁睁看着朝廷的忠臣良将，他的好友们一个个被刘瑾奸党以莫须有的罪名，或杀，或逐，或贬，他却无能为力，束手无策，无奈之下愤而致仕。两年后，刘瑾集团被诛，他满怀希望想再次出山，为国为民，再创些业绩。正德七年（1512）八月，王鏊六十三岁寿辰，杨南峰赠乐府诗贺寿，他作《六十三度初，君谦以诗为寿，和之》以感叹。王鏊在桌上打开《存问》，借着烛光，细吟制词中：“惟卿累朝耆俊，实轸朕怀，方将召用，兹先遣行人赍敕存问……”心中一阵激动，也许这一天真的等来了，可已太晚了，自己年届古稀，如何还能负此重托。王鏊思绪万千，伏桌而书，进《讲学》《亲政》两篇，寄书嘉靖皇帝。

新朝存问老臣，王鏊也上书谢恩。他在《谢存问疏》中说：“臣本樗材，遭际圣朝，亦尝承乏内阁，预闻国论。适值逆瑾盗政，播弄威福，臣力既不能沮抑，性又不善诡随，不得已乞身而退，处于野十有三年，无复当世之望矣。恭遇陛下龙飞九五，庶政一新；海隅苍生欣欣相告，复睹太平之治，而草莽之臣又不意获沾优老之典。臣不揆，尝著《讲学》《亲政》二篇，志欲效野人食芹之献而无由。”这是早已告老还乡十三年的王鏊，进献《讲学》《亲政》篇的目的，也向嘉靖帝暗示，自己当年是迫不得已，三疏上，才勇退致仕。在《谢存问疏》中，王鏊还谈到，古之圣君贤相共成至治之隆者，盖起于上下之交，而近世之弊多起于上下间隔。希望新帝能时召文学侍从之臣，从容讲论，凡帝王为治之大经大法，日陈于前；万几之暇，惟是观书；观书之暇，静以养心，则自内及外，无非进学之地。这是王鏊为所进《讲学》，先述之于理。

隐退林下十多年来，王鏊通过朝中友人诗书来往，亦略知武宗之嬉。刘瑾事败后，武宗又宠信江彬、钱宁等奸佞，专事游乐，致使朝政败坏，国事日颓。朝中君臣相隔，百姓怨声载道，海内烽烟四起。王鏊在《谢存问疏》中说："陛下昧爽视朝，圣政勤矣。"听到新帝勤政的消息，王鏊感到很高兴。又说，臣愚，所望视朝之暇，时御便殿，公卿大臣、侍从、台谏，逐日轮对，从容咨访，生民疾苦、政事得失，使得日陈于前；总揽乾纲，不治微细；接引忠贤，不隔疏远，则自朝至暮，无非修政之时。讲学则圣心日明，亲政则圣政日修。这样，君臣上下，日周旋于一堂之上，又安有间隔哉？这又是老臣王鏊疏上《亲政》篇之目的。

王鏊的一番肺腑之言，对于少年天子朱厚熜来说，也许还不能真正理解其忠言，但世宗朝内阁杨廷和、蒋冕等阁臣阅后赞赏钦佩不已。杨廷和正德初与王鏊同在内阁一年多时间，他是四辅，资历最浅，内阁中李东阳、焦芳、王鏊都是三朝老臣。每当河下刘太监赴内阁来议旨，李东阳当和事佬，焦芳与王鏊针尖对麦芒，激烈争吵时，杨廷和只能保持沉默，但对王鏊不畏强权，敢于任事的人品暗自敬佩。王鏊在朝时，同杨廷和的私交也不错。弘治中期，两人同在翰林院任事，杨廷和得子，王鏊赠诗《和侍读杨介夫得子》云："科名十二看重拾，家帙三千取次开。说与眉山诸草木，苏家秀气数应回。"杨廷和，字介夫，四川新都人。那里是宋代大文豪苏轼的家乡，喜讯应告知眉山之山河草木，"三苏"之秀气，定降临于介夫之家。果如王鏊所料，介夫长子杨慎，正德六年（1511）高中状元，授撰修，成为一代名臣。而王鏊与蒋冕、费宏的关系也不错，两人都是成化二十三年（1487）的进士，其中费宏是状元。这一科，王鏊参与会试同考，还是他们的座师。在杨廷和为宰辅的内阁力荐下，王鏊还朝有望。

《讲学》开篇曰："国家经筵之设，其盛矣乎！天子自正朝辇御文华，公侯九卿大臣盛服侍列，羽林之士亦皆环列以听。经筵一开，天下欣欣焉传之，以为希阔之典，故曰：'其盛矣乎！'然一岁之间，寒暑皆歇；春秋月分，日不过三；三日之间，风雨则免，政事有妨则免。讲之日，夙具讲章；至期讲讫，纶音赐宴，俨然而退，上下之情未见其亲且密也。至于日讲，可谓亲矣。然体分犹过于严，上有疑焉未尝问也，下有见焉未尝献也。"王鏊在其文一开始，就讲述孝宗朝"屡开经筵，不废日讲"之盛。当

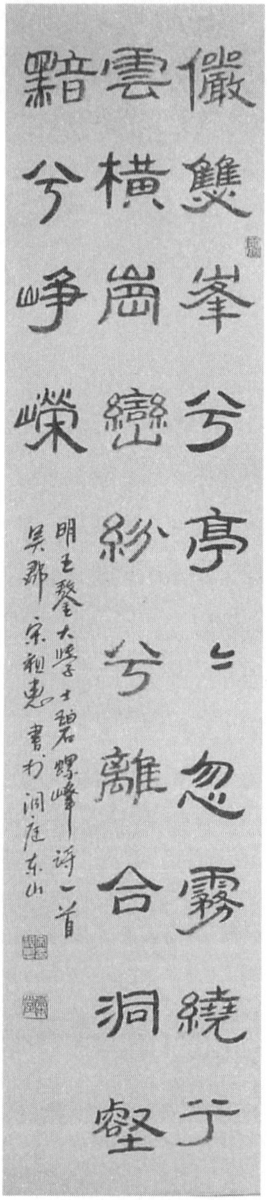

宋祖惠书王鏊《碧螺峰》

然，也指出了“经筵”“日讲”中的一些不足。

接着，王鏊又说，成王访于群臣曰：“学有缉熙于光明，弼时仔肩。”而“缉熙”者，继续而光明之。“示我显德行者，冀群臣有以开示之也。商、周之君，其学如此之切。”在举了周成王好学之例后，王鏊分析曰：夫人主一日万几，固不暇如儒生、学士日夜孜孜，然而帝王精一之传，治天下之大经大法，古今治乱之迹，天人精祲之际，自非“逊”“敏”“缉熙”，亦安望其有得？而今也阔略如是，暴之之日少，寒之之日多；传之之人寡，咻之之人多，未见其能得也。意思是说，是啊，帝皇为万民之尊，日理万机，天下之望，哪能像儒生般捧着书本苦读，只能通过贤臣之讲学来得到治国之道。

然后，王鏊在篇中层层展开说，在古代，还不独商宗、周成两位明君善听讲学。汉光武虽在军中，投戈讲艺，息马论道，至夜分乃罢。唐太宗延四方文学之士，房、杜、褚、薛辈十八人分番直宿，讨论经籍，或至夜分。今《贞观政要》与魏徵所论，亦可见矣。宋世贤主宫中消日，惟是观书；居常禁中，亦有日课。翰林、章溢辈日相讲论，其后圣学高明，诏告天下，皆出御制；睿翰如飞，君臣拱视，今御制文集是也。仁宗皇帝临御，建宏文馆于思善门之右，文学之臣数人入直，时于馆中讲论。孝宗皇帝经筵之外，每观《永乐大典》，又尝索《太极图》《西铭》等文章，于宫中玩之；尤嗜故学士沉度之书，日临数过。王鏊的这一番进谏，既列举了列朝贤明之主重儒好学之风，亦批评了武宗朝不学荒政之弊，望世宗能引以为戒。

在《讲学》篇的最后一节，王鏊又曰：“自古帝王之学如此，祖宗之学如此。陛下睿哲自天，春秋鼎盛，讲明圣学，正其时也。”他还提议说，特望于便殿之侧，修复宏文馆故事，妙选天下文学行艺著闻者七八人，更番入直，内阁大臣一人领之，如先朝杨溥故事。又言，陛下万几有暇，时造馆中，屏去法从，特斋天威，从容访问；或讲经，或讲史传，或论古今成败，或论民间疾苦；闲则游戏翰墨，虽诗文之类，亦惟所好而不禁。盖亦日讲之意，而加亲焉，大略如家人父子。上有疑则必问，下有见则必陈。日改月化，有不知其然而然者。

王鏊所上的《亲政》篇，顾名思义，就是要嘉靖帝亲自处理朝政。纵观正德朝十六年，武宗大约四分之一的时间在塞外、江南各地巡幸，也就是游乐，剩下的四分之三时间，至少有一半在豹房沉湎于嬉戏、女乐中度过，另一半临朝处理国政。国事日非，赫赫大明帝国危如累卵。王鏊入篇即说，《易》之《泰》曰：“上下交，而其志同。”而其《否》曰：“上下不交，而天下无邦。”盖上之情达于下，下之情达于上，上下一体，所以为泰。上之情壅于而不得下达，下之情壅于而不得上闻，上下间隔，虽有国，如无国矣，所以为否也。交则泰，不交则否，自古皆然。

纵观武宗一生，先是把朝政交于奸宦刘瑾，继而又把皇权托于张永、江彬之流。王鏊上书的《亲政》篇，当然不可直言，只能含蓄地说：“而不交之弊，未有如近世之甚者。君臣相见，止于视朝数刻。上下之间，章奏批答相隔，刑名法度相维持而已。非独沿袭故事，亦其地势使然，何也？”王鏊认为，欲上下之交，莫若复古内朝之法。他说，盖周之时，有三朝：库门之外为外朝，询大事在焉；路门之外为治朝，日视朝在焉；路门之内曰内朝，亦曰燕朝。王鏊在列举了汉、唐、宋三朝君皇亲政后，又言：“洪武中，如宋濂、刘基；永乐以来，如杨士奇、杨荣等，日侍左右；大臣蹇义、夏原吉等，常奏封便殿。于斯时也。岂有壅隔之患哉？今内朝罕复临御，常朝之后，人臣无复进见；三殿高閟，鲜或窥焉，故上下之情壅而不通，天下之弊由是而积。孝宗晚年深有慨于斯，屡召大臣于便殿，讲论天下事，将大有为，而民之无禄，不及睹至治之美，天下至今以为恨矣。”

在《亲政》篇之结尾，王鏊曰：“惟陛下远法圣祖，近法孝宗，尽划近世壅隔之弊。常朝之外，即文华、武英，仿古内朝之意，大臣三日，或五日，一次起居；侍从、台谏各一员，上殿轮对；诸司有事咨决，上据所见决之；有难决者，与大臣面议之。如此，人人得以自尽。陛下虽身居九重，而天下之事灿然毕陈于前。外朝所以正上下之分，内朝所以通远近之情。如此，岂徒近世壅隔之弊哉？唐虞之世，明目达聪，嘉言罔伏，野无遗贤，亦不过是而已。”

刚刚新政的少年皇帝嘉靖，还是虚心好学的，对老臣也较为尊重。王鏊上书的《讲学》《亲政》两篇奏文，嘉靖帝均纳之。时大臣被朝廷恩赐者，都遣子弟入谢，王鏊季子延陵初临弱冠，即荫授中书舍人。王鏊辞而不受，说：“吾在阁日浅，窃忝已多，岂可更此微冒？”意思是说，他在内阁时间很短，朝廷已荫长子延喆为大理寺丞、次子延素南京中府都事，怎能再要朝廷的荫封呢，遂从驿递辞疏于朝，朝廷不允。这推来推去的，三疏上，也许是一种礼规，亦可谓文字游戏。朝廷荫授官职，哪能一下子就接受，也太不谦虚了吧，上疏三辞了，朝廷还是要给，不受也不行，那就接受吧。如是朝廷仍荫延陵为中书舍人。

自从朝廷派行人至山存问后，隐居林下多年的王鏊一下又成了引人注目的新闻人物，来访者不绝。两京科道官、大江南北抚按使臣，向新朝交章荐举不辍，盼王鏊复出还朝。看了群臣的荐章，嘉靖帝下旨，要内阁尽快召用王鏊、谢迁等老臣。消息传至苏城，王鏊喜忧参半，喜的是朝廷没有忘记自己，可以回朝协助新君重振乾坤，老骥伏枥，他仍志在千里。忧的是离朝已整整十三年，孝宗所创的基业，已被武宗这个败家子毁得差不多了，大明王朝危机四伏，一副烂摊子，自己还能助一臂之力吗？王鏊感到进亦难，退亦难，再进更难。

第九章

魂归故里　扬名千秋

· 赐葬之荣

· 名留青史

· 裔孙昌盛

赐葬之荣

嘉靖三年（1524）三月中旬的一天清晨，京城皇宫内一片宁静，金水桥上看不到往日匆匆上朝的官员，外朝、治朝、内朝等三朝之中没有大臣走动。至于太极殿、两仪殿、紫宸殿、集英殿、崇政殿内，更是一派肃穆。嘉靖皇帝下旨：辍朝一日，哀悼致仕还乡的正德朝阁臣王鏊病逝。同时，对王鏊加赠太傅，谥文恪，故后世称王鏊为王文恪，以文恪公称之。又赐麻布五十匹、赙米五十担、谕祭九坛以举丧，并诏工部遣官择日官葬。

王鏊墓

正当朝野举荐王鏊复出的呼声越来越高，朝廷也把王鏊归朝摆上议事日程之时，却传来王鏊病卒的噩耗。是年正月上旬，王鏊居苏州城西怡老园中小憩，一日傍晚他在池亭畔赏梅，忽觉身体不舒，病倒在床。王鏊年少时就身体欠佳，经常生病。其中成化十四年（1478）、二十三年（1487）和弘治六年（1493）的三场大病，都有差点要了他的命，他还作了《怀山》《病起》《病间偶成》等纪事诗，描写病中的心情，最有意思的是《纪梦》诗云："有菀者树，其石惟磐。有二道士，对坐俨然。而我何为，亦参其坐。有一道士，顾而贻我。非药非石，错落璀瑳。或从取之，我食其一。觉而甘香，我病如失。仰睇道士，雪山邈然。安得从之，终身周旋。"诗写他大病时梦见一棵大树，树下有一巨石。有两位道士，神色庄重南北对坐于石下棋。他立在一旁，观道士对弈。有一道士赠他一盂，盂内无物，非药非石，外形错落灿烂，他从盂内取一物而食之。忽从梦中醒来，犹觉口中真有甘香，而大病已愈。再仰看道士，已不见影踪。他细细品味梦境，莫非是神仙相助，使他死里逃生，病愈还朝。可这一次王鏊躺倒后病势日渐沉重，没有逃过死神之索。

御碑亭

去冬以来，王鏊应酬不辍。秋后因年岁荒歉，米价腾涌，先是朝廷遣有司至吴中存问，继而苏州知府吴缵宗亦至东山王府相访。吴知府善诗，有过太湖诗赠王鏊，王鏊作诗和之，两人往复再三，谓吴下名诗，结成一集，传为盛事。新年过后，他亲送四女妙隆至镇江京口靳府，同中书舍人靳仁完婚，正值上元节，还至少师杨公第，即杨一清家中赴宴，作观灯诗。王鏊毕竟已是七十多岁的老人了，这样连月辛劳，疏忽了休息，致使体能下降而构疾。有说新春后王鏊突患中风，倒地后即不能言。因他嘉靖二年（1523）十二月十八日，还参加长女王仪的葬礼，作《亡女翰林院侍读徐子容妻墓志铭》，说明身体健康尚可，时间仅隔三个月，怎么会一下病故呢？嘉靖三年（1524）三月十一日，他病卒于里第，即苏城怡老园，一说东前山王衙门阁老厅中。王鏊病故时，幼子延昭还只有八岁，长子延喆执弟之手，至病榻前揩去父亲眼角之泪，并告知即将西归的父亲：他们日后夫妻抚育弟成长，教导弟成年，到他成家立业时，亦不忘析产给他一份。王鏊听完长子延喆夫妻的话，安详地闭上了眼睛。时次子延素、季子延陵都为官在外，得父病危的消息，分别从金陵与燕地赶往东山奔丧。

陆巷古村西邻有一座小山村，名严巷，南宋时有严万八将军率族定居而得名。村后有一座梁家岭，占地百亩。其岭背靠嵩山，面临太湖，遥对洞庭西山，地势平缓，视野开阔，是一处理想的风水宝地。经堪舆家勘定，王鏊的墓地就择定在梁家山上。莫厘王氏的祖茔在白沙化龙池，这是五世祖廷宝公元末时所购置的吉壤，据说王氏子孙只要依山而葬，必能得佳穴，出状元。二百多年来，王氏列祖列宗均安葬于此，一垅一垅的坟墓依次而上，如佛珠排列，故称念珠坟。王鏊官至一品，贵为阁老，朝廷又赐营葬，理当另择佳穴，鹤立于王氏群墓。

嘉靖四年（1525）乙酉，正月一日庚申，严巷梁家山麓人山人海，苏州知府胡缵宗奉诏主祭太傅王鏊的营葬在这里进行。苏州府与吴县、长洲、元和三县的地方官员，王鏊生前好友和门生，还有王氏家族中的孟方公支、友泽公支、光化公支的族侄族孙，数百人参加了王鏊的葬礼。长子延喆披麻戴孝，携三个弟弟在父亲墓前长跪不起。幼子延昭小小年纪已懂失父之痛，在坟前哀哭如成人，使参加葬礼之人都感到心酸，母亲万氏更是心如刀绞，在丈夫王鏊墓前哭得死去活来。侧室胡氏强忍住悲伤，婉言劝慰万氏妹妹说，人死不能复生，大年初一的，不要哭伤了身体。老爷王相国走了，奴等要撑起这个家，让老爷走得安心。

这时离王鏊去世已将近一年，其沉香木棺椁一直置于王家祠堂聚仙厅中。这是吴中一带的风俗，夫妻之间不管谁先亡，其棺材必先置于享堂，待另一人卒后，双双棺木一起入土，裔孙才能兴旺。王鏊属朝廷遣官营葬，另当别论。太湖的早春还很寒冷，有“清明断雪，谷雨断霜”的民谚。据说当王鏊的丧车行到梁家山脚时，阳光下天空忽然飘起雪花来，送葬的人都惊喊：“啊，太阳里落雪，雪打棺材头，千年奇遇！”原来在江南地区，棺木下葬时落雪为吉祥之兆，见此奇观，人们都说，王阁老一生忧国忧民，行善积德，这是老天的报应，王家日后必定更加兴旺。

一阵雪花飘过后，太阳又钻出云层。棺木入穴，封好墓土，随着主祭人知府胡缵宗一声清脆的“圣旨到”的喊声，送葬的人一齐面向太湖，跪倒于山坡上。钦差恭恭敬敬展开圣旨，朗读朝廷《赐葬谕祭文》：“维嘉靖三年，岁次甲申，九月壬戌朔，越十五日丙子，皇帝遣直隶苏州府知府胡缵宗等，谕祭于致仕少傅兼太子太傅户部尚书武英殿大学士赠太傅谥文恪王鏊曰：惟卿性行端严，文学优赡。甲科振美，翰苑蜚英。史局编摩，经筵讲读。屡持文柄，载绾院章。旋晋詹端，遂升铨部。忠勤茂著，望日兼隆。爰擢上卿，入居秘阁。典司纶字，参与枢机。名重儒林，心殚国政。方切委任，恳乞休闲。宜享寿龄，伫期召用。讣音忽上，伤悼良深。笃念老成，倍加褒恤。赠官赐葬，稽行易名。仍命有司，特颁谕祭。卿灵不昧，尚克钦承。”

当陵墓主穴前，“海内文章第一，山中宰相无双”两块青石墓柱缓缓竖起时，正默默向先生致哀的门生蔡羽心情异常悲痛，他环顾四周，十多年前众门生陪先生在怡老园里说古论今、诗酒酬答的情景犹在眼前，如今先生王鏊的友人与门生还剩几人？沈周和吴宽十多年前已作古，徐祯卿英年早逝，唐寅一年前病卒于桃花庵中，祝允明大病在床，文徵明在外地为官，陆子馀、王勉之远游在外，仅剩王守兄弟和陆粲等数人。南濠居士都穆此时的心情更为复杂，正德八年（1513）他告老还乡后，昔日友人都疏远他，怀疑他在当年“科场案”中，诬陷并告发了徐经和唐寅。先生王鏊深知他的人格，与之往来，同游虎丘，作《第三泉亭》联句，使友人们对他消除了些隔阂。如今先生走了，他就像当年唐寅金阊送别王鏊长子王延喆赴京时的心情一样，“爱我惟君众所知，君今去我我谁依？”有谁能想到，两年后，这两个苏州的大文豪都穆和祝允明也同年随先生王鏊而去。

王鏊墓原规模宏大，占地数十亩。正中为三穴大坟，封土厚达四米，神道前有石坊，墓前左右各建碑亭一座，内均竖有嘉靖帝御碑一块，碑高二点五二米，宽七十六点五厘米，厚二十二点五厘米。王鏊墓面北而葬，墓南面为高耸的嵩山，嘉靖帝所赐之御碑，不能面北而竖，墓前故作坐北面南碑亭两座，其御碑朝南，以合正向。墓前置石羊两只、石狗两只、翁仲两对。“文革”中坟墓地面翁仲、石兽、碑亭、墓碣、坊柱尽毁，或埋诸地下，或砌于坎中，或移作他用，墓地成了一片橘林，而深埋地下的三个墓穴一直未动。陆巷乡老传言，王阁老墓葬在东山有多处，陆巷梁家山置有石人石马的阁老坟，实为王鏊衣冠冢，而其真身另有葬处，已无人知道。1986年，江苏省及苏州市考古工作者根据文献记载，并对王鏊地全面勘察后，1986年3月公布王鏊墓为吴县文物保护单位。王鏊祠在苏州景德路。据《（崇祯）吴县志》卷十九“祠庙”载：“王文恪公祠，在旧景德寺基。嘉靖十一年（1523）子中书舍人王延喆奏，下巡抚李士翱勘复，建。”其祠壮丽严洁，乡人称焉。1995

年列为江苏省文物保护单位。

在明清两代，名贤文士游东山，至陆巷拜访王鏊墓的甚多，且留下了不少诗迹。明代诗人吴兆鲤《吊王文恪公》云：“太傅风流何处寻，当年遗迹寄高岑。非关笔法追颜柳，想见文章冠古今。日落烟荒迷草色，风吹涛沸起龙吟。山中宰相谁能匹，岩谷曾传有足音。”清初“江左三大家”之一的吴伟业《过东山拜王文恪公墓》曰：“旧德丰碑冷，昊天怅寂寥。勋名动故相，经木重前朝。致主惟尧舜，优时在竖刁。百年人世改，野唱起渔樵。”因王鏊墓离陆巷古村不远，已辟为一处旅游景点。

王鏊墓翁仲

名留青史

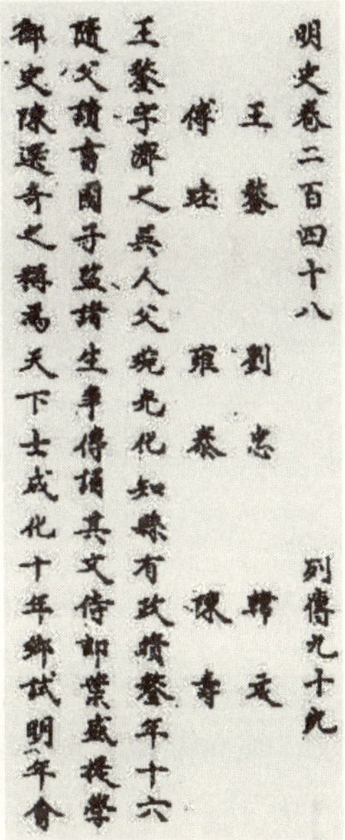
明史卷二百四十八　列傳九十九
王鏊　劉忠　韓文
傅珪　張泰　陳壽
王鏊字濟之吳人父琬光化知縣有政績鏊年十六
隨父讀書國子監諸生爭傳誦其文侍郎葉盛提學
御史陳選奇之稱為天下士成化十年鄉試明年會

《明史·王鏊传》

王阁老驾鹤西归，震惊了朝野。朝中显贵、社会贤达、昔日好友及弟子门生都写传、撰铭、作记，悼念和赞颂山中宰相王鏊，对其人格、文章的评价达到了顶峰，可能超越了明一朝所有的官员。据《太原家谱》"哀祭类"载：有巡抚应天都察院副都御史吴廷举、致仕南京礼部尚书晚生邵宝、同年好友致仕礼部尚书武英殿大学士谢迁、门生礼部右侍郎顾清、门生兵部侍郎盛应期、南京兵部右侍郎李充嗣、副都御史欧阳铎……时在福建靖海卫戍边的门生，原吏部尚书陆完，亦作《哭少傅王守溪先生五百字》，一年后，一代名将卒于闽地戍所。

王鏊的长婿徐缙为之撰《文恪公行状》，邵宝作《文恪王公墓志铭》，而王守仁、文徵明、王世贞为之撰《太傅王文恪公传》。后来，天启状元礼部尚书、东阁大学士文震孟、文士刘凤及清初钱谦益、曹溶，在他们所撰的方志和著作中，都为王鏊作有传记。王鏊《震泽全集》附录二《名公笔记》，载有大宗伯吴宽、邵宝；大中丞吴廷举、徐源；新建伯王守仁、大司冠王世贞及主事杨循吉、侍御刘凤和沈周、祝允明、唐寅、文徵明、陆粲、王守、王宠、施凤、蔡羽等对王鏊的赞颂。

徐缙在所撰《行状》中，回顾了岳丈王鏊一生的业绩后，曰："公归吴，日优游山水间，修然自适，不问人间事。初号守溪，晚又号拙叟。沉

王鏊祠仪门

静寡言笑，与人交简而若严，自不敢干以私。见人之贤，汲汲然引用之，惟恐不及。”继而又曰：“立朝三十余年，廉正守道，恒如一日，望之如泰山乔岳，不见运动，而足以坐镇雅俗。至于声色货利，淡然不以经心，博弈奇玩，一不留意，事或非礼，须臾不苟取，财有非义，秋毫不苟取，惟读书著述，虽老未尝一日废。”对王鏊的一生给予高度的评价。最后又云：“缙窃念昌黎之集，李汉序之；考亭之集，蔡沈序之，缙于李、蔡无能为役，而受公之知最深且久，颇亦自谓知公一二，又重以公之命也，故敢僭为之状，上于国史氏。”

无锡邵国贤文冠一时，在王鏊墓志铭中称王鏊：“文规模昌黎，以及秦汉，纯而不流于弱，奇而不涉于怪，雄伟俊洁，体裁截然，振起一代之衰，得法涉孟子；论辩多古人未发；诗萧散清逸，有王、岑风格：书法清劲自成，得晋、唐笔意。”邵宝在这篇长达三千字的墓志铭最后说：“明至中叶，道与时升。君子观国，人焉是征。我求其人，宪、孝之世。伟哉王公！植我元气。公有忠义，文章以宣。成化制策，弘治经筵。在正德初，少宰入辅。彼宄济奸，公心独苦……公在庙堂，鼎实栋隆。公在山林，斗揭岳崇。公既老矣，犹望其起。”像王鏊这样的伟人，确实是震泽万顷、莫厘千寻之人。

理学家王守仁是南京吏部尚书王华的儿子，王华任过詹事府少詹事，即东宫太子朱厚照的老师，是王鏊的詹事府同僚，也同样高风亮节，一身正气。王守仁是弘治十二年（1499）的进士，与礼闱被黜的唐寅同科。正德初年，在南京工部主事任上，因上奏为御史薄彦徽、蒋钦及给事中戴铣等人鸣冤，被刘瑾打入诏狱，要不是王鏊等阁臣相救，早已命丧黄泉。他对王鏊有特殊的感情，王守仁在《太傅王文恪公传》中云："世所谓完人，若震泽先生王公者，内裕伦常，无仰俯之憾；外际明良，极禄位声光之显。自为童子，至于耆耋，自庙朝下逮闾巷，至于偏隅，或师其文学，或慕其节行，或仰其德业，随所见异其称，莫或有瑕疵之者。所谓寿福康宁，攸好德而考终命，公殆无愧尔矣。"而在王鏊"赞"词中，王守仁发出了"王公深造，世或未之能尽也，然而言之难矣"的赞叹。

"吴中四子"之一的文徵明，作为王鏊门生，义不容辞也为先生作传。所作《太傅王文恪公传》长达四千五百多字，感情真挚，字字珠玑，可称为一篇优美的散文。曰："王公立朝四十年，权门得路，不一错足，班资上下，未尝出口，每进官辄逊避而不敢当，晚益韬敛，以逾越为戒。"文徵明在王鏊传中还谈到，先生归二年而瑾败，时公年齿方壮，海内咸冀公复起，而公优游林泉，方以文学自适，不复有意当世，中外臣僚，数有荐论，亦皆执罢。又云："及今天子图治，方切求贤如不及，而公则既老而逝矣。呜呼！岂天不欲斯道之行耶，抑人事之罪耶？方正德之初，故老相继去国，天下事未有所付，而公又以正去，于己则得矣，其如天下何？故有隐忍以就功名者，君子与之。然自今日观之，果孰多少哉？呜呼！人臣之义要当出于正也。"这是文徵明在文中向世人发出的呼吁，要像王鏊一样做一名正人。

在《名公笔记》中，大学士顾鼎丞的赞词："惟公道德润身，文章华国，此固天下所共仰也。登相不逮夫孝皇全盛之日，而功业竟阻于佥壬狂悖之秋，此天下共恤也。"侍御刘凤《吴中先贤赞》曰："今海内业博士弟子，皆诵法守溪王公言。"杨循吉《跋诗稿》称："朝夕之情，虽谓之外兄弟可也。"祝允明赞曰："其功成，其绩兴，千古一时，先生其人矣。"大中丞门人王守赞："守侍函丈最久，辱陶冶最深。晚厕坛中，惟先生亮节是仪，退而归田，惟先生清风是式。"宪副冯时可在《外史传》言：王公"进如悬曜，退如收云，民皆仰之"。

沈周、吴宽、唐寅先王鏊而卒，在《名公笔记》中，他们生前对王鏊也亦多赞词、赞诗，或题其联句，或跋其著作，或祝以寿诗。沈周题联诗云："兄弟本同气，同声有此诗。长公先作倡，幼妇妙联辞。谢氏池塘梦，彭城风雨时。湖山照双璧，光价两争奇。”吴宽跋联句曰：“守溪翁著作甚夥，予读之靡不赏心。今观其兄弟倡和诸篇，复不胜叹羡，何让谢氏西堂哉？”唐寅曰：“绿蓑烟雨江南客，白发文章阁下臣。同在太平天子世，一双空手掌丝纶。”

而在不少明清笔记或名士著作中，也载有王鏊做官清廉、为人正派、诗文超群的事迹和赞语。明刑部尚书王世贞《弇州山人续稿》中，载有王文恪公传，赞王鏊是：“完爵完身，并以完名。匪德之难，完福为难。俯仰世才，寥焉忾叹。”天启状元文震孟《姑苏名贤小记》“王文恪公”一文，还驳斥了一些人对王鏊隐退的指责后说，近世通儒之论于逆瑾之际，咸谓王文恪之通退，不若李文正之委蛇，默夺潜销，使天下阴受其福而不知也。曰：“其然乎哉？其然乎哉？”意为哪有这样的言论，直是荒谬之极。黄佐《翰林记》曰：“国初，刘基、宋濂在馆阁，文字以韩柳欧苏为宗，与方希直皆称名家。永乐中杨士奇独宗欧阳修，而气焰或不及，一时翕然纵之，至于李东阳、程敏政为盛。成化中，学士王鏊以《左传》体裁倡；弘治末年，修撰康海辈以先秦两汉倡，稍有和者，文体至是三变矣。”清钱谦益《列朝诗集小传》云：“少傅王鏊为人和平简易，无贵贱少长，咸敬慕悦服。立朝三十年，廉正守道如一日。”又言：“文章以修洁为工，规摹韩、王，颇有矩法。诗不专法唐，于北宋似梅圣俞，于南宋似范致能，峭直疏放，于先正格律之外，自成一家。”查继佐《罪惟录》中说：相传文恪去世时，太湖竭，阳山崩。哲人之萎，诚关造化。又说王鏊卒后，今所遗堂卑隘，如庶人之家，慨然想见先民典则。

张廷玉《明史》卷一百八十《王鏊》：王鏊，字济之，吴人。父琬，光化知县。鏊年十六，随父读书国子监，诸生争传诵其文，侍郎叶盛、提学御史陈选奇之，称为天下士。成化十年乡试，明年会试，俱第一。廷试第三，授编修。杜门读书，避远权势。弘治初，迁侍讲学士，充讲官。中贵李广导帝游西苑，鏊讲“文王不敢盘于游田”，反复规切，帝为动容。讲罢，谓广曰：“讲官指若曹耳。”寿宁侯张峦，故与鏊有连。及峦贵，鏊绝不与通。东宫出阁，大臣请选正人为宫僚，鏊以本官兼谕德。寻转少詹事，擢吏部右侍郎。

……

王鏊墓

正德元年（1506）四月，起左侍郎，与韩文诸大臣请诛刘瑾等“八党”。俄瑾入司礼，大学士刘健、谢迁相继去，内阁止李东阳一人。瑾欲引焦芳，廷议独推鏊。瑾迫公论，命以本官兼学士与芳同入内阁。逾月，进户部尚书、文渊阁大学士。明年，加少傅兼太子太傅。

……

尚宝卿崔璿等三人荷校几死，鏊谓瑾曰：“士可杀，不可辱。今辱且杀之，吾尚有何颜面居此？”李东阳亦力救，璿等得遣戍。瑾衔尚书韩文，必欲杀之，又欲以他事中健、迁。鏊前后力救得免。或恶杨一清于瑾，谓筑边墙靡费。鏊争曰：“一清为国修边，安得以功为罪？”瑾怒刘大夏，逮至京，欲坐以激变罪死。鏊争曰：“岑猛但迁延不行耳，未叛何名激变？”

时中外大权悉归刘瑾，鏊初开诚与言，间听纳。而芳专媕阿，瑾横弥甚，祸流缙绅。鏊不能救，力求去。四年（1509），疏三上，许之。赐玺书、乘传、有司给廪隶，咸如故事，家居十四年，廷臣交荐不起。

……

鏊博学有识鉴，文章尔雅，议论明畅。晚著《性善论》一篇，王守仁见之曰：“王公深造，世未能尽也。”少善制举义，后数典乡试，程文魁一代，取士尚经术，险诡者一切屏去。弘、正间，文体为一变。

《明史》“王鏊传”为王鏊的一生作了全面、客观、公正的总结及评价，全文一千一百多字，无一处瑕疵，这在史书中是不多见的。

裔孙昌盛

王世琛像

太原王氏南宋初年迁居太湖洞庭东山，数多年间以耕读起家，经商发迹，科举显名，至十世孙王鏊，入阁为相，官至一品，王氏家族之荣达到了顶峰。可事物充满辩证法，有盛必有衰，在王鏊生前，偌大的莫厘王氏家族内，伯英公老五房，数十个子孙中，不仅以王鏊家庭为代表的惟道公支，其十一世至十二世没有人中举，就连惟善公支、惟德公支、惟贞公支与惟能公支四房子孙，也均与科举无缘。使王鏊晚年深感尴尬与无望。难道东山王氏出了名宰相后，真的是盛而必衰吗？

然而，长江之潮，起起落落，又落而复起。自明万历年间，王鏊曾孙王禹声考中进士，官至承天知府，湖广按察使后，这个家族又人才辈出，近五百年来盛而不衰，成为中国古代科举和近现代的科技与教育世家。在东山陆巷古牌坊上有副对联："状元宰相故里；教授院士摇篮。"说的就是陆巷王氏家族在古代出过宰相、状元；近现代又涌现了多名中科院和数十名教授。据考证，在明清两代中，王鏊嫡传裔孙中考取甲榜进士十二名，分别是：明万历己丑科（1589）进士王禹声（三世）、清康熙癸未科（1703）进士王元位（七世）、王奕仁（七世）、康熙壬辰科（1712）进士，状元王世琛（八世）、乾隆甲戌科（1754）进士王关伯（九世）、道光癸未科（1823）

进士王仁照（十二世）、咸丰己未科（1859）进士王泳春（十一世）、庚辰科（1880）进士王颂蔚（十三世）、光绪壬辰科（1892）进士王仁俊（十二世）、丙午科（1906）进士王淑岱（十三世）、甲辰科（1904）进士王桢（十三世）、王季烈（十四世）等。

户部郎中王颂蔚像

考取乙榜举人十五名（进士除外）。中举时间分别为：明万历戊午科（1618）王祚新、清康熙庚午科（1690）王铨、壬午（1702）科王德修、甲午科（1714）王珠渊、雍正乙卯科（1735）王恺伯、乾隆丁卯科（1747）王世琪、乾隆己卯科（1759）王诵芬、庚子科（1780）王莹伯、乾隆戊申科（1788）王芑孙、嘉庆（1804）甲子科王庚、辛酉科（1801）王凤韶、庚午科（1810）王仲清、道光己亥科（1839）王熙源、清光绪丙子科（1876）王拱裳、王季点。

莫厘王氏科举入仕者，大多能像先祖王鏊一样，清正廉洁，爱国为民，留名青史。王禹声，字文溪，王鏊曾孙，万历十七年（1589）进士，授刑部主事，历擢员外郎郎中，承天知府。明万历年间，在湖广承天府钟祥县发生了一起税监、备监，即阉党逼民揭竿之事，后阉监擅调大批官军，将大肆屠戮起事民众。时任承天知府的王禹声，面对阉党的暴行，愤而上诉朝廷，要求严惩凶手，在给朝廷的奏折中提出了“十个不可解也”。为民请命而得罪权贵，被罢职归里。不久，阉党阴谋败露，王禹声得到平反昭雪，擢升按察使副使兼湖广提督学政（正四品），但他没有赴任。在家与诗书为伴，著有《郢事经略》《鹃音白社诗草》《续震泽纪闻》《乡会试墨卷》等数卷。清道光十四年（1834），王禹声被增祀入苏州沧浪亭西吴郡名贤总祠中。

王世琛，字宝传，号艮甫，王鏊八世孙。清康熙五十一年（1712）壬辰科一甲一名状元。其大魁天下后，授翰林院修撰。雍正初，充任《实录》纂修官，不久晋升为翰林院侍讲、侍读学士。雍正五年（1727），朝廷又派王世琛赴山东督学政。他尽心尽力“劝实学，斥浮伪，青齐文风一变”。报之朝廷，迁至少詹事。雍正七年（1729），世琛“视学未竣，以劳卒官”，年仅五十岁，朝野官吏莫不为之惋惜。

王关伯，字震西，王鏊九世孙。清乾隆十九年（1754）进士。始选山西永和知县，永和县在万山之中，土瘠民贫，凡在此为官者均不肯久居，而王关伯却独爱其地淳朴，于民生养休息，在永和历官九年，县境内生产得到发展，百姓生活得到了很大改善。澧州民悍，且为盗者多，他缉盗有方，擒贼先擒王，县境得到大治，凡到永和行贾者，无须担忧，如驻福地。他还奏请朝廷多次出仓平粜，赈救饥民，全活者甚众。后迁授湖南直隶澧州知州，再任道州知府。在任上为政简易，俭以养廉，开仓济赈，与民休养；又治理县境，颇具政绩。

王咏春，字绍曾，王鏊十一世孙。清咸丰九年（1859）进士，始广西西林知县，时值太平军与清军激战之后，境内满目创残，加上伏莽未靖，百姓惶恐，夜不能寝。他召集流亡，放牛耕种，岁获大稔。又立书院义学，广招农家子弟读书。既使县境得到安宁，又使民风逐步改观。又采用剿抚兼施的方法，很快剿平了数股盗匪，县境获安。期满去任之日，百姓前来相送，攀辕卧辙，催人泪下。后百姓在城外筑“三官亭”，以纪念王咏春、黄文棠和罗超崧三位清廉知县。

光绪二十一年（1895）农历七月初一日，一位参加制订中日“甲午海战”作战计划的爱国军人，在京师忧国而亡。这位高参名叫王颂蔚。此时，离李鸿章代表清政府到日本签订丧权辱国的《马关条约》还不到三个月。王颂蔚，字芾卿，王鏊第十三世孙。光绪六年（1880）进士。初任翰林院庶吉士，继擢升户部湖广司郎中，补军机处章京。中日甲午海战爆发，王颂蔚与两朝帝师翁同龢共入军机处，他们顶住压力，积极备战，先后从全国调集数十万援军开往关外前线；还以户部名义向外商银行贷款六百万英镑，充作军饷和用以购买器械；又与海军衙门筹商向英国、智利等国购买军舰等，但因清政府的腐败，最后甲午海战还是失败了。

王季烈，字君九，王鏊十四世孙。光绪三十年（1904）进士。初任学部郎中，兼任京师译学馆监督。还担任过清末资政院议员。他在上海江南制造局译书时，曾编译过《普物电光》和《物理学》，这是两本分别为国内最早介绍X光的译著和第一本大学物理教科书。民国初年（1912），举家移至天津。

先后创办华昌火柴公司、乐利农垦公司等实业，以养家糊口。抗战爆发后，他不与敌伪合作，1942年返回吴，闭门谢客，在家深入研究昆曲曲律理论，颇多创作。著有《螾庐曲谈》，辑有《集成曲谱》《与众曲谱》《正俗曲谱》和《度曲要旨》，为我国昆曲发展作出重大贡献。

在明清举人中，王鏊裔孙亦多中下层优秀官吏，大多被载入府、县方志中。

王铨，字东发，号耳溪。王鏊七世孙。康熙二十九年（1690）考中举人后，受到康熙皇帝的亲自召见，受礼科给事中，参与武英殿纂修《佩文斋书画谱》。书成，康熙览而称赞之，命予付梓。康熙南巡，王铨恩赐从之，途中不幸得疾，下黑血不止，卒于德州途中。

王恺伯，字叙揆，是状元王世琛长子，王鏊九世孙。清雍正十三年（1735）举人，四川宁远知府。在任上勤政爱民，誉为循吏。后因母亲年事已高，奏请南归照顾母亲。

王芑孙，字念丰，王鏊十世孙。诸生时不屑为时俗科举文字，独肆力于古诗文，纵横文坛，力追古人。乾隆戊申三月，高宗巡幸天津，芑孙随董迎驾献赋，召试入格，赐举人，授上海华亭县教谕。遇国家大典礼，应奉文字多出其手，文章名震一时。

王熙源，字汉槎，王鏊十一世孙。清道光十九年（1893）举人，松江府娄县教谕。在任上颇多政绩，名誉吴中。甲午（1834）岁饥，熙源承办赈济，不足则捐俸助之。吴中长洲与元和两县学经费不足，缺礼乐器，他与同仁捐赀增补，并司其事。又提倡在两县学土地祠内举办惜字会，“惜字”之风得到发扬光大。

此外，东山莫厘王氏还涌现出了许多文士、名彦，被载入苏州地方史书。

王永熙，字景雍，王鏊四世孙。有至性，为人厚重古朴，敬天好施，和宗睦族，轻财重诺。同父亲王禹声一起入祀苏州五百名贤祠，成为吴中名贤总祠内有名的“父子名贤”。

王希，字公晋，王鏊五世孙。清顺治二年（乙酉）除夕之夜，正当古城千家万户在家中守岁时，王希因抗议清兵在苏城的暴行，在家中自缢身亡，为明王朝殉国。清顾震涛《吴门表隐》记其事。

金圣叹是明末清初著名的苏州才子，他评点的《西厢记》和《水浒传》等书对后世影响极大，而在他的文学活动中，王鏊六世孙王瀚、王学伊兄弟不但给予过金圣叹许多物质帮助，而且也直接参加了他的文学评点活动，金圣叹在他的著作中多次提到王瀚、王学伊的名字。

王武，字勤中，王鏊六世孙，读书赋诗，多技能，尤长于画。所写花鸟，信意渲染，皆有生趣。四方名士，竞相索画，月无虚日。好施予，尤喜接济贫苦之人，清康熙《苏州府志》有传。

王晋阶，字时升，王鏊九世孙。金山县训导。在任上尽心尽职，为当地百姓做了不少好事，清乾隆《吴县志》有传。

王申荀，字咸中，王鏊六世孙。廪贡生，山东布政司经历。有文名，喜书画，筑石坞山房于尧峰山麓，乾隆《苏州府志》载其事。苏州巡抚，后擢礼部尚书的汤斌为之撰《石坞山房图记》。

王嘉禄，字绥之，王鏊十一世孙。清代“吴中词派”的重要代表人物。诗词俱佳，作诗出入于明前、后七子，宗法汉魏三唐，“卓然成家”，有《嗣雅堂诗》二十六卷。道光《苏州府志》有载。

值得一提的还有早期红学家王希廉。他原名希棣，字旭升，号雪香，又号护花主人，晚号雪髯老人，是王鏊堂兄王鎜的十一世孙。在中国红学史上，王希廉是第一个对《红楼梦》的艺术结构作出系统分析的研究者。他评点小说《红楼梦》中的人物，有不少精到的见解。王希廉副室周绮，亦擅辞章，也对《红楼梦》的评点做出了一定的贡献。周绮作为封建时代的一介女流，能够有勇气研究被时人认为是“诲淫”之书的《红楼梦》，实为奇迹。

在近现代，王鏊嫡传裔孙中出了一百多名正副教授和研究员，其中还有多名中科院院士。仅十四世王颂蔚一个家庭，祖孙三代所出教授、研究员就有四十多名。

王颂蔚和谢长达共生有四子五女，九个孩子，在事业上均有成就，大半为国内知名教授。

长子王季烈，清光绪年间进士，初任学部郎中，兼任京师译学馆监督（教授），还担任过清末资政院议员。

次子王季同，我国清末民初著名数学家、机电学家和佛学家，北京同文馆教习（教授）。任过清政府欧洲留学生监督署随员，并在英吉利电器公司和德国西门子电机厂工作，期间曾发明转动式变压器。宣统三年（1911），王季同在英国爱尔兰皇家学会会刊上，发表了有关四元函数求微分法的论文，被后人称为“王氏代数”。是我国最早在国际刊物上发表数学论文的数学家。曾有望获得“诺贝尔奖”，可惜因所送材料延误，失去了竞争机会。

三子王季点，京师大学堂提调（教授）。中华化学工业会创建者之一。毕业于东京工业学校，回国后参加朝廷考试，奖给工科举人，始任京师大学堂提调（教授），后任农工商部主事，北平工业实验所技正（工程师）兼所长。先后在北京、天津、丹东等地创办丹华火柴公司，自任董事长，并参与技术指导，还在北京创办玉泉酿酒公司，任董事长。北京沦陷时，拒绝与日本人合作，居家赋闲。

四子王季绪，北平工学院教授，天津北洋大学教授、校长，我国工程界创始人之一。早年就读于清同文馆，1908年入英国剑桥大学工程专科，1912年归国后，先执教于北京大学、北平工业学院，任教授。1931年任北洋工学院教授、机械系主任、代理校长。1937年“七七事变”爆发，因王季绪任过北平、天津两所高等学府校长，在教育界极有名望，敌伪当局妄想利用他的声望，威胁引诱施尽阴谋，要他与之合作，被王季绪严词拒绝。

左起王季绪、王季同、王季烈、王季点

长女王季昭，美国蒙特豪里尤克学院文学硕士，苏州东吴大学教授。苏州振华女中的英语教师及内部负责人。

次女王季茝，我国早期留学女博士。光绪三十三年（1907），同宋庆龄、胡彬夏等四名女生，作为中国第一批留学生赴美留学。美国芝加哥迈克尔瑞斯医院副教授。她在美国以研究制作皮蛋和燕窝著名，并且成就卓著，故被称为“皮蛋博士”。 在美国芝加哥宝琳娜大街，有一座面积约1.72英亩的公园，因西北大学医学中心副教授王季茝在这里工作过，2004年，公园被命名为王季茝公园。

三女王季玉，苏州振华女中校长，著名教育家。杭州研究院研究员。先后毕业于美国麻省蒙特霍育克女子大学与伊利大学，均获硕士学位。1917年学成回国后，继承母志，成为振华女校的第二任校长。抗战爆发，苏州沦陷后，敌伪当局曾将学校改名为“苏州女中”，想聘请王季玉任校长。敌伪先用重金收买，见不能动其心，又威胁迫害，妄想逼她回苏复校，王季玉以民族气节为重，坚决拒绝。在整个抗战时期，王季玉始终没有领取“良民证”。当时同王校长接近的教职员，没有一个人参加伪组织的工作。

四女王季常，苏州第十一中学创始人，校长、教师。季常从小在家读了不少古书，对古文化有较深的修养，通书法，擅画松竹梅兰。大学毕业后，即与程钟绅完婚。一年后丈夫暴病去世，遂献身于教育事业，终身未再嫁。1933年建办“私立安定商科职校”，并自任校长。新中国成立后，该校一度更名为“苏州工业专科学校”，后来又改名为“苏州第十一中学”。

五女王季山，苏州振华女中教师。王季山和丈夫何澄共生有八名子女，出了五名物理学家，其中一名为中科院院士。同四位姐妹相比，王季山的婚姻最圆满和幸福。大姐季昭出嫁的当晚，就被婆婆用轿子抬回娘家，原因是她在新房中作了一首反封建的新诗。季昭一气之下出国留学，从此再也没有回来，也没再嫁。二姐季茝曾嫁于浙江桐庐籍工部候补主事袁梁肃，可婚后并不幸福，季茝逃婚出国留学，获博士学位后选择了不再回国。三姐季玉为了“振华”，干脆终身未嫁。而小妹季常嫁至苏城富户程家后，年仅一年，丈夫程钟绅就暴病身亡，季常也没有再嫁。三个姐姐和一个妹妹身后都没有留下子女，惟季山生有八位儿女。长女何怡贞中科院研究员，美国密歇根大学物理系哲学博士，丈夫葛燧庭为中科院院士。次女何泽慧为著名物理学家，中科院院士，她同院士丈夫钱三强被赞誉为“中国的居里夫妇”。三女泽瑛也是著名的物理学家。

在王颂蔚九个儿女中，格外引人注目的是次子王季同家庭，七名子女中有六人为著名物理学家、教授等高级知识分子，其中两名为中科院院士。

清华大学第一名女教授王明贞（中），左起王守黎、王淑贞

老大王淑贞（女），获中美庚子赔款奖学金赴美国留学，先后毕业于波尔的摩高等女子大学、芝加哥大学和霍普金斯大学医学院。上海医科大学妇产科医院院长、研究所所长、一级教授，我国著名妇科专家。全国及上海一、二、三届人大代表，全国第五届政协委员。她与北京协和医院的林巧稚教授同被誉为我国卓越的妇产科专家，曾以“南王北林”享誉中国医学界。

老二王守竞，1924年赴美留学，1926年获美国哈佛大学理科博士学位，1928年获哥伦比亚大学哲学博士学位。他赴美留学期间，就在物理学的研究中取得了重要成果，宣读了题为《论普通氢分子的问题》的论文，而成为国际上有影响的物理学家、企业家和外交家，浙江大学、北京大学、清华大学、美国麻省理工学院教授。他是我国机械工业的创始人。

老三王明贞，我国早期女物理学家之一，清华大学历史上第一位女教授。毕业于美国密歇根大学，在麻省理工学院雷达实验室工作期间，她与导师乌伦贝克教授合作，根据王明贞的博士论文，撰写了一篇关于布朗运动理论的文章，刊登在1945年美国《近代物理评论》上，这篇论文发表以来的四五十年时间内，一直作为了解布朗运动的最主要的文章之一。归国后，在清华任教十一年，开创了清华统计物理学科的先河，为培养我国自己的物理学家、工程物理学家作出了重要贡献。

王守武像

老四王守融，天津南开大学、天津大学教授，著名的精密机械及仪器仪表工程教育家，我国仪器仪表工程教育和计量测试技术的开拓者，第三届全国人民代表，中国民主促进会天津市委员会常委。1955年他主持研制成功了我国第一台计算尺刻线机，即“津仪01半自动刻线机”，获国家科委重大科技成果奖。

老五王守黎（女），毕业于清华大学，苏州振华女中教师。丈夫陆学善，东南大学毕业，物理学家、中科院院士。王守黎独立性很强，她的名字原来同大姐淑贞、二姐明贞一样，可她偏要同哥哥们的“守”字辈相连，自己起名守黎。

老六王守武，中国科学院院士，我国半导体器件物理专家，半导体科学奠基人之一。我国第一个半导体研究室、半导体器件工厂、半导体研究所和半导体测试中心的创建者。清华大学、北京大学、复旦大学、中国科技大学兼职教授。第三、四届全国人大代表，第五、六届全国政协委员。留学于美国印第安纳州普渡大学研究生院，获硕士学位。归国后，一直工作于中国科学院应用物理研究所。1980年，王守武主持研制成功的大规模集成电路获中科院一等奖，同时，获“全国劳动模范”称号。

老七王守觉，原名王守平，只读到初中一年级，后因用已去世的四哥王守觉的高中毕业成绩单，在昆明报考上海同济大学，而随之更名为守觉。我国唯一自学成才的中国科学院院士。著名半导体电子学专家，半导体研究所研究员、所长；北京电子学会副理事长；中国计算机学会与模糊逻辑委员会名誉主任；浙江工业大学智能信息系统研究所所长；同济大学信息学院名誉院长。

此外，王颂蔚、王谢长达儿孙（女）中，高级知识分子还有：

王守则，西安建筑冶金学院工艺系主任，教授。

王守泰，南京工学院教授，水电部科学技术委员会委员。

王守中，中国科学院仪器馆（长春光机所前身）副研究员，研究室主任、副总工程师。

王守甲，财政部交通处高级经济师、处长，离休干部。

王守成，上海电影制片厂资料室主任，电影译制剧作家。

王守睦，北京工学院副教授，北京工艺美术协会副秘书长。

王守实（女），北京工学院副教授。

王守辰（女），北京大学儿童青少年卫生研究所研究员（教授）。

王守棣，清华大学副教授，离休干部。

王守坦，北京地质学院副教授，中国地质矿产部航空物探遥感中心副总工程师。

王义润（女），北京体育大学教授、博士生导师，享受国务院特殊津贴的专家。

王义根，中央交通部工厂管理局、哈尔滨船厂教授级高级工程师。

王义强，上海水产大学教授，硕士生导师，享受国务院特殊津贴的水产专家。

王义镛，北京轻工业设计院教授级高工，享受国务院特殊津贴的化工专家。

王义源，上海海运学院教授、系主任，硕士生导师。

王义炤，美国联合碳化物公司副总裁，国际纸业集团副总裁。

王义翘，北京协和医科大学名誉教授，美国宾夕法尼亚大学化学工程学教授。美国文学和自然科学院院士、医学和生物学工程研究院院士，中国台湾科学院院士和国际生物技术研究院院士。

王忆（女），清华大学外语系教授。

王愉（女），天津医科大学副主任医师、副教授。

王东来，苏州市立医院骨科主任医师，医学博士，副院长。

附录

附录一

王鏊年谱

明景帝景泰元年庚午（1450）一岁

八月十七日，王鏊生于洞庭东山震泽乡胥母界陆巷口旧第。父王琬是年四十岁，母叶妙澄三十一岁，临产隔日有月华之祥而生鏊，族人皆称灵异。

东山岱心湾人史昱考中举人，授江西南安府教授。

景泰三年壬申（1452）三岁

王氏族中曾祖王胜病卒。王胜，字景德，号避庵。明代富商，曾行贾京师十多年，家业日富，是明初东山钻天洞庭的早期代表人物。

景泰五年甲戌（1454）五岁

春，东山隔冬大雨雪未断，积雪丈余，太湖冰冻，禽兽、草木大多冻死。夏大水。秋大旱，大饥疫。

景泰七年丙子（1456）七岁

始外出读书。受于乡师翁君。翁辄以鏊英敏端重称著，于群学子中已崭露头角。翁师学规甚严，生徒皆畏之，鏊后虽官到翰林，仍时梦见翁师而惊醒。

陆巷嵩下人叶宽中举人，授福建侯官知县。

明英宗天顺二年戊寅（1458）九岁

父王琬以贡入太学。明崇祯《吴县志》：“天顺岁贡：王朝用，名琬，以字行，治诗，光化县知县。”

天顺四年庚辰（1460）十一岁

后拜鏊为师的门生祝允明生。

天顺五年辛巳（1461）十二岁

与同窗吴怀就读于东山岱心湾华严寺，有学师以“吕纯阳渡海像”为题索诗。王鏊援笔云：“扇作帆兮剑作舟，飘然直渡海阳秋。饶他弱水三千里，终到蓬莱第一洲。”得诗者大奇之，知其孩日后必成大器。

七月，洞庭东山遭受大风雨，太湖溢，漂没陆巷民居，死者甚众。

天顺六年壬午（1462）十三岁

洞庭山历史上第一名进士，时任广东参政的吴惠，奉诏南下路过东山，看望了吴怀、王鏊等在华严寺读书的学子，对鏊影响很大，有诗记之。

天顺八年甲申（1464）十五岁

好友长洲县吴宽始入太学。宽当秀才时，遍读《左传》《史记》《汉书》及唐宋诸大家之文，因爱古文，疏时文，乡试屡屡失败，三十岁才以岁贡入太学。

明宪宗成化元年乙酉（1465）十六岁

父静乐公始舆计偕，以贡生在国子监就读。随父北上，习业于国子监退省堂之西偏。是年在沈周所作《有竹居图卷》上题诗。见《沈周传》录于《式古堂书画汇考》。有疑，时鏊年方十六岁，尚随父读书，题诗一事可能性不大。

成化二年丙戌（1466）十七岁

在京师从毗陵举人陆怡，肄举子业。有作即超流辈，人争传诵。陆怡，毗陵（今常州武进）人。景泰元年（1450）庚午科举人。后于成化十一年（1475）与王鏊同第进士。

成化三年丁亥（1467）十八岁

始受学于翰林院编修陈音。七日即了大义。太学生张用光亟称之，继学于礼部侍郎昆山叶文庄公所（叶盛，昆山人，祖籍东山，与鏊舅家同祖，时为礼部侍郎），出“时雨论”示之。见鏊所作之文，叶盛极为惊异，让鏊学于礼部厢房，奖励备至，有将来忠肃之许。忠肃，吏部尚书王翱，卒谥忠肃，与鏊同姓。并推荐其师从翰林院编修陈音学习经学。时有乡贡进士奚元启，曾名重一时，见鏊文，辄叹曰：“吾所不及。”遂折节与之相交，赠诗有“太湖西去东山上，尽说施槃有后身”之句（槃，正统己未状元）。奚昌，字元启，吴县人。屡试不中，年五十始登甲科，越年而卒。

成化四年戊子（1468）十九岁

别叶盛，南归应试。文庄曰：“子安得小就？姑留此，大肆于学。他日与古人并驱，可也。”鏊对以父命，则曰：“不利，幸也。”既归，县试、府试、乌坛试皆首选，为县尹樊瑾、郡守贾奭，咸以国士待之。提学御史天台陈公批其卷曰：“他日当名重天下，非止一乡一国已也。”至南畿，人皆聚观。然乡试不利，乃补郡学生。樊瑾，字公谨，进贤人。成化四年知吴县，五年以艰去，仕至山西佥事。贾奭，字希召，巴县人。成化四年擢苏州知府，官至副都御史。陈选，字士贤，浙江临海人。天顺四年庚辰科进士，成化三年提学南畿。

成化五年己丑（1496）二十岁

阅“三苏”文，大爱之，读至废寝忘食。于是，才思益涌，数千言之文，援笔立就。

二月初四日，后称鏊门生的唐寅生于苏州阊门内皋桥南堍吴趋里。

十一月初六日，后称鏊门生的文徵明生于长洲县德庆桥西北曹家巷。

同乡表兄东山朱巷人叶祚中进士，官福建右参议，互为勉励。

成化六年庚寅（1470）二十一岁

娶东山西金吴镇之长女为妻。吴氏为东山延陵望族，岳父吴镇，字友山，景东之子，博学工文，无嗣。

读书于吴城天王寺，因大雪连日，家信不通，厨中粮尽，有老仆典衣借贷供鏊读书，却不使鏊知之。后鏊登科再至昔日读书之处，曾作《过天王寺诗》及《吴子城赋》。天王寺，在吴县城东南隅，唐大历元年（766）僧不空建。

成化七年辛卯（1471）二十二岁

在学每为部使褒赏，文名益起，题试必居首选。其试文都被同学索去，后进者争相传写效仿，名称籍甚，时人均以魁解期之。是岁秋闱，复不利。

吴宽以《尚书》首魁中举于南京。

撰昆山吴凯《贞孝先生墓表》。

成化八年壬辰（1472）二十三岁

在学府，为提学御史戴珊所赏。戴珊，字廷珍，江西浮梁人。天顺八年甲申科进士。成化八年督学南畿，凡考校必以文艺，占器识。

鏊生性素怯，临事或不能无动心，平居常若不释然者。一日，读《程氏遗书》，得明理可以治惧，克己可以治怒，恍然有得，作《治惧》《治怒》两箴，为之座右铭。《程氏遗书》即《河南程氏遗书》，乃南宋朱熹所辑北宋程颢、程颐语录。

好友吴宽会试、殿试皆第一，一甲一名状元及第，授翰林院修撰。

同乡槎湾人贺元忠中进士，官御史、佥事、云南按察使。

成化九年癸巳（1473）二十四岁

父王琬至湖广襄阳府光化县任知县，时年已五十五岁。为东山莫厘王氏入仕之始，因在光化任过县令，后世称光化公。又筑静观楼于里中，又有静乐公之称。

成化十年甲午（1474）二十五岁

乡试置第一，中解元。乡试官谕德谢一夔、修撰郑环，阅鏊试卷大惊，曰："东坡出世矣。"置之第一。是科一论五策，悉录鏊之作，不易一字，盖自开科以来所未有者，于是鏊名大振。谢一夔，字大韶，江西南昌古源人。天顺四年庚辰科状元，时任左春坊左谕德。屡试文衡，考南畿得王鏊。郑环，字瑶夫，浙江仁和人。天顺四年庚辰科探花，时任翰林院修撰。

同考苏州府学教授林智比之“邓林一枝”。林智，字若愚，福建莆田人。正统十三年中会试乙榜。叶盛为吏部侍郎时授为苏州府学教授。

苏州知府丘霁选吴下文士王鏊、皇甫信、朱文、徐芸四人与其弟霖从游。丘霁，字时雍，鄱阳人。举进士，刑部主事。成化八年为苏郡守。

成化十一年乙未（1475）二十六岁

二月参加礼部试，主考詹事徐溥、侍讲邱浚，同考傅瀚，选鏊文置第一。徐溥，字时用，常州宜兴人。景泰五年甲戌科榜眼，詹事府少詹事兼侍讲学士。邱浚，字仲深，广东琼山人。景泰五年甲戌科进士，时任侍讲学士。傅瀚，字曰川，江西新喻人。天顺八年甲申科进士，时任翰林院修撰。

三月，入奉廷对，名列一甲第三（探花）。廷试策问止及农桑、学校，鏊于问目外，泛及当时利弊，反复千言。主考商辂嫌其策太长，难以宣读，欲置二甲。后济阳尹公直声曰：“朝廷方求直言，公等嫌其长，我当读之耳。”乃置一甲第三，授翰林院编修。商辂，字弘载，浙江淳安人。宣德十年乙卯科状元，为乡、会、廷试，连中三元者。时任户部尚书兼翰林学士。

弟王铨（字秉之）闻兄捷音，从光化驰于京邸读书，兄弟相见，联诗志喜，情意蔼然。铨就邸读书，日夜不辍，未几离去，鏊作诗送之。

陆巷紫石街筑探花、会元、解元三牌楼。史载，鏊中探花，陆巷建五牌楼（惜进士、登俊两牌楼早毁），以记族中鏊登科之盛。

吏部尚书文渊阁大学士彭时致仕，作诗《送阁老还江西》。

成化十二年丙申（1476）二十七岁

既入翰林，浙江天台陈选以韩愈、范仲淹、司马光以及道学诸公传见寄。陈公卒，甚悲，作词纾其哀，称公为平生知己。

左副都御史原杰抚治荆襄，王琬乃入山谕流民，以救万千人，又编为社里，缓其赋役，既兴学校，募民习射，民遂帖然。

撰《荣禄大夫太子太保刑部尚书长洲俞公士悦传》。俞士悦，字仕朝，长洲人。永乐十三年乙未科进士，刑部尚书，太子太保。

十月十二日，吴夫人生长女，盖首生也。后嫁于洞庭西山进士礼部左侍郎徐缙。

成化十三年丁酉（1477）二十八岁

原配吴氏卒于京邸，年仅二十八岁。鏊中年丧妻，鏊悲痛不已。

伯父王璋卒。王璋，字公荣，著名商人，因讲诚信，在江湖上有“板王”之誉。鏊幼童时，璋曾指曰：“是子当贵，他日若贵，其在翰林也。”后果被公荣公王璋言中。

作诗《雨钱》。自序：成化丁酉六月九日，京师大雨，雨中往往得钱。钱皆侧倚瓦际。

成化十四年戊戌（1478）二十九岁

三月，父王琬从湖广光化解政归，在陆巷筑静观楼。琬自作《静观楼记》，鏊作“后记”。日与亲朋故旧觞咏其间，并以静乐公称之。

是年考满进文林郎，封父王琬如其官，母叶氏封孺人，原配吴氏追封孺人。

八月，上疏乞假归乡。祖母周夫人是年八十岁、父母年皆六十岁，鏊捧封诰还乡为之祝寿。朝中名公、乡之彝绅均献词翰以祝。分题曰：赞阳归政、林屋养高、紫诰驰封、采衣归省、背霭重翠、庭桂交芳、花甲初适、华堂齐寿，各为诗歌，以揄扬其盛。有《萃喜堂卷》，藏于家。

十一月二十七日，太孺人母叶氏卒，大学士刘吉撰墓志铭，李应桢书，马愈篆刻。鏊遂守孝居家。

作《静观楼成，众山忽见》与《登楼诸山忽不见，盖为云雾所隐》诗，云：“山居尽日不见山，楼上山来自何处？”

重访西泾吴夫人故居，作诗《桧轩》，自序：武山之西金，有隐士曰吴君思复、思德。余弱冠，归自京师，咸以国士见待。后余及归第，过其庐，而二君已即世。其弟思政乞余作桧轩诗。

寄诗朝中同年，作《自都下还吴寄翰林刘景元、谢于乔二同年》。两人与鏊为同科同甲进士，分别为谢状元、刘榜眼、王探花。

归途作《舟次张秋，冒雨上读徐武功治水碑》。徐武功，初名珵，字元玉，后改有贞。吴县人，宣德八年进士，都察院佥都御史，英宗复位，进光禄大夫柱国武功伯。徐有贞为祝允明外祖父。

作《相志谣》，自序：通判邵侯福莅吴三年，相城民有以曲防告者，侯为锄去之，民甚快焉。

张泰作诗《王济之索诗赠洞庭郑克温》。张泰，字亨甫，苏州太仓人。天顺八年甲申科进士，是为翰林院检讨。

成化十五年己亥（1479）三十岁

居家守制，卧病山中。文贵来访，游洞庭东山，登莫厘峰。作《登莫厘峰》长诗。沈周原准备同行，因事未往，应求作《莫厘登高卷》。文贵，字天爵，辽东广宁左屯卫人。成化十一年乙未科进士，与王鏊同年。时为吴县令。

作诗《青山》《风琴》《云山图二首》《弃妇怨》《登西马坞》等。

作文《五湖记》《七十二峰记》。五湖，即太湖，湖中有菱湖、莫湖、游湖、贡湖、胥湖等五湖。七十二峰，即湖中七十二岛也。

同南京吏部主事夏寅游苏州石湖，作《陪夏宪副正游石湖》诗。

作侯县令《叶志洪府君墓碣铭》。叶志洪，名宽，东山陆巷嵩下人。明景泰七年丙子科举人，福建侯官县令。

成化十六年庚子（1480）三十一岁

守孝家中，亦不废学，与弟铨自相师友，相互唱和，山人因有“两苏”之称。

无锡华昶、钱荣来从鏊学。华昶，字文光，常州无锡人。钱荣，字世恩，无锡人。

陆巷静观楼筑得月亭，吴宽撰《得月亭记》、杨循吉撰“后记”、李东阳及朝中诸公作诗庆贺。

胞兄王铭（号安隐）在陆巷筑安隐堂，鏊为之撰《安隐堂记》。

八月，朝廷下征聘诏，遣使征沈周、史鉴赴京授官。鏊喜之，有诗相贺。惜二人均未应。

成化十七年辛丑（1481）三十二岁

三月，守孝满阕，娶继室张氏，别姓蔡。

卧病山中，有诗记之。诗中有“八月文园病未消，之子不来秋欲晚”之句。

作碑《伍相庙碑》。伍相庙，在吴县胥口镇。纪念吴国大夫伍子胥，成化十七年重建。

成化十八年壬寅（1482）三十三岁

还朝，复职翰林院。时吴中仕官者结文字会有十二人：即翰林院吴宽、李杰与鏊三人，其外则陈玉汝、周原己、徐仲山、赵栗夫、孙希说、朱天昭、杨若谦、毛贞甫、陆全卿。

撰《兴福寺重修记》，其石碑为行书，鏊撰书，进士同里叶祚篆刻，原置于东山俞坞兴福寺遗址。

长婿徐缙生于西山东河村。徐氏为西洞庭望族，南宋建炎年间有河北永清府教授徐汴河携孙元吉迁居西山。徐缙祖徐震，父徐潮，均为明代著名商人。

成化十九年癸卯（1483）三十四岁

二月初六日，继室张氏生长子延喆。鏊中年得子，甚喜，有诗记之。

作诗《有怀秉之》。诗中有“燕吴万里同见月，两人不见心悠悠”之句。

手录诸多中秘典籍，如《唐六典》《孙可之集》《皇甫持正集》及古代单方等。后著成《古单方》一书。

在京师崇文街东购宅，其邸与吴宽相邻。是年，筑共月庵。

作《复王巡抚书》。王巡抚，即王恕，字宗贯，陕西三原人。正统十三年戊辰科进士。明任兵部尚书兼副都御史，巡抚南畿。

成化二十年甲辰（1484）三十五岁

是年，资例同考会试。先期有举子持千金以赠，欲通关节，并说当国的万安、刘吉两公已见许。鏊怒却之，曰：“当国者可，吾固不可。”万安益恨之，既而不用鏊预例。于是人自是知鏊清节之名。

成化帝游后苑，命侍臣赋诗，鏊应诏制诗。作《迎驾》《春日应制》与《夏日应制》诸诗，有“豫游分舆万方同”及“宵旰虽勤也不妨”等句。默寓讽谏，得“纳约自牖”之义焉。

作诗《三十五初度》，云：“人生七十古来少，嗟我如今已半之。”

作诗《辽城怀古二首》。辽城，在京之西郊，泛指幽燕之地。同吴宽郊游寻凉之作。

吴宽诗《次韵济之谢决明》。

成化二十一年乙巳（1485）三十六岁

拜谒东城区府学胡同南宋文天祥祠，作《谒文丞相祠》诗，云：“义气横天白日阴，巍然遗像学宫深。”

作《叶文庄公夫人寿词》，云“文庄老去吾犹及，梦想依稀记尚真”，思念有知遇之恩的叶盛。

吴宽作《二月晦日济之邀看桃花四首》及《谢济之送银杏》诸诗。有“洞庭秋色满盘堆”之句，应为鏊家人所送。

赵宽作《次济之先生桃花四绝句韵》。赵宽，字栗夫，苏州吴江人。成化十七年辛丑科进士，时任刑部主事。

成化二十二年丙午（1486）三十七岁

作诗《赠黄和仲》，有“客里相逢又别离，道山亭下范公祠”之句。黄篪，字和仲，苏州南濠人。举于乡，为鏊府学同窗。

撰东山隐士《张处士墓谒铭》，正书，成化八年进士、广东参政同里贺元忠书篆。

忘年交沈周六十岁，鏊作诗贺之。门生唐寅十八岁，为苏州生员。鏊与唐寅、祝允明等门生始有交往。

吴宽作《同年会散夜赴济之》《二月十二日济之复邀看桃花，和旧韵四首》。

成化二十三年丁未（1487）三十八岁

二月，参与同考会试。作诗《试院赠外帘吕推官》诗，有“两心对越幸无嫌”之句。吕卣，字宜中，无锡人。成化十七年辛丑科进士，时任大名府推官，与王鏊同考会试。

七月初二日，继室张氏封孺人。越月而卒，年二十六岁。为张孺人亲撰墓志铭。张氏生一子，即延喆。鏊十年间两失伉俪，甚为悲痛。续娶李氏为妻。李氏多病，又娶胡氏以相之。未几，李夫人卒，胡宜人遂主家务。胡宜人生二子二女：子即延素、延陵。女一适长洲朱希昭，一适宜兴邵銮，皆夭亡。

八月，成化帝朱见深驾崩，皇太子继位，是为孝宗。诏赦天下，任用贤能，被推为“中兴之主”。大学士刘吉当国，延门下士为讲官。鏊不往谒，吉抑而不用。欲上疏乞归，吉不得已，才用鏊为展书官。

九月，考满升侍讲，肇开经筵。有《始预经筵次博庵韵》诗见赠。

十月，仲兄王鏊在石桥头筑壑舟，鏊为之作《壑舟记》，沈周、蒋春洲绘《壑舟图》。沈周、唐寅、祝允明、杨廷和、杨循吉和成化状元李旻等十三人在图上题咏，誉为吴中雅集盛事。

作诗《送曾侍读士美之南京》。曾士美，名彦，江西泰和人。成化十四年一甲一名，状元。时为翰林院侍读，鏊同僚。

作诗《叶文庄夫人寿词》。叶文庄，即昆山叶盛，对鏊有知遇之恩，已卒于成化十年。

作诗《送杨尚䌹、杨名甫、毛贞甫、陆全卿四进士归省》。杨尚䌹，名锦，上海嘉定人。杨名甫，名廉，浙江慈溪人。毛贞甫，名珵，吴县人。陆全卿，名完，吴县人。四人均为成化二十三年丁未科进士。

作诗《寄严守邵文敬》。邵文敬，名珪，宜兴永定人。成化五年己丑科进士，时任贵州思南知府。

同吴宽陪祀茂陵，归途作《谒文丞相祠》《姚少师像》《元耶律丞相墓和博庵韵》《昌平刘谏议祠》《恭送孝穆皇太后梓宫迁茂陵》等组诗。

明孝宗弘治元年戊申（1488）三十九岁

闰正月，开史馆，修《宪宗实录》，鏊任纂修官。

三月，孝宗起用王恕为吏部尚书，掌铨选。王恕以身任国事，黜陟进退皆秉公，致使朝中吏治一清，起用鏊为侍讲经筵。

弟王铨驰京，六月离去。其时鏊有事史馆，日不暇，夜归对饮，赋诗联句，以抒情怀。既别后，见月则有怀，逢时感兴则有怀，动辄成咏。有《对月有怀秉之》《秉之送至京口别去有诗和之》《博庵约山行以秉之弟初至不赴》诸诗见记。

四月初，李夫人生一女，为王鏊第三女，名善庆，适宜兴生员邵鸾。

作诗《送侄宠》。王宠，又名延誉，字子嘉，王鏊大哥王铭之子。早岁能诗文，王宠赴京，作诗相送。宠体弱多病，不久竟卒，年仅二十四岁。

作诗《寄福建戴方伯》。戴方伯，名珊，字廷珍，江西浮梁人。天顺八年甲申科进士。为王鏊师长，时任福建布政使，称方伯。

作诗《送石邦秀（彦）知汜水》。石瑶，字邦秀，河北真定藁城人。成化二十三年丁未科进士，时为翰林院庶吉士。

作诗《送李士钦祭淮渎》。李士钦，名章，李贤子，河南南阳人，时任尚宝司卿。

作诗《送徐季止还南雍》。徐季止，名澄，徐源之弟，时为南京国子监生。

作诗《送吴禹畴副使还吴江觐省》。吴禹畴，名洪，苏州吴江人。成化十一年乙未科进士，与王鏊同年，时任贵州按察副使。

作诗《陈给事玉羞鳖见邀，雨不赴，以鳖见馈，作诗谢之》。陈玉汝，名陈璚，苏州长洲县人。成化十四年戊戌科进士，时任兵科给事中。后女儿嫁于王鏊次子延素。

作诗《送陈汇之正郎出知曹州》。陈汇之，名洵，浙江钱塘人。成化八年壬辰科进士，时任武选郎中。

作诗《送王允常佥事之广东》。王允常，名经，苏州长洲县人。成化八年壬辰科进士，时任大理寺评事。

作《文恪公与安隐公书》。王铭，号安隐。书中有“自闻延宠之讣，为之痛悼，不能已已，况为之父者乎”之句。

弘治二年己酉（1489）四十岁

预修宪宗实录，列馆分坐，义有未妥者。鏊率众争于时正当国者刘吉前。众无敢言者，唯鏊能直言不讳，辩论不已。刘文穆辞色俱厉，鏊不少屈。刘权势熏灼，不悦者率多挤贬。后知鏊清节无他，乃更为款好。久之，讲官缺，欲用鏊，鏊辞不能。文穆曰：“先生不能，谁其能者？”遂以鏊名进，充侍讲经筵官。

正月，与吴宽、陈璚、徐源、赵宽、秦瓛、陈章、沈庠等会于吴宽海月庵观灯，作联诗二首。

九月，聚吴宽宅秋宴，作《九月晦日玉延亭看菊》之诗。玉延，山药之名。玉延亭吴宽宅内之小筑，在京崇文街。

十月，与翰林诸公会与吴宽园林赏菊，参加者有王鏊、谢铎、李东阳、陈璚、林瀚、李杰、陆简及吴宽等。时在翰林诸公中，王鏊无论是年龄还是资历，均居于最后。

十二月，葬继配张夫人于东山嘶马坞，并亲撰墓志铭。

作诗《送冯原孝知扬州》。冯原孝，名忠，浙江慈溪人。成化十四年戊戌科进士，扬州知府。

作诗《送林教授致政闽中》。林智，字若愚，福建莆田人。正统十三年戊辰科中会试乙榜，苏州府学教授。

作诗《送陈进士恪知宿松》。陈恪，字克谨，浙江归安人。成化二十三年丁未科进士。

作诗《李学士释服诸公有诗趣入史馆因次》。李学士，即李东阳，字宾之，湖广茶陵人。天顺七年癸未科进士，时为翰林院侍讲学士，后与王鏊成为内阁同僚、同乡文字会周庚去世，作诗《哭原己次博庵》，有“菊本无田宁当俸，杏虽有子总成殇”之句。

同乡朱文中进士，移西郊，作诗“朱天昭始进士，主余家，至明年，移居西郊”诗。朱文，字天昭，成化二十年进士，官至云南按察司副使。后其次子希昭娶王鏊次女为妻。长子希周之女嫁王鏊第三子延陵。

同乡刘俶会试落第，作诗《送刘以初下第还常熟》，有“三年京邸不窥园，秋风独鹤看横骞”之句。

应太学生陈悦之邀，为之撰苏州卧龙街《陈氏祠堂碑》。陈悦，字宗理，苏州吴县人，府学生。

作诗《除夕三首》，有“明朝成四十，学道得蹉跎”等自谦句。

弘治三年庚戌（1490）四十一岁

二月，同考会试。

三月，以公事朝陵，游北京西山，作朝陵行游西山诸诗。

七月，作诗《徐詹端寿祠》以赠。

内阁芍药花开，集诸臣赏花，作《内阁赏芍药》四首。

同乡张学、任顺分知遂安与定海，作诗《送张时学知遂安，任叔顺知定海》。张学，字时学，苏州常熟人，由儒士授浙江遂安知县。任顺，字叔顺，奚浦人。成化七年举人，授知定海县。

作诗《送吴大章还宜兴》，吴龙，字大章，常州宜兴人。太师徐溥之妹夫，王鏊翰林院同僚吴俨之父。

同僚谢铎外任南京国子监祭酒，作诗《送谢祭酒之任南雍》，有“峻节高怀自可亲，两年史馆况为邻”之句。

同年周木还乡省亲，作诗《送周进士炯还常熟觐省》。周木，字近仁，苏州常熟人。成化十一年进士，时任吏部稽勋司郎中。

作诗《送表兄叶志通》，有“十年积相思，举此一杯酒”之句。叶志通，王鏊母叶氏兄弟之子。

与同邑在朝者吴宽、杨循吉交厚，诗书往来不绝。时杨君谦有归志，作诗相送。

赴朝陵，京宅小适园桃花忽开，有“朝陵欲去更迟迟”及“年年无酒只题诗”之句。

弘治四年辛亥（1491）四十二岁

八月，宪宗实录成，擢右春坊右谕德，侍讲经筵官。鏊每进讲，必分天理、人欲、君子、小人、治乱、得失，筵讲语重心长。宦官李广等导帝游后苑，左右无人敢劝阻。鏊以周文王不敢盘于游田规谏，孝宗为之醒悟，乃罢游西苑。作诗《白须叹》，有“我年三十九，白须有一茎。今年四十二，白者日益多”之句。

堂兄王钟、王钦病故，作《哭逊之、振之兄三首》以遥祭。

作诗《和蜀秫饭》《博庵因菜根之句复次前韵，和之》，有“若说菜根风味好，不我多有不须行”之句。

章纶谥恭毅，作《恭毅章公挽祠》。章纶，景泰时为礼部郎中，以谏事下狱棰死。英庙复辟，释之。成化未年加谥号，《宪宗实录》成，始给诰命。

撰《资善大夫太子太师赠荣国公谥恭靖姚广孝传》。

弘治五年壬子（1492）四十三岁

正月，同徐仲山朝祭，作《郊祀斋宫次仲山韵》之诗，有“九色绣旗斜晃日，两行银甲俨趋风”之句。

三月，参加陪祭长陵、献陵、景陵等帝陵，作《朝陵行》记之。又作《游京城西山三首》。

六月十八日，妻胡宜人生次子延素。

七月，鏊与吴宽同命为江南乡试主考官，行至龙江驿，有宦官蒋琮门客礼，欲通关节。时府尹樊莹、府丞冀绮均劝鏊不要得罪权要。鏊怒曰：“谁为权要？当今公道，惟科目一事，吾受命主试典文，所知者文字耳，余非所知也”。琮由是益恨之。

八月，在试场中，阅一卷不释手，意谓必祝允明也，取之优列，既而果然。喜曰：“吾不缪知人。”弟王铨避嫌不得入场，至南京相见。有吴鸣翰者，名士也，失解。鏊作《愧知说》以谢之。途经乡里，鏊与友人们流连数日。沈周作《沈石田送行图卷》，鏊作《过太湖》诗题于上，有“十年尘土面，一洗向清流。山与人相见，天将水共浮”之名句。作《杨柳青舟中见月》《过扬子江》、《场中初九夜有感》《归省过太湖》《宿迁别安隐兄》等壬子校文南畿诗十二首。

十月，作《应天乡试录序》，述参试者二千三百余人，中举一百三十五人。

十一月，撰东山陆孝子，鏊叔祖陆俊《静庵陆处士墓志铭》。

游洞庭西山，有《自西山归东洞庭》《阻风登西山龟山绝顶》《登缥缈峰》诸诗记之。

与吴宽、杨循吉诸公宴集酬和，诗筒往来不绝，作诗《赠杨群谦》，杨亦诗以《和答侍讲王济之》，有“贵门古难登，颜色不可忤”之句。是年，杨循吉致仕归。

白圻赴南京，作诗《送白主事辅之任南京》，白圻，字辅之，常州武进人。弘治进士，授南京户部主事。

同乡张安甫知祁州，作诗《送张汝勉知祁州》，有“场屋偶然窥制作，昆山信矣富璠与璠”之句。张安甫，字汝勉，苏州昆山人。弘治三年进士，为王鏊同考会试所取之士。

送薛金下第江阴、张叔亨御史按云南、夏操下第还江阴，均有诗纪之。

卧病家中，作《病间偶成》《纪梦》《病起》诸诗。

弘治六年癸丑（1493）四十四岁

二月，姜昂赴宁波，作诗《送姜太守改任宁波序》。姜昂，字恒兆，苏州太仓人。成化八年进士，浙江宁波知府。

三月，作诗《苦热》，有“今年旱太甚，万里云天赤”之句。

四月，毛纪归省，作《送毛检讨归省序》。毛纪，字维之，山东省莱掖人。成化二十三年进士，时为翰林院庶吉士。

五月，徐源之广东，作诗《送仲山之任广东参政》，有“十年送尽南归人，今日谁知还送君”之句。徐源，字仲山，吴县人。作诗《喜雨》《又一首》。

十二月十二日，从兄王钦（字逊之）卒，年六十二岁，葬东山蒋坞王氏祖茔，鏊为之撰墓志铭。

作《怀山诗》，有“四十挂朝帻”之句。鏊素薄官场，其时已有归田之意。

门生盛应期归娶，作诗《送进士盛应期归娶吴中》，有“建业秋风擢桂新”、“阙下杏花还属子”之句。盛应期，字思征，苏州吴江人。弘治六年进士，为王鏊所取举人。

刘春归省寿其祖母，作《送修撰刘君归省序》。刘春，字仁仲，重庆巴县人。成化二十三年进士，时为翰林院修编，与王鏊同僚。

游顺德翠微山，作诗《宿樊都尉翠微山庄》。樊都尉，即驸马樊凯，字大振，安阳大韩村人。

秋，大病两月，作《慎疾斋箴》以警之。

组织“同年会”，共九人，分韵赋诗，鏊为之序。其余八人：云间顾惟庸、锡山莫曰良、吴江叶文粹、宜兴宗廷威、云间朱汝承、昆山张济明、海虞周民则、翕县洪克毅。

撰洞庭西山徐震《静庵处士墓志铭》。徐震，鏊长婿徐缙之祖父。

弘治七年甲寅（1494）四十五岁

考满，进阶奉直大夫、右春坊右谕德。封父琬如其官，母叶氏诰赠宜人。妻吴氏、继室张氏皆追赠宜人。

三月，同年吴洪赴广东任职，作诗《送吴禹畴之任广东柬仲山》，有“流光转盼一十九”之句。吴洪，字禹畴，吴江人。成化十一年进士，与王鏊既同乡，又同年。

六月，南京太常寺卿陈音病卒于任，作祭文《祭陈太常音》。

七月，祭告孝陵，作诗《送周驸马祭告孝陵》。周景，字彰德，河南安阳人，尚英宗女重庆公主。

八月，聚吴宽宜晚轩，作《宜晚轩》《八月十六日夜，博庵携酒过宜晚轩》诸诗，有“月夕花朝送酒频，朱周李赵陆徐陈”之句。

十二月，吴宽继母王氏卒，吴宽归乡守制。

作书并篆刻祖父王惟道阡表，置于后山化龙池王氏祖茔。

西洞庭徐潮率子徐缙来学，鏊嘉其质秀而文，遂令他读书京邸，以长女妻之。

与王铨在京口分别，作诗《和秉之再到京口怀别时之作》，有“长江不断流古今，客子重游感岁时”之句。

翰林院同僚杨廷和得子，作诗《和杨侍读介夫得子》。杨廷和，字介夫，四川新都人。成化十四年进士，时任侍读。后与王鏊同内阁参机预。

作诗《送王懋伦佥事之蜀》。王敕，字懋伦，山东历城人。成化二十年一甲第三名，探花。时任翰林院编修。为王鏊同僚。

作《乡试同年会序》，其序云：“成化甲午南畿乡试同上者一百三十五人。今年为弘治甲寅，官京师者六人焉，三人者至自外，九人而已。”

作表碣《江西提刑按察使佥事杨君墓表》。杨君，即杨大荣，字崇仁，四川麻城人。天顺元年进士，官江西按察佥事。

同年张西铭卒，作祭文《同年祭张希载侍御》。张西铭，字希载，宁州人。与王鏊同登进士第，监察御史。

作《文恪公与秉之公书》，其书云：“山前所置田，日后不识如何？如可，再置几亩；如不可，亦须还之”等句。

弘治八年乙卯（1495）四十六岁

三月，升侍读学士。徐文靖公荐鏊历任年深，学问老成，故命鏊寻充日讲官。进讲。

五月，作诗《内阁赏芍药四首》，其序有“时阁老义兴徐公、洛阳刘公、长沙李公”。

作诗《沈石田寄太湖图》。有“眼中觉我无云梦，胸次知君有太湖”之句。

黄河治水功成，作《黄陵冈水神祠记》与《安平镇治水功完之碑》。其记云：“弘治二年河决张秋，漕道坏，华容刘公大夏以都察院右都御史奉命治之。”

王恕寿八十八岁，作诗《冢宰三原王公寿祠》，有“刚度人间八十秋”之句。

作诗《和周少宰伯常得孙》。周经，字伯常，天顺四年进士，时任吏部左侍郎。

学生李承芳谢病归，作诗《送李茂卿大理还嘉鱼》赠之，并为之作《黄公山钓台记》。

陪郊祭，作诗《郊祀斋宫次仲山交韵》。

作《荣禄大夫南京兵部尚书薛公神道碑》文。薛远，字继远，广东琼山县人。宣德七年进士，南京兵部尚书。卒年八十三岁。

弘治九年丙辰（1496）四十七岁

二月，被命为与大学士谢迁主考会试。作《会试录后序》，云：“两畿十三省，录取进士三百人。”又作《丙辰进士同年会序》。

闰三月，被命与张昇教庶吉士。张昇，字启昭，江西建昌城南人。成化五年一甲一名，状元，时任詹事府侍读学士。

四月，皇太子将出阁，马文升上疏请慎选官僚。徐溥等十二人上闻。上乃命王鏊以会读学士兼左谕德。

作诗《赠彭都指挥督饷南还》。彭清，字源洁，陕西榆林人。好谋而有勇略，时任绥德卫指挥使。

倪岳赴南京任吏部尚书，作“送倪尚书之南京”。延喆年十三岁，从吴宽学。作诗《延喆初就外传》。

作诗《题手植树》《长安新堤成》《内阁赏芍药二首》，有“春归禁地偏应早，花到今年分外奇”之句。

作诗《送王参政还河南》。王参政，即王珣，字德润，山东曹县人。成化五年进士，时为浙江湖州知府。

作诗《送杨应宁副使还秦中》，有“关中夫子今谁是，金銮殿畔频年别”之句。杨一清，字应宁，镇江府丹徒人。官至内阁首辅，时提学陕西。

季子王延陵岳父，同邑朱希周（字懋尚，号玉峰）考中状元，授翰林院撰修。

同乡友人东山花墙门严经赴京参加会试，鏊择优录取进士，后官至河南彰德知府。

在翰林有暇，读《大观本草》，知药忌群队，手自抄录，著成《古单方》一书，自为之序，又刻印于世。

父王琬修《莫厘王氏家谱》成，十一月，鏊代父作序，即《光化公家谱旧序》，该序全文收录《震泽编》中。千七将军王惇（又名武德将军）从南宋建炎间迁居太湖东山，至琬已传至九代，东山王氏首修家谱。

弘治十年丁巳（1497）四十八岁

正月，作《赠伍方伯序》。伍方伯，即伍渊，字孟贤，吉安字福人。天顺八年进士，广西布政使。

三月，孝宗敕令修大明会典，由大学士徐溥任总裁，王鏊任副总裁。弘治十五年修成，正德四年由李东阳重核刻印，总计一百八十卷。嘉靖时续修，万历时重修刊印，此即今通用的二百二十八卷本。

五六月间，吴宽服阕还京。

作诗《经筵次林祭酒韵》，其序云：“国朝经筵之开，月二、三旬之二是也。然孟夏朔，有事太庙，次日辄从免。弘治十年四月，太庙飨，罢，有旨改是月之三日，至日，又改四日。盖圣学之勤，不以事而辍也。是日，鏊與林同讲。林有诗，次其韵。”

作《赠御史王君序》。王君，即王和，字以节，永平迁安人。成化十四年进士，监察御史。

诏建州治于太仓，作《太仓州新建城楼记》。

长子延喆始冠，就学于吴宽西塾，作《延喆初就外传》。

沈周为王鏊《洞庭东西两山赋》为图并志识。

为少傅兼太子太傅、礼部尚书徐溥作《赠少傅徐公序》。

弘治十一年戊午（1498）四十九岁

三月，皇太子出阁讲学。凡东宫年八岁，即出阁讲学。

七月，父琬八十辰寿，鏊欲请归上寿，因被兹新命，未如愿。于是请馆阁诸公赋诗颂祝。李东阳、谢迁、杨廷和等为之作诗，文盈卷轴。

长婿徐缙中顺天乡试举人，复献寿于山，乡里荣之。

十月，宦官李广败，赃贿狼藉，大臣多被牵连，鏊绝无一迹。

作《武昌忠孝庙碑》文。武昌忠孝庙，祀吴司空孟孝感与岳飞。弘治三年由王恩、牟道始建。

作《夏忠靖公传》。夏忠靖，即户部尚书夏原吉，弘治十一年苏州阊门立祠祀周忱、夏原吉。

聚友人吴宽京宅共月庵，作《和蜀饭》及《菜根诗和之》。

吴宽作诗《和济之次玉汝过饮园居韵》《读济之撰贡士顾伯谦墓志铭》。顾伯谦，顾佐长子，字有终。弘治十年卒于家，年仅三十五岁。

谢铎作书《复王济之》，有“青宫元僚，培植国本”之赞。

弘治十二年己未（1499）五十岁

正月，加封父琬为中宪大夫詹事府少詹事翰林院侍读学士，母叶氏诰赠恭人。

鏊欲乞归省，大臣皆曰：“日讲官安可去左右？”至十月辍讲，赐白金一锭，驰驿以归，仍命亟来供职。

作序《送洗马梁君使交南序》。梁君，即梁储，字叔顾，顺德人。成化十四年进士，时任司经局洗马，侍东宫读讲。

三月，为殿试读卷官，同试官有大学士刘健等。

作跋《跋叶文庄公手书》。叶文庄，即叶盛，鏊登第，已去世。

作《送福建按察副使刘君序》。刘君，即刘丙，字文焕，江西安福人。成化二十三年进士，为王鏊同考会试所取之士。

十月，乞省亲老归于吴。南归途中，作诗《己未岁南归至德州口占》《过西洞庭徐氏》《饮徐氏新楼》《登缥缈峰》《林屋洞次傅水部韵》《自西山归东洞庭》等。

东山槎湾贺元忠之子贺泰中进士，擢南京刑部郎中，后升广东布政使，鏊在京庆贺。

门生唐寅以科场案被累下狱，鏊在京参与营救，后经吴宽等大臣相救得以获出，远游外地。好友主考程敏政受连下狱，旋归卒。

杨禄卒，作表碣《石田杨君墓表》。杨禄，号石田，杨名甫之父。

作《知永年县致仕尤君墓表》。尤淳，字公厚，吴县人。景泰四年举人，广平府永年知县，卒于弘治己未七月，春秋七十有八。

吴宽作诗《中秋夜偶过济之，忽乡数辈至，遂成良会，济之有诗次其韵》，有“晚凉东巷偶相遇，小适园中奈近何”之句。

吴宽作《济之归省》。其诗有“冰花欲洁路河湾，驿棹南行未许闲”之句。

杨一清作诗《送王詹事守溪先生归省》。有“十月承恩故里回，春风旋复待公来”之句。

弘治十三年庚申（1500）五十一岁

归省居家期间，游览吴城诸山及寺庙，作诗《游吴城西诸山》《天平》《金山》《望阳山》《一云》《南峰》《登万寿寺佛阁》诸诗。

作说《森甥字说》。其说云：“予妹归南濠叶元在氏，有子甫二岁，问名于予。予为名曰：‘森。’”

北归途中，作诗《焦山》《甘露寺》《金山》《饮德州郑主事分司园亭》。郑主事，即郑洪，直隶大兴人。户部主事。

五月，还朝复任。进吏部右侍郎，仍兼日讲官。时吏部缺员，内旨欲文学纯正、操履端方者。山西韩公尚部事，以鏊名进，且曰：“王公与张寿宁旧有连，既贵，而绝不与通，其端方可知也。”故有是命。

作《送南京吏部尚书林先生序》。林先生，即林瀚，王鏊翰林院同僚，时任吏部左侍郎。

作诗《送王尚书之南京户部》。王轼，字用敬，湖广荆州公安人。天顺八年进士，大理寺卿。

在朝建“五同会”，即：同时、同乡、同朝、同志、同道。有都御史长洲陈玉汝、礼部侍郎常熟李世贤、太仆寺卿吴江吴禹畴、古吴吏部左侍郎王济之和吏部右侍郎吴宽等五人，王鏊、吴宽均为《五同会图卷》作序。

同倪岳、吴宽、韩文等大臣朝祭东陵，有《庚申至有事于东陵，倪冢宰、吴、韩两少宰俱有诗赠行，和之》。

倡建无锡东皇山吴太伯庙，作碑《无锡县太伯庙碑》。

兵部尚书刘大夏以疾归湘之华容，作《赠刘司马时雍》相送。

作后语《文恪公家谱后语》。

吴俨作诗《次守溪少宰夜饮韵》，有“妙句曾题郦曼容，至今什袭未开封”之句。

弘治十四年辛酉（1501）五十二岁

时北虏入寇，震惊朝廷。鏊上奏边议八事（御虏方略）：一曰定庙算，二曰重主将，三曰严法令，四曰恤边民，五曰广召募，六曰用隙，七曰分兵，八曰出奇。议论切中要害，被朝廷采纳。全文收录《明经史文编》卷一百二十。

参加朝廷庆成宴，作诗《庆成宴二首》，有“积雪先春早应祥”“年年正月纪王春”之句。

是岁，父琬治第苏州西城，鏊书切谏勿高大华侈。故西城旧第，一仍古朴之风焉。

长子延喆归吴，时十九岁。多所兴殖，数年间致产不赀。

至吴宽海月庵观灯，作诗《海月庵观灯》，有“时开王月春犹浅，会在公家岁独多”之句。

七月，同韩文等大臣奉命朝祭，作诗《孟秋夜，陪祭太庙，值雨，礼成趋出，门且闭，归途水几没膝。是夜惟予与谢亚卿同之》。

作诗《中元朝陵值雨，已而开霁，次倪、韩二长官》。倪、韩二长官，即尚书倪岳、侍郎韩文。

阁臣尹旻八十辰寿，作《尹冢宰寿词》二首。

作《壮节录后序》，箴名《壮节祠铭》。其序云：“弘治庚申四月，诏作庙于香山之阳以祀故崇安侯谭公。”

作诗《顾都宪书屋》，有“淮之水，去悠悠，君家正在淮水头”之句。顾佐，字良弼，吴县人。成化五年进士，时任都察院右副都御史。

作《无锡县太伯庙碑》，其碑云："无锡之板村有丘隆焉，《相传》曰：太伯之墓也。弘治十三年，南昌姜侯文魁来知无锡，期年庙成，姜侯请予文于碑以示后世。"

西山徐潮卒，作志铭《承事郎徐君墓志铭》。徐潮，即王鏊长婿徐缙之父。

游祭酒谢铎浙江"方岩书院"，作诗《奉和谢氏三亭之韵》。

弘治十五年壬戌（1502）五十三岁

是年会试，鏊被任命为知贡举官（主考官），阅鲁铎卷，亟称之，吴宽取为第一。鲁铎，字振之，湖广景陵人。

作制《赠太子少保南京礼部尚书谢绶诰文》。谢绶，字惟章，江西临州龙冈人。景泰五年进士。卒时为礼部尚书。

秋日雨雪中斋居，作诗《秋日斋居值雨，已而大雪，呈韩亚卿二首》《韩见和复次韵》《送韩亚卿谒陵》。韩亚卿，即韩文。

内寺萧敬方招权用事，鏊议论激切，中有"佞幸用事，功赏倒置"之语，萧曰："此为我也。"遂尼不行。然其后建置，多采鏊疏语。敬尝轮款于鏊，鏊谢不往。敬乃曰："王公自能结知主上，何以我辈为？"盖憾之也。

作诗《奉和屠侍郎元勋谒陵》。屠勋，字元勋，嘉兴海盐人。成化五年进士，刑部左侍郎。

作《赠知六安州马大夫序》。马大夫，即马骢，吏部尚书马文升之子。时任六安州知州。

父琬八十四岁生诞，沈周持菊画并赋诗相贺。

鏊与沈周泛舟京口，沈作《京江雪后》图，鏊在其图上题字。

弟王铨（字秉之）在水东（今临湖镇塘桥）筑"且适园"，内建东望楼。鏊撰《且适园记》《东望楼记》。

是年京城九月下雪，是吉是凶，作诗《壬戌九月》，有"巫咸去已远，那辨凶与吉"之忧。

弘治十六年癸亥（1503）五十四岁

二月八日，受遣朝廷祭祀用牲事，作诗《癸亥岁二月八日看牲》并有序记之。

游京师西郊，作诗《游功德寺》《香山》《登毗卢阁》等。

三月，父琬卒于家，享年八十五岁。鏊闻讣，归家奔丧。

作诗《和秉之得子》《游太湖》《赠横山人王清》《洞庭新居成》等。

秉之塘桥筑且适园成，作诗《和秉之塘桥郊居自适之韵》。诗中有“生耕且读，以适吾志”之句。

游能仁寺，作诗《王侍御应爵访余兄弟于山中同宿能仁寺，寺在山之长圻》（与王铨、王俸联）。王俸，字应爵，弘治三年进士，时任监察御史。

作记《吴县修和丰仓记》。其记云：“弘治壬戌，辽阳孙侯伯坚来知县事……和丰之月字廒灾重建，始于五月日，至十月功焉”。

作行状《光禄大夫柱国太子太傅刑部尚书谥康敏白公行状》。白公，即白昂，字廷仪，武进采菱港人。天顺元年进士，刑部尚书。

九月九日，撰长洲县赵同鲁《赵处士墓表》。

文徵明、徐祯卿至东山看望鏊，并作游洞庭唱和诗，经整理后刻成《太湖新录》。

太湖冰冻，洞庭柑橘尽毙，作诗《橘荒叹》，有“我行洞庭野，万木皆葳蕤”之句。

与胞弟王铨苏城楼观灯，有《次韵秉之莲花灯》《次韵秉之咏走马灯》纪之。

弘治十七年甲子（1504）五十五岁

正月，与弟秉之游石湖，作联句《石湖阻冰联句》（与王铨）。有“况当阳胡辰，正值春王月”之句。

居忧吴城新第。著《震泽编》成。南峰杨循吉为之序，有“生贤本以资世，而山水亦若自托焉”等语。

五月，朝廷因灾异求直言，大学士谢迁引过求退，且言当今负公辅之望者，惟礼部尚书吴宽，吏部侍郎王鏊两人，乞以臣位授之二人，则灾异可消，太平可致。时论既称谢公之能荐贤为国，又叹美二公之不负所荐云。

七月十日，好友“五同会”成员，礼部尚书吴宽谢世，鏊悲从中来，有诗悼之。宽卒赠太子太保，谥文定。

八月，重修《姑苏志》成，郡守林俟所嘱也。同修有祝允明、文徵明、浦应祥、朱存理、邢参、蔡羽、杜启等七人，鏊任主编，并为之作序。该志采用纲目体。《四库全书总目提要》评该志“繁简得中，考核精当”。

十月，作《贵州按察司副使陈公使墓志铭》。陈公，即陈琦，字粹之，吴县人。

唐寅陪鏊游洞庭西山，鏊在林屋洞摩崖题“天下第九洞”和“伟观”。

李承箕作书《奉守溪王先生》，其书云：“先史灵筵，伏辱吊仪；墓道之碑，又承心许；哀感至交，又承手示。”

弘治十八年乙丑（1505年）五十六岁

五月，服阕。上崩，皇太子朱厚照即位，是为武宗。国君、家父两丧，鏊甚为哀节。作诗《孝宗皇帝挽章二首》，有：“宽仁延二纪，兵甲偃三垂。问膳长秋数，求衣昧爽迟”之赞。

游平岭偃月岗，作诗《过故状元施宗铭坟》。施槃，字宗铭，东山金塔河人。明正统四年状元。

游灵岩、天平诸山，作诗《山行三首》（《天平》《灵岩玩月》《灵岩怀古》）。

与李旻、朱文游虎丘，作诗《游虎丘二首》。有“少卿李旻、宪副朱文来游，诸生唐寅等从游”等语。

作诗《题月桂赠邵节夫进士》。邵天和，字节夫，江苏宜兴人。弘治十八年进士，时任事科给事中。

三女病愈，作联句《喜邵氏女病愈》（与王铨联）。王铨诗中有“儿女爱诚深，无伦情不薄”之句。

作联句《秉之女端仪将归范氏，因联诗以纪之》。

十一月，吴宽葬吴之花园山，撰《礼部尚书兼翰林院学士赠太子太保谥文定吴公神道碑》。

十二月，被命充《孝宗实录》副总裁。

作东山俞坞《兴福寺山居记》。前成化十六年吴宽曾作《兴福寺记》，后嘉靖二十八年，文徵明又撰兴福寺《重建慧云堂记》。

重游洞庭西山，作《法华寺记游石刻》并书，后朱怀德镌于摩崖。
门生祝允明、文徵明陪游莲花寺，作《折莲花诗》诸诗。
长婿徐缙中进士，选庶吉士，授翰林院编修，充经筵讲官，后官至吏部左侍郎，尚书。卒赐葬，谥文敏。

明武宗正德元年丙寅（1505年）五十七岁

二月，重修《姑苏志》成，为之作序。其序云："郡守林侯所属也。同修者祝允明等七人。阅八月而成。"
唐寅作《王鏊出山图》，后又名《王公拜相图》，并在图卷上题诗，张凤翼题跋。其图为唐伯虎画中精品，现藏于北京故宫博物院。
北归途中，唐寅陪鏊游歌风台，作《歌风台图》，鏊题诗以图轴。
四月，回朝升吏部左侍郎。
五月，陪同驸马都尉林岳祭皇陵，作诗《五月七日陪祀陵二首》。
七月十七日，妻子胡宜人生一子，即王延陵，为王鏊第三子。
八月，进阶通议大夫，父追赠如其官，母赠淑人。亡妻吴夫人、张夫人浩加赠淑人。
九月，武宗召至左顺门，赐金带一束。
十月，时武宗居丧，受内侍马永成等八人导为游乐。大学士刘健、谢迁、李东阳连章上疏请诛之，留中不发。鏊乃与户部尚书韩文议率九卿伏阙上疏。武宗始悟复悔。旋变，乃以刘瑾掌司礼监，揽大权。刘健、谢迁、韩文等先后去，内阁缺员，鏊以吏部左侍郎兼翰林院学士与焦芳同时入阁供事。
十二月，升户部尚书、文渊阁大学士、国史总裁、同知经筵事。
景泰汪妃卒于外邸，时朝疑其体，鏊仗言，妃废不以罪，当追复故号，葬以妃，祭以后，获得了朝廷的允许。
废皇后吴氏亡，刘谨密不发丧，且要将其焚之以灭迹。鏊据理力争，吴后才得以礼葬。
谢迁作诗《和答王守溪少傅》《又一首》，有"乞身讵嫌早""久与俗驾辞""金兰邈何许""望望长相思"之句。
费宏作诗《和守溪韵送史少参文鉴之蜀》。史学，字文鉴，江苏溧阳人。成化二十三年进士，为王鏊同考会试所取之士。

正德二年丁卯（1506）五十八岁

正月，朝廷恩赐玉带一束，麒麟苎纱罗各一袭。作诗《恩赐玉带麒麟服》。

时刘瑾大权独揽，焦芳与之相倚为奸。鏊与李东阳弥缝补救。瑾创立荷校枷号之法，崔璿、姚祥、张玮被枷几死，赖鏊与李东阳救得之免。

作《论言官得罪疏》。其疏云："近者言官不识大体，进言失次，致陛下震怒，相随下狱。朝臣疏惧，莫知所为。"后因事未奏。

八月，遣祭先师孔子。曲阜重修颜子庙，复奉命撰《重修颜子庙》碑文。其碑云："曲阜故有庙，其地即所谓陋巷者。岁久圮坏，过者兴嗟。"

十一月，通鉴总类成，朝廷赐白金文银。

奉命往景陵题汪后神主。作《景皇后尊谥敕》《代礼部上景皇后尊号议》《遣祭景皇后文》，作诗《十一月廿七日被诏有事景陵归途作》。

作诗《文渊阁独坐怀秉之》，有"何日诏许归田里，弟劝兄酬一解颜"之句。

敕升少傅兼太子太傅，武英殿大学士，尚书仍旧。追封曾祖、祖、父三代祖考如官，祖妣和故妻赠一品夫人。

"五同会"好友，姻亲陈璚葬隆池山，撰《南京都察院左副都御史陈公墓志铭》。

撰桐庐俞盖《郧阳知府赞治尹俞公墓志铭》。

李东阳作《跋王守溪所藏古墨林卷》。其跋云："古墨林一卷，守溪先生所藏也。"

祝允明作《上阁老座主太原王相公书》，有"正德二年正月十日，门生祝允明谨斋洁具焚沐百拜献于端揆恩门尊先生大人钧墀下"之句。

正德三年戊辰（1508）五十九岁

二月，任命会试主考官，大学士梁储为副。开考那天，试院大门已上锁，刘瑾派人送来五十人名单要鏊录取。鏊以名额有限婉拒之，刘谨假借皇帝名义，是科又增加五十个进士名额，鏊无奈，只得录取。作《会试录序》，就试者三千八百八十余人，预选者三百五十人。

会试以陕西吕柟为第六，引起修撰康海不满。吕柟，字仲木，陕西高陵人。

正德三年廷试状元。

作《太子太保吏部尚书赠特进光禄大夫左柱国太师谥端毅王公墓志铭》。王公，即王恕，卒谥端毅。

作奏疏《荫子入监》。五月，荫次子王延素为国子生。朝廷恩赐蟒衣三袭，妇女一口。

三月十日，唐寅应文徵明邀，为其《天平山图》题词，忆及五年前陪先生王鏊游西山林屋洞情景，追作《林屋洞图》。

作《封孺人徐氏墓志铭》。徐氏，即陈霁之母。长洲县人，卒于正德三年五月八日。

鏊在翰林多次主试乡、会试，凡刻程文录，四方士子皆传诵之，称为时文。他为考生作的八股文示范文章《百姓足，孰与不足？》一文，被选入《名家状元八股文》。

正德四年己巳（1509）六十岁

正月初三日，郊祀，鏊为分献官，明日享皇家盛宴。作诗《己巳正月十三日夜分献星辰二坛作》《十四日成庆宴上作》二首。

四日，兄王铭（字定之）卒，年六十七岁。鏊为之撰寿藏铭，十二月二十日葬于蒋坞王氏祖茔。

二月，宦官刘瑾盗权，大肆杀戮忠良，尚书韩文被逐。郎中张炜、副使姚祥、尚书崔睿被逮，枷械东西长安街及张家湾。鏊对瑾曰：“士大夫可杀不可辱，今既辱之，又杀之，吾有何颜立于此？”三人得以释。

刘瑾怒尚书韩文，欲置之于死地，朝廷无敢言者。鏊仗言曰：“韩公清德粹行，海内所知，今无故加罪，恐天不服。”韩遂得救。

刘瑾欲因事逮已去职的大学士谢迁、刘健，谋加害之，鏊同内阁大学士李东阳齐力救之，谢、刘未遇害。

刘瑾恶兵部尚书刘大复，逮至京以其激变土官岑氏，内阁焦芳亦投石下井，与刘瑾勾结，坐以激变地方罪处死。鏊曰：“今地方如故，何名激变？”李东阳亦救之，刘大夏得免死，改戍肃州。

杨一清在弘治朝受命总制三边军务，刘瑾诬陷其劳民伤财，将他逮至锦衣卫狱，必欲杀之。鏊力争曰：“一清为国修边，安得以功为罪？”李东阳更竭力营救，一清才得以免死。

三月，初乞病归，上召旨勉留，遣太医吴某，内侍某相继至视疾。赐白粲黄封羊豕嘉蔬等物慰之。复疏乞归，复降旨诏留慰勉，遣中官问候，赐衣一套。疏三上，情词益切，乃得旨赐归，诏驰驿还乡。

四月，以《明孝宗实录》成，赏银、苎丝罗、鞍马。

五月，上疏辞朝东归。作《己巳五月东归诗三首》，有“莫把功名更问天，一朝阙下赋归田”“家住东山归去来，十年波浪与尘埃”等句。抵家复有《乐全说》等篇。

七月三十日，致仕归山，闻沈周病重，急遣书问候。沈周答书云：“勇退归来说宰公，此机超出万人中，门前车马多如海，那有心情问病翁。”字墨惨淡，遂为绝笔，两天后的八月二日，沈周病逝于相城。

八月十七日，诗《六十初度，自寿四首》，序：正德己巳八月十七日，予六十初度之辰。时归自内阁，醉填四词。

九月十六日，鏊与唐寅、徐祯卿、师邵、卢襄一起乘舟行十二小时，经太湖口至相城，凭吊沈周故居。夜宿陈宗让校书宅。唐寅作《野望悯言图卷》，鏊题诗《行次相城有感》。

十月，与王铨、唐寅游尧峰寺，饮于王铨远喧堂，作诗《晚渡白洋湾》《宿尧峰寺》，作联句《十月九日登尧峰，宿僧房，时秉之并解元子畏皆从。翌日至管渎，登舟赴东庄，舟人迷路，入更乃至，舟中联句得二十二韵》（与王铨、唐寅联）、《次日阻风仍饮远喧堂》（与王铨、唐寅联）。

冬，与王铨饮于范文英竹园，作诗《过范氏近竹园》。范文英，王铨之婿，家城东临顿里，有竹千竿，建亭曰“近竹”。

游东山华严寺、兴福寺、作诗《宿华严寺》《赠勤上人》，作记《兴福寺山居记》。有“少小来游今白发，几回欲去更盘桓”之句。

十二月，与蔡羽、王铨游林屋洞、石蛇山。作诗《再游林屋洞》《次韵蔡九逵投赠》，作题跋《跋蔡九逵石蛇山记》。

游洞庭西山法华寺，访横山王德元。作诗《宿法华寺》《坐法华寺后石上望横山，人家历历可数，寄王德元》《访德元》等。

作《高真堂记》《恩忍堂记》《吴兴闵氏重修先茔记》。高真堂，在陆巷嵩夏。恩忍堂，在江西婺源。闵氏，即刑部尚书闵珪。

正德五年庚午（1510）六十一岁

正月，与王铨、蔡羽饮于城中。作联句《春阴》（与王铨、蔡羽联），有“相国停轩处，寻贤集饮中”之句。

与王铨、徐源、沈杰往越来溪卢纲家作客。作诗《寄隐者》《越来溪怀古》《宿秀芝堂留别师邵、师陈二首》。

陈霁来访山中，同吊施槃之墓。作联句《宿弥勒寺》《东冈宴集》（与陈霁、王铨联）。

作诗《贞甫大参立二石于庭，邀予赋之》（《垂云》、《漏雪》）。

夏，养病山中。作诗《病中五适》，有（《蒲墩》《竹夫人》《曲几》《希帏》《布被》）。

八月，刘瑾伏诛。安化王反，杨一清计授监军张永，密奏武宗刘瑾之罪。一说在幕后为其出谋划策者，系东山人叶良辅。良辅，字国宾，光禄寺署丞，与张永友善。

是年，纂修《明孝宗实录》成。英国公张懋上其事，班赏有差。朝廷赐白金五十两，苎纱罗六表裹，鞍马一匹副，于私第受，上疏谢恩。

八月，鏊六十岁诞辰，吴中名士和乡之士大夫雅集于东山庆贺。鏊填近体乐府自寿，又作《拙叟自赞》词，唐寅、祝允明、文徵明等均有诗致贺，遂成巨轴。

侄子延学在陆巷筑从适园成，鏊撰《从适园记》，并作承徽楼诗及序。

十一月，右副都御史林俊上疏言宜召用先朝旧臣，如王鏊等，不纳。

与贺元忠、施凤、王鎜、陆均昂、叶明善、王铨六老结社，名“五老会”，约年年相会。作诗《次韵贺宪法副泽民会老诗》。

作《封太安人杨氏墓志铭》。杨氏，昆山顾鼎丞之母。

作《巡检李祯像赞》。其赞云：“正德五年，吴下大水，饥殍载途。有司奉命检灾赈饥而往往旁缘为利。”

十二月，兄王铭（字警之）卒，葬蒋坞之先茔，为之撰《伯兄警之墓铭》。

李东阳作书《与王守溪书》。

正德六年辛未（1511）六十二岁

正月，与唐寅、王山椿、任之藩、祖与之等至虎丘观剑池水涸，谒阖闾幽宫，同时摩崖刻石于剑池东壁。

作诗《春日山行三首》，有“暖风迟日近清明”之句。

朱文卒，作志铭《中宪大夫云南按察副使致仕朱公墓志铭》。朱公，即朱文，字天昭。

前山筑新宅，诗《洞庭新居成》。山人称之为阁老厅，或名王衙门前。其宅规模颇狭，仅相当于中人之家。新建厅事，柱下获一瓮，有钱曰太平，喜而口占一诗。云“一钱清白承先哲。”又云：“天赐不多良自贺。”鏊自归田后，不乐居城市，且不忘故土之思，故有此建置。

闵珪卒，葬横山之原，为其作《光禄大夫柱国少保太子太保刑部尚书闵公墓志铭》。

作《去思赋并序》《吊阖闾赋》。

族兄王钦、王钟病卒，作《哭逊之、振之》两仲兄悼诗三首。

夏，文徵明陪鏊游苏州西园。

徐祯卿病故，年仅三十三岁，鏊有诗悼之。

与秉之、严经、施凤同游法海寺，循平岭陡步杨家坞，还饮偃月岗，有诸诗记之。重到宜兴。作诗《重到宜兴》《宿毗陵驿》。与韩文有书信往来，作诗《与韩尚书》。

正德七年壬申（1512）六十三岁

春，与王铨访施凤于偃月岗，同游栲栳墩。作诗《栲栳墩》《游湖》，联句《偃月池落花》（与王铨、施凤联），词《过太湖》。

长子延喆在苏州西城筑燕喜堂，规制稍逊，类中人之家，鏊遂入居之。后卒老于其宅。

作《槃谷赋》《待隐园赋》。待隐园，乃京口杨一清之宅也。

往瓜泾访徐澄、徐源兄弟，作诗《访徐季止于瓜泾》《襟带江湖楼为仲山都宪作》，作《醉中联句》（与杜启、徐源、徐澄、陈怡联）。

秉之筑东望楼成。作诗《题秉之塘桥新楼》，作《东望楼记》。

与徐源、唐寅等游城西阳山、天池山，作诗《登阳山大石》《游天池山和仲山韵》，《阳山大石联句》（与唐寅联）。

与卢襄游天平山、灵岩山，作诗《登龙门次师陈韵》《灵岩山》。

官军败贼于狼山，先是群盗泛舟东下，有窥吴会之势，吴中居民多入山避祸。贼败，始复安堵。

八月，作“六十三初”自寿诗，有“古来富贵谁长保？早是抽身好”句。杨南峰循吉赠乐府诗为寿，鏊和之，有“玉堂近日无宣召，且自山中卧得牢”之句。

《春秋词命》成，并自为之序。

秋，与王铨同游太湖，登猫鼠山。作联句《游湖》《是日遂登猫鼠山》（与王铨联）。

题荥阳桥头郑氏钟秀楼、知乐亭。东山郑氏，南宋神宗驸马郑钊后裔，多文士、贤达。

吴县筑尧峰山佛殿，为之作记。

十二月，沈周遗骨安葬相城西牒字圩之原，撰《沈石田先生墓志铭》。

文徵明作书《上守溪先生书》。

正德八年癸酉（1513）六十四岁

春，在东山前山复筑真适园，弟铨则作且适园。作记《且适园记》。阁老厅后筑占地五亩之“真适园”，园内广植花果柑橘，凿池蓄鱼。为之语曰：“五亩园林，敢慕温公之独乐。十年廊庙，曾怀范老之先忧。”

王铨以贡北上，作联句《秉之以贡北上，饯之虎丘》（与范文英、王铨、王鏐联）。著《广隽》《震泽纪闻》成。

正月十日，青天而雷。二月十二日，大雪盈尺，后雨雪连绵。鏊江湖雨雪之忧，有诗记之。

六月十九日，酷热，避暑偃月岗，有《莫厘峰》《法海坞》《偃月岗》诸诗纪之。

六月，有客过，赞胡太守惠政。作诗“予伏林下，睹闾阎之疾苦，悯征求之繁多，伤循吏难作也，每以为叹。癸酉六月，客有过予，淡及海虞胡令之政者，为赋诗。”

作《通州重建狼山庙门记》。其记云：“上乃命都御史陆完、彭泽节制山东河南诸军，且调沿边健卒，屡与贼战，贼始北奔溃。”

作诗《云间曹宪副时中梦予抱病，作诗见及》，有“可惜中兴天下计，独留忠鲠老东吴”之句。

游邓尉、天平诸山，作诗《过邓尉山天真上人新开禅院》《有约登天平绝顶者，行至龙门力惫而止》《天平范氏坟》。

胞弟秉之复构园于湖水之东，鏊名之曰且适，并为之作纪。其略云：予世无所好，独观山水园林花竹鱼鸟乐也。昔在京师，作园曰且适。既告归，作园又曰真适。盖自是始足吾好焉耳。且适云者，由山入城，往来之所必经，且于此观游而乐之者也。

偕友人秉忠、道卿、鸣阳游南湖，有《癸酉初夏重为南湖之游》诗记之。

文徵明、蔡羽乡试落第，作诗《次韵征明失解兼柬九逵》。

撰东山梁朝古刹兴福寺《勤上人塔铭》。

东山西泾乡贡进士吴文之母万氏卒，为之撰墓志铭。

妹叶元夫人人卒，作《亡妹叶元在室人墓志铭》。其子叶森三月八日葬母于横山西仓坞。

正德九年甲戌（1514）六十五岁

正月，靳贵入阁。王鏊翰林院同僚，后鏊四女妙隆适靳贵子懋仁。

二月十二日，雷雪交加，作《甲戌春偶成》《二月十二日雪》诸诗，怀江湖廊庙之忧。

东山北望人黄训中进士，官兵部郎中。是年病卒，有临终却千金之举，鏊作诗赞之。

始与邵天锡有诗书往来，并与邵天锡游象鼻岭，作诗《与宜兴邵天锡小饮象鼻岭》。约是此年三女善庆适邵天锡之子邵鸾。

往昆山朱氏行神礼，作诗《至太仓欲观海不遂》《舟中望昆山》《还至维亭》。

六月，避暑偃月岗施风处，作诗《六月十九日避暑偃月冈》《东山图寄同年谢少傅》。偃月岗，在平岭，施风居处。谢少傅，即谢迁。

八月，为文徵明书作诗五首，分别为《泛南湖饮湖心亭》《游治平寺登吴王郊台》《雨登昆山，雨阻还至夷亭》等。

与谢琛登阳山，游西洞庭山，作诗《与谢宪副德温游阳山箭缺至半山寺而止》。谢琛，字德温，弘治十二年进士，苏松兵备副使。

作诗《奉次杨、靳二阁老见寿之韵》。杨、靳二阁老，即杨一清与靳贵，时二人均为阁臣。

游西洞庭遇雨，作诗《将游毛公坛宿包山寺，明日雨不克至》。毛公坛、包山寺均为西山古迹。

作说《澹庵说》。其说云："歙之潜州有人焉，春秋八十，而有童孺子之色。"

题东山著名古迹"柳毅井"隶书三字。

正德十年乙亥（1515）六十六岁

正月十日，作诗《乙亥新正十日过陈湖二绝》。陈湖，又名澹台湖，在太湖之东。此指与陈璠之子陈侯游。

与王铨饮于怡老园，作联句《怡老园宴集》（与王铨联）。有"弱柳受风低岸绿，红梅得雨压枝肥"之句。

三月，庭前柏有奇观，作诗《三月六日庭前柏树有露如脂，其味如饴，或曰甘露，或曰非也，作诗纪之》。

与蔡羽畅游西洞庭湖中诸山，作诗《和九逵见招山行》《消夏湾》《明月湾石板》《石公山石洞》《石公山试剑石》《石公山》《林屋洞口古井》《徐氏薜荔园》等。

五月三十日，过东岗，看新竹，时杨梅正熟，红绿掩映，甚可观也。诗因及之。

六月，弟王铨授古杭府经历，不赴，作诗《慰秉之》。作词《贺秉之授经府》。其祠中有"输与伊人一着高"之句，后王铨筑宅陆巷，名遂高堂。

九月，右副都御史王懋中上疏荐王鏊等，诏责之滥举。王懋中，字时与，江西吉安人。成化二十年进士，都察院副都御史。尚荐王鏊、谢迁、李东阳等致仕大学士启用，委托机务。

都穆致仕，作诗《喜玄敬少卿致仕》。有“似我归来亦未迟，夫君得谢又先之”之句。

著《震泽长语》成，鏊自作序，其二，张凤翼序。

文徵明祖父文洪所撰《括囊稿》付梓刊印，由王鏊、李东阳作序。

撰《沈氏谱序》。东山沈氏始祖沈坤，西晋武帝驸马，避晋乱隐居太湖东山，后明代大学士申时行、清代大学士徐乾学等均为沈氏家谱作过序。

题武山古迹濮公墩“锦鸠峰”篆书三字。吴越春秋时，延陵季子孙濮婪避夫差乱，率族隐居东山武山，后得名濮公墩。

苏州府建文天祥庙，作《苏州府建文丞相庙碑》一文。其碑云：“公既死，燕京、庐陵皆有祠，而吴独缺。太仆少卿文君森……愿以其地作庙，世守其祀。”

十二月二十日，撰族弟定之《适适翁墓碣铭》。

正德十一年丙子（1516）六十七岁

二月，侧室万氏生幼子延昭。鏊晚年再得子，深为后虑。延喆与妻毛氏携去哺之，鏊转忧为喜。

三月，荫长子王延喆为中书舍人。

四月九日，与弟王铨、王鏐过妹夫顾氏家，偕都穆游城西诸山。作诗《四月九日与弟秉之、进之过通安桥顾氏，因携玄敬登阳山绝顶。次日过虎山桥、七宝泉至灵岩山而还》，得诗三首。

七月，李东阳卒。正德初，王鏊入内阁，李东阳为首辅，合力救韩文、刘大夏、杨一清等朝廷重臣。

八月，吏部尚书武英殿大学士杨一清致仕。

八月四日，送延喆北上赴任，作诗《八月四日送子延喆北上，八日至镇江，游甘露寺，看狠石，泛舟焦山，至绝顶，顺风扬帆直抵金山。壮哉，游乎！》，得诗四首（《甘露寺》《焦山》《金山》《鹤林寺》）。

八月十五日，次子延素生子有辅，鏊赋诗纪之。先是，长君始生子，鏊不胜喜，赋诗。至是，次君得子，即有辅也。

所编《春秋词命》刊刻。作引《春秋词命引》。

施凤筑亭，邀之。作诗《东冈隐士筑亭于松竹间，名曰“款相”，意以为予，予不敢当也，为易曰“来贤”。八月二十四日初会亭上，口占一律》。后为之作《东冈高士传》。

与王铨、项楷饮于传盛楼，作联句《传盛楼赏菊》《送出新泾》（与王铨、项楷联）。

作《崇明医学训科杜府君令人吴氏墓表》。吴氏，杜璠之母，卒于正德十年十二月二十三日，春秋八十有八。

作志铭《南京刑部郎中应天府丞中宪大夫张君墓志铭》。张黼，字仕钦，上海人。成化二十三年进士，官至应天府丞致仕。

同唐子畏游阳山，作《阳山大石联句》长联诗（与唐寅联）。

正德十二年丁丑（1517）六十八岁

春，游陆元泰园林，作《杏林》诗。有“陆家园里千朱杏，处处花开不待春”之句。

三月，“五同会”好友吴郡长洲尹山徐源葬尧峰山，撰《明故通议大夫都察院副都御史徐公墓志铭》。

作诗《三月三日庭前白牡丹一枝独开》，有“红紫休夸锦作堆，瑶华一朵占先开”之句。

同年进士董玘来访，作诗《董谕德文玉省其父太守德初，诗以寄之》。董玘，字文玉，浙江会稽人。成化十一年进士，时任左春坊左谕德兼翰林院侍读。

四月，靳贵致仕。靳贵为王鏊翰林院同僚，后入阁参机务，被给事中王俊弹劾，乞休致仕，许之。

五月，与弟侄饮湖上，作诗《侄延学作亭湖上，甚壮，欲予诗以落之，率成二首》。

十二日，与族中弟侄辈泛太湖。游石蛇山，抵消夏湾蔡九逵舍宿。明日雨又作，游行索然，乘风而还，至家则日出皎然矣，则为之一笑。

作诗《庭梧七首》《和秉之送菊，菊有杨妃、西施之号》《瑞橘诗》。

十一月，忧帝北狩，作诗《丁丑十一月得宣府报》，有“谁扶鳌极正，持慰杞人心”之句。

十二月，族侄延质葬蒋坞，撰《延质圹铭》。又作《副都御史徐仲山墓志铭》。

十二月二十三日，与杜允胜、陈宗让游荆溪，作诗《丁丑季冬，过永定邵氏。舟过荆溪，和杜子美夜韵》。

送女归葬永定，作组诗《十二月二十日与秉之同至义兴，途中得诗十首》（《用杜工部客夜韵》《夜泊方桥》《晓发》等）。

苏州府学重修，作《苏州府重修学记》，知府徐赞言于提学御史张鳌山、巡按御史孙乐而大修。

作《重修花龙池碑亭勒石碑后》，有“孝宗皇帝遣官治茔域，树碑亭，三亭以石为之，图久也”之句。

著《震泽文集》成，并付梓刊印，施凤、蔡羽为之作序。

作《瑞橘诗》，并有序，弘治、正德之交，江东频岁大寒，其树尽枯……予圃漫栽数株，丁丑秋，树有五十余棵，皆珍柑也。山人争谓之瑞，喜而赋之。

作《瑞芝园铭》，有“水部正郎上虞朱君朝章作园于五癸峰下，园有异植……明年春，复有一本”之句。

题兴福寺“慧云堂”，正书三字。慧云堂，东山古刹兴福寺之庙屋。

门生文徵明作《五同会图跋》。

祝允明、陆粲、顾鼎丞、王守撰王鏊像赞。

正德十三年戊寅（1518）六十九岁

正月，与王铨饮于传盛楼，作诗《戊寅正月十二日为秉之耳顺之初度，后三日，余往贺之。正值观灯之夕，设筵于传盛楼上，嘉宾云集，燃九华之灯，美天魔之舞，歌舞之作，亦一时之盛也。酒酣援笔赋此以记其事，且期年年为会云》。

作《次韵东冈十咏》《和秉之药枕诗》，有“前制药枕，几为长物，忽加藤室。始获相亲”之句。

作诗《偶成三首》，有“黄阁三台辅，青山一病翁”之句。

三月，题撰《武峰葛氏家谱》。武峰葛氏始祖葛万五，为宋宣义郎，南宋建炎年间护驾居太湖东山，与岳飞友善，岳飞曾为葛氏题“中州流世泽，南国起文人”之句。

长子王延喆得子，即有壬，字克大。王鏊六十九岁得长孙，甚喜，有诗记之。

五月，武宗自宣府还京。七月，复至宣府，始巡边。

延喆闽归，作诗《延喆使归，自福建得衢州锦川石立于庭前，戏作》。

好友施凤丧子，作诗《慰东冈失子》《挽施仁德》以悼。

作《洞庭两山赋》。洞庭两山，即太湖洞庭东西山。有“山川之秀，宝生人才；人才之出，益显山川”之句。

作《杭州重修岳武穆庙碑》一文。岳武穆，即岳飞。正德十二年，镇守太监王堂肖重修。

著成《山居杂著》。探讨群书，洞遂理学，深入道奥。内有官职考、教太子、尊号议等，皆经世之学。

复《邵尚书书》，邵尚书，即邵宝，时为南京礼部尚书。

谢迁作词《戊寅腊月，予幸七十初度，同年王守溪少傅寄梁州序为寿，依韵奉答》。

正德十四年己卯（1519）七十岁

正月，作诗《己卯开岁连雪有作》，有“江南开岁逢三白，阴乍晴时晴复雨”之句。

观灯于小弟王镠宅，作诗《戏题羊皮灯》《己卯开岁九日弟镠宅观灯次秉之韵》《咏鱼枕灯》。王镠，王鏊同父异母弟。

二月，撰《明故中顺大夫严经墓志铭》，东山安仁里严氏南宋迁太湖东山，五世孙严经弘治九年进士，官南京刑部主事，江西吉安与河南彰德知府，后同鏊联为姻亲。

三月，请文徵明题所藏阎立本《秋岭归云图》，文提出了“上古之画尽于神，中国之画尽于逸”的重要看法。

七月，太湖飓风大作，东山风灾甚惨。鏊有“驾海驱山势何恶”之句。鏊晚年心系天下之望尤重。

八月，武宗南行。十二月，武宗还南京。

七十寿诞。沈杰、乔于、林俊、邵宝、谢迁、靳贵、蒋冕等皆有诗寄赠。唐寅作《长松泉石图》为寿，且有序，唐寅、王宠有寿诗，王宪成来贺寿，皆有寄赠之作，鏊次韵酬答。自寿诗云“人生七十年，回看如一日”云云，“有所贵寸心虚，修然不留物。俯仰天地间，无愧这次行”之句。

九月，文徵明继母吴氏卒，王鏊撰《知温州府事文公继室吴安人墓志铭》。

作《洞庭两山赋》，文徵明作《洞庭两山图》，均镌于石，嵌砌于岱心湾刘恕传经堂，现砌于轩辕宫壁内。

作诗《送贺志同少参之官广东》。贺泰，字志同，洞庭东山人。弘治十二年进士，时任广东参议。

同乡贺元忠卒，作《亚中大夫云南按察司副使贺公墓志铭》。贺元忠为贺泰之父，归林下二十四年，春秋七十有八。

撰苏郡《提调学校御史厅堂记》，有“正统初，始设宪臣以董之……正德十四年，林君有孚以御史来董南畿学政”之句。

正德十五年庚辰（1520）七十一岁

正月，请文徵明题曹云西山水图，并对曹画加以评论。其跋云：“胜国曹云西名知白，东吴人。画师北苑、巨然，间亦出入郭熙。”

作诗《白岩歌为乔希大司马赋》，有“一朝还为苍生起，坐镇留都惟稳几”之句。

八月，武宗自南京至镇江，幸致大学士杨一清第，临致仕大学士靳贵丧。

九月，武宗北返，渔于清江浦积水池，溺水，遂不豫。

作诗《闰中秋观月仍两度生辰喜而有作》《闰八月中秋夕再至灵岩》，有“一年最好中秋月，岂谓今年两见之”之句。

十月，题后山石桥头灵源寺山顶“碧螺峰”隶书三字。相传碧螺峰为名茶碧螺春发源地。

十一月，吏部尚书陆完有罪被执。

十二月，宁王朱宸濠赐死，武宗还京。

与蔡羽、王守、王宠雅集于鏊之东堂，为其作《兰竹图》并诗。蔡羽等均有和诗。

游东山翠峰寺，作著名的《悯松歌》，有“千年故物且不能逃，苛政之害如是哉”之说。

卢雍至山中探望，作诗《卢侍御师邵来谒予于山中。时酷暑，与约为山寺之游。未明，舟乃潜发。有诗来，次其韵》。

次子王延素以谒选任南京中军都督府经历司都事，始未往，鏊有家书责之。

作《送工部正郎蒋君抡材还朝序》。蒋恺，字抡材，吴县人。时任广西布政使参议。

送门生王守会试，有“湖上轻帆彍去飚，燕云漠漠快鸿毛”之诗句。

作《游穹窿山》诗，并序：与铁柯辈泛舟至胥口潘氏，日已西，遂宿。明日雨，将午少斋，至穹窿寺。寺在山腰，饮法雨亭而还，不能穷绝顶之胜也。

正德十六年辛巳（1521）七十二岁

正月，作“辛巳新春有感”十三绝句。

作诗《奉和东冈岁暮有怀见寄之韵》《次石田松石图》。

三月，明武宗崩，四月，世宗即位。

四月，门下士祝允明等八人宴于怡老园之池亭。文徵明作怡老园诗，鏊作《文徵明饮怡老园诗次其韵》。八人者咸赋诗，陈怡者取诸诗联为卷，陆粲撰怡老园燕集诗序。人拟于当年裴晋公之绿野、司马公之独乐云。

与刘缨等游天平山、穹窿山，作诗《重游一云寺》《游穹窿山》并序，有“一云在天平之西，余弘治间曾一至焉，留诗而去”之句。

严嵩来访，与游虎丘，作诗《月夜与客饮千人石》《余断送迎久矣，内翰严维中奏使三湘，还过吴，治具邀余过虎丘，余不能辞也，赋诗一笑》。

五月，作诗《久旱喜雨》《唐子畏临李成群峰霁雪图》，撰《石湖书院碑记后跋》。

毛贞甫七十辰寿，作《毛都宪七十，邵二泉以前韵为寄复次之》。时毛珵为都察院副都御史。

八月初四日，弟王铨（字秉之）卒，为之撰墓志铭。

东山武山吴文之进京参加会试，作诗“洛阳贾谊年犹少，蜀郡杨雄赋最高”之赞。文之中进士后，入翰林院为庶吉士，惜早卒。

与胞弟王铨联诗《梦草集》刻印成，鏊自作序。沈周、吴宽生前亦有序。

作《云水诗集序》，其序云：“无锡华某，弃妻子来林屋山中，独居三十余年，往来兴福寺。”

邵宝作《暑坐追次文正公韵怀守溪先生》。
黄省曾作书《与文恪王公论撰述书一首》。有"十月二十三日，省曾顿首相国守溪先生门下"之句。
祝允明迁应天通判，是年返吴门。
与师邵游石湖文穆公祠，作《石湖诗叙》。

明世宗嘉靖元年壬午（1522）七十三岁

二月，嘉靖继帝位，遣行人柯维熊持敕至家存问。制词云："卿以高才博学，屡冠科名。载笔词林，执经讲幄。"鏊拜，上疏陈谢，附奏献《讲学》《亲政》二篇。上嘉纳。时大臣被赐者，遣子弟入谢，即授中书舍人。鏊谓不可，曰："吾在阁日浅，忝窃已多，岂可更此徼冒？"遂从递中入疏，有旨特荫一子，季子延陵为中书舍人。鏊具疏恳辞，不允。
二月九日，林俊来访。作诗《嘉靖元年二月九日与林司空见素同登上方，俯视云水，千顷青黄绚烂，见素曰：此一片锦也。赋诗纪之》。有"雨歇花畦红冉冉，春归麦陇绿迢迢"之句。
二月二十五日，撰镇江姻家《户部尚书武英殿大学士赠太傅文僖靳公墓志铭》。
四月，礼部右侍郎顾清为监察御史李献劾罢，王鏊作《风闻论》辩之。有"许之风闻言事，而以暧昧不实之事蔑人可乎"之句。
八月，王延素考满，进阶文林郎，官阶正七品。王鏊作《与思南公书》，督其北上赴任。
十一月，荫鏊第三子王延陵为中书舍人。时延陵年十六岁。
十二月，陆粲来访，鏊甚喜，有"斯文之传，非子谁任"之语。
鏊居家辄怀民瘼，患吴中赋税征徭之弊苦，与巡抚李司空书，极论之。李亦虚心咨访，书札往来反复，卒如鏊议举行之，万民称便。有《吴中赋税书与巡抚李司空》之作，该书精辟剖析了吴中重赋之形成、发展、现状及对策，成为不朽之名作，为其后学者研究明代吴中重赋的权威依据。
李充嗣被诏治吴中水利，至是功成，请鏊文，碑之河上。又上章荐鏊于朝。鏊复书"久伏林下而衰病，功名之念灰冷"云云，曰"不敢谢，亦不敢忘也"。与王都宪某书，亦云："甘老于林下矣。"

邵宝之母卒，作《邵尚书母过氏太淑人贞节之碑》。

作《通议大夫南京兵部右侍郎王公神道碑》。王公，即王倬，字用简，苏州太仓人。王世贞祖父。

作《封奉直大夫礼部员外郎吴府君墓表》。吴府君，即吴纶，字大本，江苏宜兴人。

弟王铨卒，作《亡弟杭州府经历中隐君墓志铭》。王铨，字秉之，号中隐，曾官授杭州经历，不赴。

作《与王都宪懋中书》，有“某久伏草野，无当世之才”之句。王都宪，名懋中，江西安福人。云南巡抚都察院副都御史，曾上疏荐王鏊复朝。

嘉靖二年癸未（1523）七十四岁

春，送四女至京口靳家，同靳仁完婚。值上元，宴少师杨一清第，作观灯诗。读杨所作《李东阳墓志铭》，作《读李文正公墓志铭》驳之。

游镇江招隐寺、茅山等。有“春寒漠漠上宫袍”之句。

八月寿诞，杨廉、方鹏、方风、胡缵宗、刘瑞有贺诗。杨廉字方震，河南丰城人。成化二十三年进士，礼部尚书致仕。方鹏，字时举，苏州昆山人。文选司郎中。方风，字时鸣，广东提学佥事。胡缵宗，字孝思，秦安人。三人皆正德三年进士，为王鏊会试取之士。

九月，作诗《重阳前二日东冈来约登高之处，诗以次之》《九日登象鼻诸岭》《重阳后复雨速东冈》等。

是年秋，米价腾涌，胡缵宗奉诏存问，作诗《胡太守存问，过太湖有作，次其韵》《胡太守再次前韵，复答之》，有“东山如画，西山似黛，七十峰映带”之句。往返再三，其诗咸和成帙，传为盛事。

秋，东山有饥民数千人，连续三天至王府乞食，悉数赐食，灾民大感之。

文徵明以岁贡进京，授翰林院待诏，鏊、唐寅等送别。

游苏州虎丘，作诗，并自序：虎丘陆羽泉埋没荒翳，久矣。高君尹长洲，始命疏浚，且作亭其上以表之。予贺兹泉之遭也，赋诗纪之。

作《先世事略》。有“王氏家洞庭，世以忠厚相承，盖十有一世矣”之句。

陆完母华氏卒，作《陆冢宰母太夫人华氏墓志铭》。陆完，字全卿。因朱宸濠事牵，籍没其家。

作《南京礼部尚书邵公母太淑人过氏墓志铭》。邵公，即邵宝。母过氏卒年八十有二。

十二月初二日，唐寅写绝笔诗后病故。诗云：“生在阳间有散场，死归地府也何妨？阳间地府俱相似，只当飘流在异乡。”

嘉靖三年甲申（1524）七十五岁

告归十五年，誉望日隆，两京科道及江南抚按使臣，交章荐举不辍，士林众望鏊复起，朝廷亦欲起用。正月上旬，自山入城，忽患疾（突然患中风）。至三月十一日卒于里第，春秋七十有五。五月，讣闻，嘉靖帝下旨辍朝一日示哀。赐麻布五十匹、赙米五十担，谕祭九坛，诏工部遣官营葬，加赠太傅，谥文恪。

九月，赐谕祭王文恪公碑、正书。

嘉靖四年乙酉（1525）恩赐营葬

正月初一日庚申，葬洞庭东山梁家濑之原。

徐缙撰《文恪公行状》、邵宝撰《大明故光禄大夫柱国少傅兼太子太傅户部尚书武英殿大学士致仕赠太傅谥文恪王公墓志铭》、祝允明书墓志铭题跋、王守仁、文徵明、王世贞等撰《太傅王文恪公传》。吴廷举、谢迁、祝允明、顾清、徐缙、盛应期、靳懋仁、熊伯峰、欧阳铎、陆粲等作祭文。

附：

王鏊生有四子五女：长子延喆，字子贞，恩荫中书舍人、升大理寺右寺副，诰赠奉政大夫、尚宝司卿；次子王延素，字子仪，官至南京都督府都事、贵州思南府知府、敕授文林郎，诰中顺大夫；三子延陵，字子永，荫中书舍人、敕授徵仕郎；四子延昭，字卓峰，廪贡生。长女妙清（又名王仪）适徐缙（弘治进士，官吏部左侍郎摄尚书事）；次女福缘适都事昆山朱希召；三女善庆适生员宜兴邵骞；四女妙隆适中书舍人镇江靳仁；五女妙员适生员东山严濡。

附录二

王鏊家庭姻亲关系

类别	姓氏	生卒年与简况	姻亲家庭简况
妻子	吴氏	吴氏（1451—1477），王鏊原配夫人。东山武山吴镇之女。成化六年（1470）同王鏊成婚，十三年（1477）卒于京邸，年仅二十八岁。成化十五年（1479）敕封孺人，正德二年（1507）追封一品夫人。生一女，名妙清。	吴镇，字友山，博学工文。明代东山诗人。有《乘龙快婿诗》三首。其兄弟吴信、吴德、吴怀、吴恪等均为明代诗人。无嗣。
	张氏	张氏（1462—1487），王鏊继聘夫人。河间兴济张峦之女。成化十九年（1483）嫁于王鏊，二十三年（1487）病卒，年仅二十六岁。王鏊为之撰《继室张夫人墓志铭》。弘治七年（1494）诰赠宜人，正德四年（1509）诰赠一品夫人。一子：延喆。一女：福缘。	张峦（？—1492），字来瞻，河间兴济人。张皇后之父，封寿宁侯，卒追封昌国公，谥庄肃。《明史》称："寿宁侯张峦故与鏊有连，及峦贵，鏊绝不与连。"清王士祯《池北偶谈》载："王延喆，文恪子也。其母张氏，寿宁侯鹤龄之妹，昭圣皇后同产。延喆少以椒房入宫中，性豪侈。"由此可见，张氏应是张峦之女，张鹤龄的妹妹，张皇后的姐或妹。可王鏊在《继室张氏墓志铭》中说，张氏先湖广孝感人，洪武间佥广西按察司事，谪河间之沧州，遂为沧州人。父实丹阳令，丹阳少孤依蔡氏，故又姓蔡氏。张氏籍贯与身份较为模糊。
	李氏	李氏（生卒年、籍贯不详），王鏊续聘妻子。成化二十三年（1487），张夫人病故后，鏊续聘李氏。生一女：善庆。	无考

续表

类别	姓氏	生卒年与简况	姻亲家庭简况
妻子	胡氏	胡氏（1471—1540），王鏊续聘妻子，河北宛平胡崇之女。成化二十三年（1487），张、李夫人卒，王鏊续聘胡为侧室，年十七岁。弘治七年（1494）以子贵封孺人，后进封太宜人。生二子二女：子：延素、延陵；女：妙隆、妙员。卒于嘉靖十九年（1540），享年七十岁。杨循吉撰《文恪公侧室胡宜人墓志铭》。	胡崇，成化间由国学生任河北三河县令，不久即解职，远不能归，寓居宛平里。王鏊因张、李两夫人皆卒，闻胡氏贤惠而聘之。
	万氏	万氏（生卒年、籍贯不详），王鏊续聘侧室。正德十一年（1516），王鏊六十七岁时生延昭。鏊因自己年老而担忧，长子延喆、毛氏夫妇抱去，抚育如子，鏊喜托之。是年八月，鏊得孙。	无考
儿媳	毛氏	毛氏（1484—1541），长子王延喆原配夫人，江苏吴县毛珵之女。卒于嘉靖二十年（1541）正月，享年五十八岁。敕封孺人，诰赠太宜人。无出。	毛珵，字贞甫，号砺庵。江苏吴县人。南京都察院副都御史。成化二十三年（1487）进士，授南京工科给事中。直正敢当事，升浙江左参政，又擢南京鸿胪寺太仆。为官清廉，严毅果断，数平冤狱，颇具政绩。
	徐氏	徐氏（1501—1575），长子王延喆继室，洞庭东山人。卒于万历三年（1575），享年七十五岁。敕封太安人，诰封太宜人。生四子：有壬、有霖、有翼、有承。王锡爵为之撰《尚宝公侧室徐宜人墓志铭》。	无考
	周氏	周氏（生卒年、籍贯不详）。长子王延喆侧室，生一子七女：子有嘉。长女适县学生叶献臣、次女适马学诗、三女适太学生安希尧。	无考
	陈氏	陈氏（1493—1534），次子王延素原配夫人，苏州长洲县陈璚之女。年十九岁嫁至王家，卒于嘉靖十三年（1534），年仅四十一岁。敕封孺人，诰封宜人。一子：有辅。杨循吉撰《思南公元配陈宜人墓志铭》。	陈璚（1440—1506），字玉汝，号成斋。苏州长洲县人。成化十四年（1478）进士，比王鏊入仕晚三年。历官户部给事中、都给事中和都察院佥都御史，为官清廉，执法严厉，留于史书。与王鏊志同道合，在朝结“五同会”。正德元年（1506），陈璚卒于家，王鏊为之撰《通议大夫南京都察院左副都御史陈公墓志铭》。

续表

类别	姓氏	生卒年与简况	姻亲家庭简况
儿媳	徐氏	徐氏（生卒年、籍贯不详），次子王延素继室。生三子一女，子：有菱、有龙、有玘。一女适东山陆巷人南康府知府姜节子。	无考
	朱氏	朱氏（1467—1504），季子王延陵夫人。苏州昆山朱希周之女。卒于嘉靖十九年（1504），敕封孺人。杨循吉为之撰《中书公元配朱孺人墓志铭》。无出。	朱希周（1473—1557），字懋尚，号玉峰，昆山人。弘治九年（1496）状元。历官修撰，侍讲，吏部侍郎，尚书等。卒赠太子太保，赐祭葬，谥恭靖。朱氏为吴中望族，希周高祖朱吉，官至户部给事中。父文云，官山东按察使，均以宽厚廉洁闻名。
	叶氏	叶氏（生卒年、籍贯不详），季子王延陵继室。生二子：有怀、有孚。	无考
	梅瑞中	梅瑞中（ ？—1537），字淑秀，季子王延陵继室。洞庭东山梅林之女。卒于嘉靖十六年（1537），黄省曾为之撰《中书公侧室梅太君墓志铭》。生一子：有年。	梅林，东山人。吴县旧族，世服农业。母陆氏。
	？氏	？氏（生卒年、籍贯不详），四子王延昭妻子，生二子：有静、有恺。	无考
女婿	徐缙	徐缙（1482—1548），字容，号崦西。洞庭西山徐潮之子。王鏊长女妙清丈夫。弘治十八年（1505）进士，历官编修、讲读、吏部侍郎、尚书。卒赐葬，谥文敏。妻子妙清卒于正德十二年（1517），年仅四十二岁，父王鏊亲撰《亡女翰林院侍读徐子容妻墓志铭》。	徐潮（1450—1501），裔出浙江金华，南宋迁居太湖西洞庭山。缙之父。世代经商，家境殷实。读书好礼，而不求仕。弘治七年（1494），徐潮率子缙至京求学，王鏊嘉其质秀而文，遂令读书于京邸，以女妻之。弘治十四年（1501），徐潮卒，王鏊为之撰《承事郎徐君墓志铭》。
	朱希召	朱希召，苏州昆山人。天昭次子。贵州都司都事。王鏊次女福缘丈夫。朱希召为状元希周之弟，王延陵夫妇的叔叔。东山莫厘王氏与昆山玉峰朱氏亲上攀亲。	朱天昭，名文云，苏州昆山人。 官山东按察使，希召之父。朱天昭与王鏊为挚友，有《朱天昭始进士第主余家至明年移居西郊》诗。天昭生六子：希周、希召、希韩、希富、希吕、希冯。正德六年（1511），朱天昭病卒，王鏊为之作《中宪大夫云南按察副使致仕朱公墓志铭》。

续表

类别	姓氏	生卒年与简况	姻亲家庭简况
女婿	邵銮	邵銮，无锡邵宝之子，县庠生。王鏊三女善庆丈夫。	邵宝，字国贤，江苏无锡人。邵銮之父。成化二十年（1484）进士，历官知州，户部员外郎、郎中，江西提学副使，右副都御史，户部侍郎，礼部尚书，为人正直，为官清廉。嘉靖三年（1524）王鏊去世，邵宝为之撰墓铭。
	靳懋仁	靳懋仁，又名靳仁，镇江丹阳人，正德朝阁臣靳贵之子。中书舍人。王鏊四女善庆丈夫。	靳贵（1464—1520），字充道，号戒庵，丹阳人。弘治三年（1490）探花，历官编修，侍讲，礼部侍郎，户部尚书，进武英殿大学士。入内阁，参与机务。卒赠太傅，谥文僖。正德十五年（1520），靳贵卒，王鏊为之撰《光禄大夫柱国太子太保户部尚书武英殿大学士赠太傅文僖靳公墓志铭》。
	严濡	严濡，字懋功，号前山。洞庭东山严经季子。县庠生。王鏊五女妙员丈夫。	严经（1462—1516），字道卿，号芥舟，东山马家底人。严濡之父。弘治九年（1496）进士，历官南京刑部主事，员外郎郎中，河南彰德知府。为官清廉，爱民如子，在彰德有“严一升”之谣。正德十一年（1516），严经卒于家，王鏊撰《中顺大夫知河南彰德府事严君墓志铭》以悼。

主要参考文献

一、家谱、家乘

《莫厘王氏家谱》二十四卷，王季烈等纂修，民国二十六年（1937）石印本。

《延陵吴氏族谱》六卷，吴永锡纂修，清乾隆三年（1738）木刻活字本。

《吴中叶氏族谱》六十六卷，叶德辉等纂修，清宣统三年（1911）东洞庭逵公宗祠木刻活字本。

《纪革叶氏支谱》六卷，叶启绥纂修，清康熙三十三年（1694）刻本。

《六修严氏家谱》十二卷，严庆琪等纂修，民国二十年（1931）中华书局铅印本。

《洞庭翁氏世谱》（白沙支）四卷，清光绪七年（1881）翁先声等纂修。

《东山郑氏世谱》八卷，郑茂协等纂修，清乾隆五十六年（1751）敦伦堂刻本。

《洞庭东山万氏宗谱》八卷，万履占等修，清道光二十三年（1843）刻本。

《洞庭东山葛氏宗谱》十卷，葛撄中总纂，民国十三年（1924）石印本。

《洞庭东山沈氏宗谱》六卷，沈昌洪纂修，民国二十三年（1934）刻本。

二、正史、方志

《明史》“列传”第六十九。

《震泽编》八卷，蔡昇撰，王鏊重撰，明弘治十八年（1505）林世远刻本。

《姑苏志》，明弘治间王鏊主编。

《具区志》，翁澍撰，清康熙湘云阁刻本。
《太湖备考》，金友理撰，江苏古籍出版社1985年重版。
《七十二峰足徵集》六十六卷，吴定璋辑，乾隆十年（1745）吴氏依绿园刻本。
《太湖备考》续编，郑言绍撰，江苏古籍出版社1985年重版。
乾隆《苏州府志》，清乾隆十三年刻本。
《洞庭山金石》，民国李根源撰。
《吴县志》，民国邓邦述编纂。
《乡志类稿》，叶承庆著，民国三十三年洞庭东山旅沪同乡会出刊。
《莫厘游志》，许明煦撰，1987年刊印。
《中华人物史鉴》，张宏儒、张晓虎主编，团结出版社1997年版。
《江苏艺文志（苏州卷）》，赵国璋主编，江苏人民出版社1993年版。
《苏州民国艺文志》，张耘田、陈巍主编，广陵书社2005年版。
《吴县志》，吴县地方志编纂委员会编，上海古籍出版社1994年版。
《苏州市志》，苏州市地方志编纂委员会编，江苏人民出版社1995年版。
《东山镇志》，沈炳荣主编，东南大学出版社2002年版。
《西山镇志》，西山镇志编委会编纂，苏州大学出版社2001年版。
《东山艺文志》，杨维忠主编，广陵书社2008年版。

三、文集、笔记小说

《王鏊集》，王鏊著，吴建华点校，上海古籍出版社2013年9月版。
《王鏊年谱》，刘俊伟著，浙江大学出版社2013年版。
《王鏊诗集祥注》，王义胜注释，莫厘王氏丛书，2014年版。
《震泽集》，王义胜标点，莫厘王氏丛书，2014年版。
《池北偶谈》上下集，王士祯撰，中华书局1982年版。
《唐伯虎全集》，唐寅著，中国书店1985年版。
《沈周》，阮荣春著，吉林美术出版社1996年版。
《文徵明》，刘纲纪著，吉林美术出版社1996年版。
《中国科举史》，刘海峰、李兵著，东方出版中心2004年版。

《中国书院史》，邓洪波著，东方出版中心2004年版。
《明朝的皇帝》，高阳著，广西师范大学出版社2006年版。
《大明王朝十六帝》，张玉敏著，中国戏曲出版社2005年版。
《正德皇帝全传》，（香港）廖心一著，现代出版社1998年版。
《明清生活掠影》，王凯旋、李洪权编著，沈阳出版社2002年版。
《明清史续析》，韦庆远著，广东人民出版社2006年版。
《中国乡里制度》，赵秀玲著，社会科学文献出版社2002年版。
《中国宦祸实录》，安作璋主编，齐鲁出版社2008年版。
《县衙制度史》，任立达主编，青岛出版社2004年版。
《明代状元谱》，周腊生著，紫禁城出版社2004年版。
《中国历代探花》，王鸿鹏、王凯贤编著，解放军出版社2004年版。
《名家状元八股文》，徐健顺编著，光明日报出版社1999年版。
《苏州历代小志》，苏简亚主编，百家出版社2005年版。
《苏州藏书史》，叶瑞宝主编，2001年版。
《苏州名门望族》张学群等编制，广陵书社2007年版。
《吴门画派》，江洛一、钱玉成编著，苏州大学出版社2004年版。
《东山大族》，杨维忠编著，广陵书社2008年版。
《东山进士》，杨维忠编著，广陵书社2011年版。

后记

经过五年的努力，《王鏊传》一书在今年6月底完成了，好似一场历时多年的马拉松赛终于画上了句号。初夏正是洞庭白沙枇杷上市的季节，漫山遍野黄灿灿的一片，连空气中也飘浮着甜香。这是收获的季节，虽然忙碌，人们脸上都挂着微笑。

说起来也让人难以置信，我写这部人物传记，断断续续已经历了将近十年。2004年10月，东山陆巷古村作为旅游景点对外开放，我作为镇旅游公司开发人员之一，编写了一本近十万字的小册子，书名《太湖古村——陆巷》，对外进行宣传，很受游客欢迎。陆巷是明代被唐伯虎称为“山中宰相”王鏊的故乡，在编著这本册子时，我征集到了大量有关王鏊的资料，萌生了编著《王鏊传》的想法。王鏊是苏州一位有影响的历史人物，明清文集、方志及笔记中记载他的事迹倒不少，我开始有计划地收集整理，其中包括《王鏊全集》《莫厘王氏家谱》《姑苏志》等书籍，加上我购置的一些资料书，叠起来有我人那么高。资料虽多，但阅后发现大部分是重复的，真正能派上用场的并不多，写几篇文章可以，但要整理成一部人物传记就难了。这也许就是为什么几百年来，一直没有人编著《王鏊传》的原因。

从一开始，我就知道这是一块硬骨头，要啃它没那么容易，况且我真正的第一学历是高小毕业。先天不足后天补，我是急用先学，学用结合，如打攻坚战一样，先从外部扫清障碍。从2005年起，我先后在省市报纸副刊上，发表了《王鏊和四位帝王的君臣之情》《王鏊与沈周的忘年交》《唐寅一生难解的东山情愫》《祝枝山和恩师王鏊及友人》《文徵明与东山灵光之缘》等文章，达二十多篇，四万多字。对写这部人物传记，开始很有信心，可很快泄了气，就像只备了几斤菜蔬、几条小鱼，而要烧一桌丰盛的晚宴一样，巧妇实在难为无米之炊。五年前，其书写了不到一半，就再也写不下去。加上我就职的历史文化研究会任务一个接一个，这些年来，先后编著出版了《东山大族》《东山古建筑》《东山艺文志》《东山教授》《东山进士》等书籍，我说是主编，其实这些所出版的书，一百五十多万字的书稿均是我一个人在键盘上完成的。

2009年，我正式退休了，待遇尚可。别人退休后，一身轻松，优哉游哉，尽情享受晚年的幸福时光，我却像个苦行僧，在破庙里就是钻不出来。对那块食之无味、弃之可惜的“鸡肋”，又发生了兴趣。我总想，古代寓言中的乌龟与兔子比赛，只要肯向前，爬行再慢的乌龟，最后同样也能达到终点，我为什么不能呢？为了达到目的，近三年中，我整理输入电脑有关王鏊的资料文字就有一百多万字。计划出版的《王鏊传》分上中下三册，分别为《王鏊传》《王鏊诗文选（题解、浅释）》《王鏊家族人物传》三本，从2014年起分三年出版。

对即将出版的《王鏊传》，我并不十分满意，问题是书中水分还不少，要是有时间能再磨上几稿，也许会更理想些。但时间不允许，因镇里今年开发西街旅游区，布置王鏊阁老厅馆，在等米下锅，急需我的这本书籍。再说，其书一拖五年，如再不速战速决，难说不会流产。

感谢镇政府吴金凤女士、陆德如，王鏊裔孙王守青、王义胜及苏州大学出版社倪浩文等先生，他们给予了我很大帮助。还要感谢席时珞先生，为之题书名，他是全国著名的书法家，新疆书法协会副主席，特地把题字从新疆寄来。特别要感谢苏州鼎藏艺术有限公司的马晓松先生，苏州海通传媒出版机构的沈庆年、谭家馨等先生，没有他们的努力与支持，腹中多年的婴儿可能还无法出世。

最后我要说明的是，本书参考了许多前辈和同行编著出版的有关王鏊的书籍，并摘用了书中一些资料，在此不能一一列举，一并表示谢意，祝他们取得更大的成就。

记于东园书屋

2014年6月